Contabilidade de custos:
Teoria, Prática, Integração com Sistemas de Informações (ERP)

Clóvis Luís Padoveze

Dados Internacionais de Catalogação na Publicação (CIP)
(Câmara Brasileira do Livro, SP, Brasil)

Padoveze, Clóvis Luís
   Contabilidade de custos : teoria, prática, Integração com Sistemas de Informações (ERP) / Clóvis Luís Padoveze. – São Paulo : Cengage Learning, 2018.

   3. reimpr. da 1. ed. de 2013.
   ISBN 978-85-221-1371-2

   1. Contabilidade de custos 2. Custos - Estudo e ensino 3. Custos - Problemas, exercícios etc. 4. Sistemas de informação gerencial I. Título.

13-00460   CDD-658.1552

Índice para catálogo sistemático:

1. Contabilidade de custos : Administração financeira 658.1552

Contabilidade de custos:
Teoria, Prática, Integração com Sistemas de Informações (ERP)

Clóvis Luís Padoveze

Austrália • Brasil • México • Cingapura • Reino Unido • Estados Unidos

Contabilidade de custos: Teoria, Prática, Integração com Sistemas de Informações (ERP)
Clóvis Luís Padoveze

Gerente Editorial: Patricia La Rosa

Supervisora Editorial: Noelma Brocanelli

Supervisora de Produção Gráfica: Fabiana Alencar Albuquerque

Pesquisa iconográfica: Renata Camargo

Analista de conteúdo e pesquisa: Milene Uara

Editora de direitos de aquisição e iconografia: Vivian Rosa

Copidesque: Andréa Pisan Soares Aguiar

Revisão: Isabel Aparecida Ribeiro da Silva e Olívia Yumi Gushiken Duarte

Diagramação: Cia. Editorial

Capa: MSDE/Manu Santos Desing

© 2013 Cengage Learning Edições Ltda.

Todos os direitos reservados. Nenhuma parte deste livro poderá ser reproduzida, sejam quais forem os meios empregados, sem a permissão, por escrito, da Editora. Aos infratores aplicam-se as sanções previstas nos artigos 102, 104, 106 e 107 da Lei nº 9.610, de 19 de fevereiro de 1998.

Esta editora empenhou-se em contratar os responsáveis pelos direitos autorais de todas as imagens e de outros materiais utilizados neste livro. Se porventura for constatada a omissão involuntária na identificação de algum deles, dispomo-nos a efetuar, futuramente, os possíveis acertos.

A editora não se responsabiliza pelo funcionamento dos links contidos neste livro que possam estar suspensos.

Para informações sobre nossos produtos, entre em contato pelo telefone **0800 11 19 39**

Para permissão de uso de material desta obra, envie seu pedido para **direitosautorais@cengage.com**

© 2013 Cengage Learning. Todos os direitos reservados.

ISBN-13: 978-85-221-1371-2
ISBN-10: 85-221-1371-8

Cengage Learning
Condomínio E-Business Park
Rua Werner Siemens, 111 – Prédio 11 – Torre A – Conjunto 12 – Lapa de Baixo
CEP 05069-900 – São Paulo – SP
Tel.: (11) 3665-9900 – Fax: (11) 3665-9901
SAC: 0800 11 19 39

Para suas soluções de curso e aprendizado, visite **www.cengage.com.br**

Impresso no Brasil
Printed in Brazil
3. reimpr. – 2018

Dedico mais este trabalho à minha família. A meus pais, Aurora e João, a meus filhos Amilcar, Ariane e Amanda, e à minha querida esposa Cida, que ano após ano me incentiva e apoia meu trabalho de forma incondicional.

Agradecimentos

Um trabalho, mesmo quando creditado a um só autor, não é realização de uma única pessoa. Material bibliográfico, experiências, sugestões fazem de um trabalho a soma de várias contribuições. Assim, não poderia deixar de agradecer aos colaboradores que foram fundamentais para o desenvolvimento deste livro: à professora Miltes Angelita Machuca Martins, nossos sinceros agradecimentos pela sugestão e linha condutória do trabalho e sua revisão inicial e final; aos professores Amarildo Bertassi e Gideon Carvalho de Benedicto, também pela revisão de conteúdo e apreciação geral do trabalho, com vistas à sua aplicabilidade aos objetivos propostos. Agradeço mais uma vez a Erika Baptistella da Silva, pela cessão de várias horas de lazer para auxiliar-nos na diagramação e formatação dos quadros e figuras.

SUMÁRIO

Prefácio à Terceira Edição XXIII

PARTE I – FUNDAMENTOS E ESTRUTURA DE INFORMAÇÕES 1

Capítulo 1 – Conceitos e Fundamentos 3
1.1 Definição genérica 4
   Custo dos insumos para os produtos e serviços 4
   Contabilidade de custos 5
   Custos e estoques nas empresas comerciais e industriais 6
   Empresas de serviços 8
1.2 Escopo da contabilidade de custos 9
   Custo unitário do produto: a questão fundamental 10
   Necessidade da informação do custo unitário dos produtos e serviços 11
   Produto ou serviço único: uma situação de ocorrência improvável 12
1.3 Terminologias 12
   Custo ou despesa? 12
   Quando o custo se transforma em despesa 14
   Gastos 16
   Investimentos 16
   Custos 16
   Despesas 16
   Pagamentos 17
   Perdas 17
   Prejuízos 17
   Insumo 18
   Desperdício 18
   Nomenclaturas e demonstração do resultado 18
1.4 Gastos para o produto e gastos para o período 20
   Gastos para o produto 20
   Gastos para o período 20
1.5 Elementos formadores do custo dos produtos industriais 21
   Processo industrial 23
   Insumos industriais ou insumos de produção 23
   Materiais 23
   Mão de obra 25
   Gastos (custos) gerais de fabricação 25
   Depreciação, amortização e exaustão 25
1.6 Exemplo ilustrativo 26
Questões e exercícios 28
Apêndice: Um pouco da história da contabilidade de custos 29
   A Revolução Industrial e o nascimento da contabilidade de custos 29

Origens dos sistemas de gerenciamento de custos nos EUA, evolução e tendências da contabilidade gerencial ou de custos	32
A administração científica	33
Controle gerencial para organizações diversificadas	34
Do gerenciamento de custos à contabilidade de custos	34
Influência das novas tecnologias de produção	35
Contabilidade gerencial para companhias de serviços	35
Capítulo 2 – Classificação e Comportamento dos Custos	**37**
2.1 Introdução	37
Objeto de custo	38
Comportamento de custo	38
2.2 Custos diretos e indiretos	38
Custos diretos	39
Custos indiretos	39
Materiais diretos	40
Materiais indiretos	41
Mão de obra direta	44
Mão de obra indireta	45
Gastos (custos) gerais de fabricação	46
Gastos (custos) diretos e indiretos	47
Depreciação (amortização e exaustão) direta	48
Depreciação direta e roteiro de fabricação	49
Depreciação (amortização e exaustão) indireta	49
2.3 Custos fixos e variáveis	49
Custos fixos	50
Custos variáveis	51
Variáveis em relação à produção	52
Variáveis em relação às vendas	53
Variáveis em relação a outras variáveis: custos estruturados	53
Fixos dentro do ano (do período)	53
Fixos dentro das expectativas de produção – O caso da mão de obra direta	54
Mão de obra direta – Custo fixo ou variável?	54
Depreciação – Custo fixo ou variável, direto ou indireto	55
Custos semivariáveis	55
Custos semifixos	56
Apuração da tendência ou inclinação da reta dos custos semifixos e semivariáveis	57
Custos fixos, capacidade de produção e intervalo relevante	59
Custos fixos comprometidos e discricionários	60
Custo variável total e custo variável unitário; custo fixo total e custo fixo unitário	61
2.4 Integração da análise do comportamento e da classificação dos custos	62
Custos diretos e variáveis	62
Custos indiretos e fixos	63

2.5 Resumo e visão geral	63
Questões e exercícios	65
Capítulo 3 – Visão Geral da Contabilidade de Custos	**69**
3.1 Painel básico da contabilidade de custos	70
Método de custeamento	71
Forma de custeio	72
Sistema de acumulação	72
3.2 Métodos de custeamento	72
Método de custeio direto	73
Método de custeio variável	73
Método direto ou variável?	74
Métodos de custeio por absorção	74
3.3 Formas de custeio	75
Custo real	75
Custo prévio	76
3.4 Sistemas de acumulação	76
Acumulação por ordem	77
Acumulação por processo	77
Acumulação por atividades	78
Acumulação híbrida	78
3.5 Esquema geral da contabilidade de custos	78
Integração dos três fundamentos de custos	80
3.6 A contabilidade de custos dentro da empresa	80
Sistema de informação de custo	80
Sistema de informação específico	81
O setor de custos na organização	81
Integração	82
Usuários	82
Funções	82
3.7 Abrangência da contabilidade de custos	83
Necessidades legais	83
Custos para controle	83
Custos para tomada de decisão	84
Custos para avaliação de desempenho	84
Elementos de custos e suas implicações no processo de controle e em relação aos produtos	85
Questões e Exercícios	85
Capítulo 4 – Estruturação das Informações	**87**
4.1 Sistemas de informações para custo	88
Estrutura do produto	89
Custo dos materiais	90
Processo de fabricação, tempo e mão de obra direta	90
Contabilidade societária	90
Controle patrimonial	90

Resumo das informações necessárias: dados e gastos
dos produtos e gastos dos departamentos ... 90
4.2 Departamentalização: unidades de acumulação de custos ... 92
    Atividades ... 92
    Departamentos fabris ou departamentos administrativos ... 92
    Exemplo de contabilidade por centro de custo (departamentalização) ... 93
    Critérios de contabilização por centros de custos ... 94
4.3 Estrutura do produto ... 97
    Dados da estrutura do produto ... 99
    Apresentação da estrutura do produto ... 99
    Custeamento da estrutura do produto ... 102
4.4 Processo de fabricação ... 102
    Células de produção ... 104
    Apresentação do processo de fabricação ... 105
    Custeamento do processo de fabricação ... 106
    Equipamentos no processo de fabricação ... 107
    Dados do roteiro de fabricação ... 109
4.5 Ordens de produção ... 110
Questões e exercícios ... 111

Capítulo 5 – Apuração do Custo dos Recursos ... 115
5.1 Fundamentos ... 116
5.2 Apuração do custo dos materiais ... 117
    Conceito geral ... 117
    Custo de material direto ... 118
    Custo de material indireto ... 120
    Juros na compra de materiais a prazo ... 121
5.3 Apuração do custo da mão de obra ... 122
    Conceito geral ... 122
    Salário ... 122
    Adicionais legais: salário ou encargo? ... 123
    Encargos sociais ... 123
    Apuração do custo médio dos encargos sociais ... 124
    Custo da mão de obra direta ... 126
    Custo da mão de obra indireta ... 126
5.4 Apuração do custo dos gastos gerais de fabricação ... 127
    Conceito geral ... 127
    Exemplos ... 127
5.5 Apuração do custo da depreciação ... 129
    Conceito geral ... 129
    Custo da depreciação contábil/fiscal ... 129
    Depreciação mensal ... 131
    Cálculo da depreciação pelas normas contábeis internacionais ... 131
    Depreciação gerencial como custo direto ... 132
Questões e exercícios ... 133

Capítulo 6 – Sistemas de Acumulação de Custos 137
6.1 Principais Sistemas de acumulação de custos 137
    Diferenças básicas entre custeio por ordem e por processo 139
6.2 Acumulação de custos – Exemplo introdutório 139
6.3 Custeamento por ordem 143
    Folha de custo por ordem 143
    Contabilização dos custos 143
    Aplicação gerencial do custeio por ordem 143
6.4 Custeamento por processo e produção contínua 145
    Unidades equivalentes de produção 146
    Folha de custos por processos 147
    Comparação entre os fluxos de custeamento por ordem e por processo ... 148
6.5 Custeamento por operações – Sistema híbrido de acumulação 148
    Custeamento por operações – outro exemplo 150
6.6 Sistemas de acumulação e tecnologia da informação 154
    Sistema de custos específico para cada empresa? 154
    Solução adotada pelos ERPs para acumulação de custos 155
Questões e exercícios 155

Capítulo 7 – Organização do Sistema de Custos e Contabilização 159
7.1 Organização do sistema de custos gerencial 161
    Visão da organização 162
    Visão do negócio 162
    Estruturação do sistema de informação contábil 163
    Orçamento e capacidade 163
    Estrutura do sistema de custos gerencial 164
    Custo dos materiais 164
    Custo de fabricação ou produção 166
    Custo total e formação do preço de venda 166
    Roteiro de comercialização e logística e produto ampliado 167
7.2 Custo integrado e coordenado e custo arbitrado para os estoques industriais ... 168
    Custeamento por absorção: obrigatoriedade legal 168
    Custo integrado e coordenado com a contabilidade 168
    Dúvidas 169
    Custo arbitrado para fins tributários 169
7.3 Organização do sistema de custos contábil 170
    MRP 170
    Estrutura do sistema de custos contábil 172
7.4 Custos no ERP 174
    Cálculo básico dos materiais e custo de fabricação 174
    Exemplo de apuração do valor de ordens de produção 175
7.5 Contabilização do custo industrial 176
Questões e exercícios 183

PARTE II – MÉTODOS E FORMAS DE CUSTEIO 185

Capítulo 8 – Métodos de Custeio: Apuração do Custo Unitário dos Produtos 187

8.1 Classificação dos conceitos e correntes de
contabilidade de custos nos métodos de custeio 188
Características gerais dos métodos e pontos críticos 189
8.2 Métodos de custeio 190
Apuração do custo unitário 192
8.3 Análise de rentabilidade – Uma introdução 195
Rentabilidade unitária 195
Rentabilidade unitária e total considerando o volume 196
A questão fundamental de todos os modelos: o lucro líquido total 200
8.4 Método de custeio e formação de preço de venda 200
Mark-up: multiplicador sobre o custo 200
8.5 Diferença no lucro pela adoção de determinado método de custeio:
custo aplicado aos estoques para fins legais e fiscais 201
Questões e exercícios 203
Apêndice 1 – A polêmica: custeio direto (variável) ou absorção? 205
        Vantagens e desvantagens dos métodos de custeio 205
        Custeio variável/direto: o recomendado 207
        Métodos de custeio e planejamento de longo prazo 208
Apêndice 2 – Exemplo de aplicação de custeamento direto: empresas de serviços 209

Capítulo 9 – Custeio por Absorção 217

9.1 Introdução 217
9.2 Exemplo – Produto único 218
Apuração dos custos diretos ao produto 219
Absorção dos custos indiretos ao produto 220
Total do custo unitário do produto 220
Demonstração de resultados 220
9.3 Exemplo – Dois produtos – Absorção em um estágio 221
Apuração dos custos diretos ao produto 222
Absorção dos custos indiretos aos produtos 222
Demonstração de resultados 223
9.4 Exemplo – Absorção em três estágios 224
Estágio 1 – Distribuição de despesas comuns aos setores fabris 226
Estágio 2 – Distribuição dos setores indiretos de cada
divisão para os centros diretos da divisão 226
Estágio 3 – Distribuição dos setores indiretos gerais
da fábrica para os centros diretos da divisão 230
Produtos fabricados e horas necessárias para os processos existentes 230
Custo de fabricação por unidade de produto 231
Custo unitário total 232
Demonstração de resultados 232

Critério alternativo de cálculo e evidenciação	233
Demonstração de resultados	235
9.5 A questão dos critérios de rateio	235
Absorção baseada na mão de obra direta	236
Absorção baseada nas quantidades produzidas	237
Absorção baseada no custo total dos materiais diretos	237
Absorção baseada no custo total de fabricação	238
Resumo geral e avaliação	238
Qual é o melhor critério de rateio?	240
Avaliação geral	240
Questões e exercícios	241
Apêndice: Custos conjuntos e subprodutos	244
Produtos conjuntos	244
Subprodutos	245
Custos conjuntos	245
Ponto de separação dos custos conjuntos	245
Exemplo de distribuição de custos conjuntos	245
Custos conjuntos e análise gerencial	246
Capítulo 10 – Custeio ABC – custeio baseado em atividades	**249**
10.1 Introdução	249
Custeio ABC, custos diretos/variáveis e despesas administrativas e comerciais	250
10.2 Atividades, ABC e ABM	250
Atividades e departamentalização no sistema de informação	251
ABM	252
10.3 Direcionadores de custos (*Cost Drivers*)	253
Direcionadores de custos	253
Custos indiretos, departamentos de serviços, atividades e direcionadores de custos	255
10.4 ABC e Custeamento dos produtos	256
Exemplo de custeamento de produtos pelo custeio baseado em atividades	257
10.5 Atividades que adicionam valor ou não	260
10.6 Considerações complementares	261
Custo ABC para controle de custo e estratégia de produtos	262
Atividade que adiciona valor	262
Produtos que consomem atividades	263
ABC e volume de atividade	263
Custo ABC e as novas tecnologias de produção (JIT, CIM)	264
Procedimentos para implantação e utilização do sistema ABC	264
Questões e exercícios	265
Capítulo 11 – Formas de Custeio: Custo Padrão e Custo de Reposição	**267**
11.1 Definição	268
Custos orçados ou estimados	268

11.2 Finalidades do uso do custo padrão	268
Substituição do custo real	269
Formação de preços de venda	269
Acompanhamento da inflação interna da empresa	269
11.3 Tipos de padrão	270
Custo padrão ideal	270
Custo padrão corrente	270
Custo padrão baseado em dados passados	270
11.4 Custo padrão, custeamento por absorção e orçamento	271
Custo padrão para custos indiretos de fabricação (*overhead*)	271
Nível de atividade	271
Orçamento	272
11.5 Construção do padrão	272
Materiais diretos	272
Mão de obra direta	273
Custo direto de fabricação	274
Custo indireto de fabricação	275
Depreciação direta	277
11.6 Ficha padrão	277
11.7 Periodicidade da construção do padrão	278
Custo padrão mensal	278
Custo padrão em uma data base	278
Custo padrão em moeda estável	278
Custo padrão em data base atualizado pela inflação interna da empresa	279
11.8 Análise das variações	279
A equação fundamental de contabilidade de custos	279
Esquema genérico de análise das variações	279
11.9 Exemplo conceitual de análise das variações	280
Análise das variações de materiais	281
Análise das variações do custo direto de fabricação	283
Análise das variações e administração por exceção	283
Análise das variações simplificada	284
11.10 Considerações complementares	284
Custo padrão em novas tecnologias de produção e em *just-in-time (jit)*	284
Custo padrão e sistema de informação contábil	285
11.11 Custo de reposição	285
Objetivos do custo de reposição	285
Validade do custo de reposição	285
Formação do custo de reposição de produtos e serviços	286
Exemplo numérico	286
Questões e exercícios	287

PARTE III – CUSTOS PARA TOMADA DE DECISÃO 289

Capítulo 12 – Custeamento Variável e Análise de Custo/Volume/Lucro:
Modelo de Decisão da Margem de Contribuição 291

12.1 Principais conceitos do método de custeio variável/direto 292
    Margem de contribuição 292
    Ponto de equilíbrio 292
    Alavancagem operacional 293
    Margem de contribuição unitária e ponto de equilíbrio por produto ou divisão 293
12.2 Modelo de decisão da margem de contribuição 293
    Modelo de decisão – Um único produto 294
    Margem de contribuição e volume de produção/vendas 294
12.3 Ponto de equilíbrio (*Break-Even Point*) 295
    Ponto de equilíbrio e gestão de curto prazo 295
    Equação e cálculo do ponto de equilíbrio 296
    Ponto de equilíbrio em quantidade 296
    Demonstração da fórmula 296
    Ponto de equilíbrio em valor 297
    Metas de ponto de equilíbrio 298
    Ponto de equilíbrio operacional 299
    Ponto de equilíbrio econômico 299
    Ponto de equilíbrio financeiro 300
    Ponto de equilíbrio meta 300
    Metas de ponto de equilíbrio e ponto de equilíbrio em valor 300
    Análise gráfica do ponto de equilíbrio 301
    Como construir o gráfico 301
    Ponto de equilíbrio em quantidade para múltiplos produtos 302
    Margem de segurança 303
12.4 Modelo de decisão da margem de contribuição – Vários produtos 303
12.5 Utilização do modelo de decisão da margem de contribuição
    para maximização do lucro 304
    Exemplo de utilização do modelo e suas variáveis 305
12.6 Margem de contribuição e fatores limitantes 307
    Exemplo 307
        Primeira decisão possível: fabricar o produto de maior margem
        de contribuição unitária 308
        Segunda decisão possível: fabricar o produto de maior margem
        de contribuição percentual 309
        A decisão correta: fabricar o produto de maior margem
        de contribuição em relação ao fator limitante 310
    Fatores limitantes 312
12.7 Margem de contribuição horária e otimização da capacidade produtiva 312
    Análise da situação atual 312
    Análise da capacidade produtiva sem restrições de demanda 314
    Simulação com as quantidades máximas de produção por produto 314

Restrição de demanda e *mix* de produtos	317
Questões e exercícios	318
Capítulo 13 – Formação de Preços de Venda	**323**
13.1 Introdução	323
Motivos para a decisão de preços	323
Objetivos na decisão de preços	324
Modelos de tomada de decisão de preços	324
13.2 Formação de preços de venda com base no mercado e na teoria econômica	325
Custo meta	325
Valor percebido pelo consumidor	326
13.3 Formação de preços de venda com base no custo	326
Formação de preços de venda com base no custo e sua validade gerencial	327
Formação de preços de vendas e métodos de custeio	327
Formação de preços de venda e formas de custeio	328
13.4 Conceitos e elementos básicos para a formação de preços de venda	329
Multiplicador sobre os custos (*mark-up*)	329
Mark-up e estrutura da demonstração de resultados	330
Mark-up genérico	332
Mark-up por produto	332
Mark-up, mercados, canais de distribuição, mix de vendas dos produtos	332
13.5 Margem de lucro desejada	333
Parâmetros externos para a margem desejada	334
Margem de lucro genérica	335
Margem de lucro por produto e contabilidade divisional	335
Margem de lucro por produto x *mark-up* por produto	335
Impostos sobre o lucro e legislação fiscal	335
Alíquotas básicas e imposto efetivo	336
Enquadramento da empresa na legislação tributária	336
13.6 Custo financeiro e custo de financiamento da venda	336
Custo financeiro e sua obtenção	336
Custo de financiamento da venda e sua obtenção	337
13.7 Determinação da margem desejada para o *mark-up*	337
Faturamento normativo	338
Margem de lucro desejada líquida dos impostos sobre o lucro	339
Determinação da margem desejada considerando-se o lucro operacional	340
Determinação da margem desejada considerando-se o lucro líquido para os acionistas	341
13.8 Exemplo numérico de formação de preço de venda	342
Obtenção dos percentuais de despesas operacionais e custo financeiro	342
Preço de venda calculado	343
13.9 Construção do *mark-up*	343
Exemplo de formação dos preços de venda	345
Comprovação dos *mark-ups* I e II	345

13.10 Determinação do *mark-up* com base em custeamento
variável, capital de giro por produto e retorno do investimento ... 346
Determinação dos investimentos necessários para a
operação e retorno a ser obtido ... 346
Metodologia de cálculo de apuração do *mark-up* ... 349
Consolidação na demonstração do resultado ... 350
13.11 *Mark-up* e regimes tributários ... 351
Regime cumulativo e não cumulativo – PIS e Cofins ... 352
Lucro real e lucro presumido ... 352
Tributos sobre o lucro, PIS e Cofins ... 353
Contribuição previdenciária (INSS) sobre a receita ... 353
Simples ... 353
Mark-up com lucro real e PIS e Cofins não cumulativo ... 353
Mark-up com lucro presumido e PIS e Cofins cumulativo ... 355
A questão da mensuração percentual da margem no lucro presumido ... 355
A questão da mensuração do impacto do IR/CSLL no lucro presumido ... 357
Cálculo do *mark-up* com lucro presumido ... 358
Mark-up com o regime do Simples ... 363
Mark-up em situações de substituição tributária do ICMS ... 364
13.12 Fundamento econômico para a gestão de preços de venda:
o modelo da margem de contribuição ... 366
Utilizando sistemas de simulação ... 367
13.13 Formação de preços de venda e ciclo de vida dos produtos ... 367
13.14 Aspectos adicionais na gestão de preços de venda ... 369
Comparação de preços de venda ... 369
Financiamento e impostos da venda ... 371
Alterações nos preços de venda calculados ... 373
Questões e exercícios ... 373

Capítulo 14 – Introdução à Precificação (*Pricing*) ... 377
14.1 Fundamentos da precificação ... 378
Fatores de lucro ... 379
Definição dos efeitos da precificação ... 380
Fundamentos da precificação ... 381
Esquema básico do processo de preços e valores ... 382
14.2 Modelo geral de decisão de preço de venda ... 384
Avaliação estratégica e caracterização do ambiente econômico ... 384
Projeção da demanda ... 385
Identificação dos objetivos, políticas e estratégias de preço ... 386
Custos e investimentos necessários e rentabilidade desejada ... 386
Avaliação econômica da estratégia de precificação ... 386
14.3 Estrutura e elementos da estratégia de precificação ... 386
Conceituação e princípios ... 387
Criação de valor ... 387
Psicologia do consumidor ... 390

O estrategista de preço	391
14.4 Implementação na organização	392
Visão geral da implementação	392
14.5 Modelo econômico de avaliação e simulação	394
Modelo de margem de contribuição para precificação	394
Análise dos efeitos da tomada de decisão	397
Aplicando a simulação e ponto limítrofe	399
14.6 Sistemas de informação e exemplos de aplicações de precificação	400
Sistemas de informação de captura de dados do mercado e dos clientes	400
Softwares para gestão diária dos preços de venda	400
Exemplos de aplicações de precificação	401
Questões e exercícios	402

Capítulo 15 – Análises de Custos e Rentabilidade de Produtos — 403

15.1 Comprar x fabricar	403
Considerações para a decisão	404
Exemplo numérico	405
Considerações finais	408
15.2 Análise de rentabilidade de produtos	408
Métodos de custeamento dos produtos	408
Análise da rentabilidade unitária dos produtos	409
Análise da rentabilidade total dos produtos	409
Análise da rentabilidade dos investimentos dos produtos	413
Análise da rentabilidade do ciclo de vida dos produtos	414
15.3 Custo meta (*Target Costing*)	415
Custo meta como conceito de custo unitário	416
Margem desejada	417
Como cortar custos para atingir o custo meta	418
Custo padrão x custo meta	419
15.4 Custos para servir (*Cost to serve*)	420
15.5 Inflação da empresa e monitoramento do custo dos recursos	424
Utilização	424
Tipos de inflação a serem calculados	424
Base conceitual e metodologia	425
Periodicidade e modelo sugerido	425
Estruturação das cestas padrão	426
Coleta das variações de preços	428
Apuração da inflação interna	430
Monitoramento dos custos e fornecedores	433
15.6 Análise de rentabilidade multidimensional	437
Questões e exercícios	440

Capítulo 16 – Custo de Serviços e Atividades Específicas — 445

16.1 Caracterização e classificação dos serviços	445
Características	446
Tipos de serviços	446

16.2 Custo dos serviços 447
　　Estrutura do serviço 447
　　Processo de execução 447
　　Equipamentos utilizados e conceito de depreciação a ser adotado 448
16.3 Exemplos 449
　　Exemplo 1 – Custo de serviço de mão de obra profissional 449
　　Exemplo 2 – Custo de serviço baseado em equipamento 451
16.4 Atividade específicas 453
　　Hotelaria 453
　　Serviços de saúde 454
　　Alimentação 454
Questões e exercícios 455

Capítulo 17 – Custos Ambientais e da Qualidade, Ociosidade e Produtividade 457
17.1 Envolvimento das atividades com a qualidade e o ambiente 458
　　Outros custos implícitos nas atividades 461
　　A importância da segregação dos custos ambientais e da qualidade 461
17.2 Custos da qualidade 462
　　Custos da qualidade e custo unitário dos produtos e serviços 467
　　Contabilização 468
　　Retorno da qualidade 469
17.3 Custos ambientais 469
　　Aspectos e impactos ambientais 470
　　Passivo ambiental 470
　　Ativos ambientais 470
　　Custos ambientais 471
　　Custos ambientais, custo unitário e contabilização 475
　　Resultado ambiental 476
17.4 Ociosidade 476
　　Nível de redução das operações, ineficiência e caracterização da ociosidade 477
　　Ociosidade: custo do produto ou despesa do exercício? 478
　　Ociosidade e custo unitário dos produtos e serviços 478
　　Contabilização 479
17.5 Produtividade 480
　　Como obter mais produtividade 481
　　Efeito da produtividade nos custos e contabilização 482
　　Repasse nos preços de venda 482
Questões e exercícios 483

Capítulo 18 – Política de Redução de Custos e Gestão do Lucro 487
18.1 Modelos existentes 486
　　Gestão Estratégica de Custos (ABC/ABM) 486
　　Custo-alvo e custo *kaizen* 487
　　Redução de desperdícios 487
　　Gerenciamento matricial 487

Orçamento base zero	487
Redução de custos por reação	488
Avaliação geral	488
18.2 O processo de criação de valor	488
Criação de valor e o modelo contábil	489
O conceito de valor agregado	490
A empresa como um sistema integrado de atividades	491
Criação de valor empresarial: apropriação de valor agregado	491
Custo de capital: o custo do dinheiro dos acionistas	492
Criação de valor para o acionista: valor econômico adicionado (EVA)	493
18.3 Fundamentos da política de redução de custos e gestão do lucro (PRC)	494
Foco do processo de gestão	495
Foco sistêmico	495
Visão geral	495
18.4 Como nascem os custos	496
Processo decisório da estrutura de custos	496
Estrutura de custos	499
18.5 Estruturação da PRC	501
Estruturação hierárquica da PRC	501
PRC em nível estratégico	501
PRC em nível operacional	502
PRC em nível de execução e controle	502
Monitoramento das variáveis do processo sistêmico	502
Programas e equipes de trabalho para PRC	503
Implementação e atuação	504
Questões e exercícios	505
Bibliografia Básica	506

Prefácio à Terceira Edição

É com enorme satisfação que temos a oportunidade de rever nosso trabalho para uma nova edição, pois, para nós, é um indicativo da aceitação da proposta de nosso trabalho.

Esta nova edição tem uma abordagem especial. A abordagem que havíamos dado às duas primeiras edições era de um conteúdo básico e gerencial. Em razão disso, não incorporamos alguns temas, tópicos e análises, que, na oportunidade, julgamos ligados à questão contábil, como a contabilização dos custos e organização do sistema de custos, bem como não alargamos algumas possibilidade de análises e gestão de custos e preços de venda. Aproveitamos para suprir essas lacunas nesta nova edição.

Parte significativa das alterações desta edição vem do desenvolvimento de novas análises de custos, e também da experiência adicional que coletamos nas dezenas de seminários profissionais que tivemos a oportunidade de ministrar por todo o país nos últimos cinco anos. Esses seminários profissionais foram extremamente importantes para testarmos o conhecimento existente nas empresas, bem como da validade e aplicabilidade dos conceitos que desenvolvemos.

Partindo dessas constatações, *resolvemos alterar o nome da obra para Contabilidade de Custos*, uma vez que agora estamos bem à vontade para mostrar que nosso trabalho tem a consistência de um livro texto para qualquer curso de custos (em graduação, pós-graduação, MBA e *stricto sensu*), e para aplicação em âmbito empresarial.

Com relação à aplicabilidade para os diversos níveis de aprendizagem, o livro permite a utilização em qualquer nível educacional. Basta o docente escolher os capítulos e temas básicos, e, em seguida, escolher as análises de custos e de preços que julga aderente ao nível do corpo discente. Normalmente as análises mais aprofundadas constam nas partes finais de cada capítulo.

Foi possível manter a estrutura básica de nosso trabalho mesmo com as diversas alterações efetuadas. Além da revisão natural de todo o trabalho, as principais alterações foram as seguintes.

I - Introdução de três novos capítulos:

Capítulo 7 – Organização do Sistema de Custos e Contabilização

Capítulo 14 – Introdução a Precificação (*Pricing*)

Capítulo 18 – Política de Redução de Custos e Gestão do Lucro

O Capítulo 7 pode ser considerado um capítulo inédito na área de publicação. Foca a organização dos sistemas de custos contábeis e gerenciais dentro do Sistema Integrado de Gestão Empresarial, denominado ERP – *Enterprise Resource Planning*.

O Capítulo 14, sobre preços, é uma introdução ao conceito de Precificação trabalhado na área de Marketing. Já havíamos feito uma pequena introdução neste tema com o conceito de *valor percebido pelo consumidor*. Procuramos neste capítulo dar uma visão compacta, mas consistente, com a abordagem de formação de preços a partir do mercado, como elemento chave para alavancador de rentabilidade.

No Capítulo 18 apresentamos nossa visão conceitual sobre a implementação de uma estrutura permanente de gestão de custos, que ampliamos para o conceito de gestão do lucro. O objetivo é apresentar a estrutura de geração dos custos, e, consequentemente, as condições para sua gestão e otimização geral do lucro da empresa.

II – Introdução de novos modelos de análises de custos e rentabilidade

Introduzimos diversas novas análises de custos e rentabilidade, acompanhando o desenvolvimento da ciência contábil de custos, sendo as principais as seguintes:

- Custos para servir (*Cost to serve*);
- Inflação da empresa e monitoramento do custo dos recursos;
- Formação de preços de venda para diversos regimes de tributação;
- Formação de preços de venda a partir do custeamento variável e do retorno do investimento;
- Margem de contribuição horária;
- Análise de rentabilidade multidimensional;
- Custo padrão de reposição.

Esperamos que a comunidade docente, discente e empresarial, mais uma vez, aproveite o nosso trabalho. Estamos sempre aguardando as sugestões dos colegas.

Clóvis Luís Padoveze
cpadoveze@yahoo.com.br

Fundamentos e Estrutura de Informações

PARTE I

Capítulo 1 – Conceitos e fundamentos

Capítulo 2 – Classificação e comportamento dos custos

Capítulo 3 – Visão geral da contabilidade de custos

Capítulo 4 – Estruturação das informações

Capítulo 5 – Apuração do custo dos recursos

Capítulo 6 – Sistemas de acumulação de custos

Capítulo 7 – Organização do sistema de custos e contabilização

Conceitos e Fundamentos

capítulo 1

Objetivos de aprendizagem

Este capítulo desenvolve:

- a definição de custos e do uso das demais terminologias, como despesas, gastos e outras similares;
- uma introdução à contabilidade de custos;
- a diferença entre custos industriais e custos comerciais;
- a diferença entre custos e despesas e entre gastos para os produtos e gastos do período;
- a apresentação dos elementos formadores do custo industrial;
- uma introdução à apuração do custo unitário dos produtos.

A palavra *custos* é aplicada a diversas coisas e situações. No âmbito econômico e financeiro, e segundo o *Novo Dicionário da Língua Portuguesa*, de Aurélio Buarque de Holanda Ferreira, custo é a "quantia pela qual se adquiriu algo; valor em dinheiro". *Custo* vem do verbo *custar*, que, segundo o mesmo autor, é "ter determinado preço ou valor; ser adquirido por certo preço ou valor"[1].

Segundo Paulo Sandroni, em seu *Dicionário de Economia do Século XXI*, custos são a "avaliação, em unidades de dinheiro, de todos os bens materiais e imateriais, trabalho e serviços consumidos pela empresa na produção de bens industriais, bem como aqueles consumidos também na manutenção de suas instalações. Expresso monetariamente, o custo resulta da multiplicação da quantidade dos fatores de produção utilizados pelos seus respectivos preços"[2].

---

[1] FERREIRA, Aurélio Buarque de Holanda. *Dicionário Aurélio da Língua Portuguesa*. 5. ed. Curitiba: Editora Positivo, 2010, p. 631.
[2] SANDRONI, Paulo. *Novo dicionário de economia economia do século XXI*. 8. ed. rev. e ampl. Rio de Janeiro: Civilização Brasileira, 2014.

1.1 Definição genérica

Podemos, então, definir genericamente custos como sendo a mensuração econômica dos recursos (produtos, serviços e direitos) adquiridos para a obtenção e a venda dos produtos e serviços da empresa. Em palavras mais simples, custo é o valor pago por alguma coisa.

Fica evidente nesta definição o conceito de custo unitário, já que é o valor que se paga por algo comprado. Como em toda transação há duas partes, a que vende e a que compra, o custo unitário de alguma coisa, pago pelo comprador, é o preço de venda do mesmo item para o vendedor. Portanto, o custo unitário de um bem ou serviço nos remete, naturalmente, ao conceito de preço de venda desse mesmo bem ou serviço.

Visão do Vendedor	Visão do Comprador
Preço de Venda Unitário	Custo Unitário de Compra

Figura 1.1 **Valor unitário dos produtos e serviços nas transações**

Custo dos insumos para os produtos e serviços[3]

Os gastos dentro de uma empresa estão relacionados, direta ou indiretamente, com os produtos e serviços finais que serão produzidos e vendidos. Dessa maneira, o foco central da questão de custos nas empresas está em determinar quanto custa uma unidade de cada tipo de produto que está sendo fabricado e comercializado.

Para a obtenção de uma unidade de produto final, há a necessidade de uma série de recursos, que, na maior parte das vezes, envolvem determinadas quantidades desses mesmos recursos (ou insumos de produção ou venda, como são comumente chamados). Os recursos adquiridos para a obtenção e a venda dos produtos e serviços e para o desenvolvimento das atividades da empresa sempre poderão, portanto, ser expressos pela equação de preços e quantidades.

Dessa maneira, a equação geral de custos é:

$$\text{Custo do Insumo} = \text{Preço} \times \text{Quantidade do Recurso}$$

---

[3] Neste trabalho, quando se fala de produtos, produto final etc., também trata-se de serviços. Assim, todos os conceitos, critérios, técnicas etc. aplicados para os produtos são exatamente os mesmos aplicados para os serviços. Ainda assim, reservamos o Capítulo 16, Custo de Serviços e Atividades Específicas, para dar ênfase adicional ao custeamento dos serviços.

Abreviando:

$$C = P \times Q$$

Por exemplo, para fazer um 1 quilo de açúcar são necessários 12,5 quilos de cana-de-açúcar, que é a matéria-prima do açúcar. Para saber o custo do recurso matéria-prima para a fabricação do açúcar, é necessário multiplicar o preço da tonelada (quilo) de cana *in natura* pela quantidade utilizada. Supondo que cada quilo de cana custe no mercado em média $ 0,02, temos:

$$C = P \times Q$$
Custo da matéria-prima do açúcar = $ 0,02 x 12,5 quilos
Custo = $ 0,25

Neste exemplo, a matéria-prima para 1 quilo de açúcar custa $ 0,25 (vinte e cinco centavos).

Esta equação de custo dos insumos é extremamente importante para a análise e o controle de custos para fins de gerenciamento do custo, dos preços de venda e das operações que envolvem o processo produtivo e comercial.

Contabilidade de custos

É o segmento da ciência contábil especializado na gestão econômica do custo e dos preços de venda dos produtos e serviços oferecidos pelas empresas. Em linhas gerais, podemos dizer que a necessidade de um ramo específico da ciência contábil para se dedicar à questão dos custos nasceu com a Revolução Industrial, no século XVIII, com o advento de novas invenções e dos primeiros processos automatizados, quando se iniciou a produção em massa, contrapondo-se à produção artesanal.

A partir desse momento, o setor econômico de comercialização dos produtos passou a conviver com o setor econômico de produção industrial. A contabilidade, que havia desenvolvido excelentes metodologias e sistemas de informação para o ramo comercial, teve de desenvolver metodologias complementares para a gestão do setor industrial.

O escopo inicial da contabilidade de custos foi a determinação do custo dos produtos para fins de avaliação dos estoques industriais e, consequentemente, do custo desses produtos quando vendidos, para se obter lucro na venda dos produtos.

> A diferença fundamental entre o custo dos produtos nas empresas comerciais e o custo dos produtos nas empresas industriais é que as primeiras têm só um insumo para custo das mercadorias adquiridas para revenda, ao passo que as segundas têm de utilizar vários insumos para o processo de obtenção (produção) dos produtos.

O único insumo dos produtos a serem vendidos para as empresas comerciais é o custo das mercadorias adquiridas para posterior revenda; já as empresas industriais necessitam de matéria-prima, outros componentes, materiais auxiliares, além da utilização de mão de obra para elaborar os produtos. O pessoal envolvido na produção, que é o custo da mão de obra, necessita de equipamentos e de serviços de apoio para executar as tarefas necessárias para fabricar os produtos. Dessa maneira, surgem os custos de depreciação das máquinas e equipamentos, de energia e outras despesas para facilitar o trabalho da mão de obra.

Por envolver diversos insumos, a produção industrial alonga o tempo de obtenção dos produtos e, portanto, consome tempo na execução das diversas tarefas necessárias às atividades e aos processos industriais exigidos para a fabricação dos produtos. Este fato, além de exigir medição dos diversos tempos necessários para a elaboração dos produtos, traz também questões extremamente importantes, como produtividade, eficiência, perdas e desperdícios.

Esse conjunto de fatores torna bastante complexa, em muitos casos, a obtenção do custo unitário dos produtos. Em linhas gerais, pode-se dizer que, quanto mais tarefas e tempo são despendidos com um produto, e quanto mais insumos e equipamentos são utilizados, mais complexa é a apuração do custo do produto e sua contabilização. Quanto mais simples o processo industrial e quanto menor a quantidade de insumos, mais fácil é a contabilidade de custos para produtos e empresas.

Custos e estoques nas empresas comerciais e industriais

As empresas comerciais só têm um insumo de custo, que são as mercadorias adquiridas para revenda. Portanto, só têm um tipo de estoque, denominado, normalmente, estoque de mercadorias. Quando os estoques são vendidos, o valor das mercadorias entregues é despesa para o comércio, e denominado custo das mercadorias vendidas.

As empresas industriais, por sua vez, têm três tipos diferentes de estoques. As matérias-primas, os componentes, os materiais de embalagens e os materiais auxiliares, enquanto não utilizados no processo de fabricação dos produtos, constituem os estoques de materiais. Logo em seguida, os materiais são requisitados pela fábrica e sobre eles passam a ser executadas operações e tarefas pelos funcionários da fábrica. Enquanto os processos industriais estão em andamento, os produtos ainda não foram concluídos. Durante todo esse tempo em que os materiais ficam em processamento, são estocados como produção em processo (ou produção em andamento ou em elaboração). Após a conclusão de todos os processos, quando finalmente os produtos estão prontos e disponíveis para venda, são temporariamente estocados e denominados produtos acabados.

Na Figura 1.2, mostramos como é o fluxo dos estoques industriais.

Na Figura 1.3, apresentamos um resumo das diferenças da contabilidade de custos das empresas comerciais e industriais.

Conceitos e fundamentos **7**

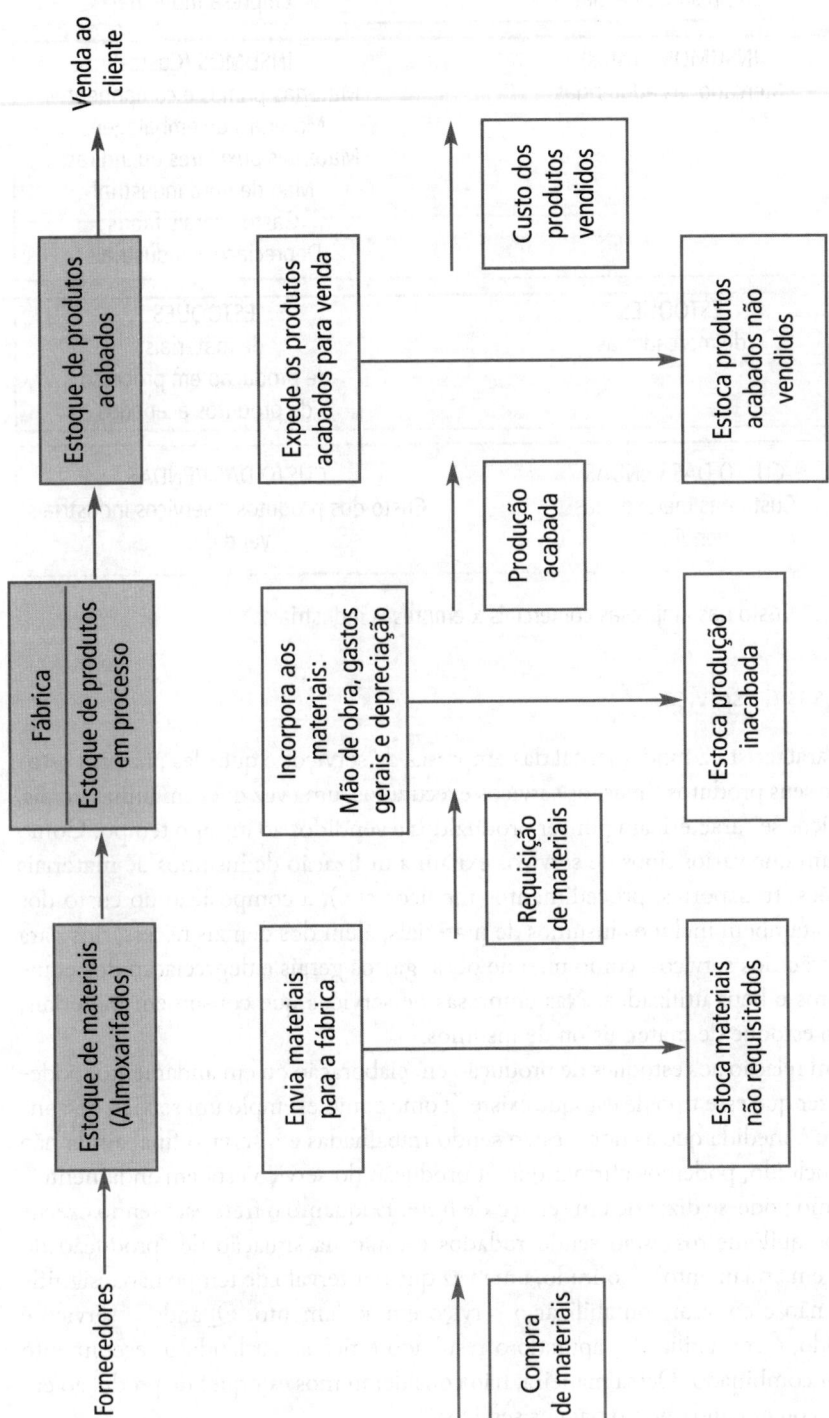

Figura 1.2 Fluxo dos estoques industriais

Empresa Comercial	Empresa Industrial
INSUMOS (custos) Mercadorias adquiridas	INSUMOS (Custos) Matérias-primas e componentes Materiais de embalagens Materiais auxiliares ou indiretos Mão de obra industrial Gastos gerais fabris Depreciações industriais
ESTOQUES de mercadorias	ESTOQUES de materiais de produção em processo de produtos acabados
CUSTO DAS VENDAS Custo das mercadorias vendidas	CUSTO DAS VENDAS Custo dos produtos e serviços industriais vendidos

Figura 1.3 **Custo nas empresas comerciais x empresas industriais**

Empresas de serviços

Uma característica fundamental das empresas de serviços é que elas não têm estoques de seus produtos finais, os serviços executados, uma vez que, em linhas gerais, os serviços se caracterizam por ser produzidos e vendidos ao mesmo tempo. Como é comum que vários tipos de serviços exijam a utilização de insumos de materiais (refeições, transportes, procedimentos médicos etc.), a composição do custo dos serviços também inclui os insumos de materiais, além dos demais necessários para a execução dos serviços, como mão de obra, gastos gerais e depreciação dos equipamentos e bens utilizados. Nas empresas de serviços que consomem materiais, existe o estoque de materiais ou de insumos.

Com relação aos estoques de produção em elaboração ou em andamento, podemos dizer que esse tipo de estoque existe. Tome como exemplo um serviço de consultoria: à medida que as horas estão sendo trabalhadas e o serviço final ainda não está concluído, podemos afirmar que "a produção do serviço está em andamento". O mesmo pode-se dizer de um serviço de frete. Enquanto o frete está sendo executado, os quilômetros estão sendo rodados e estão na situação de "produção do serviço em andamento". Contudo, uma vez que o intervalo de tempo não é significativo, não é comum contabilizar o serviço em andamento. Quando o serviço é concluído, é contabilizado, apurado o resultado e fica aguardando o recebimento do valor combinado. Dessa maneira, não consideraremos estoques de produção em processo ou em andamento para os serviços.

A Figura 1.4 mostra a composição do custo nas empresas de serviços que, no caso de serem exclusivamente de mão de obra (consultorias, treinamentos etc.), terão apenas os insumos de mão de obra.

```
                    EMPRESA DE SERVIÇO

                    INSUMOS (custos)
                   Materiais e componentes
                 Materiais auxiliares ou indiretos
                  Mão de obra aplicada nos serviços
              Mão de obra de apoio à operação dos serviços
                        Gastos gerais
                Depreciações da operação dos serviços

                         ESTOQUES
                      Materiais diretos
                     Materiais indiretos

                      CUSTO DAS VENDAS
                    Custo dos serviços vendidos
```

Figura 1.4 Custo nas empresas de serviços

1.2 Escopo da contabilidade de custos

Contabilidade de custos é um dos segmentos da ciência contábil que mais têm apresentado evoluções teóricas ao longo dos últimos anos. É um dos melhores e mais utilizados instrumentos para a gestão empresarial. Em linhas gerais, podemos dizer que a contabilidade de custos tem duas grandes áreas de atuação:

a. custo contábil: conceitos e técnicas voltados para a apuração do custo dos produtos e serviços para fins de contabilização e atendimento às necessidades legais e fiscais;
b. custo gerencial: conceitos e técnicas voltados para a gestão econômica dos produtos e serviços da empresa, suas atividades, unidades de negócio e seus gestores responsáveis, envolvendo as necessidades de controle, avaliação de desempenho e tomada de decisão.

As duas áreas de atuação em custos são inter-relacionadas, e a maior parte dos conceitos utilizados é a mesma. Contudo, as necessidades da contabilidade financeira (contabilidade tradicional para fins de publicação de balanços, atendimento às normas comerciais e fiscais) se restringem à apuração do custo unitário dos produtos e serviços para a determinação do valor dos estoques industriais e do custo dos produtos e serviços vendidos.

As necessidades gerenciais, por sua vez, são inúmeras e extremamente variadas. O ferramental de custos é utilizado para o controle destes em cima de padrões, metas ou orçamentos, avaliação dos gestores responsáveis pelos custos de suas atividades, departamentos e divisões, técnicas e conceitos para formar e administrar preços de venda, modelos e conceitos para o processo de tomada de decisão envolvendo rentabilidade dos produtos e serviços, manutenção de processos internos, aquisição de terceiros etc.

Custo unitário do produto: a questão fundamental

O ponto central de toda a contabilidade de custos é a apuração do custo unitário do produto. (Quando falamos *produto*, estamos nos referindo genericamente a todos os produtos e serviços vendidos pela empresa.)

Métodos e sistemas, apoiados em teorias, conceitos e critérios de cálculos, foram desenvolvidos ao longo dos séculos, tendo como objetivo básico determinar quanto custa cada unidade de produto oferecida pela empresa.

Por que esta questão é fundamental? Primariamente, porque o custo de todas as unidades de produtos já é obtido naturalmente pela contabilidade tradicional. O sistema de contabilidade financeira, por meio do balanço patrimonial e da demonstração de resultados, já tem por finalidade apurar o total de gastos da empresa, ou seja, o total dos gastos que foram necessários para produzir e vender todos os produtos dentro de um período, normalmente um ano.

Todavia, para fins gerenciais, é imprescindível o conhecimento do custo de cada produto ou serviço separadamente, em termos unitários. A necessidade desta informação decorre fundamentalmente da premência de se estabelecer ou parametrizar o preço de venda do produto ou serviço a ser oferecido ao cliente. Em outras palavras, a apuração do custo unitário de uma unidade de produto é necessária, primariamente, para que se estabeleça o preço de venda unitário, bem como para saber e avaliar sua lucratividade.

A maior polêmica na contabilidade e gestão de custos está na ligação umbilical entre o custo unitário e o preço de venda unitário. Esta polêmica tem sua origem na economia, inserta na teoria da microeconomia, segundo a qual o preço de venda é dado pelo mercado, no ponto em que as curvas de preços e quantidades, da oferta e da procura, se cruzam.

Ora, se o preço é dado pelo mercado, não haveria por que se falar em formar preços de venda pelo custo. Contudo, a prática dos negócios vê o assunto de forma mais ampla. Mesmo aceitando que o mercado possa estabelecer o preço, o custo unitário é elemento fundamental para parametrizar todas as decisões de fabricar ou não o produto, bem como é a informação básica para ofertar o produto ao mercado.

Necessidade da informação do custo unitário dos produtos e serviços

Esta necessidade surge naturalmente quando a empresa fabrica e vende mais de um produto ou serviço e, consequentemente, estoca esses produtos e serviços enquanto não são vendidos.

Quando a empresa produz e vende um (e apenas um) produto ou serviço, a facilidade de obtenção do custo unitário é tão evidente que praticamente torna desnecessários os conceitos e técnicas de custos. Basta dividir o valor total dos gastos que a empresa teve no período pela quantidade produzida do produto ou serviço. Por exemplo, se uma indústria têxtil fabrica apenas um tipo de tecido, e em um determinado mês gastou $ 1.000.000 para fabricar 200.000 metros desse único tecido, o custo unitário por metro de tecido é $ 5,00.

$$\text{Custo unitário para um único produto} = \frac{\text{Valor total dos gastos no período}}{\text{Quantidade produzida no período}}$$

Colocando na fórmula os dados do nosso primeiro exemplo, teremos:

$$\text{Custo unitário de 1 metro de tecido} = \frac{\$\ 1.000.000}{200.000\ \text{metros}}$$

Custo unitário de 1 metro de tecido = $ 5,00

Nessa situação bastam, então, apenas duas informações: o valor total dos gastos no período e a quantidade em que é vendido o produto ou serviço. Se, em vez de um produto, fosse um serviço, este também teria de ser medido em uma única quantidade, nessa mesma situação de produto ou serviço único. Por exemplo, se uma firma de advocacia vende apenas um tipo de serviço jurídico e cobra por hora trabalhada, basta dividir o valor total gasto no período pelo número de horas disponíveis para venda. Supondo que em determinado mês os gastos dessa firma tenham sido $ 6.000 e estejam disponíveis ou foram trabalhadas 150 horas de assessoria jurídica, o custo por hora do serviço é igual a $ 40,00. Vejamos na fórmula:

$$\text{Custo unitário de 1 hora de serviço jurídico} = \frac{\$\ 6.000}{150\ \text{horas}}$$

Custo unitário de 1 hora de serviço jurídico = $ 40,00

Produto ou serviço único: uma situação de ocorrência improvável

A possibilidade de uma empresa produzir e vender apenas um único produto ou serviço é bastante improvável, e, podemos dizer, quase impossível. Para configurar um produto ou serviço único é necessário que todas as características e atributos do produto ou serviço sejam os mesmos e absolutamente idênticos.

Assim, não poderiam existir diferenças de cor, espessura, qualidade e tamanho, características diferentes, processos de produção e estocagem diferenciados, matérias-primas diferentes, processos de comercialização diferenciados, embalagens e contenedores diferentes etc. – condições que dificilmente ocorrem no mundo real.

Tomando como base os dois exemplos anteriores, dificilmente uma indústria têxtil fará um único tecido e comercializará de uma única forma. Sempre haverá metragens e texturas diferentes, processos de coloração, vendas para atacadistas e varejo etc. – características que necessitarão ser trabalhadas separadamente, já que os esforços para essas caracterizações são diferentes e, portanto, tornarão diferente o custo unitário por metro dos diversos tecidos.

O mesmo se dará com as horas de serviços jurídicos. Determinados contenciosos e causas exigirão mais ou menos esforços e recursos do advogado ou advogados; uma série de trabalhos exigirá deslocamento diferente de outros, mais ou menos utilização de equipamentos e recursos, consultas adicionais etc., fazendo que o preço por hora varie e se cobre mais ou menos.

1.3 Terminologias

Palavras como custo, despesa, consumo, gasto, dispêndio são utilizadas largamente como sinônimos. Não há nenhum mal nisso, porque, de fato, elas tendem a expressar as mesmas coisas. Convém, contudo, fazer uma distinção técnica entre as principais terminologias, objetivando clarear os significados em sua utilização nos modelos de decisão de caráter empresarial.

Muitas das diferenças terminológicas nasceram das necessidades contábeis, legais e fiscais, e, por isso, têm um significado importante e podem ser mantidas para o escopo gerencial de custos.

Custo ou despesa?

Essas duas terminologias são as mais utilizadas de forma indistinta, mas podem, no âmbito da contabilidade, ser entendidas diferentemente. Despesa é um gasto ocorrido em determinado período e lançado contabilmente nesse mesmo período, para fins de apuração do resultado periódico da empresa. Portanto, a despesa é lançada diretamente na demonstração de resultados de um período e significa, no momento de sua ocorrência, uma redução da riqueza da empresa.

Vejamos um exemplo. Partamos de um balanço patrimonial inicial em que tenhamos no ativo $ 500 apenas na conta caixa, e no passivo apenas a conta de capital social dos sócios, também de $ 500.

Vamos supor, no momento seguinte (Período 1), um pagamento de $ 35 para despesas de viagem de algum funcionário ou diretor. Este gasto é uma despesa, porque se trata de uma redução da riqueza dos sócios. Vejamos como fica o balanço patrimonial após essa transação.

Balanço Patrimonial Inicial

Ativo	$	Passivo	$
Caixa	500	Capital social	500
Total	500	Total	500

Note que o caixa diminuiu em $ 35, e o efeito imediato da despesa ocorreu na riqueza dos sócios, pois, somando o capital social inicial ao prejuízo resultante da única transação, que foi uma despesa, resultou em $ 465, inferior ao capital social inicial de $ 500. Nesse momento, ficou evidenciado que houve uma redução do valor do investimento líquido dos donos da empresa.

Balanço Patrimonial após Despesa de Viagem de $ 35

Ativo	$	Passivo	$
Caixa	465	Capital social	500
		Prejuízo	(35)
		Patrimônio líquido	465[4]
Total	465	Total	465

A demonstração de resultados desse período, que só tem um fato, é assim apresentada:

---

[4] Patrimônio líquido é o nome dado pela contabilidade para o valor da riqueza efetiva dos sócios ou acionistas da empresa, ou seja, seus donos ou donos do capital. O patrimônio líquido compreende o valor do capital social (inicial mais seus aumentos ou reduções), mais as reservas e prejuízos e lucros acumulados não distribuídos, retidos na empresa.

Demonstração de resultado – Período 1

	$
Receitas	-0-
(–) Despesas	
Despesas de viagens	(35)
= Prejuízo do Período 1	(35)

O custo, para fins contábeis, está ligado tecnicamente à aquisição de mercadorias para estoque (no caso de empresas comerciais) ou insumos para fabricação de produtos (no caso de empresas industriais). Enquanto está em estoque, seja como mercadorias ou materiais, seja como produtos acabados ou em processo, o valor pago ou incorrido para obtenção de mercadorias e insumos não é despesa, mas, sim, custo.

Vejamos um exemplo, retomando os dados anteriores. Vamos supor que a empresa adquira à vista 2 unidades de mercadorias para estoque e posterior revenda, pagando em dinheiro $ 120 pelas duas ($ 60 cada). Nesse momento, o custo pago não é despesa, pois as mercadorias serão estocadas e não reduzem a riqueza efetiva dos sócios.

Balanço patrimonial após aquisição de mercadorias de $ 120

Ativo	$	Passivo	$
Caixa	345	Capital social	500
Estoque de mercadorias	120	Prejuízo	(35)
		Patrimônio líquido	465
Total	465	Total	465

Note que o patrimônio líquido não se alterou nesse período 2. Assim, a ocorrência de custo não afeta, de modo imediato, a riqueza e, desse modo, não faz parte da demonstração de resultados.

Quando o custo se transforma em despesa

O custo se transforma em despesa quando o bem ou o serviço que representa é consumido. Em outras palavras, o custo se transforma em despesa quando o bem ou o serviço, que estava estocado, sai da empresa e é entregue ao cliente. Dessa forma, a saída do produto ou do serviço é uma perda para a empresa, uma despesa, e afeta a riqueza dos sócios.

Obviamente, quando a empresa entrega um produto ou um serviço, ela o faz, em condições normais, se receber um valor superior ao custo, de forma a obter lucro. Assim, ato imediato ao consumo do bem há o recebimento de dinheiro ou de um direito, por meio do preço de venda do produto ou do serviço vendido.

Tomando em continuidade o exemplo anterior, vamos supor que, em um período 2, uma das mercadorias estocadas seja vendida, também em dinheiro, por $ 150. Como o custo de aquisição foi $ 60, a venda está gerando um lucro de $ 90. Essa transação tem dois lançamentos: a) um lançamento da receita de $ 150, aumentando a riqueza dos sócios e o ativo caixa; b) uma baixa do estoque de mercadorias de $ 60, pois há o consumo de um bem entregue ao cliente, gerando um prejuízo aos sócios. O valor líquido é o lucro de $ 90, obtido na transação.

Balanço patrimonial após venda de uma mercadoria por $ 150

Ativo	$	Passivo	$
Caixa	495	Capital social	500
Estoque de mercadorias	60	Lucro	55
		Patrimônio líquido	555
Total	555	Total	555

Note que a riqueza dos sócios, medida pelo patrimônio líquido, agora aumentou em $ 90, proveniente do lucro na venda da mercadoria ($ 90 − $ 35 = $ 55). A demonstração de resultados, englobando todos os fatos até agora, fica da seguinte maneira:

Demonstração de resultado – Períodos 1 e 2

	$
Receitas de venda	150
(−) Despesas	
Custo das mercadorias vendidas	(60)
Despesas de viagens	(35)
= Lucro dos períodos 1 e 2	55

Concluindo, o custo se transforma em despesa quando o produto ou a mercadoria que ele representa é vendido e seu valor passa a ser confrontado com a receita na demonstração de resultados.

Gastos

Gastos são todas as ocorrências de pagamentos ou de recebimentos de ativos, custos ou despesas. Significam receber os serviços e os produtos para consumo em todo o processo operacional, bem como os pagamentos efetuados e os recebimentos de ativos. Como se pode verificar, gastos são ocorrências de grande abrangência e generalização. Gasto também é sinônimo de dispêndio, o ato de despender.

$$\text{Gastos} \begin{cases} \text{Custos} \\ \text{Despesas} \\ \text{Investimentos} \end{cases}$$

Utilizamos, então, a palavra gastos, quando queremos nos referir genericamente a custos, despesas ou investimentos.

Investimentos

São os gastos efetuados em ativos ou despesas e custos que serão imobilizados ou gerarão intangíveis. São gastos ativados em virtude de sua vida útil ou de benefícios futuros.

Custos

Como já vimos, são os gastos, que não são investimentos, necessários para fabricar os produtos da empresa. São os gastos, efetuados pela empresa, que farão nascer os seus produtos. Portanto, podemos dizer que os custos são os gastos relacionados aos produtos, posteriormente ativados quando os produtos, objeto desses gastos, forem gerados. São os gastos ligados à área industrial da empresa.

Despesas

Despesas são os gastos necessários para vender e distribuir os produtos. São os gastos ligados às áreas administrativas e comerciais. O custo dos produtos, quando vendidos, transforma-se em despesas.

Como também já havíamos explicado, a grande diferenciação conceitual entre custos e despesas decorre da separação primária entre empresas industriais e comerciais, adotada universalmente pela contabilidade societária e fiscal, com o enfoque básico de custear os estoques de produtos. Custos são gastos para se conseguir um produto (adquirir ou fabricar), e despesas são gastos para vender esses produtos. Contudo, é comum a utilização das terminologias de custos e despesas tanto para a área industrial quanto para as demais, o que não chega a comprometer a gestão econômica.

Já tínhamos definido custo como o valor econômico dos recursos utilizados para gerar produtos e serviços. Nessa linha de raciocínio, as despesas são custos, pois são também recursos e serviços utilizados e têm valor econômico. A visão tradicional de custos e despesas é que, como custo, os gastos são ativáveis, e, portanto, têm valor para a empresa. Despesa significa o consumo do custo e, portanto, quando ocorre, é redutora do lucro empresarial, já que o custo ativado sai da entidade.

Os gastos com juros de empréstimos e outras despesas financeiras, assim como o valor dos tributos sobre o lucro (imposto de renda e contribuição social sobre o lucro) também são despesas.

Pagamentos

São os atos financeiros de pagar uma dívida, um serviço, um bem ou um direito adquirido. É a execução financeira dos gastos e investimentos da empresa.

Perdas

São fatos ocorridos em situações excepcionais, que fogem à normalidade das operações da empresa. São considerados não operacionais e não devem fazer parte dos custos de produção. São eventos econômicos negativos para o patrimônio empresarial, não habituais e eventuais, tais como deterioração anormal de ativos, perdas de créditos excepcionais, capacidade ociosa anormal etc.

As perdas, quando caracterizadas, devem ser contabilizadas como *despesas*. Se os gastos oriundos das perdas forem de custos industriais, devem também ser transferidos para despesas. No Capítulo 17 há um exemplo desta contabilização.

Prejuízos

É o resultado negativo de uma transação ou de um conjunto de transações. Considerado o conjunto de transações de um período, é a resultante negativa da soma das receitas menos as despesas desse período. Neste caso, decorre da apuração do resultado de um período, no qual as despesas suplantam as receitas desse período.

Da mesma forma, analisando-se isoladamente, uma transação também pode ocasionar um prejuízo. Podemos apurar um prejuízo em uma venda, em uma aplicação financeira, em uma compra (quando, por exemplo, compararmos com um preço alternativo melhor) etc.

De qualquer forma, o mais comum tem sido associar a terminologia prejuízo ao resultado negativo (o inverso de lucro) para o conjunto das transações de um período, apurado dentro da demonstração de resultados.

Insumo

É uma terminologia específica do setor produtivo ou industrial. Significa a combinação de fatores de produção (matérias-primas, mão de obra, gastos gerais, energia, depreciação) necessários para a produção de determinada quantidade de bem ou serviço.

Desperdício

Não é uma terminologia técnica de custos, mas tem sido amplamente utilizada quando se fala em gestão ou redução de custos. Em dicionários, desperdício é definido como "gastos sem aproveitamento", o que nos leva a supor que este tipo de comportamento não é admissível em nenhuma empresa.

Contudo, podemos caracterizar desperdício como "a realização atual de um processo, tarefa ou atividade que já poderia ser realizada de forma mais eficiente ou eficaz com um menor dispêndio de recursos".

Assim, quando se detecta que o processo, tarefa ou atividade pode ser feito de maneira melhor com economia de gastos, caracteriza-se a situação anterior como "desperdício".

Nomenclaturas e demonstração do resultado

Na Figura 1.5, reapresentamos as nomenclaturas dentro de uma demonstração do resultado, comparando empresas comerciais e industriais, com o objetivo de ressaltar a diferença entre custos e despesas.

Em termos de práticas contábeis, a distinção entre custos e despesas está relacionada aos gastos das áreas industriais, administrativas e comerciais. Despesas são gastos das áreas administrativas e comerciais, e incluem as despesas financeiras e os tributos sobre o lucro. Custos são gastos da área industrial.

Do ponto de vista gerencial, essa distinção não é relevante, uma vez que tanto os custos quanto as despesas são necessários para as operações, e, portanto, recursos que custam e devem ser utilizados da forma mais eficiente e eficaz possível. Reforçando, como exemplo, quando se fala em redução de custos, está-se falando naturalmente de redução de custos e despesas; assim, a semântica mais adequada seria redução de *gastos*.

Provavelmente, essa distinção semântica ocorreu, historicamente, quando do surgimento da contabilidade de custos, na Revolução Industrial, no século XVIII. Até aquele momento, não havia se caracterizado a indústria no seu formato atual, e a contabilidade, precipuamente, dedicava-se ao comércio. Assim, estavam consagrados os títulos "Custo das Vendas" para o item Mercadorias e "Despesas" para os demais gastos.

NOMENCLATURAS E DEMONSTRAÇÃO DO RESULTADO

COMÉRCIO	INDÚSTRIA	
VENDAS	VENDAS	
CUSTO DAS VENDAS Mercadoria	CUSTO DAS VENDAS Matérias-primas e componentes Mão de obra direta e indireta Gastos gerais Depreciações e amortizações	} Custos
LUCRO BRUTO	LUCRO BRUTO	
(–) DESPESAS OPERACIONAIS Comerciais Administrativas	Comerciais Administrativas	} Despesas
LUCRO OPERACIONAL Despesas financeiras IR/CSLL	LUCRO OPERACIONAL Despesas financeiras IR/CSLL	} Despesas
LUCRO LÍQUIDO	LUCRO LÍQUIDO	

Figura 1.5 **Nomenclaturas e demonstração do resultado**

Quando da necessidade de se definir o processo de contabilização dos insumos industriais, a contabilidade optou por manter a semântica custos para todos os gastos que estão ligados primariamente à geração ou ao nascimento dos produtos, mantendo a terminologia despesas para os demais gastos.

Reforçamos novamente que essa distinção semântica tem sentido para fins contábeis e de demonstrações financeiras para o público externo e para atender às normas internacionais de contabilidade; em termos gerenciais, não tem relevância objetiva.

1.4 Gastos para o produto e gastos para o período

A diferenciação do conceito de custo e despesa direciona os tipos de gastos: os custos são gastos para o produto e as despesas representam todos os gastos que são associados às vendas de um período.

Gastos para o produto

São os efetuados para o processo de produção. São os gastos industriais, denominados custos. A característica básica é que tais gastos, durante o processo de fabricação, não são considerados como despesas redutoras das receitas do período. É importante salientar que a contabilização dos custos, gastos para o produto, como ativos, parte do pressuposto de que está havendo, durante o processo de fabricação, um aproveitamento total dos gastos incorridos para a manufatura dos produtos.

Gastos para o período

São os efetuados para o processo de venda e envio dos produtos, os gastos administrativos e comerciais. Entende-se que esses gastos ocorrem durante os meses e o ano, independentemente do processo produtivo, ou seja, mensais ou anuais, associados ao período de venda, ou seja, ao período escolhido para a apuração dos resultados da empresa. Assim, as despesas têm impacto sobre o resultado do período, independentemente da quantidade produzida, ou mesmo se houve produção naquele período. O custo dos produtos vendidos é uma despesa de valor igual ao custo anteriormente estocado até antes do momento da venda, e é uma despesa confrontada com as vendas do período.

Verifica-se na Figura 1.6 que todos os gastos associados às receitas são gastos do período, porque estão associados às receitas de vendas daquele período. Os únicos gastos associados aos produtos são os industriais (os insumos industriais), que são os custos necessários para o processo de geração e estocagem dos produtos. Quando os produtos são consumidos, isto é, saem dos estoques, transformam-se em despesas, cuja denominação mais utilizada é custo dos produtos vendidos.

Dessa forma, fica clara a separação tradicional entre custos e despesas. Os custos são considerados gastos para os produtos e, enquanto estes estão sendo fabricados, não devem ser considerados como despesas e redutores do lucro empresarial.

| RECEITA DE VENDAS |

| (−) CUSTO DOS PRODUTOS VENDIDOS | Gastos para o período |

| = Insumos (custos) industriais
- Matéria-prima e materiais diretos
- Materiais indiretos
- Mão de obra direta e indireta
- Despesas gerais de fabricação
- Depreciações e amortizações | Gastos para os produtos |

| (+/−) Variação dos estoques industriais | Gastos para os produtos |

| (−) DESPESAS OPERACIONAIS
- Administrativas
- Comerciais
- Financeiras[5] | Gastos para o período |

| = LUCRO OPERACIONAL |

| (+/−) Outras receitas e despesas
(−) Impostos sobre o lucro | Resultados para o período
Gastos para o período |

| = LUCRO LÍQUIDO |

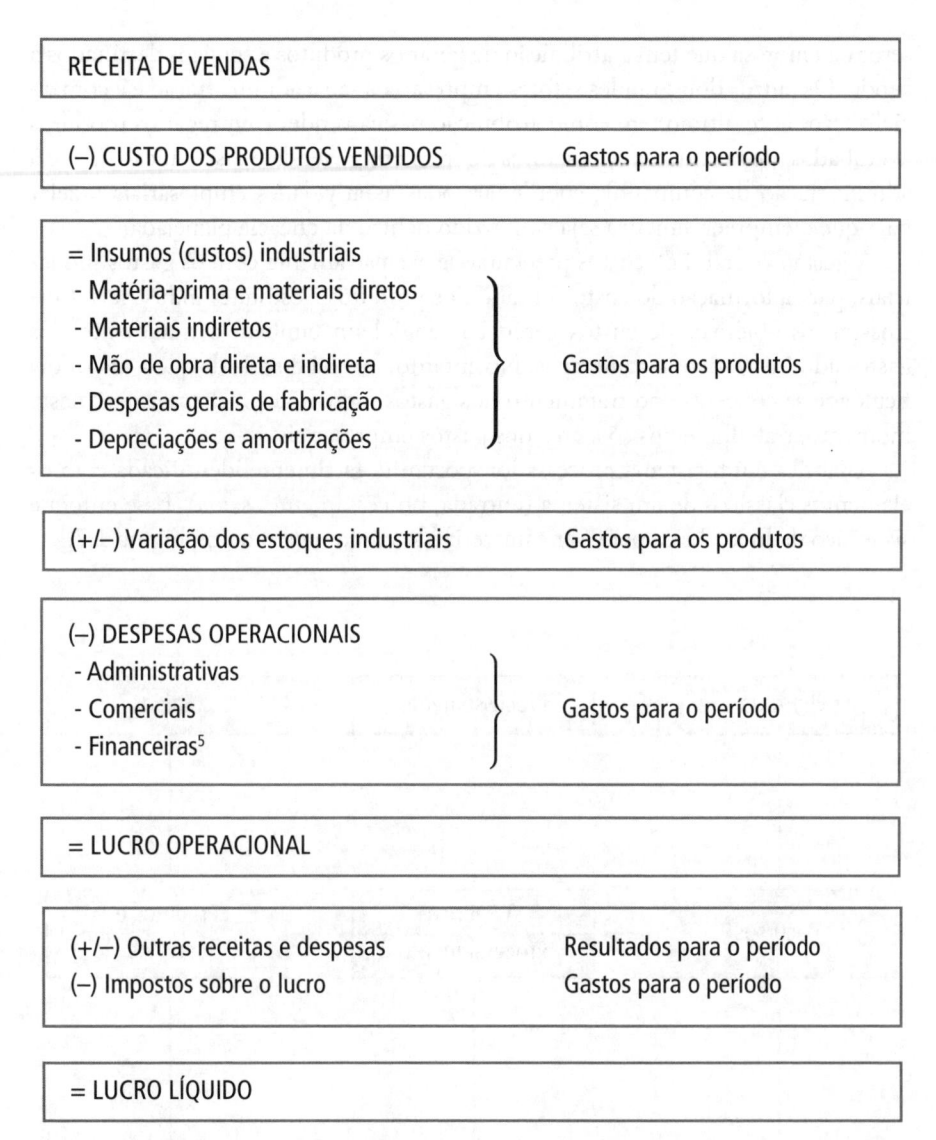

Figura 1.6 **Esquema básico de gastos na demonstração de resultados**

1.5 Elementos formadores do custo dos produtos industriais

O que caracteriza a indústria é o processo de transformação dos recursos ou insumos industriais em bens, produtos ou serviços. Dessa forma, a fábrica é o

---

[5] A legislação comercial e fiscal trata os resultados financeiros como receita ou despesa operacional. Em termos gerenciais e para a teoria de finanças, os resultados financeiros são não operacionais.

setor da empresa que tem a atribuição de gerar os produtos e serviços destinados à venda. Os outros dois grandes setores empresariais são a administração e a comercialização. Este último tem como atribuição básica vender e entregar os produtos já acabados, por meio dos seus setores de marketing, venda e distribuição. Cabe à administração da companhia coordenar todas as atividades empresariais e zelar para que o empreendimento seja conduzido dentro da eficácia planejada.

A gestão contábil de custos preocupa-se exclusivamente com os gastos industriais, para a formação do custo contábil dos produtos e estoques industriais. Outrossim, os objetivos de custos gerenciais englobam também o tratamento dos gastos administrativos e comerciais. No entanto, não há dúvida de que a maior dificuldade se concentra no tratamento dos gastos industriais, razão por que, neste momento, trabalharemos só a área dos gastos empresariais.

A fábrica é um sistema processador, portanto, facilmente identificada com os elementos clássicos de um sistema (entrada, processamento, saída). Esse enfoque sistêmico dado à fábrica pode ser caracterizado como mostrado na Figura 1.7.

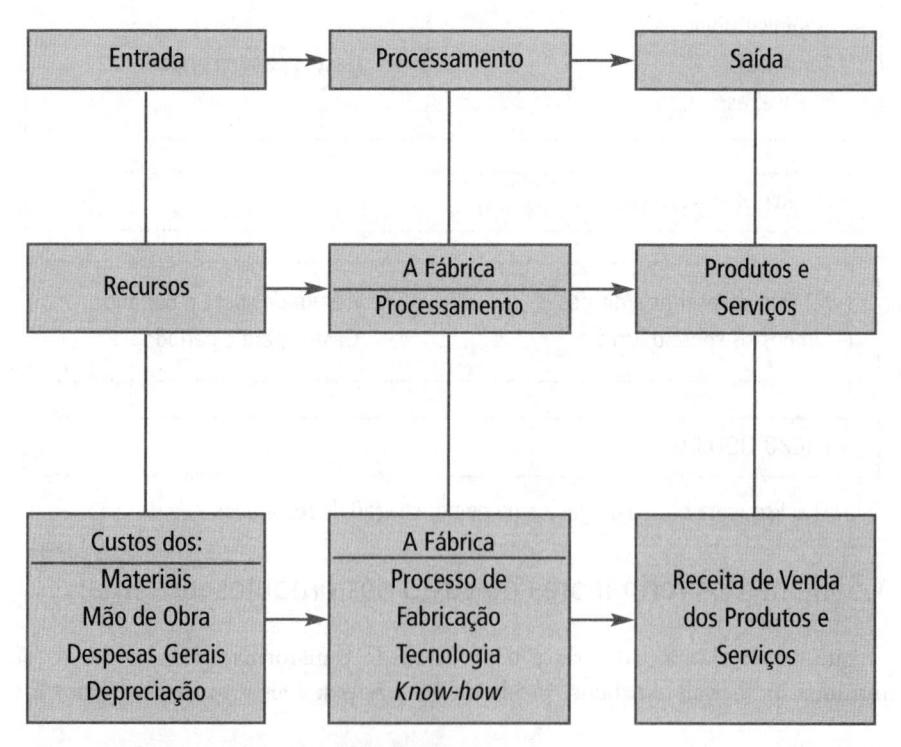

Entrada	Processamento	Saída
Recursos	A Fábrica Processamento	Produtos e Serviços
Custos dos: Materiais, Mão de Obra, Despesas Gerais, Depreciação	A Fábrica Processo de Fabricação Tecnologia *Know-how*	Receita de Venda dos Produtos e Serviços

Figura 1.7 **A fábrica conforme o enfoque sistêmico**

Processo industrial

Fabricação dos produtos é um processo de transformação de matéria-prima e materiais em produtos finais ou acabados. Os materiais requisitados diretamente dos fornecedores ou de estoques de materiais já internos na empresa são encaminhados para processamento na fábrica.

O processamento se dá pela manipulação dos materiais, utilizando-se mão de obra, instalações e equipamentos, e consumindo-se outros recursos necessários à produção e ao seu controle. Depois de produzidos, os produtos finais são despachados diretamente aos clientes ou mantidos temporariamente em estoques até sua venda posterior.

Fundamentalmente, a medida mais utilizada para avaliar as diversas fases do processo industrial é o tempo gasto em todos os processos necessários para a obtenção dos produtos finais. Vejamos o exemplo de um processo industrial que tem como referência uma empresa de montagem de computadores.

Insumos industriais ou insumos de produção

Os elementos de custos, formadores do custo unitário dos produtos e dos estoques industriais, são representados por quatro grandes tipos de necessidades de recursos:

a. materiais consumidos para o produto e o processo industrial;
b. mão de obra industrial;
c. gastos gerais de fabricação;
d. depreciação das instalações e dos equipamentos industriais.

Materiais

Denominam-se materiais diretos os que fazem parte do produto final. Eles compõem a estrutura dos produtos e serviços, como as matérias-primas, componentes, acessórios e material de embalagem. Em tese, podemos dizer que os materiais diretos são "vistos" no produto final. Obviamente, as matérias-primas que sofrem transformação não são "vistas" em sua estrutura original, mas são normalmente evidentes. Por exemplo, em um quilo de açúcar não se vê a cana, mas ela é uma matéria-prima observável no produto final. A celulose não é vista em sua estrutura original, mas sabe-se que é a matéria-prima do papel etc.

Denominam-se materiais indiretos os que são consumidos no processo de fabricação, de forma imediata ou mediata, mas não incorporam ou fazem parte do produto final. São exemplos os materiais auxiliares, material de expediente, material de segurança para os funcionários, ferramentas consumidas no processo industrial, material para manutenção dos equipamentos fabris etc. Diferentemente dos materiais diretos, é muito difícil "enxergar" os indiretos no produto final.

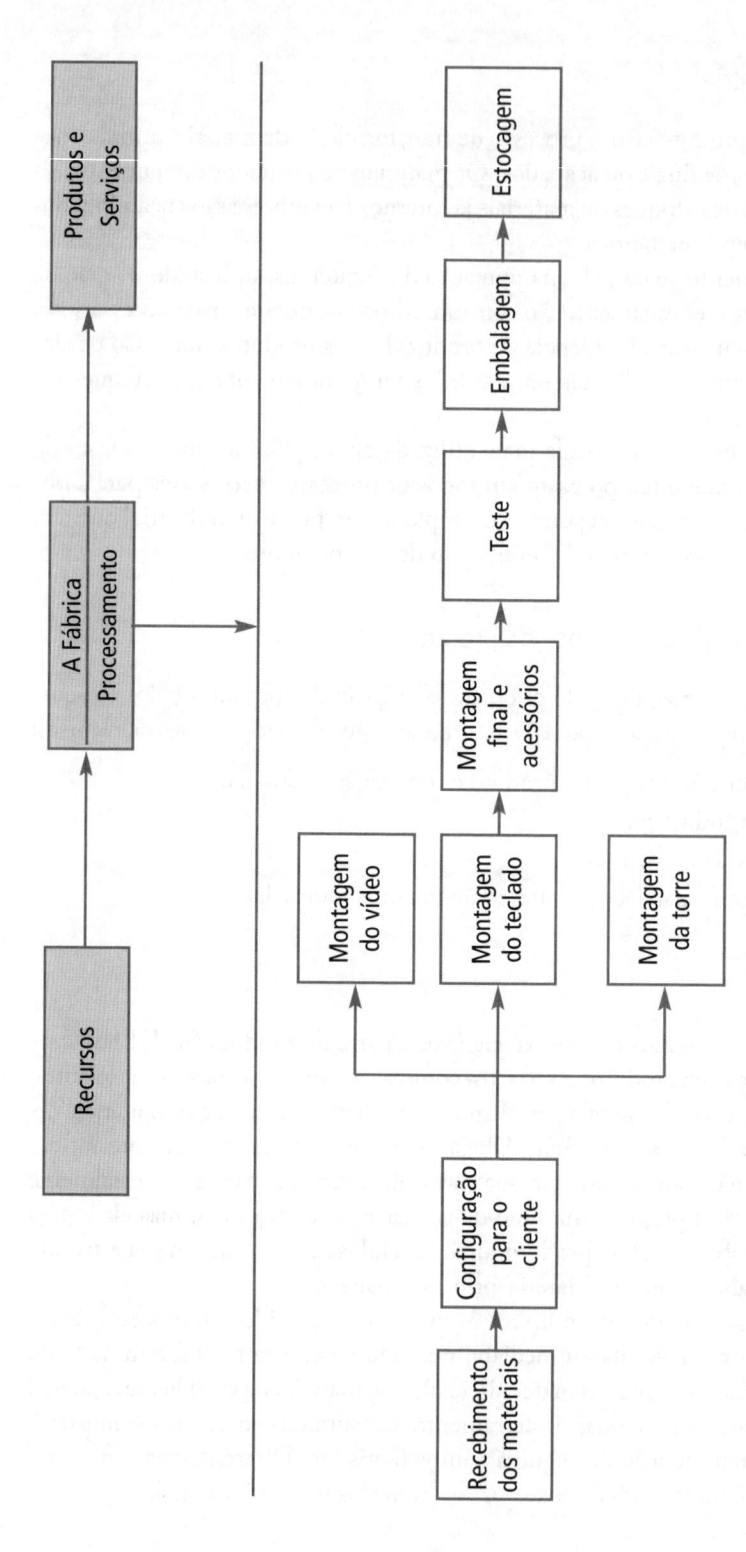

Figura 1.8 Fluxograma de um processo industrial – montagem de computadores

Mão de obra

Na mão de obra enquadram-se as despesas de salários e todos os encargos sociais associados ao custo do pessoal da fábrica. Dentro dos encargos sociais são classificados tanto os encargos assumidos pela empresa por força de lei (INSS, FGTS, 13º, férias), como os assumidos espontaneamente (assistência médica, gastos com recreação). Nas empresas industriais e de prestadores de serviços, há a necessidade de separar os dois tipos de mão de obra: a direta e a indireta.

Considera-se mão de obra direta os gastos com o pessoal que manipula diretamente os produtos ou executa os serviços vendidos. Basicamente, é o pessoal responsável pelas etapas das atividades de processamento para trabalhar os recursos e gerar os produtos e serviços. Em uma tecelagem seriam os tecelões; em uma usina de açúcar, os cortadores e transportadores da matéria-prima.

Considera-se mão de obra indireta os gastos com o pessoal que desempenha as atividades de apoio aos setores diretos (nos quais está agrupada a mão de obra direta). A mão de obra indireta, em linhas gerais, não manipula os produtos, não faz os serviços, ou seja, não tem participação direta nos processos produtivos. Está locada nos setores de apoio à fábrica, tais como planejamento e controle de produção, setor de manutenção, controle de qualidade, engenharia de fábrica, engenharia de desenvolvimento etc.

Gastos (custos) gerais de fabricação

São os gastos efetuados pelo pessoal da fábrica mais as despesas necessárias para manter e operar os equipamentos, imóveis etc. das atividades desenvolvidas, excluindo-se a mão de obra, que é considerada à parte devido à sua natural importância. Como exemplos podemos citar os gastos com viagens dos funcionários, gastos com aluguel e energia elétrica para os imóveis e atividades, serviços de terceiros para manutenção e limpeza, fretes, seguros etc.

Com relação à terminologia, o correto seria a utilização da palavra *custos* (custos gerais de fabricação). Não é incorreta, porém, a utilização da palavra *gastos*, mais genérica. A utilização da palavra *despesa* é teoricamente incorreta. Contudo, o uso tão comum dessas palavras como sinônimos nos permite abrir uma exceção e aceitar esse pequeno desvio semântico.

Depreciação, amortização e exaustão

Considera-se insumo industrial de depreciação a perda de valor dos ativos imobilizados utilizados no processo industrial. Normalmente a perda de valor dá-se pelo uso e desgaste ou pela obsolescência. Assim, a diferença entre o valor do bem novo e o valor do bem usado é denominada depreciação. Essa perda de valor é um gasto e, sendo da área industrial, é um custo de fabricação. A cada queda de valor do bem, quanto mais usado ele é ou quanto mais transcorre o tempo, contabiliza-se um valor a título de depreciação. Exceto quanto aos terrenos, que se supõe não terem desgaste ou obsolescência em condições normais, praticamente todos os elementos do ativo imobilizado (ou ativo fixo, como era denominado anteriormente) permitem o cálculo da depreciação (imóveis, máquinas, equipamentos, móveis e utensílios, veículos).

Amortização é um critério utilizado para deslocar e distribuir para mais de um período determinados gastos que se supõe tenham validade operacional para mais de um ano. Esses gastos, no momento de sua ocorrência, são inicialmente contabilizados como ativos, denominados ativos intangíveis e, posteriormente, contabilizados como despesa nos anos seguintes. Exemplo desse tipo de gasto são as aquisições de *softwares*. Supõe-se que esse seja um tipo de gasto que a empresa vá utilizar por vários anos. Assim, em vez de contabilizar imediatamente como despesa, ativa-se o gasto e, em um período determinado (de 5 a 10 anos), transfere-se gradativamente esse gasto para despesa. Essa transferência parcial para despesa é a amortização. Outros exemplos de gastos amortizáveis são os intangíveis decorrentes de aquisição de patentes, gastos com desenvolvimento de novos produtos etc.

Exaustão é o procedimento de lançar gradativamente como custo a perda de potencial de minas, jazidas e outros recursos naturais (florestas, por exemplo). Para tanto, é necessário que tenha havido gastos anteriormente, seja por aquisição, seja contabilizando os gastos de descoberta, prospecção ou desenvolvimento dos recursos.

1.6 Exemplo ilustrativo

Uma pequena empresa de montagem de computadores tem gastos mensais de mão de obra direta e demais gastos industriais, conforme mostrado na primeira parte do Tabela 1.1. Com os dados de valor e coletando os demais dados quantitativos necessários, podemos elaborar o custo unitário de um produto, no caso um computador montado, seguindo basicamente estes procedimentos:

Procedimentos para o cálculo do custo do produto:

a. Levantar o total de gastos de mão de obra direta de todos os setores do processo produtivo, bem como quantificar as horas efetivamente trabalhadas na montagem de computadores. O valor dos gastos está na contabilidade tradicional, ao passo que as informações de horas normalmente são coletadas com o responsável pela área fabril, que tem os apontamentos da produção.

b. Calcular o custo médio horário, para ser aplicado à quantidade média de horas gastas na montagem de uma unidade. Este procedimento é necessário porque nem sempre se faz o mesmo produto. Normalmente, produtos diferentes

Tabela 1.1 Exemplo de custo unitário de produto ou serviço

Gastos mensais	$
Mão de obra direta (para todas as fases do processo produtivo)	7.600,00 (a)
Horas diretas trabalhadas no mês	800 horas (b)
Custo horário da mão de obra direta $	9,50 (a/b)
Demais Gastos	
Mão de obra indireta (para todos os setores de apoio)	10.000,00
Materiais indiretos consumidos	1.000,00
Gastos gerais	3.000,00
Depreciações	2.000,00
Total geral	16.000,00 (a)
Quantidade média mensal de computadores montados	100 unidades (b)
Custo médio de gastos gerais por computador montado $	160,00 (a/b)

Custo unitário por computador	Qtde.	Custo Unitário – $	Total – $
Materiais diretos			
Kit vídeo	1	500,00	500,00
Kit teclado	1	300,00	300,00
Kit torre	1	800,00	800,00
Mouse	1	80,00	80,00
Alto-falantes	2	40,00	80,00
Soma – materiais diretos			1.760,00
Mão de obra direta			
Horas de processo produtivo para montagem de uma unidade	8	9,50	76,00
Gastos gerais de fabricação	-	-	160,00
Custo unitário total			**1.996,00**

exigem quantidades de horas de produção diferentes, o que diferencia seu custo de fabricação.

c. Levantar o total dos demais gastos industriais, indiretos (mão de obra indireta, materiais indiretos, despesas gerais e depreciações). Essas informações são obtidas também na contabilidade tradicional.

d. Escolher um critério para distribuir os gastos industriais indiretos. Neste exemplo, utilizamos a quantidade média mensal de computadores montados.

e. Calcular o custo médio dos gastos indiretos para ser apropriado a uma unidade de cada produto, mediante o critério escolhido.
f. Identificar e evidenciar a estrutura do produto, com os itens de materiais que o compõem, com suas respectivas quantidades. Essa informação é obtida com os responsáveis pelo desenvolvimento do produto na fábrica.
g. Obter o custo unitário de cada material da estrutura do produto. Esse custo pode ser obtido tanto no sistema de compras da empresa como no sistema fiscal de entradas ou no sistema de controle de estoques. (Os critérios de apuração dos preços serão discutidos no Capítulo 5.)
h. Concluir a apuração do custo unitário do produto, conforme mostrado na segunda parte do Tabela 1.1. Os custos diretos são obtidos pela multiplicação dos dados quantitativos pelo custo unitário de cada componente. Os custos indiretos são atribuídos diretamente ao produto pelo valor decorrente do critério escolhido em (d).

Questões e exercícios

1. Conceitue custo e despesa.
2. Qual a diferença entre perda e prejuízo?
3. Considerando a classificação tradicional contábil que separa gastos em custos e despesas, classifique os gastos listados a seguir, colocando D para despesa e C para custos, tomando como referencial uma empresa fabricante de tratores.
   - Salários dos vendedores ( )
   - Salários dos escriturários ( )
   - Energia elétrica da fábrica ( )
   - Energia elétrica do setor comercial ( )
   - Aluguel do edifício do estoque de produtos acabados ( )
   - Aluguel do edifício do estoque de materiais diretos ( )
   - *Leasing* do edifício administrativo ( )
   - *Leasing* de equipamento de produção ( )
   - Salários dos montadores ( )
   - Material de escritório ( )
   - Gastos advocatícios ( )
   - Material auxiliar de montagem ( )
   - Gastos de publicidade ( )
   - Treinamento de montadores ( )
   - Depreciação de equipamentos do setor de tecnologia da informação ( )
   - Consumo de ferramentas ( )
   - Despesas com viagens do gerente da fábrica ( )

4. Qual a base conceitual para considerar a depreciação como gasto?
5. Uma empresa comercial adquire mercadorias para revenda no valor de $ 600. Logo em seguida, vende 70% dessas mercadorias por $ 800. Apure o lucro na venda, identificando a parcela que continua sendo classificada como custo e a parcela que continua sendo considerada despesa.
6. Defina, com suas palavras, o que é processo industrial.
7. Por que os gastos com salários do pessoal administrativo não são considerados insumos industriais?
8. Uma sorveteria terceiriza a fabricação das massas de seus sorvetes, que custam em média $ 0,22 a porção de qualquer sabor. Normalmente ela vende um sorvete contendo 2,5 porções. Os outros componentes do sorvete são o palito, que custa $ 10,00 a caixa com 500, e o copo de massa, que custa $ 90 a caixa com 1.000. Os demais gastos indiretos da sorveteria montam em média $ 5.000 por mês, e ela vende mensalmente em média 10.000 sorvetes. Calcule o custo unitário direto de cada sorvete e o custo unitário total de um sorvete.
9. Explique o que diferencia os três estoques de uma empresa industrial.

Apêndice: Um pouco da história da contabilidade de custos

A Revolução Industrial e o nascimento da contabilidade de custos

O nascimento da contabilidade de custos está associado ao advento do capitalismo industrial e apresentou um desafio para o desenvolvimento da contabilidade como uma ferramenta de gerenciamento industrial. Surgiu da necessidade do gerenciamento contábil interno em razão das novas complexidades dos processos de produção, objetivando informações para tomada de decisão.

De acordo com Hendriksen e Breda[6], é difícil precisar quando essa revolução empresarial começou. Sua origem talvez tenha sido um grande período na Inglaterra, que permitiu a ocorrência de uma série de boas colheitas, fazendo que os preços dos alimentos caíssem e com isso a sociedade desfrutasse de melhor nutrição e saúde. Ao mesmo tempo, o reconhecimento dos fundamentos de higiene pessoal fez que declinasse a incidência da peste, após quatro séculos de mortes. Com isso, elevaram-se a população e a demanda por alimentos. A manufatura desenvolveu-se para atender à demanda, e invenções começaram a transformar o local de trabalho. Para satisfazer à demanda crescente e sustentar a população cada vez maior, tornaram-se comuns fazendas e fábricas maiores (originalmente denominadas manufa-

---

[6] HENDRIKSEN, Elson S.; BREDA, Michael F. Van. *Teoria da contabilidade*. São Paulo: Atlas, 1997.

turas), que exigiam mais equipamentos. Mais capital era necessário, e os bancos foram surgindo para fornecê-lo.

O século XIX e o início do XX presenciaram uma enorme expansão da indústria, particularmente nos Estados Unidos e na Inglaterra. As invenções mecânicas foram aperfeiçoadas e colocadas em uso generalizado no século XIX. O tear motorizado de Cartwright, por exemplo, foi patenteado em 1787, mas não foi inteiramente bem-sucedido em suas aplicações práticas senão 30 anos mais tarde. O comércio também se expandiu, em parte como resultado das doutrinas do livro *A Riqueza das Nações*, de Adam Smith, publicado em 1776, obra que ajudou a estabelecer um comércio mais livre. A Revolução Industrial tornou-se possível quando mecânicos e ferramentas de máquinas puderam transformar ideias e projetos em protótipos seguros e acurados. Até então, as ferramentas eram caras para ser feitas e consertadas (à mão), além de limitadas em seu uso.

De acordo com Schmidt[7], o crescimento dos negócios em tamanho, em complexidade e em diversidade geográfica ocorrido no século XIX levou os administradores a aperfeiçoar seus sistemas contábeis para possibilitar o fornecimento de informações necessárias às várias decisões gerenciais, incluindo desempenho, avaliação, planejamento e controle. O estudo e a prática da contabilidade gerencial foram desenvolvidos para produzir esses sistemas e fornecer as informações necessárias para a tomada de decisões gerenciais.

Ainda conforme Schmidt, a natureza dos negócios mudou com a Revolução Industrial. A grande produção de ferro ajudou a estabelecer as estradas de ferro e facilitou a construção de fábricas. Surgiram grandes companhias de eletricidade, de água, de gás, de bondes e férreas. A construção de estradas de ferro facilitou o desenvolvimento dos negócios e dos sistemas de distribuição das fábricas. A conjugação da produção em massa com o avanço dos sistemas de distribuição foi fundamental para o surgimento de grandes empreendimentos. As fábricas cresceram com o aumento da produtividade e com o aumento da demanda de produtos, gerando o processo de uniformização da produção. As atividades não cresceram somente em tamanho, difundiram-se por todos os lados, causando uma grande descentralização. Todos esses fatores aliados geraram a necessidade de desenvolvimento de novos métodos de administração e controle. Além disso, no campo social, com a propagação de organizações sem fins lucrativos, ocorreu um aumento na demanda por informações para fins de controle e planejamento.

Os efeitos sobre a contabilidade foram tanto diretos quanto indiretos. Por exemplo, o advento do sistema fabril e da produção em massa resultou na transformação de ativos fixos em custo significativo do processo de produção e distri-

---

[7] SCHMIDT, Paulo. *História do pensamento contábil*. Porto Alegre: Bookman, 2000.

buição, tornando o conceito de depreciação mais importante. À medida que aumentava a necessidade de informação gerencial sobre os custos de produção e os custos a serem atribuídos à avaliação de estoques, crescia a necessidade de sistemas de contabilidade de custos. Em vista da aguda competição que começou a prevalecer, era essencial que os gestores soubessem para qual extensão de preços estes poderiam ser rebaixados, para cobrir os já familiares custos primários. Em outras palavras, custos fixos e variáveis tornaram-se igualmente próximos naqueles tempos. A necessidade de informações para os usuários externos também foi enfatizada, já que as necessidades de capital das indústrias foram supridas por terceiros e houve uma necessidade maior de atenção aos usuários externos.

Ao final do século XVIII e início do XIX, com a afirmação das tecnologias de energia (principalmente o vapor), metalurgia e têxtil, além de outras, pesquisas indicavam que ferramentas gerenciais de custos já estavam sendo utilizadas, mesmo que de forma dispersa, tais como: controle de despesas, custo departamental e por responsabilidade, alocação de custos indiretos, comparações de custos e custos de transferências, custos para tomada de decisão, orçamentos, previsões, padrões e controle de estoques. O que não havia sido constatado era a integração com a contabilidade financeira; além disso, esses instrumentos gerenciais eram utilizados de forma não integrada[8].

Entre 1830 e 1885, apesar do progresso tecnológico na indústria química, do aço, da eletricidade, do transporte ferroviário, do motor a gás, bem como da evolução na tecnologia da agricultura e produção de alimentos, não houve uma adição significativa na contabilidade de custos. Uma retomada da importância da contabilidade de custos se daria após 1885, com a recuperação da utilização dos conceitos de custo padrão, acumulação por ordem e processo, integração da contabilidade de custos com a escrituração comercial, conceitos de custos fixos e variáveis, utilização de custos para avaliação do desempenho dos gestores dos departamentos, supervisores e trabalhadores, avaliação dos processos e produtos, fixação de preços de venda, custos para estimativas de aceitação de contratos, comparações com custos de outros competidores etc. A partir da segunda década do século XX, as necessidades de informações para usuários externos ofuscaram novamente a contabilidade gerencial ou de custos, dando proeminência à contabilidade societária, que novamente retomou sua maior importância a partir da década de 1980 do século passado.

---

[8] BERNARDO, Mauro Santo. *Desenvolvimento da contabilidade de custos e o progresso tecnológico*. Dissertação de Mestrado. São Paulo: FEA/USP, 1996.

Origens dos sistemas de gerenciamento de custos nos EUA, evolução e tendências da contabilidade gerencial ou de custos[9]

Antes do século XIX, as organizações conduziam virtualmente todas as suas transações com outras entidades independentes desempenhando funções individualizadas no processo de manufatura. Como a maioria das transações era completada fora da empresa, poucos investimentos de longo prazo eram feitos dentro dela. Assim, o sistema de contabilidade financeira – o registro oficial de tais transações – fornecia informação suficiente para assegurar a eficiência e a rentabilidade da empresa.

A origem da moderna contabilidade gerencial nos EUA pode ser relacionada com as emergentes empresas administradas e hierarquizadas do início do século XIX, como a indústria de armas e as fábricas de tecidos. Essas empresas se caracterizavam por conduzir, inteiramente dentro da organização, todos os estágios do processo de produção. As informações eram necessárias para refazer as anteriormente disponíveis das transações de mercado, uma vez que a eficiência dos processos da produção interna podia ser medida assim que os produtos eram movimentados internamente de um estágio a outro. Assim, o homem do escritório precisava de um sistema de informação para motivar os gerentes de uma fábrica situada remotamente e julgar a eficiência dos seus administradores e trabalhadores. Dessa maneira, foram desenvolvidas, para a indústria têxtil, medidas internas, como custo por metro e custo por quilo, para cada um dos processos separados da fabricação de tecido.

Talvez a maior força para o desenvolvimento dos sistemas de contabilidade gerencial tenha vindo da emergente ferrovia e de seu rápido crescimento no século XIX. A ferrovia foi a maior e a mais complexa organização já criada na existência humana, com as operações sendo conduzidas e coordenadas em vastas distâncias geográficas. Afortunadamente, o telégrafo foi inventado naquele mesmo tempo e fornecia capacidade para comunicação rápida e barata através de grandes distâncias. Em um sistema sofisticado de informações gerenciais, foram desenvolvidas medidas, tais como custo por quilômetro de tonelada bruta, custo por quilômetro por passageiro e margem operacional – a margem das despesas operacionais sobre as receitas – com o intuito de auxiliar os administradores das ferrovias a avaliar a eficiência de seus processos operacionais.

Posteriormente, muitas dessas ideias foram adotadas pelos administradores da indústria de aço. Basicamente, eram medidas de custo de material e mão de obra usados em cada pedido que passasse por cada subunidade da indústria. Eram uti-

---

[9] KAPLAN, Robert S.; ATKINSON, Anthony A. *Advanced management accounting*. 2. ed. Englewood Cliffs, NJ: Prentice-Hall, 1989.

lizadas para conhecimento de seus custos e para contínuo aperfeiçoamento da estrutura de custo da concorrência.

As grandes cadeias de venda a varejo constituídas naquela época para aproveitar as vantagens da produção em escala, como a Sears-Roebuck, Marshall Field e Woolworth, também necessitavam de medidas para assegurar a eficiência de suas operações internas. Assim, essas companhias utilizavam medidas como margem bruta de vendas e taxa de giro dos estoques para controle do nível de estoques para medir a rentabilidade e a rapidez com que as mercadorias eram convertidas em vendas.

Em todos esses exemplos, vimos os administradores desenvolvendo medidas para motivar e assegurar a eficiência interna dos processos operacionais. Havia pouca preocupação com medidas de custos dos diferentes produtos ou mesmo com o lucro periódico da empresa. Essas organizações tinham apenas de processar seus produtos relativamente homogêneos eficientemente: converter matérias-primas em um único produto final, mover passageiros ou fretes ou revender mercadorias. Se a atividade básica era desempenhada eficientemente, os administradores acreditavam que a empresa seria rentável. Basicamente, tinham uma única medida de custo, que era utilizada para gerenciar as operações e avaliar e motivar os administradores.

A administração científica

A complexa e nascente indústria metal-mecânica na metade do século XIX introduziu um novo conjunto de desafios para os sistemas de contabilidade gerencial. Essas indústrias produziam uma grande variedade de produtos acabados, que consumiam recursos com variedade muito grande, incluindo recursos de capital.

Um grupo de engenheiros mecânicos fundou o que foi denominado administração científica (seu expoente foi Frederick Winslow Taylor, que deu nome à escola de administração, o taylorismo). Os engenheiros da administração científica estudaram profundamente os processos de trabalho para redesenho do fluxo de trabalho e material e decompuseram o complexo processo em uma sequência de processos mais simples e controláveis. O objetivo era simplificar o trabalho, tornar os trabalhadores mais eficientes e habilitar a supervisão dos esforços dos trabalhadores. Padrões de material e mão de obra detalhados e acurados foram desenvolvidos para controlar o trabalho e pagar os trabalhadores por peça, na base de empreitadas, "determinadas cientificamente".

As indústrias metal-mecânicas tinham, contudo, uma grande diversidade de produtos, além de custos indiretos e de suporte relativamente altos. Seus engenheiros e administradores buscavam modos de atribuir custos indiretos aos produtos, especialmente quando recebiam novos serviços. Apesar disso, a absorção por critérios de rateio já era criticada naquela época.

Controle gerencial para organizações diversificadas

As inovações seguintes para os sistemas de contabilidade gerencial ocorreram, nas primeiras décadas do século XX, para suportar o crescimento das corporações de atividades multidiversificadas. A DuPont Powder Company se viu com o problema de coordenar diversas atividades de uma organização integrada verticalmente na manufatura e na comercialização, bem como de decidir a alocação mais rentável de capital para uma variedade de diferentes atividades.

Das diversas atividades operacionais e de planejamento desenvolvidas pela DuPont para coordenar e alocar recursos nas várias atividades da empresa, a mais importante foi a medida do Retorno sobre o Investimento (ROI). Outras corporações, como a General Motors, também utilizaram essa ferramenta administrativa.

Os administradores das divisões tornaram-se responsáveis pela rentabilidade e pelo retorno do capital empregado de suas divisões e tinham autoridade para gerar requisições de capital. A medida do ROI era uma regra vital que permitia um mercado interno para os administradores e capital para funcionar. Um impressionante leque de procedimentos de projeções e orçamentos foi também desenvolvido para planejar e coordenar as operações divisionais.

Do gerenciamento de custos à contabilidade de custos

Entre 1925 e 1985, não houve produção significativa de novos procedimentos de contabilidade gerencial. Não se sabe o motivo da falta de inovação desse período, mas pelo menos parte das razões parece jazer na demanda por informações de custo para os relatórios de contabilidade financeira para uso externo.

Sistemas bem elaborados de contabilidade financeira foram desenvolvidos para gerar informações sobre as companhias aos investidores e credores e para monitorar o desempenho dos administradores contratados para administrar as corporações, uma vez que houve um grande crescimento das companhias com controle societário pulverizado.

Para alocar custos periódicos de produção entre mercadorias vendidas e estocadas, os auditores desenvolveram o campo da contabilidade de custos. Os procedimentos de contabilidade de custos foram adequados a seus objetivos pretendidos: produzir relatórios sistemáticos, objetivos e agregados da rentabilidade das operações da companhia e de sua posição financeira. O objetivo não era o controle interno de custos, e sim os relatórios externos e a demonstração de resultados.

Para não manter dois sistemas de contabilidade, um para as necessidades internas de gerenciamento da eficiência do processo de produção e outro para atender aos usuários externos, a maior parte das empresas optou, até recentemente, pela contabilidade de custos, dando ênfase aos relatórios externos, ou seja, à contabilidade financeira.

Influência das novas tecnologias de produção

Durante a década de 1980, novos e importantes desafios surgiram para a contabilidade gerencial. As companhias redescobriram a regra crítica de que o processo de manufatura cria a vantagem competitiva para suas organizações. Exemplos dessa nova ênfase nas operações de manufatura podem ser encontrados no compromisso com a qualidade em processos industriais e desenvolvimento do produto, na redução dos níveis de inventário e tempo de produção (representados pelo sistema *just-in-time*) e pela introdução das operações de manufatura controladas por computador (o ambiente CIM – *Computer Integrated Manufacturing*).

Os sistemas de contabilidade gerencial devem suportar, e não inibir a busca pela excelência da manufatura. E devem, ainda, evoluir para suportar os esforços de incremento da qualidade e produtividade, mover-se para os sistemas de produção *just-in-time* e CIM e ajudar a justificar os investimentos em novas tecnologias.

Contabilidade gerencial para companhias de serviços

As distinções entre as indústrias de manufatura e as de serviços não são críticas para o desenvolvimento dos sistemas de contabilidade gerencial.

A única diferença substancial entre as indústrias manufatureiras e as de serviços aparece na demanda da contabilidade financeira das indústrias para alocar custos periódicos de produção para itens produzidos e ainda não vendidos.

Todas as indústrias de serviços têm itens que produzem e entregam aos clientes; podem ser apenas um pouco mais difíceis de definir do que na organização manufatureira. Os produtos das organizações de serviços têm custos que devem ser entendidos e analisados para uma variedade de decisões de planejamento e controle. Certamente, questões de estimativa e planejamento de custos variáveis e decisões de formação de preços de produtos são importantes para todas as companhias de serviços, assim como é altamente relevante medir a produtividade, incremento da qualidade e investimentos em tecnologia de informação.

Classificação e Comportamento dos Custos

Objetivos de aprendizagem

Este capítulo desenvolve:
- possibilidades de classificação dos diversos elementos de custos, com exemplos para vários tipos de empresas;
- a classificação dos custos em diretos e indiretos para fins de apuração do custo unitário dos produtos;
- a classificação dos custos em fixos e variáveis para fins de tomada de decisão;
- a integração entre as duas possibilidades de classificação dos custos.

2.1 Introdução

Os diversos tipos de gastos da empresa apresentam-se com diversas naturezas e atendem a uma variedade de objetivos no processo de transformação de seus recursos em produtos e serviços finais. A necessidade de informações para uma adequada gestão dos custos, recursos, processos, produtos e serviços exige um estudo pormenorizado de todos os gastos que ocorrem na empresa, classificando-os segundo suas principais naturezas e objetivos.

Não se pode fazer uma gestão de custos tratando todos os gastos de uma única forma, assim como é muito difícil uma administração com boa relação custo/benefício tratar cada custo de forma individualizada. Dessa maneira, o processo classificatório objetiva agrupar os custos com natureza e objetivos semelhantes em determinadas classes, facilitando a administração, as apurações, as análises e os modelos de tomada de decisão a serem utilizados posteriormente.

Essencialmente, classificam-se os custos e as despesas de duas maneiras:

- quanto ao objeto a ser custeado: *custos diretos e indiretos;*
- quanto ao volume de produção ou venda: *custos fixos e variáveis.*

Objeto de custo

Define-se objeto de custo o elemento do qual se deseja ter o custo específico apurado. Em outras palavras, objeto de custo é o elemento que será alvo de mensuração monetária, com a finalidade de se obter seu custo unitário ou total. Um objeto de custo pode ser um produto, um serviço, uma mercadoria, uma atividade, um departamento, uma divisão, um processo, um recurso etc.

Tradicionalmente, os objetos de custo dos quais mais se deseja mensuração específica são os produtos e serviços produzidos e vendidos pelas empresas, uma vez que estes são elementos fundamentais para a obtenção da rentabilidade de determinada empresa, e, portanto, a mensuração de seus custos é básica para a gestão financeira empresarial.

Neste livro, sempre tomaremos por referência, como objeto de custo, em linhas gerais, produtos e serviços.

Comportamento de custo

Denomina-se comportamento de custo a evolução do valor dos custos (fixos e variáveis) em relação ao volume de atividade. Toma-se como referência o volume de produção (ou vendas) e se verifica como os custos aumentam ou diminuem em relação a esse volume.

Se a evolução do custo cresce, se o volume cresce ou diminui, esse custo tem característica de variabilidade, ou seja, pode ser classificado como custo variável. Se o custo não varia com a alteração do volume para mais ou para menos, esse custo tem característica fixa, classificando-se como custo fixo.

Como já vimos, os gastos compreendem os custos (área industrial) e as despesas (área administrativa e comercial). Portanto, podemos tanto ter custos e despesas fixas como variáveis. Denominamos *custos* fixos ou variáveis, quando se toma como referência o volume de *produção.* Denominamos *despesas* fixas ou variáveis, quando se toma como referência o volume de *venda.*

2.2 Custos diretos e indiretos

A classificação mais antiga e mais utilizada é em relação ao objeto de custo, ou seja, classificação dos custos como diretos e indiretos em relação ao produto ou serviço que está sendo produzido e fornecido pela empresa.

Custos diretos

Custos diretos são aqueles que podem ser fisicamente identificados para um segmento particular em consideração. Assim, se o que está em consideração é uma linha de produtos, então, os materiais e a mão de obra envolvidos na sua manufatura seriam custos diretos. Dessa forma, relacionando-os com os produtos finais, os custos diretos são os gastos industriais que podem ser alocados direta e objetivamente aos produtos. Podem ser fixos e variáveis.

Em outras palavras, um custo será direto se for:

a. possível verificar ou estabelecer uma ligação direta com o produto final;
b. possível visualizá-lo no produto final;
c. clara e objetivamente específico do produto final e não se confundir com outros produtos;
d. possível medir sua participação no produto final etc.

Portanto, os atributos que definem um custo direto em relação ao produto final são: possibilidade de verificação, possibilidade de medição, identificação clara, possibilidade de visualização da relação do insumo com o produto final, especificidade do produto etc.

Os principais custos diretos são os materiais diretos e a mão de obra direta. Os materiais diretos são facilmente identificados nos produtos porque fazem parte de sua estrutura ou o seu consumo é claramente identificado como necessidade para se fazer o produto final. A mão de obra direta representa o valor pago dos salários e encargos sociais aos trabalhadores que manipulam, diretamente ou por meio de equipamentos, todos os materiais e o produto final, até sua conclusão em condições de venda. Outros gastos também podem ser classificados como diretos, desde que tenham uma ligação direta, específica e identificável com determinado produto e não sejam atribuíveis também a outros produtos.

Custos indiretos

Todos os gastos que não são considerados diretos classificam-se como indiretos. São aqueles que não podem ser alocados de forma direta ou objetiva aos produtos ou a outro segmento ou atividade operacional, e, caso sejam atribuídos aos produtos, serviços ou departamentos, esses gastos o serão por meio de critérios de distribuição (rateio, alocação, apropriação são outros termos utilizados). São também denominados custos comuns. Podem ser fixos e variáveis.

Os custos indiretos caracterizam-se, basicamente, por serem de caráter genérico e não específicos de produtos finais. Sua relação com os produtos finais existe, porém de *forma indireta*. Exemplo de custo indireto são os gastos com as gerências ou diretorias da fábrica, pois essas pessoas trabalham genericamente para todos os produtos da empresa, e não especificamente para determinado produto. Para alocar esses gastos a cada um dos produtos da empresa, há a necessidade de se elaborar um critério de distribuição, com alguma base numérica ou percentual, normalmente denominado rateio.

Apresentamos, a seguir, o detalhamento dos principais custos diretos e indiretos de uma empresa.

Materiais diretos

É o principal custo direto. Representam as matérias-primas, os componentes, os materiais auxiliares e os materiais de embalagem que fazem parte da estrutura do produto. Os componentes e os materiais de embalagem normalmente são visíveis no produto final. O mesmo pode não ocorrer com todas as matérias-primas e os materiais auxiliares, uma vez que, dependendo do produto e do processo de fabricação, podem assumir características diferentes no produto final após serem processados e até mesmo desaparecer durante o processo.

O ponto referencial para classificar os materiais diretos é a sua identificação na *estrutura do produto*. Estrutura do produto é a lista de materiais que compõem cada produto final especificado. A elaboração desta estrutura é o procedimento mais utilizado pelas empresas para a identificação dos materiais diretos que compõem o produto. Abordaremos este tema com mais detalhes no Capítulo 4.

O importante para a classificação como material direto é verificar quais são os materiais necessários para se fazer o produto e ser nele incorporados, ou seja, eles devem constar do produto final. Em alguns casos, a terminologia material fica difícil de ser aplicada, mas tem o mesmo significado. Um exemplo clássico é o consumo de energia elétrica para a fabricação do alumínio. Para este tipo de produto, em relação ao qual é imprescindível a transformação da matéria-prima com o uso eletricidade, a energia elétrica pode ser classificada como material direto, porque faz parte da estrutura do produto, e sua necessidade pode ser medida de forma clara para uma unidade de produto final.

Exemplos de materiais diretos que fazem parte da estrutura do produto, mas não são visualizáveis no produto final, são encontrados comumente em indústrias de fundição, em que materiais complementares e resinas são necessários ao produto final, e são consumidos durante o processo, restando, em termos de visualização, a matéria-prima principal. Outros exemplos vêm da indústria alimentícia, em que leveduras, bactérias, corantes ou outros produtos químicos são necessários, consumidos, mas não são claramente visíveis no produto final.

No Quadro 2.1, apresentamos alguns exemplos de materiais diretos, incluindo materiais auxiliares e de embalagem, e sua relação com os produtos finais. Ressaltamos que estes não são exemplos completos, apenas os principais materiais indicativos da composição da estrutura dos produtos finais.

Quadro 2.1 Indústria, produtos finais e principais materiais diretos

Indústria/ Produto final	Matéria-prima principal	Materiais auxiliares	Componentes e acessórios	Materiais de embalagem
Açúcar e álcool	cana-de-açúcar	bactérias, cal, enxofre	–	sacos, litros plásticos
Móveis de madeira	madeira, aglomerados	colas, buchas	parafusos, puxadores, dobradiças	papelão, isopor, plásticos, fitas de metal
Tecidos	fios	resinas	–	celofane, tabuleiros
Confecções	tecidos	–	botões, linhas, zíperes, entretelas, etiquetas	celofane, caixas de papelão, fitas
Rodas de aço	chapas de aço	tratamento térmico	parafusos	papelão, fita
Pneus	borracha	resinas	fios de aço, tecidos	Papelão, fita metálica
Veículos	motores, chapas de aço	ceras protetoras	freios, pneus etc.	etiquetas
Fundidos	gusa e sucata	energia elétrica	tintas	engradados, fita
Tintas	petróleo	resinas	corantes	latas, plásticos, papelão
Iogurtes e queijos	leite	leveduras, estabilizantes	condimentos	copos de vidro, plásticos, caixas de papelão
Molho de tomate	tomate	estabilizantes, corantes	condimentos	copos de vidro, latas, papelão, caixas de papelão
Torneiras de bronze	bronze	soldas	arruelas, vedadores	caixas de papelão
Louças	sílica	resinas	tintas	papelão, fita metálica

Materiais indiretos

Denominam-se materiais indiretos aqueles comprados e requisitados para utilização no processo fabril, sem, contudo, fazerem parte do produto, ou seja, não constam da sua estrutura. São materiais necessários para auxiliar o processo produtivo tanto para utilização pelo pessoal envolvido nos processos e atividades industriais como para os equipamentos utilizados nos processos diretos e nas atividades indiretas.

Os principais materiais indiretos consumidos e/ou utilizados pelos equipamentos são:

- materiais consumidos para conservação e manutenção dos equipamentos (materiais de limpeza, conservação, peças de reposição etc.);
- materiais consumidos para conservação e manutenção dos imóveis (tintas, pequenas reformas etc.);
- materiais consumidos para utilização dos equipamentos (combustíveis, lubrificantes etc.);
- materiais consumidos para auxílio às operações dos equipamentos (moldes, modelos, dispositivos, ferramentas, produtos químicos para adequação da temperatura das operações e equipamentos etc.).

Os principais materiais indiretos consumidos utilizados pelo pessoal envolvido nas operações e atividades industriais são:

- materiais de expediente (papéis, materiais de escritório etc.);
- materiais para higiene e segurança do trabalho (óculos de segurança, capacetes, materiais higiênicos, materiais de limpeza para as operações etc.).

No Quadro 2.2, apresentamos mais alguns exemplos de materiais indiretos para diversos tipos de indústria. Ressalte-se que, de modo geral, praticamente todos os tipos de indústrias consomem os mesmos tipos de materiais indiretos, pois esses têm um caráter de maior generalidade do que os diretos. Dessa forma, nesse quadro, estamos excluindo exemplos de materiais indiretos clássicos e genéricos, como os materiais de manutenção e conservação, limpeza, higiene, segurança do trabalho e de expediente, focando mais aqueles consumidos pelos equipamentos específicos desses tipos de indústria.

Quadro 2.2 Indústria, produtos finais e principais materiais indiretos

Indústria/Produto Final	Materiais Indiretos
Açúcar e álcool	óleo combustível, lenha, bagaço combustível
Móveis de madeira	álcool, tíner, produtos químicos, martelos, serras e ferramentas
Tecidos	agulhas, ar comprimido, lançadeiras, espuladeiras
Confecções	agulhas, tesouras, modelos, medidores

(continua)

Quadro 2.2 Indústria, produtos finais e principais materiais indiretos (*continuação*)

Indústria/Produto Final	Materiais Indiretos
Rodas de aço	óleo de corte, ferramentas, produtos de tratamento térmico
Pneus	moldes, ferramentas
Veículos	dispositivos, ferramentas para montagem
Fundidos	moldes, modelos, carvão e gás combustível
Tintas	estampas
Iogurtes e queijos	panelas, formas
Molho de tomate	moldes, formas, baldes
Torneiras de bronze	combustíveis, moldes, modelos
Louças	combustíveis, moldes, modelos

Materiais indiretos não consumidos imediatamente

O processo de consumo dos materiais indiretos é variado. Alguns são consumidos imediatamente, como os combustíveis, lubrificantes, produtos químicos etc. Outros o são em curto espaço de tempo, como os materiais de higiene, segurança, materiais de expediente. Outros, ainda, são consumidos no médio prazo, como os materiais de reposição na manutenção dos equipamentos e imóveis e ferramentas de média duração.

Alguns materiais indiretos, porém, têm durabilidade que supera um ano, podendo ser consumidos ou deixados para ser utilizados após vários anos da data de sua requisição. São exemplos os moldes, modelos, dispositivos e algumas ferramentas. Neste caso, dependendo da materialidade (do valor) e do tempo de uso, esses materiais poderão ser considerados como ativos, em vez de ser considerados como despesas. Caso sejam considerados como ativos, terão seu consumo determinado pelo processo de depreciação periódica.

De modo geral, sempre que houver consumo contínuo, mesmo que os materiais tenham durabilidade média, sugere-se contabilizá-los como despesas.

Materiais indiretos e atividades indiretas

Todos os materiais consumidos pelas atividades indiretas (atividades de apoio à fábrica, atividades administrativas e comerciais) serão considerados automaticamente como indiretos, uma vez que, por serem atividades indiretas, não manipulam o produto e, portanto, não podem consumir materiais diretos.

Mão de obra direta

Denominamos mão de obra direta todos os gastos com o pessoal envolvido diretamente na produção dos produtos finais da empresa. É o gasto com o pessoal que:

a. tem contato direto com o processo de fabricação dos produtos finais, desde a manipulação das matérias-primas até a montagem e a expedição dos produtos acabados;
b. opera os equipamentos dos processos necessários à elaboração dos produtos finais.

O principal elemento identificador da mão de obra direta é a possibilidade de mensurar os esforços de cada trabalhador, seja em processos diretos envolvendo o produto, seja em processos envolvendo os equipamentos de transformação dos materiais em produtos finais. A mensuração mais utilizada é a quantidade de tempo despendida nos processos (dias, horas, minutos, segundos). No entanto, podem-se utilizar medidas médias envolvendo a manipulação das matérias-primas ou mesmo quantidades de produtos finais. O que liga a mão de obra direta ao produto final são os *processos de fabricação* (ou roteiros de fabricação), ou seja, todas as fases (tarefas, processos, atividades) necessárias para elaborar os produtos.

As empresas têm necessidade de medir os esforços dos funcionários diretos dedicados aos diversos processos para se obter o produto final. Essa necessidade se impõe uma vez que, conhecendo os esforços necessários (normalmente medidos em tempo de processamento), as empresas têm condições de avaliar sua *capacidade de produção*, seja em termos de mão de obra, seja dos equipamentos operados pela mão de obra direta. Entende-se por capacidade de produção a quantidade máxima que a empresa pode produzir de determinado produto final ou de determinado mix de produtos finais.

Por muitos anos, o pagamento desse tipo de mão de obra era calculado pelas horas trabalhadas. Ainda existem funcionários remunerados dessa maneira, denominados tarefeiros. Os princípios da administração científica, de Frederick Taylor, assentam-se na medição dos tempos e movimentos da mão de obra direta das indústrias. Modernamente, com a utilização cada vez maior de equipamentos computadorizados, a medição dos tempos necessários aos processos está cada vez mais precisa.

No Quadro 2.3, apresentamos uma série de profissões classificadas como mão de obra direta conforme as necessidades de cada indústria exemplificada. Note que a nomenclatura dos diversos tipos de mão de obra direta segue a especialização de cada processo necessário ao conjunto das atividades de produção.

Quadro 2.3 Indústria, produtos finais e principais funcionários de mão de obra direta

Indústria/Produto Final	Mão de Obra Direta
Açúcar e álcool	cortadores de cana, motoristas, operadores de equipamentos, ensacadores
Móveis de madeira	marceneiros, carpinteiros, pintores, montadores
Tecidos	tecelães, urdideiros, embaladores
Confecções	cortadeiras, costureiras, embaladores
Rodas de aço	torneiros, operadores de máquinas, pintores, montadores, embaladores
Pneus	operadores de máquinas, embaladores
Veículos	operadores de equipamentos, montadores, motoristas de testes, certificadores da qualidade final
Fundidos	fundidores, rebarbadores, operadores de fornos
Tintas	operadores de máquinas, embaladores
Iogurtes e queijos	cozinheiros, misturadores, operadores de máquinas, embaladores
Molho de tomate	operadores de máquinas, embaladores
Torneiras de bronze	fundidores, rebarbadores, operadores de fornos, montadores
Louças	sopradores, pintores, montadores

Mão de obra indireta

Classificam-se como mão de obra indireta os gastos com todos os demais funcionários não considerados diretos. Em linhas gerais, a mão de obra indireta compreende:

a. o pessoal de chefia da mão de obra direta, incluindo seus assessores e secretárias, ou seja, qualquer funcionário que, mesmo lotado em um departamento tipicamente direto, não trabalhe diretamente com o produto final nem manipule materiais ou equipamentos dos processos;
b. todo o pessoal dos demais setores, atividades e departamentos que apoiam a fábrica.

A mão de obra indireta caracteriza-se por não ser exclusiva de um produto ou de produtos finais e por trabalhar para determinadas atividades de apoio à fábrica, necessárias a todos os produtos indistintamente. Mesmo que, eventualmente, os esforços estejam sendo direcionados a determinado produto, não há um processo repetitivo de esforço despendido para os produtos. Dessa maneira, os profissionais indiretos trabalham para as atividades dos setores e departamentos de apoio à produção, e não diretamente para os produtos finais.

O Quadro 2.4 evidencia os principais departamentos indiretos e os profissionais que trabalham nesses departamentos, considerados mão de obra indireta.

Quadro 2.4 **Setores/Departamentos de apoio à fábrica e tipos de mão de obra indireta**

Setor/Departamento	Mão de obra indireta
Diretoria/gerência industrial	diretores, gerentes, chefes, assessores, secretárias, escriturários
Engenharia do produto	engenheiros, desenhistas, projetistas, arquivistas, modelistas
Engenharia de fábrica	engenheiros, processistas, cronometristas
Planejamento e controle da produção	planejadores, administradores, controladores, apontadores de tempo
Suprimentos	compradores, engenheiros de desenvolvimento de fornecedores
Estoques	escriturários, movimentadores de carga, motoristas, empilhadeiristas
Controle de qualidade	auditores de qualidade, auditores de normas ISO
Manutenção	mantenedores de máquinas, pedreiros, eletricistas, encanadores
Ferramentaria e modelação	ferramenteiros, modeladores

Algumas especializações, como modeladores, ferramenteiros e modelistas, apesar de trabalharem muito próximas dos produtos finais e com atividades muito semelhantes às desenvolvidas pela mão de obra direta, participam apenas de atividades antecedentes à produção. Devem ser consideradas como mão de obra indireta porque seu esforço não se relaciona diretamente com o volume de atividade necessária aos produtos finais. Seus esforços não se caracterizam pela repetição que caracteriza os processos diretos.

Gastos (custos) gerais de fabricação

Os demais gastos que recaem nas indústrias, excetuando-se os classificados como materiais e mão de obra, são aglutinados em uma classificação genérica de gastos gerais de fabricação (também denominados custos ou despesas gerais de fabricação).

Gastos gerais de fabricação são todos os demais gastos necessários ao desenvolvimento das atividades industriais. Decorrem das necessidades de trabalho das pessoas engajadas nos processos produtivos e nos processos de apoio à produção, bem como dos equipamentos e imóveis. Cada empresa tem suas especificidades de gastos e faz a classificação em maior ou menor grau de detalhamento. Em linhas gerais, os principais custos gerais de fabricação (também denominados, genericamente, despesas) são os seguintes:

- Energia elétrica
- Água e esgoto
- Aluguéis de imóveis e equipamentos industriais
- Arrendamento mercantil (*leasing*) de imóveis e equipamentos industriais
- Despesas com viagens, refeições, estadias, passagens aéreas
- Serviços prestados por terceiros não constantes do processo de fabricação (serviços de manutenção, assessorias, consultorias, traduções, auditorias etc.)
- Fretes e carretos, transporte interno
- Publicações e anúncios
- Compras e serviços de cópias
- Jornais, revistas, livros
- Comunicações (telefones, correio, despachos)
- Despesas legais
- Treinamentos e cursos
- Contratos de assistência técnica e licenciamentos (*royalties*)
- Contratos de transferência de tecnologia etc.

Gastos (custos) diretos e indiretos

Tendo como referência os produtos e serviços finais, alguns consideram, erroneamente, todos os gastos como *indiretos*. No entanto, alguns são específicos de alguns produtos, portanto, podem e devem ser classificados como diretos a esses produtos.

Podemos dar os seguintes exemplos de gastos de fabricação diretos aos produtos e serviços finais:

- aluguéis e *leasing* de equipamentos específicos para a fabricação apenas de determinados produtos;
- serviços de engenharia e consultoria específicos para determinados produtos;
- contratos de licenciamento, *royalties* e transferência de tecnologia de determinados produtos etc.

Não há dúvida de que a maior parte dos gastos tem características de custos indiretos, pois atendem a todos os produtos e serviços finais.

Depreciação (amortização e exaustão) direta

A maior parte dos autores também tende a classificar os gastos com depreciação, amortização e exaustão como gastos indiretos de fabricação. Contudo, dentro do atual ambiente tecnológico empresarial, há grandes possibilidades de se classificar boa parte da depreciação como custo direto. Sempre que houver a possibilidade de uma mensuração clara e de identificação de qualquer custo como direto, isso deve ser feito.

De modo geral, a possibilidade de classificação como depreciação direta está basicamente ligada aos equipamentos industriais, uma vez que a depreciação de prédios, veículos e móveis tende a ser de utilização genérica. Os dois fatores que possibilitam a classificação como depreciação direta são:

I – equipamentos utilizados exclusivamente para determinados produtos ou para a operação de matérias-primas e componentes de determinados produtos. Neste caso, como esses equipamentos trabalham só para um produto, toda sua depreciação deverá ser considerada como custo direto desse produto;

II – medição acurada do tempo gasto dos diversos equipamentos que trabalham para todos os produtos, identificando o tempo despendido na transformação das matérias-primas e dos componentes de cada produto. Com essa medição precisa, a depreciação dos equipamentos poderá ser atribuída aos diversos produtos de forma direta, transformando a depreciação periódica (de um mês, por exemplo) em depreciação por produto, na proporção da utilização horária dos equipamentos para cada produto.

A possibilidade de tratamento da depreciação como custo direto, apresentada no item II, decorre das condições da moderna tecnologia empregada em muitas empresas, em que basicamente os equipamentos são comandados eletronicamente (controladores programáveis, comandos numéricos computadorizados etc.). Nesses ambientes automatizados, que comportam desde simples máquinas comandadas por meio de computadores, passando por células flexíveis de manufatura, até a robótica e o conceito CIM, a medição dos tempos empregados nos materiais de cada produto é natural, uma vez que os processos de fabricação estão internados em programas de computador nos comandos eletrônicos e os equipamentos trabalham exatamente os tempos esperados.

Portanto, nessas condições tecnológicas, a medição do tempo despendido por produto torna-se fácil, automática e precisa. Dentro dessa possibilidade, a depreciação, que normalmente é tratada como um gasto periódico, passa a ser tratada como um gasto para o produto, e sua contabilização poderá ser feita em razão das horas utilizadas, e não mais pela simples passagem do tempo.

Depreciação direta e roteiro de fabricação

O elemento fundamental para a identificação e mensuração da depreciação direta das instalações e equipamentos é a sua ligação intrínseca com os processos ou roteiros de fabricação. Assim como os esforços da mão de obra direta são mensurados, identificados e vinculados aos roteiros de fabricação, os equipamentos operados pela mão de obra direta nas diversas fases dos roteiros de fabricação também o são.

Assim, os roteiros ou processos de fabricação contemplam tanto os esforços da mão de obra direta nas diversas fases fabris como os equipamentos diretos necessários para executar essas mesmas fases, caracterizando claramente a depreciação desses bens como direta.

Depreciação (amortização e exaustão) indireta

A depreciação dos demais ativos permanentes utilizados pela área industrial é classificada como indireta, uma vez que esses itens tendem a ser de utilização genérica para todas as atividades, e não especificamente para os produtos. Os itens que sofrem depreciação indireta são:

a. prédios industriais;
b. instalações industriais;
c. máquinas e equipamentos industriais de utilização genérica;
d. móveis e utensílios dos setores industriais diretos e de apoio à produção;
e. veículos e equipamentos de transporte e movimentação de materiais a serviço da área industrial;
f. equipamentos de computação das atividades diretas e de apoio à produção etc.

2.3 Custos fixos e variáveis

Os custos diretos e indiretos podem ser classificados em fixos e variáveis quando tomamos como referencial seu comportamento em relação ao volume de produção (ou venda). É importante esta classificação para que possamos adicionar aos custos uma variável independente, para estudos prospectivos, ou seja, propósitos de previsões, e o processo de tomada de decisão para possíveis novos cursos de ação.

Assim, o estudo do comportamento dos custos é um modelo matemático em que temos:

a. a variável independente, que é o volume de produção (ou de venda, para gastos comerciais e administrativos). Normalmente o volume de produção utilizado é a quantidade produzida ou vendida do produto ou dos produtos finais;
b. a variável dependente, que é o valor do custo dos recursos, que se relaciona a cada dado do volume de produção ou de venda.

Em termos gráficos, segundo o modelo cartesiano, em geral atribuímos ao volume de produção ou de venda a variável X, eixo horizontal, e ao valor do custo dos recursos, a variável Y, eixo vertical, como verificamos na Figura 2.1.

Eixo Y – variável dependente
Valor do custo do recurso

Eixo X – variável independente
Quantidade produzida ou vendida

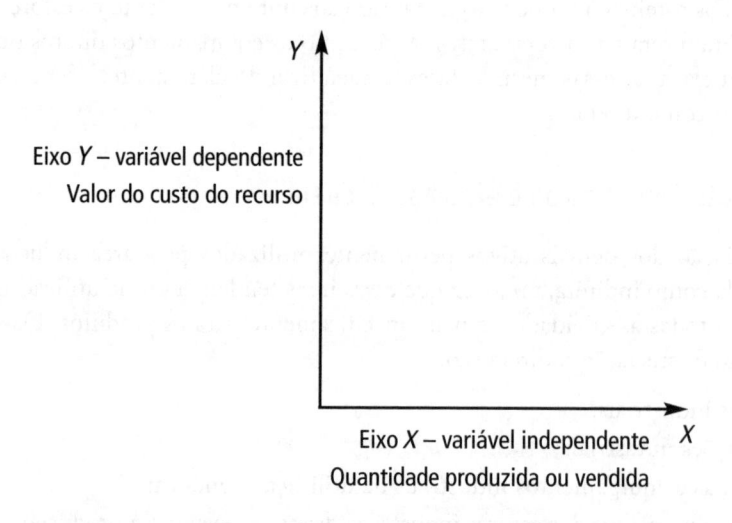

Figura 2.1 **Modelo para análise do comportamento dos custos**

Custos fixos

Um custo é considerado fixo quando seu valor não se altera com as mudanças, para mais ou para menos, do volume produzido ou vendido dos produtos finais.

Apesar da possibilidade de classificarmos uma série de gastos como custos fixos, é importante ressaltar que qualquer custo é sujeito a mudanças. Mas os custos que tendem a se manter constantes nas alterações do volume das atividades operacionais são considerados fixos. De modo geral, são custos e despesas necessários para se manter um nível mínimo de atividade operacional, por isso também denominados *custos de capacidade*.

Apesar de serem conceitualmente fixos, tais custos podem aumentar ou diminuir em virtude da capacidade ou do intervalo de produção. Assim, os custos são fixos dentro de um intervalo relevante de produção ou de venda e podem variar se os aumentos ou diminuições de volume forem significativos.

No exemplo do Quadro 2.5, os gastos com a prestação de *leasing* têm o mesmo valor em todas as situações de quantidade produzida, caracterizando-se como custos fixos, ou seja, o valor total do gasto não se altera quando a quantidade produzida se altera.

Exemplo: Prestação de *leasing*

Volume de produção Quantidade	Valor gasto $
0	2.000
200	2.000
400	2.000
600	2.000
800	2.000
1.000	2.000

Quadro 2.5 **Custo fixo**

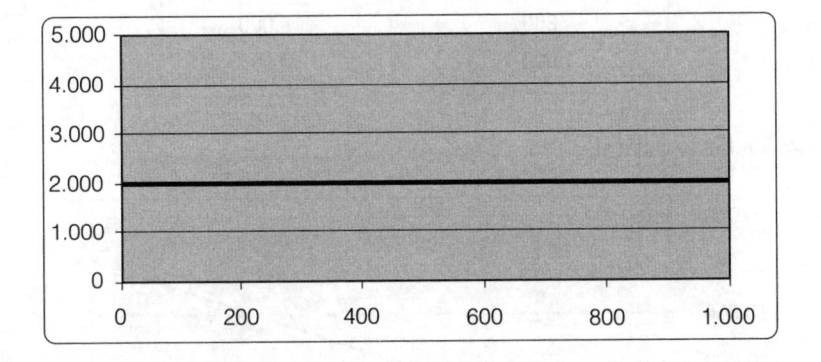

Custos variáveis

São assim chamados os custos e as despesas cujo montante em unidades monetárias varia na proporção direta das variações do nível de atividade a que se relacionam. Tomando como referencial o volume de produção ou vendas, os custos variáveis são aqueles que, em cada alteração da quantidade produzida ou vendida, terão uma variação direta e proporcional em seu valor. Se a quantidade produzida aumentar, o custo aumentará na mesma proporção. Se a quantidade diminuir, o custo também diminuirá na mesma proporção. Por exemplo, se a quantidade tiver um aumento de 10% e o custo aumentar também em 10%, será considerado um custo variável. Da mesma forma, se a quantidade tiver uma redução de 20% e o custo diminuir em 20%, será também considerado um custo variável. Em termos gráficos, um custo é variável quando a inclinação da reta resultante dos dados obtidos tem uma inclinação exata de 45 graus.

No exemplo do Quadro 2.6, os materiais diretos são considerados gastos variáveis. Isso porque, toda vez que há um aumento da quantidade produzida, o valor total gasto aumenta na mesma proporção. *Uma característica importante do custo variável é que, não havendo produção, o gasto é igual a zero.* A empresa começa a incorrer em custo variável a partir da produção da primeira unidade, e vai aumentando proporcionalmente à medida que as quantidades produzidas aumentam (e diminuindo proporcionalmente à medida que a quantidade produzida diminui).

Exemplo: Materiais diretos

Volume de produção Quantidade	Valor gasto $
0	0
200	4.000
400	8.000
600	12.000
800	16.000
1.000	20.000

Quadro 2.6 **Custo variável**

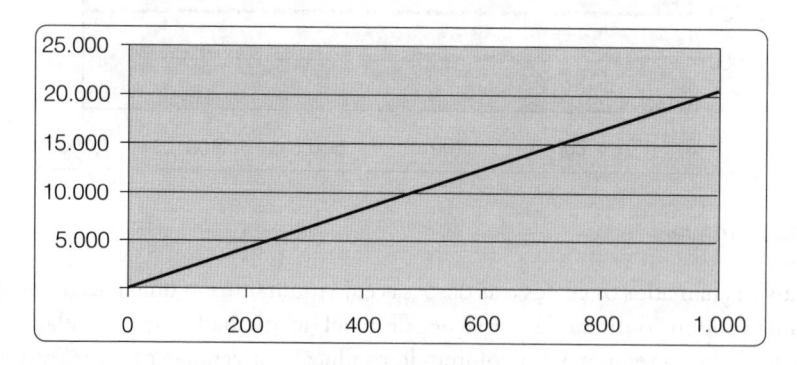

Variáveis em relação à produção

A análise comportamental clássica da variabilidade dos custos é em relação ao volume de produção, para os elementos do custo industrial. Toma-se como base a quantidade de produto final produzido para se fazer a análise da variação do custo. É a visão clássica do custo variável. O exemplo mais significativo é o consumo de materiais da estrutura do produto.

Variáveis em relação às vendas

Para análise das despesas comerciais, toma-se como referência o volume de vendas, em vez do volume de produção, tendo em vista que o referencial maior para alteração do comportamento são as vendas. De modo geral, toma-se também como referência a quantidade vendida para análise comportamental básica das despesas administrativas, uma vez que elas são classificadas dentro da demonstração de resultados do período, com as despesas comerciais.

Variáveis em relação a outras variáveis: custos estruturados

Eventualmente, um custo ou uma despesa pode não ser fixo em relação à quantidade do produto final produzido ou vendido, e ter o comportamento de um custo semivariável em relação à produção ou vendas. No entanto, relacionando-se a outra atividade ou variável independente, o custo será considerado variável em relação a esta atividade ou variável. Em outras palavras, pode-se fazer uma análise de comportamento de um gasto também com outra variável independente, que não seja a quantidade de produção ou venda.

Os gastos com este tipo de comportamento são denominados *custos estruturados*. Um custo estruturado é aquele que é variável em relação a qualquer outra variável que não produção ou vendas. Para fins de análise, gerenciamento e orçamento, deve-se sempre buscar uma relação de estrutura ou variabilidade.

Exemplos desses tipos de gastos são:

- gastos com encargos de INSS e FGTS são variáveis em relação às verbas salariais;
- gastos com vale-alimentação são variáveis em relação ao número de funcionários e dias úteis do mês;
- gastos com assistência médica são variáveis em relação ao número de funcionários ou beneficiários;
- gastos com reembolso de quilômetros rodados são variáveis em relação ao número de compradores, assistentes técnicos, vendedores;
- despesas bancárias com emissão de boletos são variáveis em relação ao número de duplicatas ou boletos para cobrança das vendas etc.

Fixos dentro do ano (do período)

Normalmente, o conceito de custo fixo é aplicado àqueles custos cujos valores não variam dentro do período analisado. Os valores gastos a título de tais custos serão sempre os mesmos, não importando o volume produzido ou vendido dos produtos.

É importante ressaltar aqui o conceito de que o custo é fixo. É possível que um custo tenha todas as características de custo fixo e, mesmo assim, seu valor se altere de um período a outro. É óbvio que essa alteração de valor não pode ser na proporção das quantidades produzidas ou vendidas; caso contrário o custo seria considerado variável.

Exemplificando, o custo com aluguéis tem todas as características de custo de comportamento fixo. Contudo, nada impede que na renovação do contrato de locação tal custo venha a se alterar, para cima ou para baixo. O valor alterado não foi decorrente de variação do volume produzido ou vendido, mas, sim, de negociação específica. Tal custo deve ser considerado fixo. É importante ressaltar tais dados de ordem operacional, pois isso altera o cálculo do ponto de equilíbrio, que será evidenciado no Capítulo 12.

Fixos dentro das expectativas de produção – O caso da mão de obra direta

Eventualmente, custos considerados de comportamento variável podem ter seu valor inalterado em relação às quantidades produzidas ou vendidas, transformando-se, assim, momentaneamente, em custos fixos. O exemplo clássico de tal mudança de comportamento é com relação à mão de obra direta.

Conceitualmente, mão de obra direta, aquela necessária para gerar os produtos, tende a variar, dependendo da quantidade a ser produzida em determinado período. Entretanto, em caso de redução de produção, fato que acontece mais frequentemente, é comum a empresa não reduzir seu efetivo de mão de obra direta, mesmo que a quantidade a produzir seja diminuída, pois julga conveniente bancar essa ociosidade temporária de seu corpo de funcionários diretos. Neste caso, um custo típico de comportamento variável termina por ter, temporariamente, comportamento fixo.

Mão de obra direta – Custo fixo ou variável?

Provavelmente, a maior dúvida está no entendimento do comportamento da mão de obra direta, dúvida esta que confunde os dois tipos de classificação dos gastos.

A mão de obra direta, como o próprio nome diz, tem esta característica porque seus esforços em relação a cada unidade de produto ou serviço podem ser mensurados de forma objetiva, e, portanto, têm alocação direta. Contudo, não é variável em relação à quantidade ou ao volume de produção, basicamente pelos seguintes motivos:

a. o pagamento é efetuado mensalmente, independentemente de sua utilização em relação aos diversos produtos. Se, por exemplo, houver interrupção ou ociosidade na produção, o valor da mão de obra direta tem de ser pago do mesmo jeito;
b. não é possível a eliminação ou suspensão do pagamento da mão de obra direta se a produção cair (exceto no caso de tarefeiros);

c. mesmo em situação de alguns meses de ociosidade, as empresas relutam em dispensar a mão de obra direta, uma vez que o retorno ao volume de produção normal pode ocorrer logo.

Isso posto, podemos fazer as seguintes constatações em relação à mão de obra direta:

a. é um custo fixo no curto prazo;
b. tem todas as características de variabilidade no médio e longo prazos, uma vez que a empresa não vai reter indefinidamente mão de obra direta se houver necessidade de redução do nível de atividade, nem manter indefinidamente capacidade de mão de obra direta ociosa, assim como, em condição de aumento do volume de produção, haverá a necessidade de contratação de mais mão de obra direta.

Neste sentido, em linhas gerais, é aceitável o tratamento da mão de obra direta como um custo variável.

Depreciação – Custo fixo ou variável, direto ou indireto

Em determinadas atividades, em que a aplicação e o valor dos equipamentos são elementos vitais para a produção dos diversos produtos, é possível o tratamento dos gastos com depreciação como custo variável, apesar de, na realidade, tal gasto ser um custo fixo.

Se, por um lado, a causa da depreciação é cada unidade adicional produzida, podemos entender que a depreciação é um custo variável. Se, por outro, a causa da depreciação é a obsolescência técnica, que deprecia o equipamento gradativamente em relação ao período transcorrido, a depreciação é um custo fixo.

Mas, mesmo sendo um custo fixo, podemos ter condições de alocar o custo com precisão aos produtos fabricados. Assim, *a depreciação pode ser um custo fixo, mas de alocação direta*, aos produtos em questão. Quando a depreciação é de instalações ou prédios, normalmente é considerada um custo fixo indireto.

Custos semivariáveis

São os custos em que existe variação em relação à quantidade produzida ou vendida, mas não na relação direta. Variam, mas não na proporção 1:1. Em outras palavras, um custo é considerado semivariável quando nota-se que, aumentando ou diminuindo o volume de produção, há aumento ou diminuição no valor total do custo, porém sem uma relação direta e proporcional.

O Quadro 2.7 mostra um tipo de custo semivariável, o consumo de materiais auxiliares e indiretos à produção. É importante notar que *o custo semivariável começa com valor zero*, ou seja, se não houver produção, não haverá consumo desse gasto. A partir de qualquer volume de produção, a empresa passará a incorrer no gasto, porém seu crescimento não será na proporção direta, e, sim, em uma proporção diferente.

Em linhas gerais, observando uma reta de comportamento de um custo semivariável, podemos notar que o ângulo de inclinação da reta em relação ao eixo X é menor do que 45 graus, ao passo que, em um custo totalmente variável, o ângulo da inclinação da reta é exatamente 45 graus.

Exemplo: Materiais auxiliares

Volume de produção Quantidade	Valor gasto $
0	0
200	700
400	880
600	1.050
800	1.200
1.000	1.320

Quadro 2.7 **Custo semivariável**

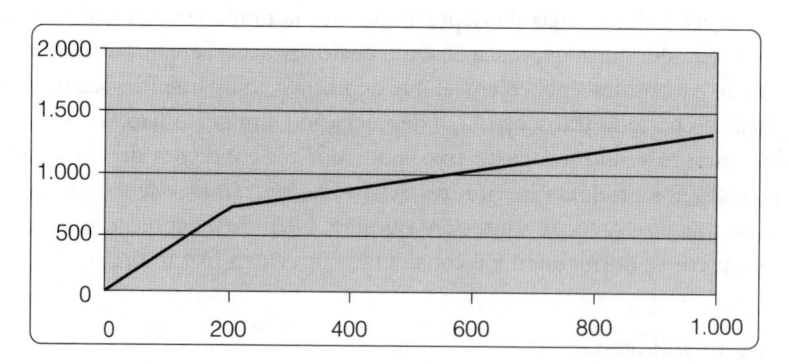

Custos semifixos

São considerados semifixos aqueles custos que têm dentro de si uma parcela fixa e outra variável. Isso significa que se não houver nenhuma atividade produtiva ou de venda, a empresa incorrerá em uma parcela do custo, sua parte fixa. A partir de um volume de produção ou venda, a outra parcela do custo, que é a variável, começará a incorrer.

A característica básica desse tipo de custo é que, mesmo com quantidade zero no eixo X, haverá um valor no eixo Y. O Quadro 2.8 mostra o exemplo de gastos com energia elétrica, cujos valores pagos pela manutenção da demanda são fixos dentro do período e os pagos pelo consumo de quilowatts consumidos são variáveis em relação à utilização do parque industrial. Outros exemplos de custos semifixos são: gastos com telefone (parte fixa pela assinatura mensal e parte por impulsos), contratos de serviços de cópias (número mínimo de cópias e custo por consumo excedente ao mínimo) etc.

Exemplo: Energia elétrica

Volume de produção Quantidade	Valor gasto $
0	300
200	700
400	1.100
600	1.500
800	1.900
1.000	2.300

Quadro 2.8 **Custo semifixo**

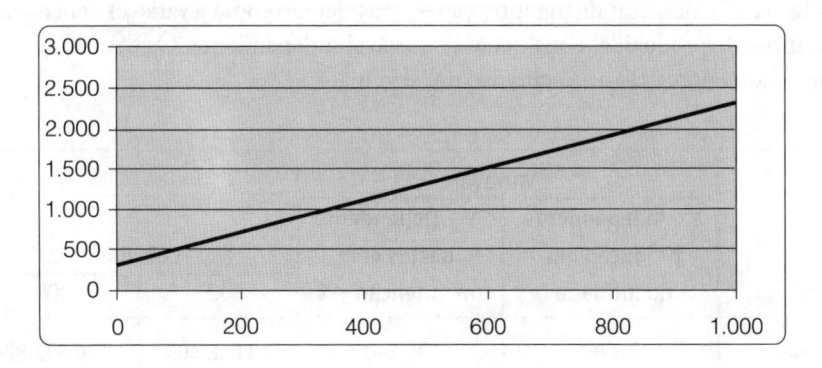

Apuração da tendência ou inclinação da reta dos custos semifixos e semivariáveis

Para descobrir a inclinação da reta dos custos semivariáveis, bem como as parcelas fixa e variável dos custos semifixos, utilizam-se como ferramental básico os modelos de métodos quantitativos de análise de tendência e regressão linear, incluindo o método dos mínimos quadrados.

A análise de tendência de crescimento ou decréscimo de longo prazo pode ser utilizada quando essas evoluções parecem seguir uma tendência linear. Com a variável X representando o mês ou a variável independente (produção, vendas etc.) e a variável Y representando os gastos semivariáveis e semifixos, podem-se obter as parcelas fixa e variável de cada gasto em relação à variável independente escolhida. A equação é:

$$Y = a + bX$$

As fórmulas para obter as incógnitas a e b são as seguintes:

$$b = \frac{XY - n\overline{X}\overline{Y}}{X^2 - n\overline{X}^2}$$

$$a = \overline{Y} - b\overline{X}$$

em que b representa a parcela variável, e a, a parcela fixa. A multiplicação de b pela variável independente escolhida dá a parcela do gasto variável total. Somando-a com a parcela fixa, temos o gasto total.

Na tabela a seguir, apresentamos um exemplo em que relacionamos um gasto semivariável – despesas de manutenção –, considerado como a variável dependente, à quantidade produzida, considerada a variável independente. Os cálculos e a obtenção dos valores são apresentados em seguida.

Mês	Variável		Cálculos	
	X – Independente produção em quantidade	Y – Dependente gastos com manutenção – $	X^2	XY
Janeiro	3.720	36.740	13.838.400	136.672.800
Fevereiro	3.840	37.280	14.745.600	143.155.200
Março	4.340	39.530	18.835.600	171.560.200
Abril	4.500	40.250	20.250.000	181.125.000
Maio	4.200	38.900	17.640.000	163.380.000
Junho	4.480	40.160	20.070.400	179.916.800
Soma	25.080	232.860	105.380.000	975.810.000
Média	4.180	38.810		

$$b = \frac{975.810.000 \ (-) \ (6 * 4.180 * 38.810)}{105.380.000 \ (-) \ (6 * 4.180 * 4.180)}$$

$$b = \frac{975.810.000 \ (-) \ 973.354.800}{105.380.000 \ (-) \ 104.834.400}$$

$$b = \frac{2.455.200}{545.600}$$

$b = \ \$ \ 4{,}50$

$a = \ 38.810 \ (-) \ (4{,}5 * 4180)$

$a = \ 38.810 \ (-) \ 18.810$

$a = \ \$ \ 20.000$

Neste exemplo, a parte fixa do gasto de manutenção corresponde a $ 20.000 por mês. A parcela variável é de $ 4,50 para cada unidade produzida. Com esses dados, podemos elaborar projeções, segundo a premissa de que as observações desses seis meses sejam representativas e com bom grau de confiabilidade para estimativas futuras.

Utilizando os dados obtidos e estimando que no próximo mês de julho a quantidade produzida será de 4.600 unidades, os gastos de manutenção deveriam ser:

$Y = \$ \ 20.000 + (\$ \ 4{,}50 * 4.600)$
$Y = \$ \ 20.000 + \$ \ 20.700$
$Y = \$ \ 40.700$

Custos fixos, capacidade de produção e intervalo relevante

Sabemos que os custos fixos, conceitualmente, não variam em relação ao volume produzido ou vendido. No entanto, não podemos nos esquecer de que os custos fixos estão também relacionados à capacidade de produção ou venda, ou seja, de modo geral, eles ocorrem ou são fixados considerando-se um intervalo de produção ou venda.

Exemplificando novamente com as despesas de aluguéis: a empresa aluga um imóvel para produzir e vender determinado produto. Esse imóvel é suficiente para abrigar um volume de produção e um número de funcionários que varia dentro de um intervalo quantitativo. Caso haja necessidade de expansão, haverá necessidade de outro imóvel, que terá outro aluguel. Assim, o custo fixo de aluguel se altera, mudando para outro patamar de custo fixo. Conceitualmente continua como custo fixo, porém, agora dentro de um novo valor, de um novo patamar. Denominamos isso intervalo relevante. Vejamos como fica o gráfico de custo fixo dentro de intervalos relevantes:

Exemplo: Aluguéis de imóveis

Volume de produção Quantidade	Valor gasto $
0	2.000
200	2.000
400	4.000
600	4.000
800	6.000
1.000	6.000

Quadro 2.9 **Custo fixo e intervalo relevante**

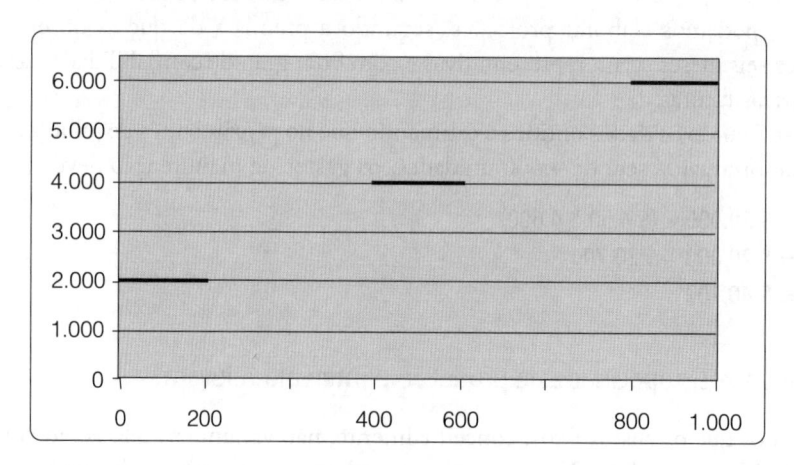

Custos fixos comprometidos e discricionários

Esta classificação tem como objetivo direcionar ações de gestão de custos, com ênfase em projeções e orçamento. São classificados como custos fixos comprometidos os custos fixos que são vinculados à capacidade operacional e necessários às atividades.

Em linhas gerais, os custos fixos comprometidos são os custos fixos *inevitáveis*, ou seja, para que a empresa consiga operar normalmente são indispensáveis. São exemplos os gastos com serviços de manutenção, limpeza, segurança patrimonial, depreciação dos bens operacionais, serviços de contabilidade, recursos humanos etc. Sempre se pode ter alguma ação sobre os custos fixos comprometidos, procurando melhorar sua eficiência, reduzir custos etc., mas há um limite para sua redução.

Os custos fixos discricionários, por sua vez, são aqueles que permitem maior abrangência de ação, podendo ser reduzidos, ou até eliminados, com maior facilidade. São também denominados custos de *dotação orçamentária*, ou custos *evitáveis*. São exemplos gastos com consultoria, publicidade e propaganda (para a maior parte das empresas), participações em feiras, alguns tipos de despesas com viagens, despesas com treinamento e capacitação, alguns benefícios aos empregados, como previdência privada etc.

Custo variável total e custo variável unitário; custo fixo total e custo fixo unitário

Como já vimos, a análise comportamental dos custos é feita tomando-se como referencial o volume ou o nível de atividade (quantidades produzidas ou vendidas) e verificando-se como o *total do valor do custo* de um recurso se comporta com a variação desse volume. Assim, é uma análise de custos totais de um recurso e sua relação com qualquer nível de atividade.

Se desejarmos verificar o custo unitário de cada recurso em relação ao nível de atividade, veremos o seguinte:

a. o custo variável acompanha o volume de produção, mas unitariamente é fixo em relação a cada unidade do produto;
b. o custo fixo não varia com o volume de produção, mas unitariamente é cada vez menor à medida que o volume produzido aumenta.

Isto pode ser verificado no Quadro 2.10.

Quadro 2.10 **Comportamento dos custos e custo unitário por unidade de produto**

Volume de produção	Custo variável – Ex. materiais diretos		Custo fixo – Ex. prestação de leasing	
	Gasto total – $	Por unidade quantidade	Gasto total – $ produzida – $	Por unidade produzida – $
0	0	–	2.000	–
200	4.000	20,00	2.000	10,00
400	8.000	20,00	2.000	5,00
600	12.000	20,00	2.000	3,33
800	16.000	20,00	2.000	2,50
1000	20.000	20,00	2.000	2,00

Note que o custo variável total aumenta à medida que a quantidade produzida aumenta; porém, o custo unitário por unidade produzida se mantém em $ 20,00. Já o custo fixo do *leasing*, uma prestação mensal de $ 2.000, não se altera com o volume de produção. No entanto, quando se quer traduzir o custo fixo para custo unitário, essa prestação diminui à medida que o volume de produção aumenta.

Convém ressaltar, porém, que a característica de alteração do custo fixo por unidade de produto é um cálculo que envolve o conceito de média – ou seja, é um custo unitário médio –, que não necessariamente pode ser utilizada para estudos futuros, para previsões e modelos de tomadas de decisões como um dado inquestionável.

2.4 Integração da análise do comportamento e da classificação dos custos

É importante ressaltar que não há necessidade de uma junção dos conceitos de classificação dos custos e o estudo do seu comportamento em relação ao volume. Esses dois conceitos devem ser aplicados de forma distinta. Quando falamos em classificação dos custos, estamos nos referindo a como todos os custos de uma empresa são claramente identificáveis ou não nos produtos finais. Quando estudamos o comportamento dos custos, estamos buscando a relação com uma variável dependente, normalmente o volume de produção, para fins de previsão e tomada de decisão.

Contudo, é comum ver a utilização conjunta dos dois conceitos. Isto se dá porque há uma proximidade muito forte dos custos diretos com as variáveis, bem como dos custos indiretos com os fixos.

Custos diretos e variáveis

Quase todos os custos diretos são variáveis, razão pela qual essas duas nomenclaturas são utilizadas como se definissem a mesma coisa. No entanto, nem todos os custos diretos são variáveis, assim como nem todos os custos variáveis são diretos.

Os principais custos variáveis são os materiais diretos. Todos os materiais que fazem parte da estrutura do produto são diretos aos produtos e variáveis em relação à quantidade produzida. Temos uma série de materiais auxiliares, que também são variáveis e diretos aos produtos, pois, em cada quantidade produzida, haverá o consumo desses materiais.

Contudo, temos alguns materiais auxiliares que são indiretos aos produtos, tais como lixas e ferramentas, pois não fazem parte do produto final, e podem ter um comportamento de custo variável, ou seja, quanto mais se produz, mais se consome, dentro de uma mesma proporção. Temos também o oposto, ou seja, alguns materiais auxiliares que são diretos aos produtos, como moldes, dispositivos e modelos, mas cujo comportamento pode ser tanto fixo como semivariável.

Pode-se ter também outros custos diretos fixos, tais como *royalties*, licenças, projetos de engenharia, máquinas e equipamentos exclusivos para determinado produto, que são diretos ao produto, mas não têm o comportamento necessariamente variável ou mesmo semivariável.

Custos indiretos e fixos

Quase todos os custos indiretos são fixos, razão pela qual essas duas nomenclaturas são utilizadas também de forma indistinta. Contudo, temos de tornar a distinção bem clara. Custos indiretos são aqueles em que não há possibilidade de clara identificação dos produtos, podendo ser fixos ou variáveis. Nem todo custo indireto é fixo, nem todo custo fixo é indireto; temos, então, custos indiretos fixos e custos indiretos variáveis.

Um exemplo de custo indireto variável é o valor gasto com o consumo de energia elétrica (não o valor gasto para pagamento da demanda, apenas do consumo), em que, dependendo do produto (normalmente produtos oriundos de processos de fusão, siderurgia, fornos em geral), para cada unidade de produto final há a necessidade de um consumo de kWh. Outro exemplo são combustíveis para determinados equipamentos, em que há uma relação direta de variabilidade entre a quantidade final de produto com o consumo desses combustíveis. Água e líquidos para resfriamento de equipamentos ou usinas também podem ter a mesma característica de variabilidade, mas podem ser custos indiretos aos produtos finais.

Os custos fixos indiretos tendem a ser a maioria: aluguéis, *leasings*, mão de obra de chefia, mão de obra indireta, depreciações e amortizações etc. São gastos que ocorrem independentemente do volume produzido e, ao mesmo tempo, não permitem mensuração e identificação clara com o produto final.

2.5 Resumo e visão geral

Para conclusão deste capítulo, apresentamos na Figura 2.2 um resumo do estudo classificatório dos custos. Como classificação, entendemos a separação dos custos em diretos e indiretos, objetivando primordialmente a apuração do custo unitário dos produtos, tendo como referência básica o formato legal da demonstração de resultados exigida pela legislação comercial e fiscal. Grande parte, se não a maioria das empresas, aproveita o mesmo referencial classificatório e a apuração dos custos unitários dos produtos e serviços finais para utilização na formação de preços de venda com base no custo.

Como comportamento, entendemos a separação dos custos em fixos e variáveis, tendo como referencial o volume de produção ou vendas. Neste tipo de estudo, os objetivos principais são totalmente gerenciais, visando identificar o comportamento do custo para decisões envolvendo orçamentos e projeções. Além disso, são conceitos fundamentais para as análises denominadas custo-volume-lucro, em que, por meio do conceito de margem de contribuição, são elaborados modelos para análise de rentabilidade de produtos, eliminação ou introdução de novos itens na linha de produtos, alteração do mix de produtos, obtenção do ponto de equilíbrio etc., tópicos que serão estudados no capítulo sobre custeamento variável.

Estudo classificatório	CLASSIFICAÇÃO DE CUSTO	COMPORTAMENTO DE CUSTO
	Identificação ao produto ou objeto de custo	Reação do valor gasto ao volume produzido/vendido
Tipos de classificação	Custo direto Custo indireto	Custo variável Custo fixo Custo semifixo Custo semivariável
Objetivos principais	Custo unitário do produto ou serviço final Apuração de resultados para a contabilidade societária e fiscal (seguindo a demonstração de resultados) Formação de preço de venda	Orçamento e projeções Construção de modelos para o processo de tomada de decisão (análise custo-volume-lucro) Gestão geral de custos Formação de preço de venda

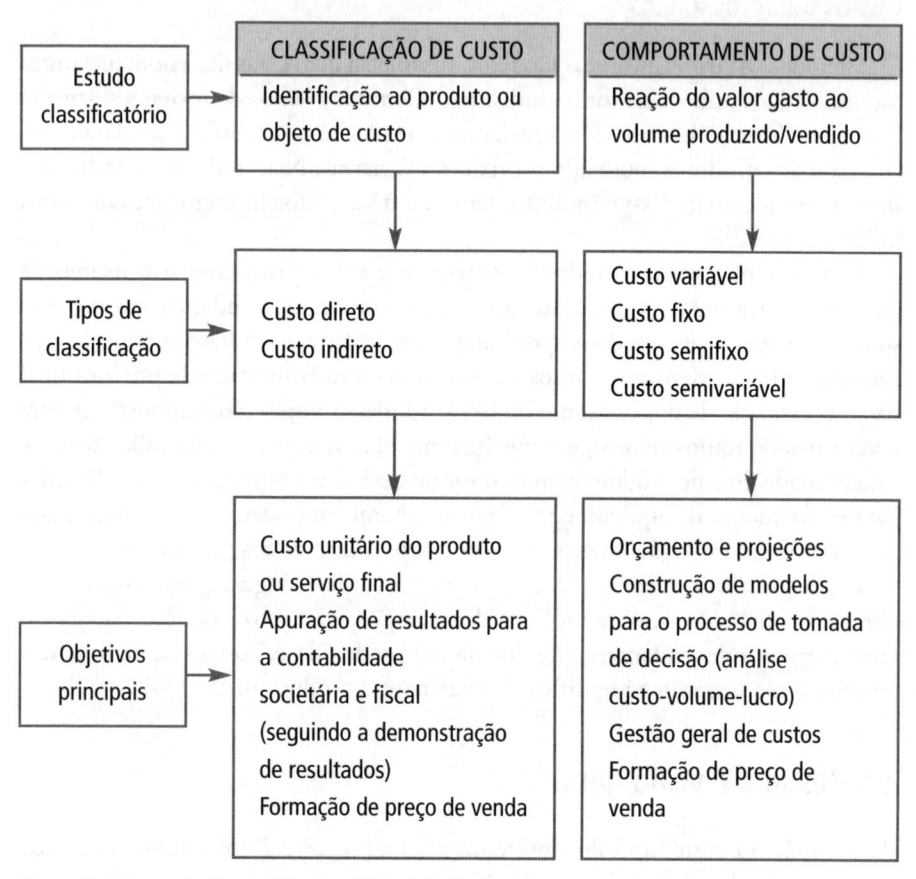

Figura 2.2 **Resumo do estudo classificatório dos custos**

Questões e exercícios

1. Coloque as letras no espaço em branco, conforme as definições apropriadas:

   Definições *Conceitos*
   a. Custos que variam com o volume de atividade _____ Custos diretos
   b. Custos que são lançados contra as receitas em determinado período _____ Custos fixos
   c. Custos que são atribuídos aos bens e serviços produzidos _____ Custos variáveis
   d. Custos que não variam com o volume de atividade _____ Custos indiretos
   e. Custos que podem ser alocados diretamente aos produtos _____ Custos periódicos
   f. Custos que não são claramente identificáveis com os produtos _____ Custos para o produto
   g. Custos que são atribuídos a intervalos de tempo _____ Despesas

2. Com os seguintes dados de despesas, elabore gráficos cartesianos (eixos x e y) para evidenciar o comportamento dos custos em relação ao volume, indicando o custo fixo, o custo variável, o custo semivariável e o custo fixo que cresce a intervalos relevantes.

Dados – Gastos e volume de produção

Período de produção	Quantidade	Gasto 1	Gasto 2	Gasto 3	Gasto 4
Ano 1	3.000	24.000	12.000	18.000	8.000
Ano 2	3.300	24.000	12.000	19.800	8.600
Ano 3	3.600	28.000	12.000	21.600	9.200
Ano 4	3.900	28.000	12.000	23.400	9.800
Ano 5	4.200	32.000	12.000	25.200	10.400

3. Após a identificação do gasto semivariável do exercício anterior, utilize o instrumental estatístico de regressão linear simples para elaborar uma equação que permita projetar o valor a ser gasto quando o volume de produção atingir 5.000 unidades.

4. Utilize o ferramental estatístico de regressão linear simples e determine as parcelas considerada fixa e a considerada variável, em relação à quantidade de

produção/vendas, de cada gasto a seguir. Depois, faça uma estimativa para um volume de produção/vendas de 35.000 unidades.

Quantidade Produção/Vendas	Gastos – $	
	Energia elétrica	Desp. viagem
20.000	120.000	70.000
22.000	130.000	74.000
24.000	140.000	78.800
26.000	150.000	83.600
28.000	160.000	88.400
30.000	170.000	93.200
32.000	180.000	98.000

5. Tomando como referência uma indústria de confecção de roupas (calças e camisas *jeans*) que fabrica e vende um produto próprio e outro por meio de licenciamento (*franchising*), classifique os gastos em fixos (F) e variáveis (V), e em diretos (D) e indiretos (I).

Gasto	Fixo ou Variável	Direto ou Indireto
Tecido	( )	( )
Botões	( )	( )
Aluguel da fábrica	( )	( )
Comissões sobre venda	( )	( )
Licenciamento de produto	( )	( )
Mão de obra de costureira	( )	( )
Publicidade mensal do produto próprio	( )	( )
Salários administrativos	( )	( )
Salário do gerente da fábrica	( )	( )
Linhas e aviamentos	( )	( )
Conta de água e esgoto	( )	( )
Mão de obra de embaladores	( )	( )
Serviços de limpeza terceirizados	( )	( )
Gastos com manutenção de equipamentos	( )	( )
Gastos com moldes do produto próprio	( )	( )
Gastos com utensílios gerais (tesouras, réguas etc.)	( )	( )
Fitas para embalagens dos produtos	( )	( )
IPTU	( )	( )
Gastos com fax	( )	( )

6. Com os dados apresentados a seguir, de uma empresa com uma linha de produtos similares, calcule: a) o custo variável unitário para fabricação de cada unidade de produto; b) o custo fixo unitário para cada volume de produção/vendas apresentado; c) o custo unitário total médio para cada quantidade apresentada.

Quantidade Produção/Vendas	Gastos – $	
	Variáveis	Fixos
200.000	544.000	300.000
205.000	557.600	300.000
210.000	571.200	300.000
215.000	584.800	300.000
220.000	598.400	300.000
225.000	612.000	300.000
230.000	625.600	300.000

7. A empresa está esperando um ano mais difícil e estima três cenários negativos, com volumes esperados de vendas e produção de 170.000, 180.000 e 190.000 unidades. Considerando os dados do exercício anterior e sabendo que a empresa vende cada unidade do produto por $ 4,50, calcule o lucro total nas três hipóteses de quantidades apresentadas.

Visão Geral da Contabilidade de Custos

Objetivos de aprendizagem

Este capítulo desenvolve:

- um painel básico da contabilidade de custos;
- uma introdução aos métodos, formas e sistemas de acumulação;
- o esquema geral da contabilidade de custos;
- a abrangência da contabilidade de custos e o seu papel na organização.

A utilização de custos dentro das empresas é essencialmente gerencial. A utilização do ferramental de custos para fins legais e fiscais tem também sua importância justificada, pois os usuários externos das demonstrações contábeis – fornecedores, credores, acionistas, governo, investidores – necessitam de informações acuradas, segundo os princípios fundamentais de contabilidade. Mas a grande utilização de custos realmente está no escopo gerencial, em que os usuários internos, os administradores da empresa, necessitam de uma variedade muito grande de informações para o processo geral de tomada de decisão.

No aspecto gerencial, a contabilidade de custos, desde os seus primórdios, sempre esteve em constante evolução e não está presa a nenhuma regra contábil específica. O único fundamento da contabilidade de custos é a sua utilização efetiva e com eficácia dentro das organizações.

Dessa maneira, a contabilidade de custos, ao longo de sua existência, tem oferecido mais de uma opção para o gerenciamento contábil da informação analítica do custo e receita dos produtos e serviços. Essa variedade de opções, inclusive, tem até mantido diversos pontos polêmicos, alguns ainda não solucionados, pois nem todos aceitam pacificamente alguns conceitos que são desenvolvidos.

Obviamente, para fins gerenciais, o importante é que cada empresa elabore seus modelos de decisão segundo sua própria visão conceitual. Como nossa premissa básica é a gestão com enfoque nos resultados, criação de valor e eficácia empresarial, é suficiente que os modelos utilizados sejam eficazes em atender a essas premissas.

De qualquer forma, é importante realçar mais uma vez o forte aspecto conceitual da contabilidade de custos. É necessário um entendimento profundo da formação do custo de todos os recursos, de sua relação com as atividades e/ou produtos e serviços finais, do fluxo contábil dos valores obtidos, bem como dos próprios conceitos de valores possíveis para custeamento.

3.1 Painel básico da contabilidade de custos

O foco condutor da contabilidade de custos é a mensuração do custo unitário dos produtos e serviços. Como vimos no capítulo introdutório, a grande questão que permeia toda a gestão de custos é a necessidade que os gestores empresariais têm de informações que identifiquem o custo unitário dos diversos produtos e serviços ofertados pela empresa, já que tais informações são fundamentais para o processo de tomada de decisão em relação a introduzir ou eliminar produtos e serviços. As informações sobre o custo dos produtos e serviços permitirão análises de custos e de rentabilidade de produtos, de adequação da capacidade produtiva, apuração dos recursos que devem ser processados interna ou externamente etc.

Contudo, apurar o custo unitário de todos os produtos e serviços da empresa requer definições conceituais profundas, basicamente centradas na questão:

> Quais gastos devem fazer parte da apuração do custo unitário dos produtos e serviços finais?

A contabilidade societária e fiscal já se posicionou a esse respeito: para a apuração do custo dos produtos e serviços só deverão ser considerados os gastos industriais, ficando de fora os gastos comerciais, administrativos e financeiros, que serão tratados como despesas e não devem fazer parte do custo.

Mesmo para fins legais e comerciais, em que já há uma prévia definição dos tipos de gastos a serem incorporados nos cálculos, dúvidas menores surgem, tais como: gastos com o setor de compras são administrativos ou industriais? Gastos com o setor de recursos humanos, que atende toda a empresa, devem ser transferidos em parte para a apuração do custo dos produtos e serviços ou não? Esses exemplos de dúvidas indicam que custos é a área da contabilidade mais rica em polêmicas e, portanto, merece sempre aprofundamentos conceituais.

Os aspectos gerenciais, todavia, ensejam dúvidas e polêmicas maiores. Gerencialmente, há necessidade de se separar os gastos em custos e despesas? Essa separação não prejudica a análise de custos? Qual o melhor caminho a ser seguido: a classificação de custos em diretos e indiretos ou a classificação em fixos e variáveis?

Fica evidente mais uma vez o potencial polêmico e conceitual da contabilidade de custos. Diante disso, é importante, para fins gerenciais, definir claramente os fundamentos teóricos da contabilidade de custos, objetivando uma apreciação científica e encaminhadora dos demais capítulos deste trabalho.

O painel básico da contabilidade de custos pode ser apresentado de acordo com três grandes fundamentos:

1. *Método de custeamento*: identificar e definir os caminhos possíveis para a apuração do custo unitário dos produtos e serviços finais.
2. *Forma de custeio*: identificar e definir as possibilidades de mensuração monetária (atribuição de valor) para os recursos utilizados no processo de transformação dos produtos e serviços finais, considerando os métodos utilizados.
3. *Sistema de acumulação*: identificar e definir as melhores possibilidades de acumulação dos registros das informações obtidas pelas formas de custeio e métodos de custeamento.

Método de custeamento

Em linhas gerais, o método de custeamento define os gastos que devem fazer parte da apuração do custo unitário dos produtos e serviços finais. Corresponde, portanto, à metodologia utilizada, que basicamente responde à questão fundamental que colocamos no início deste tópico.

Existem diversas visões sobre o assunto, do método que apenas considera o custo dos materiais diretos como formadores do custo unitário dos produtos, até aquele que entende que mesmo os impostos sobre o lucro devem fazer parte do custo unitário dos produtos e serviços.

Podemos dizer que o método é o fundamento teórico mais importante na questão da contabilidade de custos. Definido o método a ser utilizado pela empresa, todos os demais fundamentos e processos decisórios deverão ser modelados à luz do adotado. Assim, se uma empresa adotar o do custeamento variável, todo o processo decisório subsequente deverá ser estruturado considerando este método. Se outra empresa adotar o método de custeamento ABC, todos os modelos decisórios deverão ter este como base informacional, e assim sucessivamente.

Dessa forma, a definição do método está ligada à teoria da decisão, pois, uma vez definido, toda a estruturação dos demais modelos decisórios deverá ser parametrizada pelo método adotado.

Forma de custeio

A forma de custeio está ligada à questão de que tipo de mensuração monetária deverá ser dado aos recursos que formam o custo dos produtos e serviços finais. Responde às seguintes questões:

a. que moeda deve ser utilizada para apuração do custo dos recursos e dos produtos e serviços: corrente, estrangeira, índice etc.;
b. que valor da moeda deve ser utilizado: histórico, histórico corrigido, orçado, estimado, padronizado etc.

Assim, a forma de custeio é variada. Pode-se aplicar qualquer forma de custeio ao método adotado.

Sistema de acumulação

É o fundamento contábil de custos, indicando os instrumentos e caminhos de como os dados e as informações obtidos pela forma de custeio, que obedecem a um método de custeamento, devem ser registrados, guardados e acumulados. Responde às seguintes questões:

a. deve-se acumular por produto ou serviço final ou por lote de produção?;
b. deve-se acumular por departamento ou atividade que transforma os produtos?;
c. deve-se acumular por contas contábeis?

3.2 Métodos de custeamento

A mensuração da receita de produtos e serviços, recursos e atividades da empresa tem como fundamento o *preço de mercado*. Como é necessário apurar o resultado, o ponto crucial torna-se o método de mensuração dos custos dos recursos e produtos ou o método de custeio. O primeiro está fundamentalmente ligado a três questões:

a. os gastos (custos e despesas) que devem fazer parte da apuração do custo dos recursos, produtos, serviços, atividades ou departamentos, e, por consequência,
b. os custos de um recurso, bem, produto ou serviço final que devem ser ativados enquanto esses bens estão em estoque (enquanto não são vendidos);
c. a definição da metodologia de cálculo e a apuração do custo unitário dos produtos e serviços.

A questão dos custos que devem fazer parte da apuração do custo dos bens, produtos, serviços ou atividades está relacionada à questão dos custos diretos e variáveis, e indiretos e fixos.

Os custos diretos ou variáveis têm uma identificação clara e podem ser mensurados diretamente em relação a uma unidade de produto, serviço ou atividade, ao passo que os custos indiretos ou fixos não têm essa mesma possibilidade e só podem ser atribuídos ao custo dos produtos, serviços ou atividades por critérios de distribuição ou alocação de custos (chamados de critérios de rateio ou absorção de custos indiretos).

Dessa maneira, podemos classificar duas opções de método de custeio:

> a) métodos de custeio direto e variável;
> b) métodos de custeio por absorção.

Método de custeio direto

Este utiliza, para custeamento dos produtos, apenas os gastos diretos a cada um dos produtos e serviços de uma empresa, sejam eles custos (gastos da área industrial), sejam despesas (gastos da área comercial)[1]. Dessa forma, neste método, são utilizados para cálculo do custo unitário dos produtos tanto os custos (e despesas) diretos variáveis quanto os fixos.

Os diretos variáveis são incorporados ao custo dos produtos pelo seu custo unitário específico, e os diretos fixos, pelo custo médio em função da quantidade produzida ou vendida.

Método de custeio variável

Esta metodologia de apuração de custo unitário dos produtos e serviços considera tão somente os custos e as despesas variáveis de cada produto ou serviço, sejam eles diretos ou indiretos. Este método busca um custo unitário do produto ou serviço, sem nenhuma dúvida, em termos de mensuração monetária, já que, ao utilizar apenas elementos variáveis e, portanto, com valor unitário para cada unidade de produto perfeitamente definido, não usa nenhum conceito de cálculo médio. Esta característica torna este método cientificamente recomendável para todos os propósitos de previsões e tomada de decisão.

---

[1] Não é prática verificar se há custos diretos administrativos, pois é muito incomum haver gastos administrativos específicos, de forma rotineira, para produtos e serviços finais.

Método direto ou variável?

Os autores têm comumente apresentado a nomenclatura dupla, como se os dois métodos fossem idênticos, mas que na realidade não são, conforme já apresentamos. Contudo, pelo fato de, para a maior parte das empresas, os principais custos diretos terem característica de variabilidade, o entendimento similar desses dois métodos é perdoável e aceitável.

Em linhas gerais, a grande diferença está na mão de obra direta que, mesmo sendo fixa durante um período curto, tem condições de ser entendida como variável no médio prazo, ficando, portanto, muito similares os tipos de custos utilizados pelos dois métodos.

Métodos de custeio por absorção

Enquadramos neste tipo todos os métodos que utilizam indistintamente todos os custos (ou despesas), sejam diretos ou indiretos, fixos ou variáveis, para apuração do custo unitário dos produtos e serviços finais.

Como nos métodos de custeamento por absorção são utilizados os gastos indiretos fixos, que, por sua característica básica, não são identificáveis claramente nos produtos e serviços finais, há a necessidade de utilização de procedimentos de distribuição desses gastos aos produtos, por meio de algum critério a ser definido. O processo de distribuição de gastos indiretos fixos aos produtos e serviços finais é mais comumente denominado *rateio*, sendo utilizadas também as denominações *alocação* ou *apropriação de custos indiretos aos produtos*.

A palavra *absorção* é utilizada há muito tempo, basicamente em virtude da ideia de que, após a apuração do custo unitário dos produtos e serviços com os custos diretos e variáveis, há a necessidade de que os produtos e serviços também "absorvam" os demais custos indiretos, para que se tenha uma ideia do custo unitário total, ou seja, um valor de custo unitário com todos os custos apropriados aos produtos e serviços.

O principal método de custeio por absorção é o que recebe este mesmo nome, já que é matriz de outros conceitos de absorção e é o método que é aderente aos princípios fundamentais de contabilidade utilizados praticamente em todo o mundo, tanto pela legislação comercial quanto pela fiscal. Um aspecto importante do custeio por absorção é a valorização dos estoques industriais determinada legalmente, que deve ser feita pelos princípios contábeis geralmente aceitos, basicamente pelo princípio do custo como base de valor.

Os demais métodos que utilizam o conceito de absorção de custos e despesas indiretas fixas são:

- do custeamento baseado em atividades (custeio ABC);
- de custeamento integral;
- de custeamento RKW.

Estudaremos esses métodos nos Capítulos 8 a 10. O conceito de *custo-meta*, mesmo que não seja claramente um método de custeio, e sim uma metodologia de gerenciamento e de redução de custos, tem como ponto de partida o custeio integral e, portanto, deve ser entendido como utilizando o conceito de absorção. Estudaremos um pouco mais este tema no Capítulo 15.

3.3 Formas de custeio

Estas compreendem as possibilidades de mensuração dos custos dos produtos e serviços, em razão das diferentes bases monetárias e de valor existentes no ambiente econômico e empresarial. As principais formas de custeamento podem ser englobadas em dois grandes grupos:

> custo real;
> custo prévio.

Custo real

É a forma mais comum. Tomam-se os gastos reais para apurar o custo unitário dos produtos e serviços. Podemos identificar três grandes variantes de custo real:

a. *custo histórico*: considera-se um custeamento com custo real histórico quando utilizamos tão somente dados reais já registrados com os valores de suas datas de realização, sem nenhuma alteração do padrão monetário;

b. *custo histórico corrigido*: a aplicação de algum indexador objetivando a atualização monetária de um dado de custo foi muito utilizada em épocas de altas taxas de inflação na economia, e pode ser considerada uma variação da forma de custeio real. Em economias que ainda sofrem de problemas de inflação alta, é um método interessante;

c. *custo de reposição*: podemos considerar que é uma forma de custeio real, uma vez que este é o custo da próxima compra. Por ser um dado já conhecido, que vai acontecer e, portanto, será realizado, entendemos que é uma variante de custeio real. Este método é muito importante, principalmente para fins gerenciais de formação de preços de venda, uma vez que estes são formados para vendas futuras, e o mínimo que se espera é que o produto da venda seja suficiente para cobrir os custos que vão ocorrer na fabricação dos produtos.

Custo prévio

Em vez de utilizarmos valores já conhecidos e reais, podemos calcular o custo unitário dos produtos e serviços utilizando dados futuros, desejados ou esperados, de forma a termos um custo feito de maneira antecipada. Os objetivos da utilização de valores que não sejam os reais centram-se em diversas necessidades gerenciais, tais como orçamentos, determinação de metas de redução de custos, cálculos estimados para decisões de cunho rápido etc.

As principais variantes de custo prévio são:

a. *custo padrão*: fundamentalmente, este é um custo desejado, o custo que deve ser ideal, padronizado, que fuja das flutuações e inconstâncias do custo real. Sua característica de meta adiciona a possibilidade de comparação com o custo real, tornando-se um grande referencial para controle de custos e atribuição de metas aos gestores da empresa. Trataremos desta forma de custeio no Capítulo 11;

b. *custo orçado*: é o cálculo do custo unitário utilizando dados constantes do orçamento da empresa. Portanto, é um custo que deve acontecer, mas não necessariamente que *deveria* acontecer. Não é igual ao custo padrão porque este é um custo sob condições idealizadas, ao passo que o orçado é um custo que deverá ser o próximo custo real, com todas as suas eventuais ineficiências;

c. *custo estimado*: são apurações de custos unitários de produtos e serviços utilizando dados aproximados para fazer frente a decisões de cunho rápido, tais como orçamentos de prestação de serviços, vendas urgentes de novos produtos e componentes etc.

3.4 Sistemas de acumulação

Compreendem os instrumentos, critérios e sistemas para registro, guarda e acumulação das informações dentro de um ordenamento lógico e coerente com os produtos e sistemas produtivos utilizados pela empresa, de maneira que permitam a utilização das informações geradas nos cálculos efetuados por meio dos métodos de custeamento dentro das formas de custeio utilizadas.

Em linhas gerais, os principais sistemas de acumulação de custos (que devem incluir a acumulação das receitas dos produtos e serviços) têm duas vertentes principais:

> acumulação por ordem;
> acumulação por processo.

A visão clássica de acumulação de informações de custos baseia-se na utilização de custos reais; porém, quando a empresa adota o custo padrão como forma de mensuração e o utiliza para fins de análise de variações, o sistema deverá acumular também os dados padrão.

Acumulação por ordem

Considera-se sistema de acumulação por ordem quando o referencial escolhido para armazenamento das informações é a autorização para fabricação de uma unidade de um produto ou serviço ou um lote de um produto. A autorização de produção tem diversos nomes, tais como ordem de produção, ordem de serviço, ordem de trabalho, ordem de execução etc. O mais utilizado é o primeiro. Outrora, a visão clássica da ordem de produção consistia em uma folha de papel em que se anotavam os custos. Hoje, a maior parte das empresas tem sistemas computadorizados, e as ordens são acumuladas por meio eletrônico.

O setor de planejamento e controle da produção abre uma ordem para fabricar ou realizar determinada quantidade de produto ou serviço, e todos os custos específicos que serão necessários para elaborar a quantidade autorizada do produto ou serviço serão registrados e acumulados nessa ordem de produção. Ao final, obtêm-se todos os gastos daquela autorização. Se for uma quantidade única, já se terá o custo unitário do produto ou serviço; se for um lote de produção, obter-se-á o custo unitário pelo custo médio da ordem, considerando a quantidade do lote.

Normalmente, o sistema de acumulação por ordem é utilizado por empresas que fabricam *produtos por encomenda* ou prestam serviços personalizados. Quando se recebe a encomenda, abre-se a ordem autorizando a produção.

Um exemplo de fácil visualização encontra-se na atividade de serviços de concessionárias de veículos. Quando o veículo chega para um reparo ou revisão, imediatamente abre-se uma ordem específica para aquele veículo. Todos os gastos, materiais utilizados e horas de trabalho dos diversos setores da concessionária são anotados e acumulados na ordem, obtendo-se ao final o custo do(s) serviço(s) realizado(s).

O sistema de acumulação por ordem tem sido utilizado também para produtos seriados. Como exemplo, podemos citar montadoras de veículos e tratores. A empresa decide fazer um lote de determinado modelo de um produto. Abre-se uma ordem específica, e todos os gastos de materiais e horas despendidas para aquele lote são acumulados também em uma ordem de produção.

Acumulação por processo

Este sistema tem como referencial a acumulação por setor da empresa pelo qual passam os materiais e os componentes e no qual são executados os processos de transformação dos materiais em produtos finais. Dessa maneira, este sistema de acumulação armazena os dados de custos por atividades e por departamentos, que trabalham os materiais e realizam os serviços necessários para estruturar os produtos finais.

Normalmente, este sistema de acumulação é utilizado por empresas que fabricam produtos que exigem um processo contínuo, com poucas matérias-primas. Essas empresas tendem a ter poucos produtos, manufaturados em massa e relativamente padronizados, que utilizam fundamentalmente o mesmo processo de fabricação.

Uma usina de açúcar é um exemplo deste tipo de empresa, pois trabalha a matéria-prima em um processo contínuo. Neste caso, a acumulação do consumo dos materiais e dos demais custos tende a ser feita por processo (corte, transporte, limpeza, esmagamento, caldeiraria, decantação, armazenagem etc.). Este sistema evidencia o custo de cada processo de forma cumulativa, ou seja, quanto custa uma tonelada de açúcar até o processo de corte, o custo de uma tonelada até o transpor- te etc., até o custo total de uma tonelada de açúcar quando termina o último processo executado.

Acumulação por atividades

A utilização do método de custeamento baseado em atividades (custeio ABC) leva à utilização de um sistema de acumulação similar ao de por processo. Todos os gastos de cada atividade devem ser acumulados em contas contábeis para essas atividades. A diferença básica em relação ao sistema de processo clássico é que, no sistema por processo, os custos devem ser acumulados à medida que os processos avançam, ao passo que no de por atividades, a acumulação é restrita e específica de cada atividade, sem acumulação sucessiva.

Acumulação híbrida

Denomina-se sistema híbrido de acumulação quando há a possibilidade de se utilizar os dois tipos de sistemas. Ao mesmo tempo que se obtém o custo de cada processo, pode-se obter também o custo de cada lote de produção que passa pelos processos.

Com a utilização maciça de recursos computacionais, atualmente este tem sido, na realidade, o modo mais presente de acumulação de custos. Assim é possível preservar as vantagens dos dois sistemas clássicos de acumulação de custos.

3.5 Esquema geral da contabilidade de custos

Apresentamos a seguir, na Figura 3.1, o esquema geral da contabilidade de custos, que contempla os três fundamentos que terminamos de analisar.

O método de custeamento é o primeiro fundamento a ser definido pela empresa. Feita a definição do método, a empresa pode utilizar uma ou mais formas de custeio, ou todas, se quiser. Esta definição é a decisão mais importante porque, como já vimos, o método é a base da estruturação dos modelos de informação e decisão que serão utilizados posteriormente por toda a empresa, por toda a hierarquia que trabalha com os dados de custos.

A definição do sistema de acumulação a ser utilizado, que receberá os dados após as definições de método e formas, normalmente *não é uma opção*, como é possível ocorrer com os outros dois fundamentos. Dois fatores são essenciais e, de forma geral, quase impositivos, para o encaminhamento da definição do sistema de acumulação a ser utilizado: os tipos de produtos e serviços a serem fabricados e oferecidos e o sistema produtivo utilizado.

Determinados tipos de produtos e serviços tendem a exigir determinado sistema de acumulação. Como já vimos, produtos por encomenda tendem a exigir acumulação por ordem; produtos feitos em processamento contínuo, acumulação por processo.

Métodos de custeio
Custos do produto
X
Custos do período

Custeio variável/direto
Custeio por absorção
Custeio integral
Custeio ABC
Custeio RKW

Formas ou sistemas de custeio

MENSURAÇÃO
Custo real
Custo estimado/orçado
Custo padrão

Produto(s) ou serviço(s)

Processos produtivos

Sistema de acumulação custos

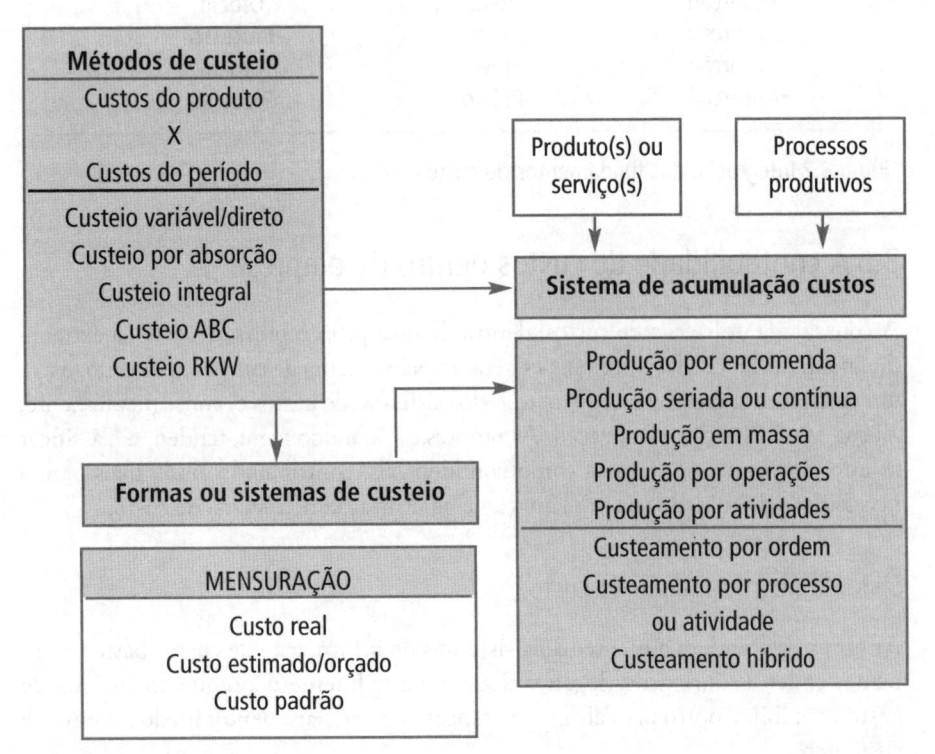

Produção por encomenda
Produção seriada ou contínua
Produção em massa
Produção por operações
Produção por atividades

Custeamento por ordem
Custeamento por processo ou atividade
Custeamento híbrido

Figura 3.1 **Esquema da contabilidade de custos**

Integração dos três fundamentos de custos

Apresentamos na Figura 3.2 um resumo das possibilidades do esquema geral de contabilidade de custos. Vemos que há oito combinações básicas possíveis. Assim, quando se procura entender qual sistema de custo é utilizado em uma empresa, é errôneo afirmar que é o custeio por absorção ou custeio padrão. Deve-se sempre afirmar os três fundamentos utilizados: o método, a forma e o sistema de acumulação. Convém lembrar também que nada impede que a empresa use mais de uma combinação, ou mesmo todas.

Método de custeio	Forma de custeio	Sistema de acumulação
Direto/Variável	Real	Ordem
Direto/Variável	Real	Processo
Direto/Variável	Prévio	Ordem
Direto/Variável	Prévio	Processo
Absorção	Real	Ordem
Absorção	Real	Processo
Absorção	Prévio	Ordem
Absorção	Prévio	Processo

Figura 3.2 Integração dos fundamentos de custos

3.6 A contabilidade de custos dentro da empresa

A consagrada utilização de custos, dentro de qualquer empresa, decorre da extraordinária importância das informações geradas pelo sistema de custos e, portanto, exige um cuidadoso trabalho na implantação dos sistemas de custos e, consequentemente, na sua administração e utilização. As empresas, de modo geral, tendem a classificar as informações de seus custos como confidenciais, contribuindo ainda mais para a necessidade de cuidados na implantação e na utilização do sistema de custo.

Sistema de informação de custo

As empresas tendem a manter dois sistemas de informação de custos básicos: um para atender às obrigações legais e fiscais, normalmente denominado sistema de custo contábil, e outro para abrigar os aspectos gerenciais, denominado sistema de custo gerencial.

Os principais motivos estão ligados aos fundamentos, entre os quais citamos alguns:

a. o custeio por absorção é obrigatório, enquanto muitas empresas optam pelo método do custeamento direto/variável ou ABC/integral. Assim, o sistema de custo contábil adotará o método de absorção, e o sistema de custo gerencial, o método desejado gerencialmente;
b. o custo contábil deve ser a valores históricos, ao passo que o custo gerencial tende a privilegiar os conceitos de custo padrão e custo de reposição;
c. outros critérios ou princípios contábeis, como os métodos e critérios de depreciação etc., podem não ser adequados para determinadas empresas.

De qualquer forma, é importante buscar o máximo de proximidade entre dois sistemas, objetivando o mínimo possível de conciliação a ser feita nas revisões periódicas dos resultados evidenciados pelos sistemas.

Como os dados de custos prestam-se a uma grande variedade de análises, normalmente os dois sistemas básicos são complementados por outros sistemas periféricos, seja em planilhas eletrônicas, seja em sistemas de suporte à decisão, uma vez que é difícil de se prever, em sistemas padronizados, os tipos de análises futuras que serão requisitadas pelos gestores.

Sistema de informação específico

Há uma linha de pensamento que entende que cada empresa tem características próprias, em termos de produtos, processos e necessidades gerenciais, e que o sistema de custo tem de ser desenhado de forma customizada. Contudo, os avanços da tecnologia de informação têm possibilitado cada vez mais a construção de sistemas de custos que se adaptam à grande maioria das empresas. Assim, hoje, o mercado de *softwares* oferece sistemas de custos de fácil adaptação para a maior parte das empresas, abreviando sobremaneira o processo de implantação de sistemas informatizados de custo.

O setor de custos na organização

Como o próprio nome diz, custos é um ramo da contabilidade. Portanto, o setor de custos, bem como a administração dos sistemas de informação de custos, deve ficar sob a responsabilidade do *controller* ou do contador geral. O fundamento para isso é a compreensão exata da necessidade de integração das informações de custos com os outros subsistemas de informações contábeis/financeiros, que só profissionais especializados podem fornecer. Sistemas de custos que não contêm os requisitos mínimos de integração e consistência contábil das informações geradas são sistemas com potencial significativo de problemas sérios no processo de tomada de decisão.

Integração

Além dos sistemas de informações abastecedores (estrutura do produto, processo de fabricação, sistemas de compras e movimentação de estoques, folha de pagamento, controle patrimonial), os de custos são totalmente integrados com a contabilidade geral, com o sistema orçamentário e com o de apuração dos resultados por unidades de negócio, formando o grande conjunto de sistemas de informações de controladoria.

Usuários

A utilização das informações de custos dentro da organização é muito extensa, e por isso procedimentos de resguardo devem ser utilizados para atribuir responsabilidades de uso e consulta. Citamos os seguintes usuários das informações de custos, além do próprio pessoal de controladoria e os responsáveis pelo processo decisório sobre produtos e serviços:

a. compradores, para avaliação periódica da formação do custo dos materiais e controle dos padrões de preço;
b. engenheiros de desenvolvimento de fornecedores, para tomada de decisão entre comprar ou fabricar, desenvolver materiais e componentes alternativos ou fornecedores alternativos;
c. administradores de comercialização e marketing, para avaliação dos preços de venda formados pelo custo, para comparação com os preços de mercado;
d. engenheiros de desenvolvimento de novos produtos, para avaliação do custo dos produtos e dos componentes desenvolvidos;
e. engenheiros de fábrica, para avaliação e desenvolvimento de novos processos de fabricação;
f. responsáveis pelos estoques e controle de produção, para avaliação do fluxo dos estoques industriais etc.

Funções

O conhecimento especializado em contabilidade de custos oferece uma boa variedade de funções a serem desempenhadas dentro das empresas:

a. chefe do setor de custos e orçamento;
b. responsáveis por comitês de gestão e/ou redução de custos;
c. analistas de custos;
d. analistas de inventário;
e. analistas de orçamento;

f. analistas de contabilidade por responsabilidade;
g. analistas de valor;
h. responsáveis por formação de preços de venda e lista de preços etc.

3.7 Abrangência da contabilidade de custos

Em linhas gerais, o escopo da contabilidade de custos pode ser resumido nas seguintes áreas:

a. custos para atendimento das necessidades contábeis ligadas aos princípios contábeis geralmente aceitos;
b. custos para o processo de controle;
c. custos para o processo de tomada de decisão;
d. custos para avaliação de desempenho.

Necessidades legais

As necessidades legais compreendem basicamente os aspectos de valorização dos inventários, apurados pelo custo real histórico, normalmente médio. Consistem em apurar:

a. o custo unitário das matérias-primas e demais materiais requisitados para os produtos e as atividades da empresa;
b. o custo unitário dos componentes fabricados internamente;
c. o custo unitário dos produtos e dos serviços finais;
d. o valor dos estoques de materiais diretos e indiretos periodicamente;
e. o valor dos materiais diretos e indiretos requisitados por todas as áreas da empresa;
f. o valor dos estoques de produtos em elaboração periodicamente;
g. o valor do custo da produção acabada periodicamente;
h. o valor dos estoques de produtos acabados periodicamente;
i. o custo dos produtos e serviços vendidos periodicamente;
j. o custo dentro da contabilidade geral, mediante os conceitos de custo integrado e coordenado.

Custos para controle

O controle por meio dos custos envolve normalmente a adoção de métodos, procedimentos e alguns conceitos básicos, consistindo basicamente em:

a. adoção do conceito de custo padrão para aferição dos gastos reais dos diversos elementos de custos, por meio da análise das variações de mão de obra, materiais e custos indiretos;
b. adoção do conceito de custo-meta para objetivos de adequação dos custos internos aos preços máximos de venda praticados no mercado com rentabilidade desejada;
c. estruturação de sistema de custos da qualidade, para complementar o sistema de qualidade da empresa;
d. elaboração de política de redução de custos como referente central na otimização de seu uso, por meio da redução dos gastos e do uso eficaz de cada recurso;
e. estruturação de equipes multidepartamentais para complementar a política de redução de custos;
f. elaboração de relatórios gerenciais de acompanhamento dos diversos tipos de gastos, tanto em relação aos dados padrão como em relação aos gastos orçados e períodos anteriores.

Custos para tomada de decisão

Envolvem a utilização de modelos decisórios gerais e específicos, para tomada de decisão, tanto de caráter genérico como para temas pontuais. Os modelos decisórios gerais normalmente devem ter como base a separação acurada dos custos fixos e variáveis e a utilização do método de custeamento variável. Os principais tópicos são:

a. construção de modelos decisórios para o processo de avaliação da rentabilidade da linha de produtos e, consequentemente, a decisão de introduzir novos produtos, manter os produtos existentes ou eliminar os produtos deficitários;
b. construção de modelos decisórios para avaliação do grau de horizontalização e/ou verticalização da empresa (por exemplo, fabricar internamente ou comprar de terceiros, terceirizar etc.);
c. construção de modelos para decisões de investimento de capital;
d. estruturação das políticas de formação de preços de venda e análise dos preços da concorrência etc.

Custos para avaliação de desempenho

Como complemento da utilização de custos para tomada de decisão, a apuração do custo dos produtos é elemento fundamental para avaliar o desempenho dos gestores responsáveis por áreas da empresa e seus respectivos produtos e serviços. Compreende:

a. análise da rentabilidade dos investimentos nos produtos;

b. análise do ciclo de vida dos produtos;
c. modelos de avaliação do desempenho dos gestores responsáveis por todos os setores da empresa (atividades, departamentos, centros de lucros e unidades de negócio);
d. análise do retorno dos investimentos específicos nos produtos (análise do retorno de investimentos em tecnologia, em marketing) etc.

Elementos de custos e suas implicações no processo de controle e em relação aos produtos

É importante ressaltar que todo o processo de controle de custos deve ser feito considerando-se os elementos formadores do custo dos produtos e dos serviços: materiais, mão de obra, gastos gerais e depreciação.

O controle dos custos pode ser feito de forma isolada, ou seja, pode-se estruturar modelos e relatórios para avaliação específica de cada elemento de custo. Assim, devem-se construir modelos de informação para avaliar e controlar os gastos com mão de obra direta e indireta. Da mesma forma, devem-se construir modelos de informação para avaliação dos gastos com materiais diretos e indiretos, com os gastos gerais de fabricação e com as depreciações e amortizações.

Como cada elemento de custo também se relaciona com os produtos, a análise desses custos deve permitir a visualização desse relacionamento. Em linhas gerais, esse processo caracteriza-se por uma análise dos gastos totais de cada elemento de custo, com os mesmos gastos sendo apropriados unitariamente aos diversos produtos e serviços finais.

Questões e exercícios

1. Classifique os conceitos e definições a seguir em relação aos métodos, às formas e aos sistemas de acumulação:

	Método	Forma	Acumulação
Custo padrão	( )	( )	( )
Custo direto	( )	( )	( )
Custo por ordem	( )	( )	( )
Custo real	( )	( )	( )
Apuração do custo unitário	( )	( )	( )
Registro dos dados de custos	( )	( )	( )
Custo prévio	( )	( )	( )
Produção por processo contínuo	( )	( )	( )
Acumulação de dados de custos	( )	( )	( )

	Método	Forma	Acumulação
Gastos que devem ou não fazer parte do custo dos produtos	( )	( )	( )
Produção por encomenda	( )	( )	( )
Custo estimado	( )	( )	( )
Teoria da mensuração	( )	( )	( )
Custo indireto	( )	( )	( )
Custo histórico corrigido	( )	( )	( )
Custo por processo	( )	( )	( )
Custo ABC	( )	( )	( )
Custo por absorção	( )	( )	( )
Custos fixos e variáveis	( )	( )	( )
Contabilização de custos	( )	( )	( )
Rateio ou alocação de custos	( )	( )	( )
Custo RKW	( )	( )	( )
Custo orçado	( )	( )	( )
Custo híbrido	( )	( )	( )
Teoria da decisão	( )	( )	( )
Custo integral	( )	( )	( )
Utilização de medidas monetárias	( )	( )	( )
Apuração do custo de lotes de produtos	( )	( )	( )
Teoria da informação	( )	( )	( )
Metodologia de cálculo de custo	( )	( )	( )
Custo de reposição	( )	( )	( )
Produção em massa	( )	( )	( )

2. Uma empresa pagou $ 20,00 por unidade de determinada matéria-prima há seis meses. A inflação desses últimos seis meses foi de 4%. Calcule qual seria hoje o valor do custo do material, se atualizássemos monetariamente o preço de custo.

3. Esse mesmo material é comprado hoje no mercado por $ 21,20. A empresa tem ainda 10.000 unidades desse material. Calcule a diferença de valores em relação ao custo atualizado monetariamente para todas as quantidades e identifique se a diferença pode ser considerada um ganho ou uma perda para a empresa.

4. Ainda considerando os dados dos exercícios 2 e 3, a empresa tinha como meta, ao final dos seis meses, que o custo do material estivesse em $ 20,75. Identifique o conceito que deve ser aplicado a cada um dos quatro tipos de preços.

Estruturação das Informações

Objetivos de aprendizagem

Este capítulo desenvolve:

- os sistemas abastecedores de dados e informações para apuração do custo dos produtos e serviços;
- o conceito de departamentalização ou centros de custos;
- o que significa e como elaborar e custear a estrutura de produtos;
- o que significa e como elaborar e custear o processo de fabricação dos produtos.

O processo de custeamento dos produtos e serviços exige uma estrutura de informações analíticas, tanto para a obtenção das quantidades e dos dados físicos quanto para os preços unitários e outros dados de valores. De modo geral, a maior parte das informações necessárias ao custeamento dos produtos já existe, pois o são também para o desempenho das diversas atividades existentes na empresa e constam dos sistemas de informações operacionais que apoiam essas atividades.

Caso, porém, algumas das informações necessárias não constem nos diversos sistemas operacionais existentes, é tarefa do responsável pela área de custos a implantação de sistemas ou subsistemas para obter essas faltantes, dentro, é óbvio, de uma adequada relação custo-benefício. Sempre que possível, a responsabilidade pela geração e administração das informações de cunho operacional, quantitativo ou não, deve ficar com aqueles que respondem pelas áreas operacionais, e não com o setor de custos.

O setor de custos caracteriza-se basicamente por ser um usuário das informações já existentes em outros sistemas operacionais, tendo como tarefa básica sua reunião e tratamento nos conceitos de custeamento, por meio de critérios determinados pela empresa. Em outras palavras, convém que dados de caráter operacional não sejam de responsabilidade do setor de custos, para que este não se sobrecarregue desnecessariamente com responsabilidades que são mais apropriadas aos setores de origem; o setor de custos apenas trata os dados e as informações segundo os critérios estabelecidos pela empresa.

Podemos dar como exemplo os informes de preços de compra dos materiais: a responsabilidade pela introdução e manutenção desses dados deve ficar com o setor de suprimentos (setor de compras), tanto em termos de dados reais, como de dados padrão ou estimados. Cabe ao setor de custos apenas dar as diretrizes de como os preços devem ser mantidos no sistema de compras, mas não é sua a obrigação de introduzir esses dados, que deve ser uma atribuição do setor que trabalha operacionalmente com essa informação.

Como já introduzimos, o processo de custeamento dos produtos exige informações de caráter físico e quantitativo, e não apenas informações de valor monetário. Além disso, para a melhor acurácia da informação de custo, é necessária uma compreensão adequada do processo produtivo, dos diversos produtos e serviços da empresa. Essas duas condições obrigam os profissionais que atuam na área de custos a ter uma visão muito ampla da atividade industrial de cada empresa.

Podemos dizer que, além do conhecimento adequado da ciência contábil, o profissional da área de custos deve adicionar conhecimentos sólidos dos processos industriais das empresas, objetivando a captação necessária das informações físicas e quantitativas que serão utilizadas no processo de custeamento dos diversos produtos e serviços.

4.1 Sistemas de informações para custo

A base de informações para o processo de custeamento dos produtos e serviços assenta-se nos seguintes elementos:

- Materiais e serviços para os produtos.
- Tempo necessário para execução das fases do processo fabril.
- Equipamentos utilizados no processo fabril.

A essas informações dos elementos de custos juntam-se as dos valores de custos obtidos pela estrutura de informações da contabilidade societária, na qual estão os dados das despesas departamentais. É importante ressaltar que, mesmo que se utilizem valores orçados ou estimados, a estrutura contábil societária é matriz desses valores e deve ser mantida inalterada, pois uma contabilidade de custo integrada não deve mudar estruturas e planos de contas apenas porque os valores deixarão de ser os históricos, para ter outro padrão de mensuração.

Dentro de um ambiente de sistemas integrados de informações, a maior parte das informações de custos virá dos sistemas operacionais e será complementada com os valores obtidos pelo sistema contábil. Na Figura 4.1 apresentamos um resumo esquematizado de onde as informações serão obtidas.

Elemento de custo	Sistemas de informações abastecedores	
	Dados físicos/ quantitativos	Dados de preços/ valores
Materiais diretos e serviços de terceiros	Estrutura do produto	Controle de estoques e consumo de materiais – para custo real Sistema de compras – para custo de reposição e custo padrão
Mão de obra direta	Processo de fabricação	Contabilidade societária* (departamentalização)
Custos diretos	Alocação direta	Contabilidade societária* (departamentalização)
Mão de obra indireta e demais custos indiretos	Rateio	Contabilidade societária* (departamentalização)
Depreciação direta	Processo de fabricação	Controle patrimonial
Depreciação indireta	Rateio	Controle patrimonial e contabilidade societária*

* A utilização de valores orçados ou padronizados, que não são os valores históricos obtidos pela contabilidade societária, não substitui ou elimina a estrutura contábil. Neste caso, a utilização de valores não históricos se dará reproduzindo-se toda a estrutura contábil societária com valores orçados ou estimados.

Figura 4.1 **Estrutura das informações de custos**

Estrutura do produto

É a identificação de todos os materiais que compõem cada produto fabricado pela empresa. A estrutura é formalizada e normalmente é atribuição da engenharia de produto ou de desenvolvimento da empresa. Dentro do sistema de informação da estrutura do produto, obtêm-se o tipo e a qualificação do material, a quantidade utilizada, a unidade de medida, a ligação entre os componentes primários e seus agregados etc.

Custo dos materiais

Esses dados são obtidos basicamente do sistema de informação de compras. Pode-se utilizar o custo das últimas compras, o custo das cotações ou de reposição. O custo médio, para fins legais e fiscais, é obtido normalmente no sistema de controle de estoque de materiais.

Processo de fabricação, tempo e mão de obra direta

É a identificação de todas as operações necessárias para o processo de elaboração de cada produto, partindo-se das estruturas de materiais de cada um. Indica todos os processos e departamentos que atuarão sobre o produto, ou seja, o caminho que ele percorrerá dentro da planta fabril. Normalmente é atribuição da engenharia de fábrica ou de processos.

No sistema de informação de processos de fabricação (ou roteiros de fabricação) estão identificados os tempos necessários para todas as fases de cada item específico, ou conjunto, até o produto final. O sistema de processo de fabricação inclui os tempos de todos os recursos necessários para cada fase do processo, em termos de mão de obra direta, de equipamentos ou de serviços executados fora da empresa (serviços terceirizados).

Contabilidade societária

É a maior fonte das informações de valores que serão utilizados para custeamento dos produtos. Basicamente constitui-se das contas contábeis dos gastos – custos e despesas – classificados pelos setores consumidores, dentro do conceito clássico denominado departamentalização.

Controle patrimonial

Este sistema de informação controla todos os ativos imobilizados da empresa e é a fonte de dados para a obtenção dos valores de depreciação por equipamento, utilizado no processo industrial.

Resumo das informações necessárias: dados e gastos dos produtos e gastos dos departamentos

Podemos, então, sintetizar em três grandes segmentos as necessidades de informações para custeamento dos produtos e serviços:

1. as necessárias para o custeamento dos materiais diretos, que têm como base os dados da *estrutura do produto*;

2. as necessárias para os gastos dos setores diretos e indiretos, que têm como base a contabilidade societária, em que se acumulam os gastos por centros de custos, por meio do conceito de *departamentalização*;
3. as informações físicas dos roteiros de fabricação, em que constam as fases (mão de obra direta e equipamentos) pelas quais passam os produtos fabricados, que têm como base os dados do *processo de fabricação*.

Não é necessário acumular os dados dos materiais diretos pelo conceito de departamentalização, uma vez que são custos diretos aos produtos, e não interferem nos processos produtivos e, consequentemente, nem nos gastos departamentais.

Começaremos a detalhar o estudo desses segmentos de informações para custeamento dos produtos a partir do conceito de departamentalização.

A Figura 4.2 procura reforçar as duas estruturas fundamentais de informações para permitir o custeamento unitário dos produtos, assim como dos serviços. O custeamento dos materiais de cada produto ou serviço é feito com base em sua estrutura, que contempla todos os materiais e suas respectivas quantidades necessários para a formação dos produtos ou serviços.

O custeamento dos gastos é feito com base na identificação de todas as fases pelas quais passam os produtos e serviços, nos seus respectivos setores, departamentos ou atividades. Com as informações quantitativas constantes nos roteiros de fabricação (dos produtos) ou execução (dos serviços), é possível fazer o custeamento dos esforços da mão de obra direta.

Como finalização do custeamento unitário, caso a empresa adote algum método de custeamento por absorção (que contenha rateios), os custos indiretos de fabricação são adicionados e transformados em custos unitários indiretos de fabricação.

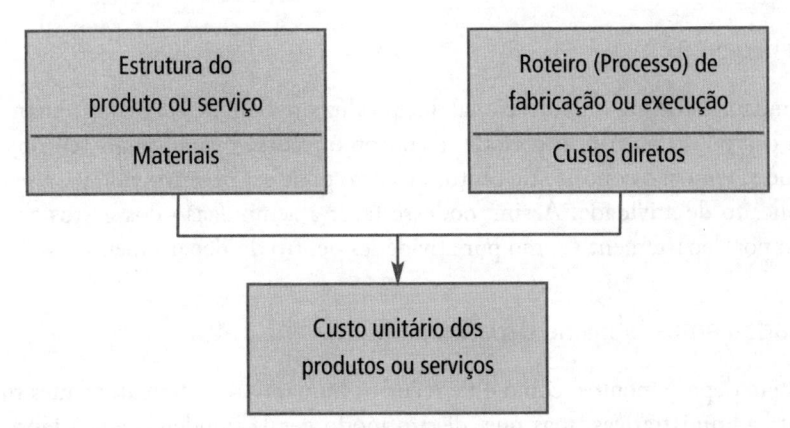

Figura 4.2 **Estrutura básica para o custeamento unitário dos produtos e serviços**

4.2 Departamentalização: unidades de acumulação de custos

O sistema de contabilidade é normalmente utilizado para obter os gastos gerais de fabricação. Originariamente, a contabilidade classifica os gastos apenas em contas contábeis, que representam os principais tipos de gastos que a empresa tem. Contudo, para fins de custos, essa classificação única é insuficiente. É necessária uma segunda classificação, agora por setor (ou atividade ou departamento).

Os gastos devem ser, então, também contabilizados em *centros de custos contábeis*, que representam o menor segmento de atividade ou de área de responsabilidade, nos quais são executados trabalhos homogêneos. Um centro de custo (ou centro de despesa) pode ser tanto uma atividade como um departamento, dependendo da estrutura organizacional.

Essa segunda classificação, que é feita por setor, tem sido normalmente denominada departamentalização. Em outras palavras, o conceito de departamentalização, para fins de contabilidade de custos, compreende a classificação contábil dos gastos, separando-os por setor consumidor desses gastos.

O fundamento para a departamentalização está essencialmente ligado ao processo (ou roteiro) de fabricação e à necessidade de se alocar corretamente os esforços da mão de obra direta. Como os produtos que estão sendo fabricados passam por diversas fases de fabricação, e essas fases normalmente são setores especializados dentro da empresa, faz-se necessária a apuração setorizada dos gastos para cada fase dos processos de fabricação.

O sistema de informação contábil recebe os gastos dos setores e os acumula por centros de custos, dentro das contas contábeis escolhidas para representar os principais gastos da empresa. Capta, junto ao sistema de folha de pagamento ou ao sistema de apontamento das horas trabalhadas na fábrica, as horas de cada centro de custo. Com as demais despesas também contabilizadas por setor, obtêm-se os dados para cálculo do custo horário médio de fabricação por centro de custo.

Atividades

É a menor estrutura organizacional que produz um bem ou serviço internamente, para o produto ou para o período, e consome recursos para atingir seu objetivo. Como já vimos, o conceito de centro de custo pode ser desenvolvido para se obter o conceito de atividade. Assim, pode-se fazer a acumulação dos gastos setoriais tanto por departamento como por atividades dentro do departamento.

Departamentos fabris ou departamentos administrativos

Existem departamentos, como o de recursos humanos, que têm atividades tipicamente administrativas, mas que, de um modo geral, atendem mais à fábrica. É possível que a empresa tenha outras atividades departamentalizadas ou merecedoras de centros de acumulação de custos, que apresentem dificuldades de classificação quanto à sua atividade fim, se de caráter industrial ou administrativo. Esta questão é importante para classificar tais gastos como custos do produto ou como gastos para o período.

Exemplo de contabilidade por centro de custo (departamentalização)

No Quadro 4.1 apresentamos um resumo, fruto da contabilização tradicional dos gastos em contas contábeis. Os números são aleatórios, não significativos, e correspondem a um determinado período contábil.

Quadro 4.1 Gastos gerais por conta contábil

Gastos gerais	Total geral
Mão de Obra Direta	9840
Salários	4800
Encargos sociais	5040
Mão de Obra Indireta	14760
Salários	7200
Encargos sociais	7560
Materiais Indiretos	1720
Materiais auxiliares	200
Utensílios	350
Combustíveis/Lubrificantes	200
de manutenção e conservação	420
de segurança	140
de expediente	410
Gastos Gerais	10820
Energia elétrica	1400
Água e esgoto	200
Aluguéis	1200
Arrendamento mercantil	500
Viagens	600
Fretes/entregas	100
Publicações/Propaganda	2100
Comunicações	1300
Treinamentos	350
Licenciamento	3000
Outros	70
Depreciação	1060
Equipamentos diretos	260
Demais imobilizados	800
Total Geral	38200

Como verificamos, para fins de contabilidade de custos essa classificação única por tipo de despesa não é suficiente para necessidades posteriores de custeamento. Faz-se necessária uma classificação adicional por setor (atividade, departamento). Os sistemas de contabilidade existentes no mercado já estão preparados para esta dupla classificação, por conta contábil e por centro de custo.

No exemplo apresentado no Quadro 4.2, a seguir, tomamos como referência uma unidade de venda de fornecimento de refeições rápidas do tipo McDonald's. Os setores que exemplificamos não são objeto de pesquisa, mas apenas sugestão do autor.

Como ponto de referência, verifica-se que o total de $ 38.200 dos gastos desse período passa a ser evidenciado pelos setores em que se determinou que a empresa fosse controlada. No exemplo, os setores de Caixa/Entrega, Cozinha e Montagem são considerados os setores diretos, ou seja, neles estão lotados os funcionários que efetuam as operações básicas de fornecimento dos lanches.

O setor de Atendimento Geral refere-se aos funcionários que fazem as revisões e limpezas das mesas e das áreas de trabalho e atendimento. O setor de Chefia da Produção refere-se ao pessoal que comanda os demais setores citados anteriormente. Por último, reservamos para o exemplo dois setores tradicionais, que complementam as atividades básicas de qualquer empreendimento: de Administração e de Comercialização.

Critérios de contabilização por centros de custos

Em linhas gerais, a contabilização por centros de custos é feita de forma direta, ou seja, para cada lançamento contábil a ser feito deve ser identificado o setor a que se refere, seja pela identificação e relacionamento com um funcionário do setor, seja pela identificação e relacionamento com algum outro recurso desse setor.

Tomando como referência os gastos evidenciados nos exemplos citados, podemos alinhavar os principais critérios normalmente utilizados pelas empresas, expostos a seguir.

Salários

A identificação dos gastos com salários (e adicionais legais) é feita por meio do número de registro dos funcionários, lotados em cada setor, normalmente codificados e constantes do sistema de folha de pagamento.

Este sistema envia dados para a contabilidade no formato setorizado, já que também incorpora o conceito de departamentalização/centros de custos.

Quadro 4.2 Departamentalização – Gastos classificados por setor em centros de custos contábeis

GASTOS GERAIS → POR CONTA CONTÁBIL	Caixa Entrega	Cozinha	Montagem	Atendimento geral	Chefia de produção	Administração	Comercialização	Total geral
Mão de Obra direta	3280	3280	3280	0	0	0	0	9840
Salários	1600	1600	1600	0	0	0	0	4800
Encargos sociais	1680	1680	1680	0	0	0	0	5040
Mão de Obra indireta	0	0	0	2460	3075	5125	4100	14760
Salários	0	0	0	1200	1500	2500	2000	7200
Encargos sociais	0	0	0	1260	1575	2625	2100	7560
Materiais Indiretos	190	460	460	190	140	140	140	1720
Materiais auxiliares	0	100	100	0	0	0	0	200
Utensílios	100	100	100	50	0	0	0	350
Combustíveis/Lubrificantes	0	100	100	0	0	0	0	200
de manutenção e conservação	20	120	120	100	20	20	20	420
de segurança	20	20	20	20	20	20	20	140
de expediente	50	20	20	20	100	100	100	410
Gastos Gerais	210	810	710	210	560	1060	7260	10820
Energia elétrica	100	500	400	100	100	100	100	1400
Água e esgoto	50	50	50	50	0	0	0	200
Aluguéis	0	0	0	0	0	0	1200	1200
Arrendamento mercantil	0	200	200	0	200	100	0	500
Viagens	0	0	0	0	200	200	200	600
Fretes/entregas	0	0	0	0	0	0	100	100
Publicações/Propaganda	0	0	0	0	0	100	2000	2100
Comunicações	0	0	0	0	200	500	600	1300
Treinamentos	50	50	50	50	50	50	50	350
Licenciamento	0	0	0	0	0	0	3000	3000
Outros	10	10	10	10	10	10	10	70
Depreciação	100	160	150	50	50	500	50	1060
Equipamentos diretos	50	110	100	0	0	0	0	260
Demais imobilizados	50	50	50	50	50	500	50	800
Total geral	3780	4710	4600	2910	3825	6825	11550	38200

POR DEPARTAMENTOS (CENTROS DE CUSTOS)

Administração/Comercialização

Encargos sociais

Os encargos sociais específicos de cada funcionário são contabilizados também por meio do sistema de folha de pagamento, por centro de custo. Alguns encargos genéricos, como transporte coletivo, assistência social e recreativa coletiva, contribuições sindicais etc., são rateados para os centros de custos por um percentual obtido por meio de estudos históricos e/ou prospectivos.

Materiais indiretos

São contabilizados por meio dos sistemas de requisição de materiais e de controle de estoques, por alocação direta, ou seja, este último exige que cada material requisitado tenha a identificação do centro de custo, do funcionário requisitante ou do equipamento a que se destina o material indireto.

Gastos gerais

A maior parte dos gastos gerais também é contabilizada por meio da alocação direta. Cada lançamento, via caixa, bancos ou fornecimento de serviços e materiais, exige a identificação do funcionário ou recurso do setor no qual ocorreu a despesa. Enquadram-se nesse tipo os gastos com despesas de viagens, comunicações, arrendamento mercantil de equipamentos, fretes, publicações, treinamentos etc.

Em muitas empresas, gastos de caráter genérico, como energia elétrica, água e esgoto, aluguéis de imóveis, telefonia central, correio centralizado, licenciamentos etc., possibilitam duas formas de contabilização:

a. em um único centro de custo, considerando-se que o responsável pela administração do gasto assuma também o débito da despesa (no nosso exemplo, fizemos esta sugestão com os gastos de aluguéis, fretes/entregas e licenciamento);
b. rateio entre os principais centros de custos consumidores, por meio de critérios associados à lógica do consumo (no nosso exemplo, fizemos esta sugestão com os gastos de energia elétrica, água e esgoto e parte dos gastos com comunicações).

Depreciação

Os critérios são similares aos gastos gerais. A maior parte das depreciações são identificáveis por setores, já que os equipamentos podem e devem ser controlados por setor; portanto, a contabilização é por alocação direta. A depreciação de alguns imóveis de utilização genérica poderá ser atribuída a um setor ou sofrer um processo de rateio.

4.3 Estrutura do produto

Estrutura do produto é um conceito de engenharia de desenvolvimento de produto que representa a lista de todos os materiais diretos necessários para a obtenção de uma quantidade padrão de determinado produto ou serviço final. Em inglês, estrutura de produto é conhecida pela siga BOM (*bill of material*) e, de modo geral, as empresas controlam a estrutura de todos os seus produtos em *softwares* especializados, normalmente também com esta mesma denominação.

Exceto alguns produtos de produção por processo contínuo, a maior parte dos produtos não é fabricada de uma vez só, e sim em partes, até a montagem final. Essas partes vão se aglutinando em conjuntos de peças, até a formação do produto final. Dessa maneira, a visão mais comum de estrutura do produto é a identificação do produto final e, a partir daí apresentada em níveis de detalhamento ou quebras (*breakdown*), partindo dos conjuntos gerais, passando pelos mais detalhados, chegando até o nível de maior quebra da estrutura do produto, que é a matéria-prima ou uma parte ou peça única e específica, sem nenhum grau ou nível de aglutinação.

Em linhas gerais, a estrutura do produto é assim apresentada:

Nível 0 – Produto ou serviço final especificado

Nível 1 – Conjuntos básicos que formam o produto ou o serviço final

Nível 2 – Subconjuntos que formam os conjuntos básicos

Nível 3 – Partes ou peças que formam os subconjuntos

Nível 4 – Material base da parte ou peça

Nível 5 – Matérias-primas que formam o material base

Tomemos como exemplo um computador montado e vejamos como podemos elaborar os níveis da estrutura de produto, seu processo de detalhamento e aglutinação, obviamente de maneira simplificada, não precisa.

Na Figura 4.3, a partir do Nível 3, exemplificamos escolhendo apenas um item, para não nos estendermos desnecessariamente.

Nem todas as empresas montadoras de computadores têm todos os produtos de acordo com todos os níveis apresentados no exemplo. Algumas podem trabalhar apenas com as fases dos Níveis 0 e 1, ou seja, dedicar-se apenas aos processos finais de montagem, adquirindo de terceiros os conjuntos básicos. Outras, trabalhar a partir do Nível 2, adquirindo de terceiros os subconjuntos, montando os conjuntos básicos e posteriormente realizando a montagem do produto final. Outras, ainda, se estruturar como fábricas que fazem os processos a partir do Nível 3, significando que terão setores que produzirão as peças de plástico e até, eventualmente, de metal. Algumas poucas podem estruturar-se a partir do Nível 4; neste caso, deverão ter setores estruturados para processamento de plástico. Muito dificilmente, porém, empresas montadoras de computador preocupam-se em ter, dentro de sua organização, estruturas manufatureiras que transformem o petróleo em polipropileno, preferindo comprar diretamente o material já preparado.

Nível 0	Produto ou serviço final especificado		Computador montado modelo XYZ
Nível 1	Conjuntos básicos que formam o produto final		Monitor Teclado Torre Mouse Alto-falantes
Nível 2	Subconjuntos que formam os conjuntos básicos	Monitor	Base Estrutura plástica Monitor de vídeo
		Teclado	Base do teclado Teclas Eletrônica
		Torre	Estrutura plástica Eletrônica Sistema operacional
		Mouse	Mouse Fio Eletrônica
		Alto-falantes	Estrutura plástica Botões e fios Sistema de áudio
Nível 3	Partes e peças que formam os subconjuntos	Base do teclado	Base das teclas (plástico) Parafusos (metal) Placa(s) eletrônica(s) do teclado etc.
Nível 4	Material das partes e peças	Plástico	Polipropileno
Nível 5	Matérias-primas do material	Polipropileno	Petróleo Resinas

Figura 4.3 Níveis de estrutura do produto (detalhamento e aglutinação)

Dados da estrutura do produto

Como já discutimos, a estrutura do produto é um software específico ou um módulo de um sistema integrado de gestão (normalmente denominado ERP – *Enterprise Resource Planning*) que contém os seguintes dados:

a. número de identificação de cada item, seja parte, subconjunto, conjunto ou produto final especificado (número chave ou *part number*);
b. descrição do item;
c. quantidade necessária;
d. unidade de medida;
e. origem do item (se comprado, fabricado, importado etc.);
f. nível dentro da estrutura do produto;
g. relacionamento para aglutinação;
h. relacionamento para detalhamento etc.

Apresentação da estrutura do produto

A estrutura do produto pode ser apresentada graficamente de forma esquemática, evidenciando os níveis e os principais conjuntos, subconjuntos e materiais, conforme apresentamos a seguir na Figura 4.4. Nesse exemplo, tomamos como referência o produto hambúrguer, que é o aspecto visível da indústria de fornecimento de alimentação rápida (*fast-food*), que presta serviços de massa por meio de produtos alimentícios padronizados.

É muito comum que alguns deles, considerados produtos finais especificados, também façam parte de outros itens. No exemplo do hambúrguer, este poderia tanto ser vendido separadamente quanto fazendo parte de um outro alimento, complementado por outros produtos também finais, que formam um novo produto final, este por sua vez, o agregado de outros produtos finais. Prosseguindo com o exemplo da Figura 4.4, apresentamos na Figura 4.5 uma estrutura composta por um conjunto de produtos finais, vendido também como um outro produto final.

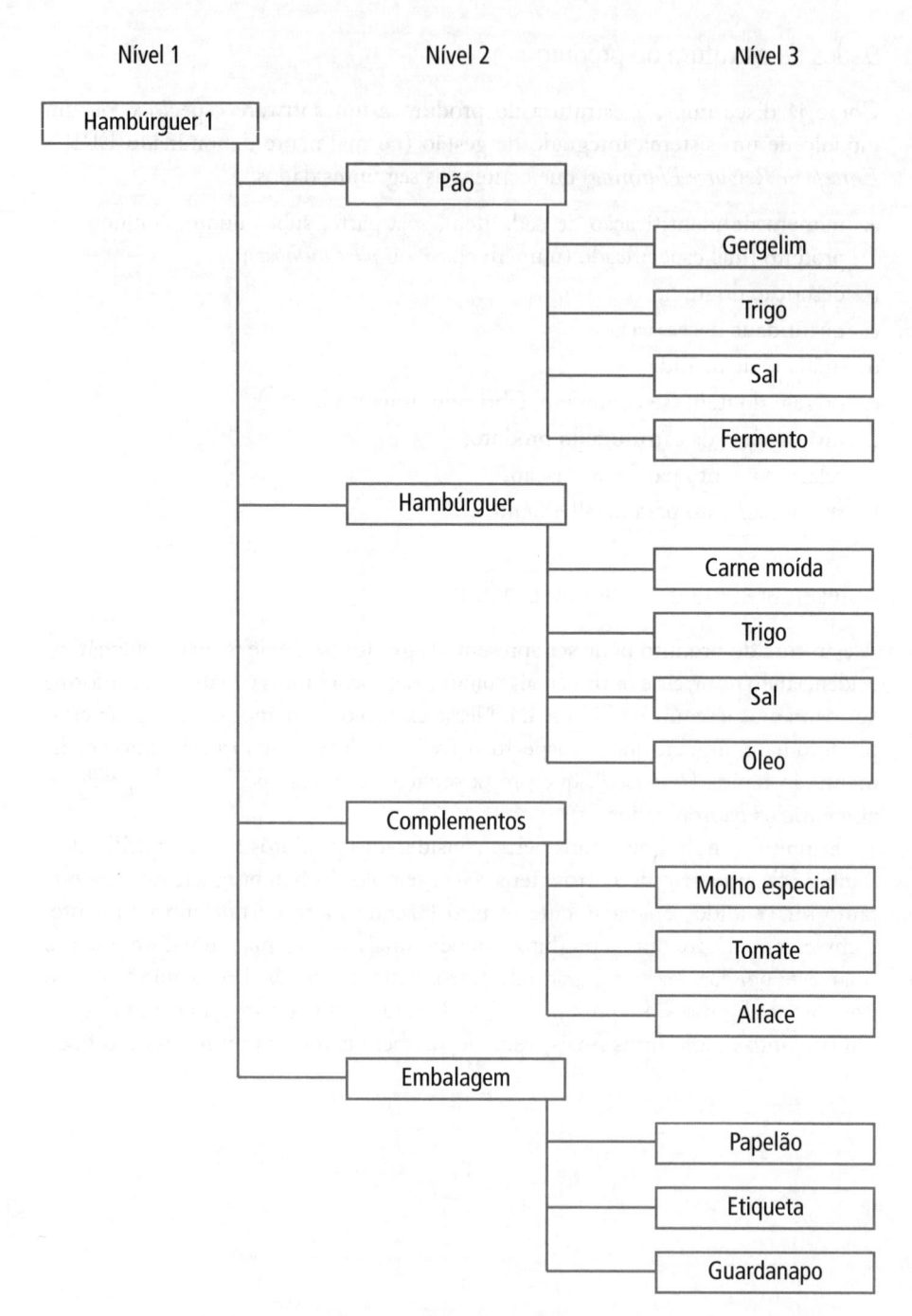

Nível 1	Nível 2	Nível 3
Hambúrguer 1	Pão	Gergelim
		Trigo
		Sal
		Fermento
	Hambúrguer	Carne moída
		Trigo
		Sal
		Óleo
	Complementos	Molho especial
		Tomate
		Alface
	Embalagem	Papelão
		Etiqueta
		Guardanapo

Figura 4.4 **Exemplo de estrutura de produto – hambúrguer**

Estruturação das informações **101**

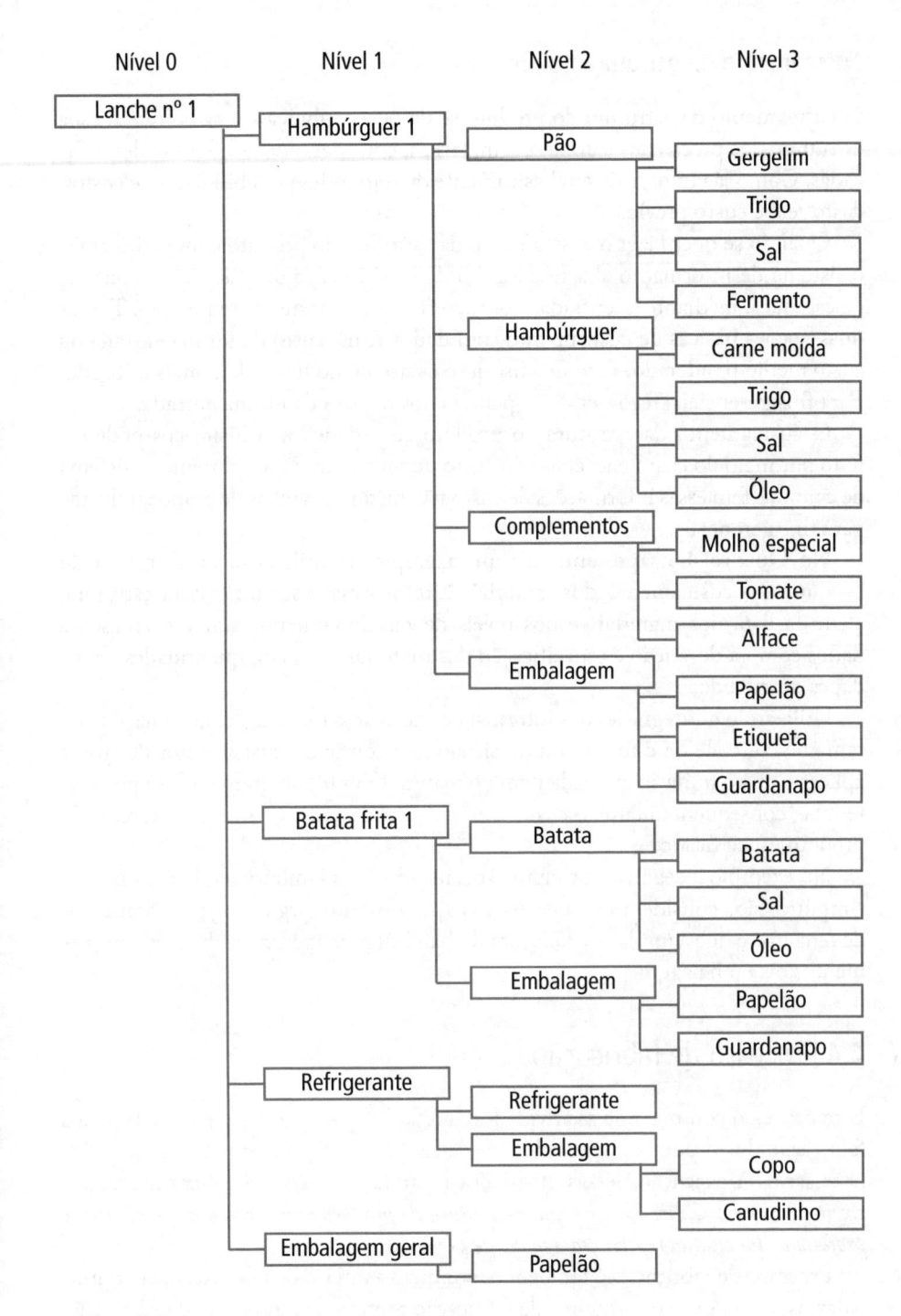

Nível 0	Nível 1	Nível 2	Nível 3
Lanche nº 1	Hambúrguer 1	Pão	Gergelim
			Trigo
			Sal
			Fermento
		Hambúrguer	Carne moída
			Trigo
			Sal
			Óleo
		Complementos	Molho especial
			Tomate
			Alface
		Embalagem	Papelão
			Etiqueta
			Guardanapo
	Batata frita 1	Batata	Batata
			Sal
			Óleo
		Embalagem	Papelão
			Guardanapo
	Refrigerante	Refrigerante	
		Embalagem	Copo
			Canudinho
	Embalagem geral	Papelão	

Figura 4.5 **Exemplo de estrutura de produto – lanche completo**

Custeamento da estrutura do produto

O custeamento da estrutura do produto se dá pela atribuição, a cada item de sua estrutura, dos preços de custo desses materiais, considerando as quantidades utilizadas. Como já vimos, existem basicamente duas grandes possibilidades de custos: custo real e custo prévio.

Quando se quer fazer o custeamento da estrutura do produto com dados reais, o sistema de informação abastecedor é o de recebimento de materiais e controle de estoques, mediante as entradas dos materiais e sua posterior requisição. Temos duas opções básicas de custeamento com dados reais: custo da última entrada ou custo médio ponderado. Para fins fiscais, o custo médio tem sido o mais utilizado. Para fins gerenciais, recomenda-se pelo menos o custo da última entrada.

O custeamento da estrutura do produto com dados não históricos pode ser feito por meio do custo padrão ou do custo de reposição. Normalmente, o sistema de compras tem essas informações de custo não histórico, ambas de grande utilidade para fins gerenciais.

No Quadro 4.3, apresentamos um exemplo da utilização da estrutura do produto e o custeamento dos materiais diretos dessa estrutura. Esta estrutura, além da lista dos materiais e dos níveis de relacionamento, também apresenta dados como a descrição e especificação dos materiais, origem, quantidades e unidades de medida.

Utilizando a integração das informações de custos unitários constantes do sistema de controle de estoques ou do sistema de compras, cabe ao setor de custos aplicar o custo unitário em cada item de material direto, obtendo o custo por material e, consequentemente, o custo unitário total de todos os materiais diretos do produto especificado.

No exemplo a seguir, o produto especificado é o Hambúrguer 1. Para fins de simplificação, consideramos que os itens pão e hambúrguer sejam comprados de terceiros e que a unidade produtora do hambúrguer apenas produza os complementos e a embalagem.

4.4 Processo de fabricação

Este processo compreende as atividades, tarefas, etapas ou fases necessárias para a fabricação dos produtos, incluindo a descrição dos equipamentos e dos utensílios necessários à execução dessas atividades e tarefas. *Fazendo uma analogia com a receita de uma refeição: ao passo que a estrutura do produto representa os ingredientes, o processo de fabricação representa o modo de preparo.*

Processo de fabricação é também denominado roteiro de fabricação; em outras palavras, o conjunto dos roteiros de fabricação representa o processo de fabricação total de um produto ou parte do produto.

Quadro 4.3 Custeamento da estrutura do produto

Dados da estrutura do produto						Dados de custo	
Produto/Material	Especificação	Nível da estrutura	Origem	Quantidade	Unidade de medida	Custo unitário	Custo total
HAMBÚRGUER	Tipo 1	1					
PÃO	Tipo Hambúrguer 2 faces	2	Comprado	1	unidade	0,20	0,20
HAMBÚRGUER	Carne bovina	2	Importado	1	unidade	0,70	0,70
COMPLEMENTOS	Combinação 1	2	Fabricado				
Molho especial	Sabor 1	3	Comprado	5	gramas	0,004	0,02
Tomate	Graúdo	3	Comprado	1	fatia	0,04	0,04
Alface	Branca	3	Comprado	1	folha	0,05	0,05
Subtotal							0,11
EMBALAGEM	Tipo 1	2	Fabricado				
Papelão	Desenho 1	3	Comprado	1	unidade	0,10	0,10
Etiqueta	Desenho 1	3	Comprado	1	unidade	0,05	0,05
Guardanapo	10 x 10	3	Comprado	3	unidade	0,04	0,12
Subtotal							0,27
Total Geral							1,28

A avaliação dos roteiros de fabricação para a maior parte dos produtos tem como base o tempo despendido em cada um dos roteiros ou fases de fabricação. Alguns produtos, porém, têm como medida de avaliação dos roteiros o volume processado de matéria-prima ou do produto. Tomaremos como referência, em nosso trabalho, o tempo despendido.

Os dados físicos e as quantidades são obtidos no sistema de processo de fabricação, sistema de informação este de responsabilidade da engenharia de fábrica. O sistema de processo de fabricação é totalmente integrado com o de estrutura do produto. Em linhas gerais, cada produto final, conjunto, subconjunto, parte ou peça constante da estrutura do produto tem associado a ele um roteiro de fabricação, apresentando os tempos necessários para todas as atividades produtivas, sejam tempos de mão de obra direta, sejam tempos dos equipamentos utilizados nos processos.

Diante disso, fica claro também que o processo de fabricação tem uma associação direta com a departamentalização. Em outras palavras, cada atividade ou etapa do processo necessário para a fabricação dos produtos deve ser representado na contabilidade pelo conceito de centros de custos. Os centros de custos contábeis associados ao processo de fabricação são todos os que acumulam as informações de custos da mão de obra direta e equipamentos diretos. Os centros de custos de mão de obra indireta não devem fazer parte do processo de fabricação, pois os funcionários neles lotados não manipulam o produto ou seus materiais.

Células de produção

Algumas empresas têm a possibilidade de reorganizar seu processo de fabricação em pequenos setores, com diversos equipamentos, compondo equipes de produção, denominadas células de produção. Este conceito tem sido considerado como um componente da filosofia de produção de *just-in-time* (JIT), que teve origem no Japão, na montadora Toyota, objetivando reduzir drasticamente os problemas de tempo de produção e de excesso de inventário, ocasionados pela adoção pura e simples do processo de fabricação sequencial da produção em massa.

Normalmente, o sistema de produção contínua é aplicado no caso de produtos fabricados em lotes de grandes quantidades padronizadas (sistema de produção em massa, que foi uma característica marcante da indústria automobilística). O conceito JIT propõe uma produção em pequenos lotes, objetivando flexibilidade produtiva e adaptação às novas necessidades dos clientes por produtos menos padronizados e mais personalizados. Para tanto, o conceito de células de produção ou equipes de trabalho passa a ser mais coerente com essa nova visão de flexibilidade e variedade de versões dos produtos finais.

A célula de produção caracteriza-se por abrigar vários equipamentos para diversas etapas e roteiros de produção, tanto para componentes como para montagem, e pessoas ou equipes de pessoas operando esses equipamentos e executando essas etapas do roteiro de produção. Neste sentido, uma célula de produção pode ser caracterizada como uma atividade, ou um pequeno setor, dentro de um departamento ou processo fabril.

Em termos de acumulação no sistema de informação de custos, cada célula de produção deve ser caracterizada como um centro de custo, que acumula dados de mão de obra direta, consumo de materiais indiretos, despesas gerais e depreciação. Normalmente, uma célula de produção não tem mão de obra indireta, uma vez que, o eventual líder da equipe, além da coordenação geral da célula, atua também como mão de obra direta, normalmente substituindo funcionários faltantes ou complementando tarefas como reforço.

Apresentação do processo de fabricação

O processo de fabricação pode ser apresentado dentro do enfoque sistêmico, em que as fases intermediárias do processo (os roteiros) são consideradas subsistemas. Isso permite a apresentação do processo de fabricação de forma gráfica. Na Figura 4.6 apresentamos um processo de fabricação de peças plásticas.

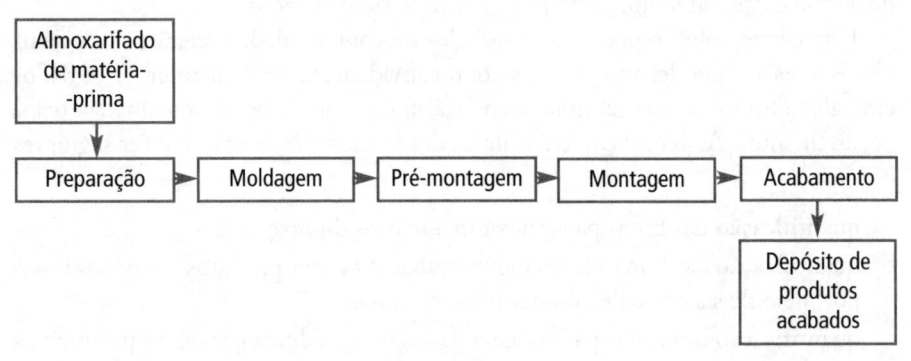

```
Almoxarifado
de matéria-
  -prima
     │
     ▼
Preparação → Moldagem → Pré-montagem → Montagem → Acabamento
                                                       │
                                                       ▼
                                                   Depósito de
                                                    produtos
                                                    acabados
```

Figura 4.6 **Subsistemas do sistema de produção em uma empresa fabricante de peças plásticas**

No exemplo da fabricação de hambúrguer, considerando os departamentos que trabalham com mão de obra direta, teríamos a seguinte apresentação do fluxo do processo de fabricação conforme apresentado na Figura 4.7.

Ressaltamos que os processos de Caixa (pedido), Cozinha, Montagem e Caixa (entrega) são executados pelas atividades de fabricação do hambúrguer. O setor de almoxarifado representa uma área de apoio, não sendo considerado uma atividade produtiva. Portanto, a departamentalização, segregação dos gastos por centros de custos contábeis, deve ser feita considerando-se os setores, as atividades ou os departamentos que executam o processo produtivo, bem como os setores que apoiam o processo.

```
┌─────────┐      ┌──────────────┐
│         │      │ Almoxarifado │
│ Cliente │      │  (estoque de │
│         │      │   materiais) │
└────┬────┘      └──────┬───────┘
     │                  │
     ▼                  ▼
┌─────────┐   ┌─────────┐   ┌──────────┐   ┌─────────┐
│  Caixa  │──▶│ Cozinha │──▶│ Montagem │──▶│  Caixa  │
│(pedido) │   │         │   │          │   │(entrega)│
└─────────┘   └─────────┘   └──────────┘   └────┬────┘
                                                │
                                                ▼
                                          ┌─────────┐
                                          │ Cliente │
                                          └─────────┘
```

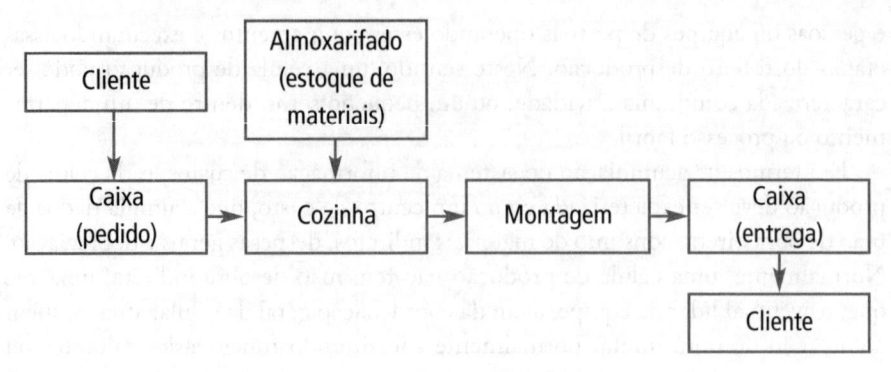

Figura 4.7 **Fluxo do processo de fabricação, venda (pedido) e entrega de hambúrguer**

Custeamento do processo de fabricação

O custeamento do processo de fabricação deve ser feito para cada uma das atividades constantes do processo das peças e partes, subconjuntos, conjuntos e conclusão do produto final. A base quantitativa está em cada roteiro de fabricação, no qual constam os tempos despendidos em cada etapa do processo. Associa-se à quantidade de tempo despendido um custo horário direto de fabricação.

Este custo é obtido por meio dos dados da contabilidade societária, nos quais temos os gastos por departamento, setor ou atividade. Complementam-se os dados em valor obtidos na contabilidade societária com os de horas trabalhadas pelos departamentos. A quantificação das horas dos setores diretos apresenta as seguintes opções:

a. quantificação das horas pagas aos funcionários diretos;
b. quantificação das horas efetivamente trabalhadas nos produtos e serviços finais por meio de sistemas de apontamento de horas;
c. quantificação das horas padrão constantes dos produtos e serviços produzidos no período analisado.

A variação resultante entre as horas pagas e as demais quantidades é considerada medida de eficiência fabril. Se relacionarmos as horas pagas com as horas trabalhadas, teremos uma medida de eficiência que indica a real utilização dos funcionários diretos. A ineficiência seria resultante de necessidades normais de paradas de trabalho para necessidades dos funcionários diretos.

$$\frac{\text{Horas trabalhadas}}{\text{Horas pagas}} = \text{Eficiência de utilização da mão de obra direta}$$

Se relacionarmos as horas efetivamente trabalhadas com as horas previstas nos tempos padrão, teremos uma medida da eficiência da meta de tempo.

$$\frac{\text{Horas padrão}}{\text{Horas trabalhadas}} = \text{Eficiência de alcance da meta de tempo}$$

Para o nosso exemplo, vamos considerar como premissa que as horas efetivamente trabalhadas correspondam às horas padrão esperadas, ou seja, a 100% de eficiência, ou nenhuma ineficiência. Supondo que cada setor direto trabalhe no período (mensal) de 300 horas, teríamos os seguintes custos horários diretos de fabricação:

Quadro 4.4 Cálculo do custo horário direto de fabricação

	Departamentos diretos			
	Caixa Entrega	Cozinha	Montagem	Total*
Gastos totais (obtidos no Quadro 4.2) – $	3.780	4.710	4.600	13.090
Horas trabalhadas	300	300	300	900
Custo horário de fabricação – $	12.60	15.70	15.33	14.54
Custo de fabricação por minuto – $	0.21	0.26	0.26	0.24

* Coluna inserida com o objetivo de apurar um custo médio, para fins de análise comparativa.

Obtido o custo horário de fabricação de cada centro de custo direto, aplica-se esse custo unitário ao total de tempo requerido para cada uma dessas atividades para a obtenção do produto final. No nosso exemplo, o produto final é o hambúrguer. O setor de engenharia de fábrica, além de ser responsável pela definição e pelo desenho do processo produtivo, também é pela medição do tempo despendido necessário para cada fase do processo. Esses tempos são introduzidos no sistema de informação de processo de fabricação, com outras informações necessárias para a execução dos processos.

Tomando os dados dos tempos despendidos constantes do sistema de processo de fabricação e multiplicando-os pelo custo horário, teremos o custeamento do processo de fabricação. Esse custeamento, relembramos, refere-se exclusivamente ao custo dos setores diretos. O Quadro 4.5 apresenta um exemplo de custeamento do processo de fabricação.

Equipamentos no processo de fabricação

Dependendo do produto e do processo de fabricação, a participação do custo da depreciação dos equipamentos em cada tipo diferente de produto é significativa e

Quadro 4.5 Custeamento do processo de fabricação

| Produto/Fase | Dados do processo de fabricação ||||||| Dados de custo ||
| | Preparação do equipamento * ||| | | | | | |
	Equipamento	Tempo de preparação	Lote de produção	Tempo médio	Tempo de execução	*Lead time***	Tempo total	Custo unitário	Custo total
HAMBÚRGUER 1									
Fase 001 – Caixa/Pedido	Caixa registradora	0	1	0	1,2	0,2	1,4	0,21	0,29
Fase 002 – Cozinha	Fogão chapeira	60	200	0,3	3	0,2	3,5	0,26	0,92
Fase 003 – Montagem	Banca	0	1	0	1,2	0,2	1,4	0,26	0,36
Fase 004 – Caixa/Entrega	Bandeja	0	1	0	0,8	0,5	1,3	0,21	0,27
Total geral							7,6		1,84

Tempo = em minutos
* Denomina-se *setup*
** Tempo de espera entre uma fase e outra

variada. Quando o processo de fabricação de determinado item exige utilização de tempo de equipamento bastante diferente de outros itens, pode-se (podemos até dizer *deve-se*) tratar a depreciação do equipamento como custo direto. Neste caso, deve haver uma medição do tempo de uso do equipamento para apropriar a depreciação de forma correta a cada um dos produtos e suas partes.

A possibilidade de tratar a depreciação como custo direto e implementar critérios para sua medição acurada é determinada por alguns fatores, entre os quais os principais são:

a. o valor da depreciação dos equipamentos diretos é material (valor significativo, relevante);
b. a utilização dos equipamentos é muito diferente para cada produto ou componente dos produtos;
c. os equipamentos utilizados constituem-se em um fator produtivo restritivo, ou seja, a utilização de um equipamento em determinado produto ou componente impede a produção de outro produto ou componente, obrigando a empresa a otimizar a utilização dos recursos restritivos;
d. há possibilidades de mensuração acurada do "esforço" do equipamento em cada um dos produtos ou componentes;
e. é possível traduzir o custo da depreciação em uma unidade de medida coerente com sua utilização no processo produtivo.

Normalmente, a unidade de medida mais utilizada também é o tempo, no caso dos equipamentos diretos, que são fatores restritivos. Dessa maneira, caso a depreciação dos equipamentos diretos deva ser tratada como custo direto, o tratamento informacional será o mesmo da mão de obra direta, ou seja, constará do sistema de informação de processo de fabricação, a cargo da engenharia de fábrica.

Assim, o custeamento da depreciação dos equipamentos diretos será idêntico ao da mão de obra direta. As horas serão obtidas no sistema de processo de fabricação, e o custo horário será a divisão do valor da depreciação do período pela quantidade de horas utilizadas do equipamento no período.

Dados do roteiro de fabricação

Da mesma forma que a estrutura do produto, o roteiro de fabricação também é um software específico ou um módulo de um sistema integrado de gestão (ERP), que contém os seguintes dados:

a. número do item;
b. processos ou fases a serem executados;
c. equipamentos utilizados em cada processo ou fase;
d. tempo para montagem ou preparação do equipamento (tempo de *setup*);

e. lote de fabricação médio, se houver;
f. tempo de fabricação do lote dispendido pelo equipamento em cada fase;
g. tempo de fabricação dispendido pela mão de obra direta nas operações;
h. fases subsequentes;
i. ferramental e dispositivos necessários para executar as operações;
j. material indireto a ser utilizado (óleos, graxas, resfriadores);
k. materiais ou fase de tratamento do material;
l. tolerâncias permitidas.

4.5 Ordens de produção

Ordem de Produção (ou Ordem de Serviço, de Trabalho, de Execução) é um conceito de acumulação de informações de custo que nasceu do sistema de acumulação de custos de produtos ou serviços feitos por encomenda.

Hoje, este conceito também se traduz num software ou módulo do ERP, e tem por finalidade básica apurar o custo real (ou mesmo padrão) de um lote de fabricação de determinado produto ou serviço. A Figura 4.8 busca mostrar este procedimento.

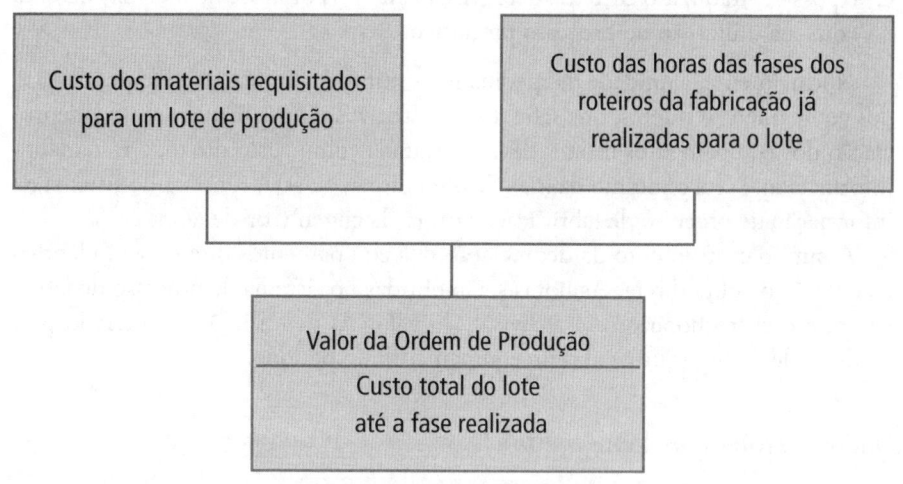

```
┌─────────────────────────────┐      ┌─────────────────────────────┐
│ Custo dos materiais         │      │ Custo das horas das fases dos│
│ requisitados para um lote   │      │ roteiros da fabricação já   │
│ de produção                 │      │ realizadas para o lote      │
└─────────────────────────────┘      └─────────────────────────────┘
                    │                              │
                    └──────────────┬───────────────┘
                                   │
                    ┌──────────────────────────────┐
                    │  Valor da Ordem de Produção  │
                    ├──────────────────────────────┤
                    │     Custo total do lote      │
                    │     até a fase realizada     │
                    └──────────────────────────────┘
```

Figura 4.8 Ordem de produção e acumulação dos custos

O objetivo da ordem de produção é acumular os gastos totais já realizados durante o processamento de um lote de fabricação de determinado produto, somando os gastos dos materiais requisitados mais os custos de fabricação realizados pela mão de obra direta em todas as fases. Caso a ordem esteja concluída, o produto está acabado. Caso o lote ainda esteja em fase de processamento, é considerado um lote de produção em processo ou em andamento.

Questões e exercícios

1. Tome como referência os produtos a seguir. Identifique e relacione os materiais que fazem parte da estrutura do produto. Considere sempre a embalagem para o consumidor:
   a. CD (*compact disc*)
   b. Vassoura de plástico
   c. Livro
   d. Mesa sem gavetas
   e. Caneta esferográfica
   f. Panela de pressão
   g. Pacote de café embalado a vácuo
   h. Cerveja em garrafa
2. Tomando como referência os mesmos produtos, identifique: a) os principais departamentos que devem fazer parte da área fabril, b) os processos necessários para a fabricação dos produtos.
3. Ainda tomando como referência os mesmos produtos, procure identificar os principais equipamentos que devem ser utilizados nos processos fabris.
4. Justifique por que é necessária a medição do tempo gasto para os processos adotados na fabricação dos produtos.
5. Justifique por que é necessária a identificação dos equipamentos utilizados nos processos fabris.
6. Uma empresa compra os componentes de uma empresa terceirizada e apenas monta a estrutura completa de telefones de plástico, vendendo-os às empresas fornecedoras de equipamento para as operadoras de telecomunicações. A estrutura do produto básico e os preços dos materiais são dados a seguir. Com esses dados, calcule o custo da estrutura de uma unidade do produto.

Estrutura do produto	Quantidade do material	Unidade de medida	Preço de custo – $
Base			
Parte plástica de apoio – frente	1	unidade	0,10 por unidade
Parte plástica de apoio – assento	1	unidade	0,15 por unidade
Teclas de discagem	12	unidades	0,01 por unidade
Teclas de transferência de chamadas	5	unidades	0,01 por unidade
Teclas de seleção de volume e pulsos	3	unidades	0,02 por unidade
Tecla liga/desliga	1	unidade	0,02 por unidade
Mola liga/desliga	1	unidade	0,01 por unidade
Pés de borracha	4	unidades	0,01 por unidade
Parafusos de fixação	4	unidades	0,02 por unidade

(*continua*)

(continuação)

Estrutura do produto	Quantidade do material	Unidade de medida	Preço de custo – $
Telefone			
Parte da frente do bocal	1	unidade	0,16 por unidade
Parte de trás do bocal	1	unidade	0,12 por unidade
Microfone	1	unidade	0,30 por unidade
Caixa acústica	1	unidade	0,25 por unidade
Ligações			
Fio retrátil	60	centímetros	6,00 por metro
Fio de ligação com tomada	2.5	metros	2,00 por metro
Dispositivos de fixação dos fios	2	unidades	50,00 por lote de 1.000

7. Tomando como referência a mesma empresa e o mesmo produto do exercício anterior, foram identificados três departamentos diretos que fazem os principais processos de fabricação, apresentados a seguir, com os gastos mensais médios de cada um deles e o número de funcionários diretos:

Departamento/Processo	Gasto mensal – $	Funcionários diretos
Preparação de Materiais	20.000	6
Montagem	40.000	15
Embalagem e Expedição	15.000	5

Sabendo que cada funcionário direto trabalha em média 160 horas por mês nos processos, calcule o custo horário mensal e o custo por minuto de cada processo.

8. Ainda tomando como referência os dados dos exercícios 6 e 7, temos que os tempos médios gastos em cada processo para montagem de uma unidade do de telefone plástico são os seguintes:

Departamento/Processo	Tempo gasto por unidade de produto
Preparação de Materiais	5 minutos
Montagem	14 minutos
Embalagem e Expedição	4 minutos

Calcule o custo horário do processo de fabricação do telefone plástico.

9. Tomando como base o exercício anterior e sabendo que o volume de produção mensal normal da empresa é de 9.650 unidades, calcule a sobra ou a falta de horas de cada departamento para cobrir esse volume de produção. Apure em quantidade de minutos, horas e variação percentual em relação à quantidade normal.

Apuração do Custo dos Recursos

capítulo 5

Objetivos de aprendizagem

Este capítulo desenvolve:

- os critérios gerais de apuração dos elementos de custos;
- o critério de apuração do custo dos materiais;
- o critério de apuração do custo de mão de obra;
- o critério de apuração do custo de despesas gerais;
- o critério de apuração do custo das depreciações.

Quando apresentamos o valor do custo dos recursos ou insumos industriais nos capítulos anteriores, não nos detivemos nos conceitos e critérios de mensuração econômica dos elementos de custos. É objetivo deste capítulo: apresentar os principais conceitos e critérios para a valoração dos elementos de custos. Relacionamos, a seguir, os principais motivos para o estudo deste tema:

a. determinados recursos devem ter critérios de valoração que sejam coerentes com os princípios fundamentais de contabilidade para que as informações sejam utilizadas de forma integrada e coordenada;

b. deve-se evitar ao máximo a adoção de conceitos ou critérios diferentes para as necessidades legais/fiscais e gerenciais, para que os diversos usuários da informação de custo não tenham problemas de interpretação dos dados;

c. alguns conceitos utilizados no processo de valoração dos recursos são necessários para trazer elementos simplificadores ou aglutinadores, para não dispersar informações que podem ser consolidadas, melhorando o aspecto gerencial das informações;

d. o estudo dos critérios de valoração dos recursos permite formar um conjunto de conhecimentos importante para a uniformização e a utilização desses critérios em necessidades futuras.

5.1 Fundamentos

A base conceitual para a apuração do custo dos diversos recursos para a produção e a comercialização dos produtos e serviços consiste em *identificar todos os componentes e variáveis* que permitam determinar o valor agregado que represente adequadamente o custo do recurso utilizado. Esse valor deve ter um significado para os diversos gestores dentro da empresa, permitindo a visualização do impacto do custo dos recursos no processo de tomada de decisão. O valor mensurado do custo dos recursos deve deixar bem claro que, quando utilizado, terá impacto nas contas da empresa exatamente no valor do custo apurado.

Em linhas gerais, a apuração do custo dos recursos consiste em identificar:

a. o custo básico, nominal ou inicial do recurso;
b. os impostos que serão efetivamente assumidos pela empresa (não recuperáveis);
c. os impostos em que a empresa apenas faz o papel de agente arrecadador do governo e, por consequência, não lhe representam custo (impostos recuperáveis);
d. os gastos complementares que devem ser a ele associados para se obter a visão completa do custo desse recurso;
e. os aspectos financeiros decorrentes de transações a prazo.

A aplicação desses critérios pode ser exemplificada de forma simplificada como segue:

I – Custo de materiais	$	
Custo de aquisição do material	100,00	
(–) Impostos recuperáveis	(25,00)	(IPI, ICMS)
(+) Impostos não recuperáveis	5,00	(ISS, Imposto de Importação etc.)
(+) Despesas complementares	12,00	(Fretes, seguros etc.)
= Custo do recurso material	92,00	

II – Custo de mão de obra	$	
Salário nominal	100,00	
Encargos sociais legais	80,00	(INSS, FGTS, 13º, férias etc.)
Encargos sociais espontâneos	24,00	(alimentação, transporte, medicina etc.)
= Custo do recurso mão de obra	204,00	

III – Custo de despesas gerais
Valor da despesa   100,00
(–) Impostos recuperáveis   (15,00)   (ICMS)
(+) Impostos não recuperáveis   5,00   (INSS, IOF, CIDE[1] etc.)
(+) Despesas complementares   26,00   (reembolsos, seguros etc.)
= Custo do recurso material   116,00

Nos próximos tópicos deste capítulo serão apresentados, de forma mais detalhada, os procedimentos básicos de apuração do custo dos diversos tipos de recursos.

5.2 Apuração do custo dos materiais

Conceito geral

A base para a apuração do custo unitário dos materiais comprados é o custo para a empresa em condições de consumo tanto para os produtos finais (materiais diretos) quanto para as atividades (materiais indiretos). Assim, o custo unitário dos materiais comprados é o que deve ser aplicado para a valorização dos estoques que contêm materiais.

O custo final para a empresa implica que os impostos que não sejam de sua responsabilidade, mas estejam envolvidos na operação, sejam considerados como custo. Em linhas gerais, nas transações com mercadorias, existem dois tipos de impostos:

1. impostos em relação aos quais a empresa é o contribuinte final (arcando com seu ônus): devem ser considerados como custo da empresa adquirente;
2. impostos em relação aos quais empresa não é o contribuinte final (porque haverá revenda ou transformação da mercadoria e posterior venda do produto final): não devem ser considerados como custo da empresa adquirente.

O conceito de custo para o contribuinte final, ou seja, o último usuário da mercadoria, faz parte do conceito mundial de imposto sobre valor agregado (IVA – Imposto sobre Valor Adicionado ou Agregado; VAT – *Value Added Tax*). O conceito de valor agregado implica que a empresa só deve recolher aos cofres governamentais a diferença entre os impostos sobre a venda de mercadorias, deduzidos dos impostos sobre as compras de mercadorias das quais não seja consumidora final. Assim, nessa condição, os impostos sobre as compras de mercadorias são *creditados*, para fazer a conta corrente do imposto a recolher e, consequentemente, não incorporam o custo das mercadorias adquiridas.

---

[1] CIDE: Contribuição de Intervenção no Domínio Econômico.

No caso brasileiro, em linhas gerais, os impostos que são considerados sobre o valor agregado são: ICMS, IPI, PIS e COFINS, para as empresas no regime de apuração não cumulativo; portanto, não devem fazer parte do custo dos materiais. Caso a empresa esteja sob o regime cumulativo para fins de PIS e COFINS, estes não são recuperáveis, e, portanto, devem fazer parte do custo dos materiais. Caso a empresa seja um consumidor final (não contribuinte), todos esses tributos pagos na aquisição, por não serem creditados, também farão parte do custo dos materiais. Os impostos de importação (II) e o ISS caracterizam-se por ser de ônus da empresa adquirente, portanto, devem fazer parte do custo dos materiais. O Imposto de Renda e a Contribuição Social sobre o Lucro Líquido (CSLL), classificados como tributos diretos, não são tributos sobre mercadorias; portanto, não se relacionam com o custo dos materiais.

Dessa maneira, em linhas gerais, os princípios para a apuração do custo dos materiais são:

a. custo de aquisição das mercadorias;
b. *mais*: impostos não creditados, quando houver;
c. *menos*: impostos creditados, quando houver;
d. *mais*: despesas necessárias até a disponibilização para consumo dentro da empresa.

As despesas necessárias para disponibilização para o consumo interno normalmente incorporam os seguintes gastos:

a. fretes e seguros de transporte internacional, no caso de materiais importados;
b. despesas com capatazia, armazenagem, alfândega e despachantes, no caso de materiais importados;
c. fretes e seguros de transporte nacional.

Custo de material direto

Considerando os conceitos e critérios citados, apresentamos, a seguir, dois exemplos de apuração do custo de recursos de materiais diretos, até o cálculo de custo unitário para fins de estocagem e consumo.

O primeiro exemplo, apresentado no Quadro 5.1, evidencia a compra de material direto para transformação na indústria, com crédito dos impostos, envolvendo duas mercadorias. O quadro apresentado simula uma nota fiscal de compra de mercadoria e seus cálculos. Neste exemplo, as despesas com fretes e seguro que agregaram valor às mercadorias da nota fiscal são distribuídas em forma de rateio para as duas mercadorias compradas, procedimento dos mais utilizados na prática empresarial.

Quadro 5.1 Apuração do custo de material direto

NF – Fornecedor A		Mercadoria X	Mercadoria Y	Total da nota fiscal
Valor de aquisição				
. Quantidade comprada		20,000	15000	
. Preço unitário – $		2.00	0.90	
. Total – $	a	40,000	13,500	53,500
. Participação percentual		75%	25%	100%
Impostos				
. ICMS – Alíquota		18%	18%	
– Valor – $	b	7,200	2,430	9,630
. IPI – Alíquota		10%	5%	
– Valor – $	c	4,000	675	4,675
Total da nota fiscal – $	d = a + c	44,000	14,175	58,175
Frete e seguro* – $				3,000
. Distribuição de Frete e Seguro				
.. Participação na compra		75%	25%	
. Valor distribuído – $	e	2,250	750	3,000
Cálculo do custo unitário				
Valor Líquido da Mercadoria – $	d + e - b - c	35,050	11,820	46,870
Quantidade Comprada		20,000	15,000	
Custo unitário para estoque e consumo – $		1.7525	0.788	

* incluso ou não na nota fiscal

O exemplo apresentado no Quadro 5.2 envolve uma mercadoria adquirida no mercado externo. Constam impostos não creditados (Imposto de Importação) e impostos creditados (ICMS, IPI), além de despesas com frete e seguro, tanto internacionais como nacionais. O exemplo procura evidenciar os cálculos utilizados na realidade do mundo empresarial.

Quadro 5.2 Apuração do custo de material direto – Mercadoria importada

Material X		Cálculo	
Valor de aquisição			
. Quantidade comprada		1,250	
. Preço unitário – US$		200.00	
. Total – US$		250,000	
. Frete internacional – US$		7,500	
. Seguro internacional – US$		2,500	
. Total em moeda estrangeira – US$		260,000	
. Taxa de câmbio – $		3.00	
. Total em moeda nacional – $		780,000	a
Impostos			
. Imposto de Importação	20%	156,000	b = a x 20%
Subtotal		936,000	c = a + b
. IPI	5%	46,800	d = c x 5%
Subtotal		982,800	e = c + d
. ICMS (incluindo o próprio imposto – por dentro)	18%	215,737	f = (e : 0,82) x 18%
Total da importação liberada		1,198,537	
Despesas			
. Capatazias e armazenamento		15,000	
. Frete e seguro nacional		10,000	
. Despesas de despachante		2,000	
. Soma		27,000	g
Total geral da importação para a empresa – $		1,225,537	h = f + g
Valor líquido da mercadoria – $		963,000	i = h – d – f
Quantidade comprada		1,250	
Custo unitário para estoque e consumo – $		770.40	

Custo de material indireto

Os critérios para a apuração do custo de materiais indiretos são os mesmos. Se a legislação permite o crédito de impostos, estes não deverão fazer parte do custo do material. Se a legislação assim não permite, os impostos deverão fazer parte do custo. A maior parte dos materiais indiretos é considerada consumo, ou seja, as empresas são contribuintes finais; portanto, assumem o ônus dos impostos, que fazem parte do custo unitário estocado ou de consumo. Um exemplo simples é apresentado no Quadro 5.3.

Quadro 5.3 Apuração do custo de material indireto sem crédito de impostos

NF – Fornecedor A		Mercadoria X
Valor de aquisição		
. Quantidade comprada		100
. Preço unitário – $		30,00
. Total – $	a	3.000
Impostos		
. ICMS – Alíquota		18%
– Valor – $	b	540
. IPI – Alíquota		20%
– Valor – $	c	600
Total da nota fiscal – $	d = a + c	3.600
Frete e seguro* – $	e	200
Total incluindo frete e seguro – $	f = d + e	3.800
Cálculo do custo unitário		
Valor líquido da mercadoria – $	f	3.800
Quantidade comprada		100
Custo unitário para estoque e consumo – $		38,00

* incluso ou não na nota fiscal

Juros na compra de materiais a prazo

Na teoria, o custo unitário dos materiais a ser utilizado no processo de consumo desses recursos deveria ser o de aquisição na condição à vista e, portanto, excluir o valor dos juros adicionados pelo fato de se comprar a prazo.

Contudo, na grande maioria das aquisições entre empresas, antes da venda ao consumidor final, as transações efetuadas a prazo são feitas nesta condição apenas para possibilitar o tempo necessário para envio e entrega do material, recepção e estocagem pelo comprador e o tempo necessário para efetivar o pagamento. Esse intervalo de tempo consome entre duas a quatro semanas. Neste sentido, os prazos usuais nessas transações não ultrapassam 30 dias, e os fornecedores não adicionam juros formalmente por conta desse período.

Tendo esse referencial e com base nessas considerações, a relação custo-benefício da informação de compra à vista, para fins de estocagem, não tem sido utilizada pela prática empresarial, embora, gerencialmente e dentro da ciência contábil, o conceito seja adequado.

Outro fator que colabora para a não aplicação da melhor técnica contábil é a grande rotatividade desse tipo de evento econômico. As compras se sucedem de forma ininterrupta, geralmente sempre nas mesmas condições; nessa linha de pensamento, os valores terminam por não apresentar materialidade significativa.

Caso os prazos ultrapassem condições normais de mercado e a compra tenha realmente característica de compra financiada, e com isso o valor dos juros apresente materialidade suficiente, é necessário o tratamento adequado, excluindo do custo dos materiais o valor dos juros adicionados ao preço à vista.

5.3 Apuração do custo da mão de obra

Conceito geral

Os dois conceitos básicos mais utilizados que norteiam a apuração do custo da mão de obra são os seguintes:

1. Considera-se como salário apenas a contraprestação pelos dias trabalhados, ou seja, o período de gozo de férias não é considerado salário, pois não há prestação de serviço. O valor pago a título de férias passa a ser considerado um encargo salarial.
2. Considera-se como custo da mão de obra, além do salário, todos os *encargos* ligados à manutenção dos recursos humanos na empresa, sejam esses de caráter fiscal, previdenciário, legal, social ou espontâneo, desde que tenham caráter de generalidade, isto é, sejam obrigatórios ou de acesso a todos os funcionários da empresa.

O objetivo de aglutinar os salários e os encargos sociais como custo de mão de obra é para dar à empresa um modelo de mensuração que permita avaliar globalmente o custo total do gasto com a mão de obra e o custo em média da contratação de um trabalhador. Em outras palavras, quando a empresa contrata um funcionário por determinado salário sabe-se que, de fato, o custo total será o salário mais o acréscimo de gastos relativos a encargos sociais, que é inevitável para a empresa. Dessa forma, os encargos sociais representam um acréscimo de custo variável a cada contratação de funcionário.

Salário

Considera-se salário o valor nominal contratado entre a empresa e o funcionário a ser recebido pela contraprestação do serviço; a maior parte dos contratos acordam salários mensais. Em determinadas atividades e especializações, existe o salário por hora trabalhada e, em outras, o salário pode ser pago por quantidade produzida ou serviço executado, esses dois últimos denominados tarefeiros. A razão básica do pagamento por tarefa é considerar o salário pago aos funcionários como um custo totalmente variável. Nas opções de salário mensal, ou mesmo salário-hora, parte dos dispêndios respectivos termina por incorporar características de custo fixo.

Adicionais legais: salário ou encargo?

A legislação brasileira criou uma série de adicionais salariais que são recebidos diretamente pelo funcionário; por exemplo, descanso semanal remunerado, adicional noturno, adicional por periculosidade e insalubridade, adicional por horas extras etc. Como esses valores são ligados à remuneração básica salarial, e durante a contratação, há uma tendência de os trabalhadores os encararem como salário complementar, muitas empresas adotam o conceito de tratar essas verbas como salário, em vez de considerá-las como encargo social.

A decisão de qual tratamento deve ser dado precisa levar em consideração o modelo de contabilidade gerencial da empresa: se gerencial, tanto para fins de custos, como para fins de gestão de despesas e de recursos humanos, o melhor é considerar como salário, não havendo problemas de essas verbas terem este tratamento, o mesmo valendo para a outra opção.

Encargos sociais

Todas as verbas que não forem consideradas como salário poderão ser reunidas em um grupo de contas contábeis denominado encargos sociais. Apesar da utilização generalizada dessa nomenclatura, podemos segmentar os encargos sociais em três categorias:

1. *Encargos legais*: representados pelas verbas a serem pagas por força de lei ou de acordos coletivos de trabalho, que não serão recebidas direta ou imediatamente pelos funcionários, e pelos encargos legais não rotineiros, pagos apenas em condições de rescisão de contrato. Enquadram-se nesta categoria as seguintes verbas:
    - Contribuição da empresa ao INSS (Instituto Nacional de Previdência Social), que inclui todas as verbas de destinação como Sest, Senac, Sesi etc.[2]
    - Auxílio-doença e auxílio-acidente de trabalho
    - Seguro de acidente de trabalho

---

[2] O valor do INSS pago pelo próprio funcionário não é encargo social porque não representa ônus para a empresa.

- Taxas de negociação pagas aos sindicatos de classe dos funcionários
- Aviso-prévio e indenizações trabalhistas
- FGTS

2. *Encargos salariais*: representados pelas verbas pagas aos funcionários como complemento anual da remuneração, que
   - 13º salário
   - Férias
   - Participação nos lucros e resultados
   - INSS e FGTS sobre férias e 13º salário

3. *Encargos espontâneos*: representados pelos gastos que a empresa assume liberalmente, como instrumentos de incentivo e retenção dos funcionários, visando dar um padrão mínimo de condição de trabalho ao pessoal. Os principais são:
   - Assistência médica e odontológica
   - Assistência social e recreativa, programas de creche
   - Programa de alimentação do trabalhador e/ou cesta básica
   - Transporte e/ou vale-transporte
   - Previdência privada complementar

Apuração do custo médio dos encargos sociais

Uma vez que cada empresa tem características próprias, o impacto dos encargos sociais como adição ao custo dos salários é variado. Excetuando as verbas de INSS, FGTS, férias e 13º salário, as demais verbas e gastos são específicos de cada empresa. É necessário, portanto, um estudo particular para apurar o custo médio para a empresa. Além disso, alguns encargos têm características de generalidade, não sendo específicos para cada funcionário, mas, sim, para o conjunto de funcionários da empresa. Se todos os encargos fossem específicos para cada funcionário, não haveria necessidade de apuração de custo médio. Por este motivo, para a apuração do custo dos encargos, sugerimos estudos anuais para dar mais consistência aos resultados.

A metodologia mais utilizada é apurar periodicamente os gastos com todos os encargos da empresa e confrontá-los com o somatório dos salários pagos no mesmo período, possibilitando com isso uma mensuração do impacto médio de todos os encargos sociais sobre os salários pagos. Essa metodologia pode ser utilizada tanto para períodos passados quanto para períodos orçados. Empresas que adotam o conceito de unidade de negócio para apurar seus resultados deverão efetuar o cálculo para cada unidade de negócio separadamente. No Quadro 5.4 apresentamos um exemplo de metodologia de apuração do impacto dos encargos sociais sobre os salários.

Quadro 5.4 Apuração do custo dos encargos sociais sobre a folha de pagamento

	$	Percentual
A – Gastos do período com salários e adicionais	200,000	100.0%
B – Gastos do período com encargos sociais		
1 – Legais		
INSS	60.000	30,0%
Auxílio-doença e acidente	2.000	1,0%
Seguro de acidente de trabalho	7.000	3,5%
Taxa de negociação sindical	1.000	0,5%
Aviso-prévio e indenizações	3.600	1,8%
FGTS	16.000	8,0%
Soma	89.600	44,8%
2 – Salariais		
13º salário	16.600	8,3%
Férias	22.200	11,1%
Participação nos lucros e resultados	16.000	8,0%
INSS e FGTS sobre férias e 13º salário	8.400	4,2%
Soma	63.200	31,6%
3 – Espontâneos		
Assistência médica e odontológica	16.000	8,0%
Assistência social e recreativa	2.400	1,2%
Alimentação do trabalhador	10.000	5,0%
Transporte dos funcionários	6.000	3,0%
Previdência privada complementar	20.000	10,0%
Soma	54.400	27,2%
Total geral dos encargos sociais	207.200	103,6%

Os dados apresentados no Quadro 5.4 são estimativos e aproximados. A informação básica a ser extraída é a seguinte: para cada $ 100,00 de salário pago a um funcionário, em média a empresa gasta $ 103,60 de encargos sociais. Dessa forma, um funcionário contratado por um salário nominal de $ 1.000,00 por mês custará de fato para essa empresa um total mensal de $ 2.036,00 ($ 1.000,00 + $ 1.036,00).

Custo da mão de obra direta

O custo da mão de obra direta, depois de resolvida a mensuração dos encargos sociais, compreende os salários dos setores e dos funcionários que trabalham diretamente com os produtos e componentes mais os encargos sociais. Normalmente, o custo da mão de obra direta é traduzido unitariamente pela unidade de medida à qual ela se relaciona no processo de fabricação, usualmente em horas. O Quadro 5.5 apresenta um exemplo resumido da apuração do custo desse recurso.

Quadro 5.5 **Apuração do custo da mão de obra direta**

Centro de custo direto	Salários – $	Encargos sociais percentual	$	Total – $	Horas* quant.	Custo horário – $
Departamento (Setor/Atividade) 1	70.000	103,6%	72.520	142.520	4.750	30,00
Departamento (Setor/Atividade) 2	40.000	103,6%	41.440	81.440	2.000	40,72
Departamento (Setor/Atividade) 3	90.000	103,6%	93.240	183.240	6.500	28,19
Total	200.000		207.200	407.200	13.250	30,73

* Quantidade de horas pode ser: horas pagas, horas trabalhadas ou horas constantes dos roteiros de fabricação

A quantidade de horas utilizada para o cálculo do custo unitário depende do critério a ser utilizado pela empresa ou do custo unitário horário que se pretenda obter. As três quantidades de horas mais utilizadas são:

- horas ponto, para obtenção do custo médio horário pago;
- horas trabalhadas, para obtenção do custo médio horário efetivamente realizado;
- horas padrão dos roteiros de fabricação, para eliminar a necessidade de análise da variação de mão de obra entre o real e o padronizado.

Custo da mão de obra indireta

O critério para a apuração do custo deste recurso é o mesmo utilizado para a mão de obra direta, ou seja, considera-se custo da mão de obra indireta o somatório dos gastos com salários mais os encargos sociais incidentes e existentes sobre os salários.

Em linhas gerais, a mão de obra indireta, exatamente por sua característica de generalidade, não é custeada unitariamente, não havendo necessidade de cálculo de custo horário ou de outro tipo de cálculo unitário. Normalmente, os custos da mão de obra indireta, nos métodos de custeio por absorção, são ratcados nos departamentos diretos por meio de algum critério.

5.4 Apuração do custo dos gastos gerais de fabricação

Conceito geral

O custo das diversas despesas incorridas segue os conceitos básicos utilizados para a apuração do custo dos materiais e da mão de obra, devendo sempre prevalecer o aspecto gerencial para a mensuração desses eventos. Utilizar o aspecto gerencial significa que a despesa deve ser contabilizada de modo que se tenha a visão total do gasto, ou seja, devem ser incluídos nesta mensuração da despesa todos os componentes acessórios que a acompanham. Respeitando as características de cada gasto, em linhas gerais, a mensuração do custo dos gastos (ou despesas) deve obedecer aos seguintes critérios básicos:

a. *excluir* os impostos recuperáveis;
b. *incluir* os impostos não recuperáveis e incidentes sobre o gasto;
c. *incluir* gastos acessórios;
d. *incluir* gastos até o recebimento da despesa na empresa.

Exemplos

Impostos recuperáveis

A atual legislação brasileira permite o crédito, sob determinadas condições, do ICMS em contas de energia elétrica e despesas com telefone. Outros impostos, como a CIDE e o IRRF (Imposto de Renda Retido na Fonte) sobre remessas de *royalties*, assistência técnica etc., também podem ser objeto de recuperação. Nesses casos, esses impostos não poderão ser considerados como complemento do custo da despesa.

Impostos não recuperáveis

Os impostos citados anteriormente que incidem sobre as despesas, não sendo creditados, não serão recuperáveis; portanto, devem fazer parte do custo das despesas sobre as quais incidem. Além deles, impostos como IOF (Imposto sobre Operações Financeiras) e IOC (Imposto sobre Operações Cambiais) incidem sobre determinadas remessas de despesas, e, assim, devem agregar o custo. Impostos sobre despesas de serviços, como ISS e INSS, por não serem recuperáveis, também devem fazer parte do custo das despesas sobre as quais incidem e não devem ser tratados separadamente.

Gastos acessórios

Algumas despesas são compostas de mais de um item e devem ser contabilizadas pelo seu total. Por exemplo, gastos com aluguéis compreendem taxas de condomínio, impostos municipais, taxas de administração etc. Assim, o valor do aluguel compreende o valor contratado propriamente dito, mais os gastos complementares que decorrem naturalmente do exercício da despesa.

Gastos de recebimento

Reembolso de despesas com viagens, fretes e comunicações para recebimento de despesas também devem ser incluídos no total do gasto para sua mensuração completa. Serviços de consultoria, auditoria, assinaturas de periódicos, compras de livros etc. envolvem gastos de internação para o recebimento, que devem ser considerados com o gasto principal. O Quadro 5.6 apresenta alguns exemplos de apuração do custo de gastos gerais de fabricação.

Quadro 5.6 Apuração do custo de gasto geral de fabricação – Exemplos

I – Energia elétrica	$	
Valor da conta	5.000	a
ICMS – recuperável	900	b
Valor da despesa	4.100	a – b
II – *Royalties*		
Valor da remessa	10.000	a
IRRF – não recuperável	1.500	b
IOC	300	c
Valor da despesa	11.800	a + b + c

(continua)

Quadro 5.6 Apuração do custo de gasto geral de fabricação – Exemplos (*continuação*)

III – Aluguel		
Valor do aluguel	1.500	a
Condomínio	200	b
Taxa de administração	100	c
IPTU	150	d
Valor da despesa	1.950	a + b + c + d
IV – Serviço de auditoria externa		
Valor do serviço	50.000	a
Reembolso de despesas de viagem	2.500	b
Reembolso de despesas de telefone	450	c
Valor da despesa	52.950	a + b + c

5.5 Apuração do custo da depreciação[3]

Conceito geral

A depreciação representa a perda de valor dos bens – perda considerada como despesa ou custo contábil. Em razão disso, deve fazer parte dos conceitos de formação do custo dos produtos e serviços, para fins de formação de preço de venda, como um instrumento de recuperação dos investimentos nos ativos imobilizados operacionais. Os dois conceitos que envolvem a mensuração da depreciação são:

a. valor dos bens depreciáveis, constantes do ativo imobilizado;
b. estimativa da perda de valor desses bens ao longo do tempo.

Custo da depreciação contábil/fiscal

Em termos fiscais, a depreciação contábil não é obrigatória, sendo aceita pelo fisco como um procedimento optativo. Contudo, como para fins de contabilidade societária a depreciação é um princípio contábil obrigatório, o mais comum é que as empresas escolham como despesa fiscal o mesmo valor da depreciação obtido pelo

---

[3] A apuração do custo de amortização e de exaustão segue procedimentos similares aos da depreciação.

cálculo contábil. O método de depreciação contábil mais utilizado é o das taxas constantes, obtido pelo conceito de vida útil estimada do bem. Assim, temos:

a. o valor dos bens para fins de depreciação é o valor histórico contábil (desde 31 de dezembro de 1995 não há mais correção monetária dos ativos imobilizados);
b. a perda de valor dos bens é calculada tomando como base a vida útil estimada do bem;
c. ao final da vida útil dos bens, o valor líquido contábil desses bens na contabilidade, para fins fiscais, ficará igual a zero.

A taxa de depreciação é obtida dividindo-se 100% pela vida útil estimada. Assim, se a vida útil estimada for de 10 anos, a taxa anual será de 10% ao ano (100% : 10 anos); se a vida útil estimada for de 5 anos, a taxa anual de depreciação será de 20% ao ano (100% : 5 anos). As taxas mais comuns são:

Imobilizado	Vida útil estimada	Taxa anual de depreciação
Terrenos	Indeterminada	Não há depreciação
Imóveis	25 anos	4% aa
Máquinas; equipamentos	10 anos	10% aa
Móveis; utensílios	10 anos	10% aa
Informática	5 anos	20% aa
Veículos	5 anos	20% aa

O Quadro 5.7 apresenta um exemplo de cálculo de um bem imobilizado.

Quadro 5.7 Cálculo de depreciação de imobilizado – Método das taxas constantes

	Valor contábil do bem A	Taxa anual da depreciação B	Despesa anual de depreciação C = A x B	Depreciação acumulada D = C	Valor líquido contábil E = A – D
Ano 1	15,000	20%	3.000	3.000	12.000
Ano 2	15,000	20%	3.000	6.000	9.000
Ano 3	15.000	20%	3.000	9.000	6.000
Ano 4	15.000	20%	3.000	12.000	3.000
Ano 5	15.000	20%	3.000	15.000	0

Valores a serem considerados como custo em cada ano

Depreciação mensal

O valor da depreciação mês a mês é a divisão do valor anual por 12, contabilizando-se 1/12 por mês da taxa anual de depreciação. Assim, o cálculo apresentado no Quadro 5.7 foi elaborado segundo o mesmo critério, só que com periodicidade mensal.

Cálculo da depreciação pelas normas contábeis internacionais

As novas práticas contábeis obrigatórias no Brasil são estruturadas segundo padrões internacionais (IFRS – *International Financial Reporting Standards*) e alteraram profundamente os conceitos para o cálculo da depreciação, amortização e exaustão dos elementos do imobilizado e intangível. Os novos conceitos são:

a. o valor base para a depreciação é o de aquisição ou o valor justo, caso tenha havido provisão para desvalorização do valor recuperável do ativo (*impairment*);
b. as taxas de depreciação devem ser calculadas tendo como base a vida útil estimada do bem, entendendo por vida útil o tempo que se espera utilizá-lo (e não mais seu tempo de vida técnica);
c. o valor a ser depreciado (valor depreciável) é o valor do bem (de aquisição ou valor justo) menos o valor residual;
d. o valor residual do bem é seu valor provável de venda após sua vida útil, ou seja, após o tempo esperado de sua utilização;
e. isso significa que, havendo valor residual, não haverá, na contabilidade, bem com valor líquido contábil igual a zero;
f. anualmente devem ser revistos: 1) a vida útil estimada do bem; 2) seu valor justo e 3) seu valor residual;
g. isso significa que as taxas de depreciação não necessariamente são as mesmas ao longo da vida útil; podem variar ano a ano.

Vamos supor, a título de exemplo, que uma empresa transportadora adquiriu um novo veículo por $ 200.000,00 e espera utilizá-lo por cinco anos. A empresa sabe que ao final do período estimado de utilização conseguirá vender o veículo, provavelmente, por um valor ao redor de $ 50.000,00. O cálculo da depreciação para o primeiro ano será:

	$
Valor de aquisição do bem	200.000,00
(-) Valor residual do bem após a vida útil	(50.000,00)
= Valor depreciável	150.000,00
Vida útil estimada – anos	5
Taxa anual de depreciação	20,0%
= Depreciação anual	30.000,00

Vamos supor que para o ano seguinte a empresa decida que utilizará o bem por mais três anos apenas, e que o provável valor residual, após esse período, será de $ 65.000,00. O cálculo do valor da depreciação para os próximos três anos é o seguinte:

	$
Valor de aquisição do bem	200.000,00
(-) Valor da depreciação do Ano 1	(30.000,00)
(-) Valor residual do bem após a vida útil	(65.000,00)
= Valor depreciável	105.000,00
Vida útil estimada – anos	3
Taxa anual de depreciação	33,3%
= Depreciação anual	35.000,00

Ao final dos quatro anos de utilização, não havendo outras alterações, o valor líquido contábil será o valor residual, conforme apresentado a seguir:

Valor do bem ao final da utilização	$
Valor de aquisição do bem	200.000,00
(-) Depreciação ano 1	(30.000,00)
(-) Depreciação ano 2	(35.000,00)
(-) Depreciação ano 3	(35.000,00)
(-) Depreciação ano 4	(35.000,00)
= Valor líquido contábil	65.000,00

Dessa maneira, o valor líquido contábil será igual ao residual, que é o valor provável de venda do bem ao final de sua utilização; não será objeto de depreciação, e será referência para apurar o eventual lucro ou prejuízo na venda. Em teoria, se o valor residual for bem estimado, o resultado na venda será igual a zero.

Depreciação gerencial como custo direto

Dentro do conceito legal de depreciação, após o final da vida útil estimada do bem, quando seu valor líquido contábil for igual a zero, não haverá mais possibilidade de contabilizar como despesa nenhum valor a título de depreciação. Assim, não haverá mais incorrência desse insumo de produção, reduzindo-se o total dos custos da empresa.

No mundo real, entretanto, é muito comum que, mesmo após o término da vida útil estimada contábil do bem, o imobilizado ainda esteja em condições de uso na produção de bens e serviços. Em outras palavras, a vida real do bem é maior do que a vida contábil estimada.

Este fato tem induzido os administradores a continuar fazendo o processo de depreciação dos bens, para fins gerenciais, independentemente da vida útil contábil e de o valor residual contábil ser zero. Esse procedimento tem sido mais aplicado com o conceito de depreciação direta.

O critério mais utilizado nesse procedimento é determinar o valor gerencial do bem e traduzir a depreciação em custo unitário direto, considerando-se como denominadores a quantidade de horas, o peso ou o volume processado etc. O valor gerencial do bem mais utilizado é o valor do bem a preços de mercado de reposição. O Quadro 5.8 evidencia exemplos de cálculos desse critério.

Quadro 5.8 **Depreciação gerencial direta**

	Valor gerencial do bem – preço de mercado	Capacidade de processamento	Unidade de medida vida útil	Custo unitário por unidade de processamento
Equipamento 1	$ 54.400	17.000	horas	$ 3,20
Equipamento 2	$ 500.000	10.000.000	litros	$ 0,05
Equipamento 3	$ 2.000.000	150.000	toneladas	$ 13,33

Questões e exercícios

1. Defina impostos recuperáveis e não recuperáveis, componentes da apuração do custo dos recursos.
2. Explique por que devemos incorporar ao custo dos recursos despesas complementares incorridas para a sua obtenção.
3. Discorra por que a depreciação de determinados equipamentos pode ou deve ser considerada como custo direto.
4. Reproduzimos, a seguir, os dados de uma nota fiscal de compra de um material:

    Preço unitário – $ 20,00
    Quantidade comprada   2.000
    Custo total do material – $ 40.000
    IPI – 5% – $ 2.000
    Total da nota fiscal – pago   42.000
    ICMS incluso – 18% – $ 7.200
    Frete pago à parte – $ 3.000

Calcule:

a. o custo unitário do material na hipótese de recuperação do IPI e do ICMS;

b. o custo unitário do material na hipótese de que o IPI e o ICMS não serão recuperados, mas assumidos pela empresa.

5. Reproduzimos, a seguir, os dados de uma compra de dois materiais recebidos com a mesma Nota Fiscal.

	Material 1	Material 2	Total da NF
Preço unitário – $	200.00	300.00	
Quantidade comprada	50	40	
Custo total do material – $	10.000	12.000	22.000
IPI – 5% – $	500	600	1.100
Total da nota fiscal – pago	10.500	12.600	23.100
ICMS incluso – 18% – $	1.800	2.160	3.960
Frete pago à parte – $	1.500		

Calcule:

a. o custo unitário de cada material na hipótese de recuperação do IPI e do ICMS;

b. o custo unitário de cada material na hipótese de que o IPI e o ICMS não serão recuperados, mas assumidos pela empresa.

6. Uma empresa tem uma folha nominal de $ 500.000 mensais. Ela permite que todos os funcionários optem pelo gozo de férias de apenas 20 dias; dessa forma, os funcionários trabalham 11,33 meses no ano.

Os encargos legais são: INSS, 30%, e FGTS, 8%, que incidem sobre a folha nominal e sobre as férias e o 13º salário. Além disso, a empresa tem um gasto médio com os demais encargos legais da ordem de 5% sobre a folha nominal (auxílio-acidente e auxílio-doença, seguro, aviso-prévio e indenizações).

Todos os gastos com benefícios espontâneos montam aproximadamente $ 120.000 por mês.

Calcule o valor mensal da folha de pagamento com todos os encargos e apure o percentual médio sobre o total dos salários nominais.

7. Com os dados obtidos no exercício anterior e imaginando a contratação de mão de obra direta com salário mensal de $ 1.500, que realize 160 horas de tarefas nas operações do processo de fabricação, calcule o custo horário desse funcionário.

8. A conta de energia elétrica de uma empresa foi de $ 50.000. Esse valor já tem incluso o ICMS de $ 9.000. Sabendo-se que 80% da energia elétrica é consumida pela fábrica, que permite o crédito do ICMS, e que 20% é consumida pela área administrativa, na qual não há crédito do imposto, calcule o custo mensal de energia elétrica para a área industrial e para a área administrativa.

9. Um serviço recebido e pago pela empresa foi contratado por um valor nominal de $ 10.000. A empresa incumbiu-se de recolher o IRRF de 15%, o ISS de 3% e o INSS de 20% (todos calculáveis sobre o valor nominal do serviço). Apure o valor total do custo desse serviço para a empresa.

10. Os dados a seguir referem-se aos principais equipamentos de que uma empresa dispõe para o seu processo produtivo, com a vida útil estimada de cada um deles e a quantidade de turnos em que os equipamentos trabalham em condições normais.

Equipamento	Valor – $	Vida útil – anos	Turnos de trabalho
Equipamento 1	100.000	10	1
Equipamento 2	500.000	5	3
Equipamento 3	200.000	3	2

Calcule:
a. a depreciação mensal do bem;
b. a depreciação horária de cada bem, considerando-se que há utilização efetiva durante todas as horas dos turnos trabalhados. Cada turno implica 8 horas de trabalho. Considere 22 dias úteis no mês.

capítulo 6

Sistemas de Acumulação de Custos

Objetivos de aprendizagem

Este capítulo desenvolve:

- conceitos gerais de acumulação dos dados de custos;
- os principais sistemas de acumulação (por ordem, por processo e híbrido), suas aplicações e diferenças;
- o conceito de unidades equivalentes de produção.

O sistema de acumulação de custos tem por objetivos a identificação, a coleta, o processamento, o armazenamento e a produção das informações para a gestão de custos. O tipo de sistema de acumulação de custos a ser adotado pela empresa é totalmente dependente do produto ou do serviço produzido, bem como do processo de produção empregado. O sistema de acumulação de custos representa o aspecto de registro ou de escrituração das informações relativas à gestão de custos.

Para que a informação de custo seja internadalizada no sistema de acumulação, é necessário que, antes, tenha sido definido o método de custeio a ser utilizado, assim como as formas de custeio e a mensuração dos elementos de custos, que serão aplicadas no método escolhido. Assim, o sistema de acumulação é a etapa subsequente à definição do método e da forma de custeio, e refere-se aos procedimentos escriturais da contabilidade de custos.

6.1 Principais sistemas de acumulação de custos

Como já evidenciamos, o sistema de acumulação de custos de cada empresa depende do produto e do processo de fabricação. Em um extremo, temos o processo de produção por encomenda, para o qual o sistema de acumulação mais adequado é o de acumulação por ordem de fabricação. Em outro extremo, para produtos gerados em um processo de produção contínua, o sistema de acumulação mais adequado é o de acumulação por processo. Entre esses dois extremos situam-se produtos seriados, em que o sistema de acumulação é considerado híbrido (também chamado acumulação por operações), pois possui características dos dois sistemas básicos. Dessa forma, os três sistemas clássicos de acumulação de custos são:

- sistema de acumulação por ordem;
- sistema de acumulação por processo;
- sistema híbrido de acumulação ou acumulação por operações.

Existe outra proposta de sistema de acumulação de custos, dentro do modelo Gecon, também denominado sistema de acumulação de resultados, em que a acumulação básica é feita segundo o conceito de *entidades* de custos.

Neste capítulo desenvolveremos os três modelos de sistemas de acumulação de custos. Na Figura 6.1 apresentamos um esquema genérico da aplicabilidade dos três sistemas básicos em relação ao tipo de produto industrializado[1].

Sistema de acumulação	Custeamento por ordem	Custeamento híbrido ou por operações	Custeamento por processo
Processo de produção	Produção por ordem ou encomenda . Construção civil . Navios, usinas, turbinas etc. . Hospitais . Mobiliário personalizado	Produção em lotes . Vestuário . Automóveis . Computadores . Eletrônicos . Equipamentos seriados	Fluxo contínuo de processamento . Refinarias . Papel . Tintas . Bebidas . Açúcar e álcool
Tipo de produto	Produtos customizados	Lotes diferentes de produtos, mas padronizados dentro do lote	Produtos padronizados ou únicos

Figura 6.1 **Processo de produção e sistemas de acumulação de custos**

---

[1] Adaptado de MAHER, Michael W.; DEAKIN, Edward B. *Cost accounting*. 4. ed. Bun Ridge, Illinois: Ricard D. Irwin, 1994, p. 64.

Diferenças básicas entre custeio por ordem e por processo

Como já vimos, o sistema de acumulação de custos está ligado ao processo produtivo da empresa e ao produto. Vamos relacionar algumas características dos sistemas produtivos, que levam também às diferenças que os sistemas de custeamento apresentam, tomando como base os dois sistemas de acumulação considerados básicos:

Quanto ao:	Sistema de acumulação	
	Por ordem	Por processo
Produto fabricado	Produtos heterogêneos	Produtos homogêneos
Processo de fabricação	Intermitente	Contínuo
Tempo de produção	Produção mais demorada por unidade de produto	Produção mais rápida por unidade de produto
Volume de produção	Pequenos volumes ou volume unitário	Grandes volumes em série
Destino da produção	Clientes específicos ou estoque	Estoque
Modo de controlar a produção	Por meio de ordens	Por meio do processo (centro de custo, departamento)
Momento da apuração do custo	No encerramento da ordem	No final do período definido como de apuração de custo
Cálculo do custo unitário	Custo total da ordem dividido pelas unidades produzidas	Custo do processo dividido pelas unidades produzidas e equivalentes em processo no final do período

Figura 6.2 Diferenças básicas entre custeio por ordem e por processo

6.2 Acumulação de custos – Exemplo introdutório

O objetivo do sistema de acumulação está ligado diretamente à identificação, ao registro e à apuração do custo *acumulado* de determinado produto ou serviço, ou do lote do produto ou serviço. Não há preocupação imediata com o custo unitário do produto ou serviço, mas, sim, com o resultado final de certa quantidade de produção que está sendo efetuada. É óbvio que, quando o lote de produção for de uma única unidade, estaremos apurando ao mesmo tempo o valor acumulado e o valor unitário.

De modo geral, há uma identificação muito forte com a acumulação de custos reais; porém, nada impede a acumulação de custos padronizados ou orçados e até a aplicação do instrumento da análise das variações. No processo de acumulação, também se utilizam como referenciais as duas estruturas básicas de informações de custos: a estrutura do produto (ou serviço) e o processo de fabricação.

Desenvolveremos inicialmente um exemplo de acumulação de custos com base na prestação de serviços de manutenção e conserto oferecidos pelas concessionárias de veículos. O método utilizado é o custeio por absorção.

Em primeiro lugar, há a necessidade de se calcular o custo horário dos setores diretos que trabalham nos reparos e nas manutenções. O Quadro 6.1 evidencia um exemplo de cálculo considerando um período mensal. O fato de estarmos utilizando o método de absorção implica que o custo dos setores indiretos é carregado para o custo horário dos setores diretos por meio de um índice de absorção.

Em uma atividade deste tipo, é necessário o apontamento das horas trabalhadas. O procedimento mais utilizado é o de abertura de uma ordem de serviço para cada serviço solicitado pelos clientes. Dentro da ordem aberta, são apontadas as horas trabalhadas pelos diversos setores. O Quadro 6.2 apresenta um exemplo sintético de apuração das horas trabalhadas dos setores diretos da oficina nas diversas ordens de serviços.

Finalmente, apura-se o custo de cada ordem. O Quadro 6.3 apresenta um exemplo de apuração do custo de uma ordem de serviço. Note que, na ordem, constam as horas trabalhadas de cada setor, assim como o custo horário total. O custo é obtido pela multiplicação das horas apontadas na ordem pelo seu custo apurado no Quadro 6.1.

Complementa-se o custo da ordem de serviço com a relação e a valorização de cada material aplicado no serviço, em cada setor. Têm-se, assim, tanto a informação do total de material aplicado no serviço como o custo total realizado por setor direto da oficina.

A última etapa consiste no faturamento ao cliente. No exemplo apresentado no Quadro 6.4, utilizamos o critério de um multiplicador sobre o custo (*markup*). Foram usados dois multiplicadores diferentes, um para a mão de obra e outro para os materiais aplicados. Essa possibilidade tem sido observada naturalmente, uma vez que as margens requisitadas para cada tipo de insumo aplicado no serviço podem ser diferentes. Além disso, as implicações tributárias sobre serviços de mão de obra e sobre materiais, em nosso país, são diferentes, sendo mais um motivo para a aplicação de *markups* diferenciados.

Quadro 6.1 Custo horário dos serviços de oficina – Período mensal

Insumos	Setores diretos				Setores indiretos			Total geral
	Funilaria/ pintura	Mecânica/ elétrica	Lavagem/ pneus	Soma	Atendimento Supervisão	Estoques Faturamento	Soma	
Mão de obra direta	7.200	15.600	1.600	24.400	0	0	0	24.400
Mão de obra indireta	0	0	0	0	8.000	4.000	12.000	12.000
Despesas gerais	1.000	2.000	500	3.500	200	320	520	4.020
Depreciação	100	400	200	700	100	250	350	1.050
Total	8.300	18.000	2.300	28.600	8.300	4.570	12.870	41.470
Horas disponibilizadas	480	960	160	→ (b)			→ (c)	
Custo horário direto (a)	17,29	18,75	14,38					
Percentual de absorção (d = c : b)							0,450	
Índice de absorção (e = 1 + d)	1,45	1,45	1,45					
Custo horário com absorção (a*e)	25,07	27,19	20,84					

Quadro 6.2 Ordens trabalhadas no mês

Ordens de serviço	Setores diretos – Horas trabalhadas			
	Funilaria/ pintura	Mecânica/ elétrica	Lavagem/ pneus	Soma
Ordem de serviço 1	10,00	5,00	2,00	17,00
Ordem de serviço 2	0,00	4,00	1,00	5,00
Demais ordens de serviços	470,00	951,00	157,00	1.578,00
Total	480,00	960,00	160,00	1.600,00

Quadro 6.3 Custo da ordem de serviço número 1

Horas e materiais aplicados	Setores Diretos			
	Funilaria/ pintura	Mecânica/ elétrica	Lavagem/ pneus	Soma
Horas				
Horas (a)	10,00	5,00	2,00	17,00
Custo horário (b)	25,07	27,19	20,84	
Total da mão de obra (c = a*b)	250,73	135,94	41,69	428,35
Materiais aplicados*				
Peças 1,2,3	200,00	250,00	0,00	450,00
Tinta, solvente, polimento	90,00	0,00	0,00	90,00
Óleo, detergente, água	0,00	25,00	12,00	37,00
Total de materiais (d)	290,00	275,00	12,00	577,00
Total geral (e = c + d)	540,73	410,94	53,69	1.005,35

* Quantidade utilizada x custo unitário.

Quadro 6.4 Preço de venda – Ordem de serviço número 1

Serviços e materiais	Custo da ordem	Markup	Preço de venda
Custo das horas trabalhadas	428,35	1,50	642,53
Custo dos materiais aplicados	577,00	2,00	1.154,00
Total	1.005,35		1.796,53

6.3 Custeamento por ordem

Essencialmente, um sistema de custeio por ordem coleta os custos de cada serviço ou partida de produção fisicamente identificável, à medida que transita pela fábrica, sem levar em conta o período em que se realiza o trabalho. Para apuração do custo total da ordem, a acumulação de custos vai desde o início até o fim da produção dessa ordem, mesmo que ultrapasse o exercício contábil convencionado. É claro que, no encerramento desse exercício, serão levadas em conta as ordens em aberto.

O produto pode consistir em uma única unidade (uma casa, uma turbina) ou de todas as unidades de produtos iguais ou semelhantes de um lote, cobertos por uma única ordem de produção (1.000 livros, 10 dúzias de camisas). É aplicado basicamente a bens fabricados sob encomenda, produção não padronizada ou não repetitiva.

Folha de custo por ordem

Os dados de custos por ordem de produção são registrados em uma folha de custo que foi aberta para aquele produto ou para aquela partida de produto específica. À medida que o produto vai sendo elaborado, todos os custos vão sendo anotados na folha, de tal forma que, ao final da produção, se tenha o custo de cada ordem na folha de custo. Na Figura 6.3 fornecemos um exemplo de folha de custo por ordem.

Contabilização dos custos

Os custos de mão de obra direta são lançados nas ordens por meio de apontamentos das horas (esforços) trabalhadas em cada ordem. Os materiais e serviços específicos dos produtos de cada ordem de fabricação são acumulados nas ordens por meio das requisições de materiais e serviços exclusivos da ordem.

A maior dificuldade está nos custos que não são identificados exclusivamente nas ordens, aqueles de caráter genérico, tais como depreciações e gastos gerais de fabricação. O método mais utilizado é a aplicação de uma taxa predeterminada de gastos gerais de fabricação proporcionalmente à mão de obra direta empregada em cada ordem.

Aplicação gerencial do custeio por ordem

O custeamento por ordem nasceu fundamentado na necessidade de mensuração dos custos reais para fins de inventário e de apuração dos resultados. Essa ligação muito forte com o custeamento real faz que se permita questionar a validade de tal sistema de acumulação, visto que o custo real se caracteriza por ser um dado do passado e sem possibilidades de alteração e de gerenciamento futuro. Além disso,

Ordem de Produção nº 3			Cliente ☒			J. R. Soares Ltda.		
			Estoque ☐					
Produto (especificações): 10 carrinhos com rolamentos								
Data do pedido: 15-09-X4			Data de encerramento:			08-10-X4		
Data de início: 05-10-X4			Data de entrega:			09-10-X4		
DEPARTAMENTO A								
Material direto			Mão de obra direta			Custo indireto fábrica		
Data	Ref.	Valor	Data	Ref.	Valor	Data	Ref. Hs. Máqs.	Valor
06-10-X4	2222	150	07-10-X4	153	200	08-10-X4	20	80
DEPARTAMENTO B								
Material direto			Mão de obra direta			Custo indireto fábrica		
Data	Ref.	Valor	Data	Ref.	Valor	Data	Ref. Hs. Máqs.	Valor
07-10-X4	2223	30	08-10-X4	154	400	08-10-X4	40	120

RESUMO – VALOR DE VENDA 2000						
	Depto. A		Depto. B		Total	
Custos	Estimado	Efetivo	Estimado	Efetivo	Estimado	Efetivo
Materiais	145	150	30	30	175	180
M.O.D	200	200	410	400	610	600
C.I.F	80	80	120	120	200	200
Total	425	430	560	550	985	980
Lucro bruto						1.020
Desp./administ./comerciais						100
Lucro líquido estimado						920

Figura 6.3 **Folha de custo por ordem de produção**

muitos autores dizem que a própria demonstração de resultados já faz a apuração dos custos reais e a apuração dos resultados efetivamente ocorridos.

Mesmo assim, entendemos que os conceitos que fundamentam o custeio por ordem têm aplicações gerenciais, principalmente nas seguintes situações:

a. feitura de orçamentos para aceitação de encomendas;
b. acompanhamento dos gastos com o desenvolvimento de projetos, desde seu nascedouro até sua entrega para a linha de produção.

De qualquer forma, além da apuração dos gastos reais, essas aplicações têm por finalidade dar elementos para reutilização dos custos apurados, como parâmetros para futuras encomendas e novos projetos.

6.4 Custeamento por processo e produção contínua

Em um sistema de custeamento por processo, todos os custos de um período, como um mês, são coletados sem nenhuma tentativa de atribuí-los a unidades específicas de produtos. Fundamentalmente, neste sistema, coleta-se o total de custos incorridos durante o período e o número total de unidades de produtos trabalhados. Dividindo-se os custos totais pelo total de unidades, tem-se o custo unitário de cada processo.

À medida que o produto segue para o processo seguinte, leva como custo inicial o custo unitário até o processo anterior, acumulando-se com o processo atual e obtendo-se o custo unitário acumulado até o processo em questão. Esse fluxo vai até a conclusão do produto ao final de todos os processos, como podemos observar na Figura 6.4.

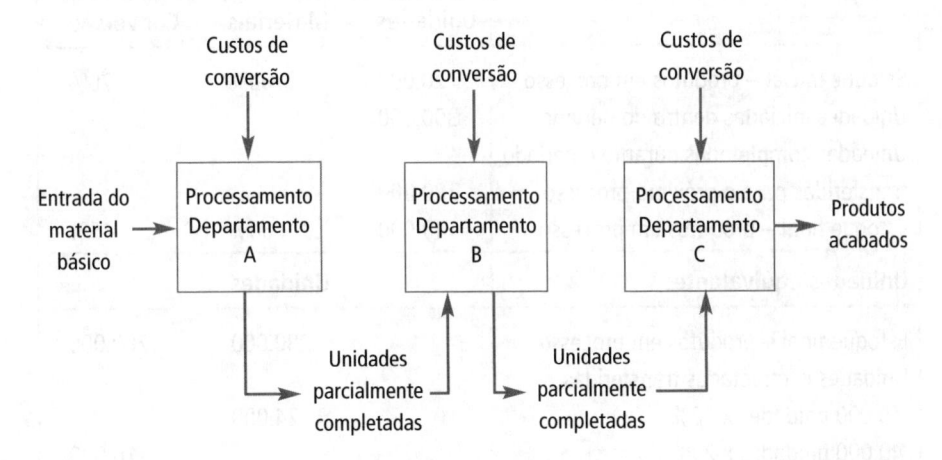

Figura 6.4 **Processamento sequencial por departamentos**

Unidades equivalentes de produção

O custeamento por processo utiliza o conceito de unidades equivalentes para apurar a quantidade do estoque periódico de produtos em processo, quando o processo em questão ainda não foi totalmente concluído. No final do período de apuração de custo, são encontrados produtos em diferentes graus de acabamentos nos diversos estágios do processo produtivo.

É evidente que, no cálculo do custo médio unitário, as unidades em processamento não devem ter o mesmo peso das terminadas, pois as parcialmente completadas receberam somente atenção técnica parcial em comparação às acabadas.

Assim, por meio do percentual de acabamento por tipo de insumo de produção, já aplicado nas unidades parcialmente incompletas, calcula-se a quantidade equivalente em unidades acabadas para valorizar o custo de cada processo. Vejamos um exemplo de cálculo de unidades equivalentes pelo critério de média ponderada.

Quadro 6.5 Unidades equivalentes de produção

	Percentual de acabamento		
		Custos de	
	Unidades	Materiais	Conversão
Estoque inicial – produtos em processo	20.000	100%	70%
Unidades iniciadas dentro do período	300.000		
Unidades completadas durante o período transferidas para o próximo processo	280.000		
Estoque final – produtos em processo	40.000	60%	25%
Unidades equivalentes	**Unidades**		
Estoque final – produtos em processo		280.000	280.000
Unidades completadas transferidas			
40.000 unidades x 60%		24.000	
40.000 unidades x 25%			10.000
Unidades equivalentes de produção		304.000	290.000

Folha de custos por processos

Apresentamos, a seguir, um exemplo sintético de custeamento de produtos por processo, com o conceito de unidades equivalentes de produção:

Quadro 6.6 Folha de custos por processo

	Processo Departamento A		Processo Departamento B		Processo Departamento C	
	Custo total $	Custo unitário $	Custo total $	Custo unitário $	Custo total $	Custo unitário $
Estoque em andamento	–	–	–	–	–	–
Transferidos do departamento precedente	–	–	39.200	41,26	56.600	61,52
Matérias-primas introduzidas	23.600	23,60	–	–	9.200	10,00
Custo de transformação	15.600	15,60	17.400	18,32	32.000	36,78
Total	39.200	39,20	56.600	59,58	97.800	108,30
Descarregados como custos de:						
- Produtos acabados	–		–		88.808	(2)
- Unidades em processamento	39.200		56.600		8.992	(3)
Total	39.200		56.600		97.800	
EM UNIDADES						
Estoque em andamento	–		–		–	
Transferidos do departamento precedente	–		1.000		950	
Novas unidades introduzidas	1.000		–		–	
Total	1.000		1.000		950	
Novas unidades acabadas	1.000		950		820	
Novas unidades em processamento	–		–		100	
Total						
Unidades equivalentes produzidas						
Componentes:						
- Matérias-primas	1.000		950		920	
- Custos de transformação	1.000		950		870	(1)

(1)   820   unidades 100% acabadas
       50   100 unidades x 50% de custos de transformação
      870
(2) $ 56.600
    $ 9.200   +
    $ 65.800:   920 unidades x 820 unidades = $ 58.648
    $ 32.000:   870 unidades x 820 unidades = $ 30.160
                                                $ 88.808
(3) $ 65.800:   920 unidades x 100 unidades = $ 7.152
    $ 32.000:   870 unidades x 50 unidades = $ 1.840
                                                $ 8.992

Comparação entre os fluxos de custeamento por ordem e por processo

Apresentamos na Figura 6.5, a diferença entre o fluxo de acumulação de dados do custeamento por ordem em comparação com o custeamento por processo, incluindo também a visualização do processo de custeamento para fins de contabilização de custos[2].

6.5 Custeamento por operações – Sistema híbrido de acumulação

Muitas companhias têm produtos que possuem algumas características comuns e outras específicas, em razão do processo produtivo. Neste caso, o sistema conhecido como custeamento por operações é frequentemente utilizado para determinar os custos dos produtos, congregando-se aspectos do custeamento por ordem com aspectos do custeamento por processo.

Este sistema de custeamento é aplicado quando se produzem diversos artigos com a mesma operação ou em diferentes operações durante períodos relativamente longos, ou quando existem produtos que se apresentam com vários estilos ou modelos, todos elaborados de partes fundamentais, mas com características diferentes de acabamento.

Exemplos desses tipos de produtos ou indústrias são: de calçados, equipamentos eletrônicos, indústria têxtil e de confecção, em que os setores de montagem ou acabamento evidenciam as diferenças nos custos finais dos produtos, em função de suas diferentes características.

---

[2] Adaptado de MAHER; DEAKIN. Op. cit., p. 114.

Custeamento por ordem

Materiais diretos, mão de obra direta, Custos indiretos de fabricação → Ordem 100, Ordem 101, Ordem 102 → Produtos acabados → Custo dos produtos vendidos

Produção em processo	Produtos acabados	Custo dos produtos vendidos
xxx | xxx	xxx | xxx	xxx | xxx

Custeamento por processo

Materiais diretos, mão de obra direta, Custos indiretos de fabricação → Processo A → Processo B → Processo C → Produtos acabados → Custo dos produtos vendidos

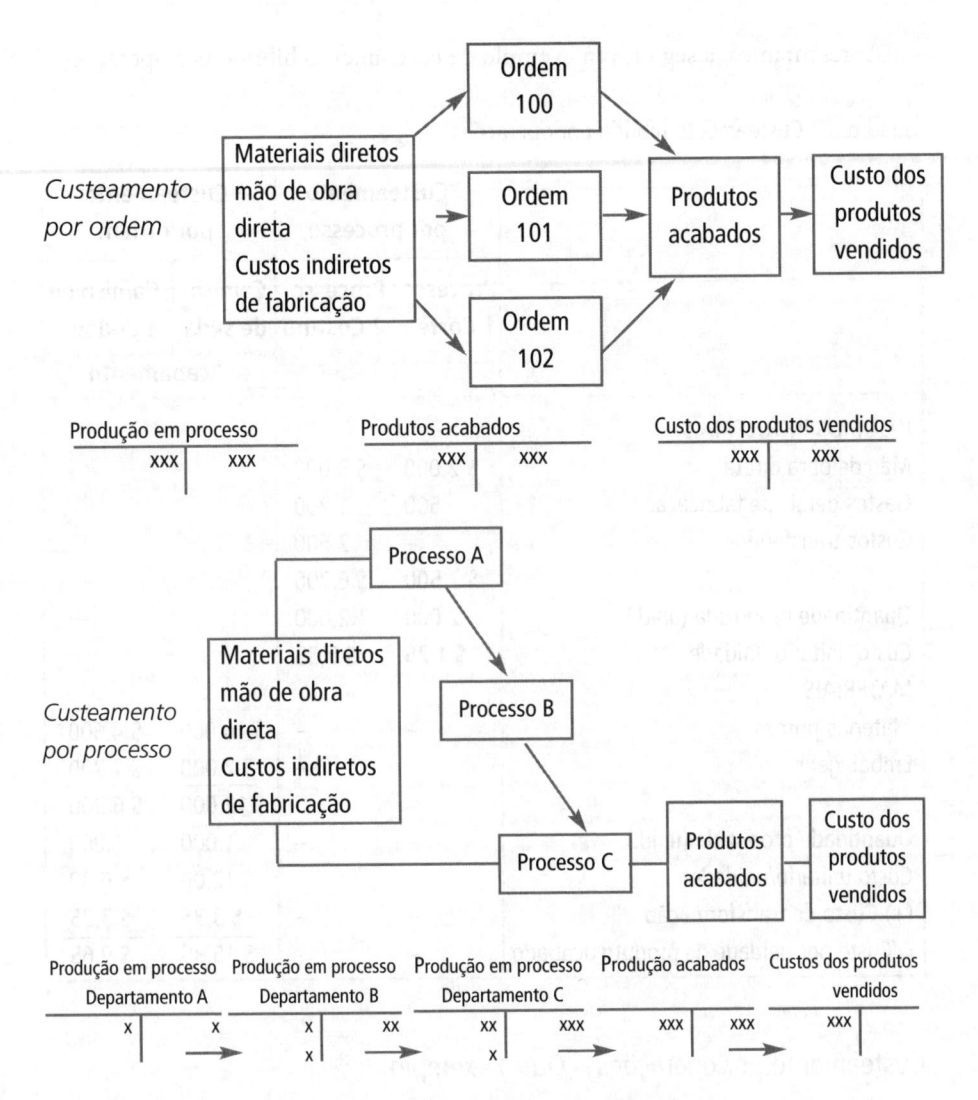

Produção em processo Departamento A	Produção em processo Departamento B	Produção em processo Departamento C	Produção acabados	Custos dos produtos vendidos
x | x	x | xx \n x |	xx | xxx \n x |	xxx | xxx	xxx |

Figura 6.5 **Comparação entre custeamento por ordem e por processo**

Apresentamos, a seguir, um exemplo de custeamento híbrido por operações.

Quadro 6.7 Custeamento híbrido por operações

	Custeamento por processo		Custeamento por ordem	
	Processo 1 Corte	Processo 2 Costura	Camisa de seda	Camisa de algodão
			Acabamento	
INSUMOS INDUSTRIAIS				
Mão de obra direta	$ 2.000	$ 3.000		
Gastos gerais de fabricação	500	1.200		
Custos transferidos	–	2.500		
	$ 2.500	$ 6.700		
Quantidade produzida (unid.)	2.000	2.000		
Custo unitário/unidade	$ 1,25	$ 3,35		
MATERIAIS				
Matérias-primas	–	–	$ 10.000	$ 4.600
Embalagens	–	–	$ 2.000	$ 1.700
			$ 12.000	$ 6.300
Quantidade produzida (unid.)	–	–	1.000	1.000
Custo unitário/unidade	–	–	$ 12,00	$ 6,30
(+) Custo de transformação	–	–	$ 3,35	$ 3,35
= Custo por unidade de produto acabado	–	–	$ 15,35	$ 9,65

Custeamento por operações – Outro exemplo

Custeamento híbrido ou por operações talvez seja, na verdade, o sistema de acumulação de custos mais adaptável à realidade da maior parte das empresas. Todas que têm produtos seriados e necessitam dos mesmos processos para sua produção terminam por utilizar este custeamento. A Figura 6.6 apresenta um fluxo típico de um sistema híbrido, dos mais utilizados.

Como já vimos, no sistema híbrido, os produtos são fabricados dentro de um processo homogêneo. Contudo, não se trata de um produto único. São vários que utilizam o mesmo processo. Assim, ao mesmo tempo que o sistema se caracteriza por diversos produtos e custos de conversão, a acumulação dos custos pode ser feita por ordem de fabricação, normalmente destinada a lotes de produtos. A

Figura 6.6 sugere, de forma simples, um processo de montagem de indústria automobilística. Todos os tipos de veículos passam pelos mesmos processos. Contudo, o tempo de processo empregado e a estrutura de materiais de cada tipo são diferentes, resultando em custos unitários diferentes, tanto em termos de materiais como de esforços de produção.

Sistema de informação					
Processo de fabricação	Processo 1 Montagem de conjuntos	Processo 2 Montagem de plataforma	Processo 3 Montagem final	Processo 4 Pintura e acabamento	
Estrutura do produto	Ordem de produção 1	Ordem de produção 1	Ordem de produção 1	Ordem de produção 1	
Estrutura do produto	Ordem de produção N	Ordem de produção N	Ordem de produção N	Ordem de produção N	

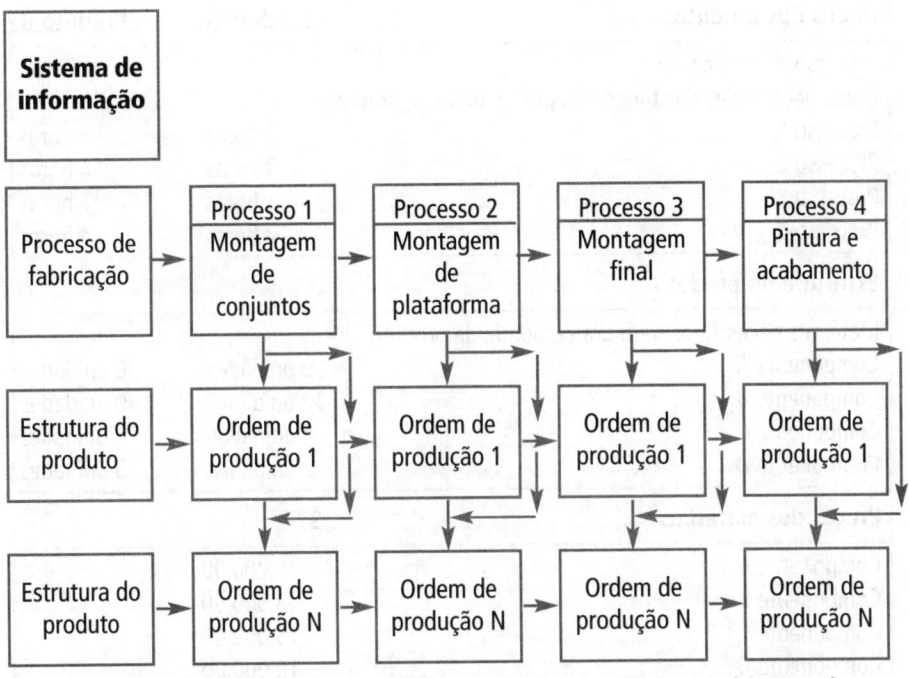

Figura 6.6 **Produção por operações – Sistema híbrido (processo + lote de fabricação)**

Basicamente, o sistema híbrido trabalha com duas grandes fontes de informação quantitativa:

1. *Processo ou roteiro de fabricação*, que indica as horas necessárias de mão de obra e dos equipamentos utilizados em cada processo.
2. *Estrutura do produto*, que indica a quantidade e o tipo de material utilizado em cada etapa do processo.

Dessa maneira, o sistema acumula as horas por processo e os materiais por lote/ordem de fabricação.

Apresentamos, a seguir, um exemplo numérico. Uma empresa tem quatro processos básicos de fabricação, representados por quatro departamentos. Os dados da estrutura do produto e do processo de fabricação para os Produtos A e B estão apresentados juntamente com os gastos de um período dos quatro departamentos representativos dos processos.

Para este exemplo, estamos considerando os seguintes lotes de fabricação que passaram pelos mesmos processos dentro do mesmo período de apuração dos gastos:

Produto A – Lote de 40 unidades
Produto B – Lote de 20 unidades

Dados dos produtos	Produto A	Produto B
Processo de fabricação		
Horas necessárias dos processos por unidade de produto		
Processo 1	2 horas	3 horas
Processo 2	3 horas	4 horas
Processo 3	5 horas	7 horas
Processo 4	2 horas	4 horas
Estrutura do produto		
Materiais necessários para uma unidade de produto		
Componente A	20 unidades	30 unidades
Componente B	30 unidades	40 unidades
Componente C	4 unidades	4 unidades
Componente D	2 unidades	3 unidades
Preços dos materiais	$	
Componente A	3.200,00	
Componente B	3.500,00	
Componente C	15.000,00	
Componente D	10.000,00	

Gastos departamentais	Mão de obra direta	Custos indiretos De fabricação	Depreciações	Total geral
Processo 1	$ 10.000	$ 15.000	$ 5.000	$ 30.000
Processo 2	$ 20.000	$ 25.000	$ 15.000	$ 60.000
Processo 3	$ 40.000	$ 50.000	$ 10.000	$ 100.000
Processo 4	$ 10.000	$ 8.000	$ 5.000	$ 23.000

A etapa inicial consiste em calcular o custo horário de cada processo, uma vez que os esforços departamentais em relação aos produtos são mensurados em termos de tempo. O Quadro 6.8 apresenta o custo horário de cada processo.

Quadro 6.8 **Custo horário por processo**

	Total dos gastos departamentais	Horas totais trabalhadas	Custo horário do processo
Processo 1	$ 30.000	140 horas	$ 214,29
Processo 2	$ 60.000	200 horas	$ 300,00
Processo 3	$ 100.000	340 horas	$ 294,12
Processo 4	$ 23.000	160 horas	$ 143,75

O sistema deve capturar as horas gastas de cada processo por lote de fabricação de cada produto. Multiplicando-se as horas capturadas do lote de cada produto pelo custo horário médio, tem-se o gasto de cada processo por lote de fabricação dos produtos. Somando-se aos gastos de materiais que vão ocorrendo a cada processo, tem-se o custo do lote de fabricação, que é evidenciado nos Quadros 6.9 e 6.10.

Quadro 6.9 **Custeamento híbrido – Ordem 1 – 40 unidades do produto A**

	Lote	Horas por processo	Horas totais	Custo horário	Custo do lote		
					Custo do processo	Custo dos materiais	Custo total
Processo 1	40	2	80	214,29	17.143	64.000	81.143
Processo 2	40	3	120	300,00	36.000	105.000	141.000
Processo 3	40	5	200	294,12	58.824	60.000	118.824
Processo 4	40	2	80	143,75	11.500	20.000	31.500
Total					123.467	249.000	372.467
Lote de fabricação							40 unidades
Custo unitário do produto A							9.311,66

Quadro 6.10 Custeamento híbrido – Ordem 2 – 20 unidades do produto B

	Lote	Horas por processo	Horas totais	Custo horário	Custo do lote		
					Custo do processo	Custo dos materiais	Custo total
Processo 1	20	3	60	214,29	12.857	96.000	108.857
Processo 2	20	4	80	300,00	24.000	140.000	164.000
Processo 3	20	7	140	294,12	41.176	60.000	101.176
Processo 4	20	4	80	143,75	11.500	30.000	41.500
Total					89.533	326.000	415.533
Lote de fabricação							20 unidades
Custo unitário do produto B							20.776,68

6.6 Sistemas de acumulação e tecnologia da informação

O atual estágio da tecnologia da informação oferece às empresas um conjunto ordenado de sistemas de informações que trabalham de forma integrada denominado ERP (*Enterprise Resource Planning*), que pode ser traduzido por Sistema Integrado de Gestão Empresarial (Sige).

O ERP procura contemplar, dentro do conceito de um sistema único, todos os módulos (subsistemas de informação) básicos necessários para a gestão do sistema da empresa. Assim, o sistema compreende os módulos de compras, recebimento, controle de estoques, escrita fiscal, escrita contábil, orçamento, pedidos, vendas, cadastro de clientes, faturamento, folha de pagamento, planejamento e controle de produção, controle do chão de fábrica, estrutura dos produtos, roteiros de fabricação, contas a pagar, contas a receber, qualidade, tesouraria e, naturalmente, o módulo de custos.

Sistema de custos específico para cada empresa?

A maioria dos ERPs tem conseguido oferecer sistemas de custos que são parametrizados e podem ser adotados pela maior parte das empresas. Assim, hoje praticamente não há necessidade de se desenvolver um software específico de custos para cada empresa.

A solução oferecida pelos ERPs baseia-se na existência da estrutura dos produtos e dos roteiros de fabricação e de uma contabilidade que contém o conceito de centros de custos (departamentalização). Com isso, é possível adaptar o modelo básico do ERP a praticamente todas as empresas.

Sistemas de acumulação de custos   155

Em resumo, hoje a tecnologia da informação conseguiu estruturar um sistema de custos que pode ser adotado, no geral, por todas as empresas, não havendo a necessidade de se desenvolver um sistema de custos específico para cada empresa.

Solução adotada pelos ERPs para acumulação de custos

O modelo adotado pela maioria dos ERPs é o sistema híbrido, conforme demonstrado na Figura 6.6. Fundamentalmente, o sistema híbrido é do tipo de acumulação por ordem de produção. Suas características são:

a. abre-se uma ordem para cada lote de produção de cada item, subconjunto, conjunto ou produto final especificado a ser produzido;
b. por intermédio do roteiro de fabricação, o sistema reconhece as fases pelas quais o lote deverá passar;
c. por intermédio da estrutura do produto, o sistema reconhece os materiais que devem ser requisitados em cada momento;
d. à medida que os materiais são requisitados, o sistema valoriza seus custos e carrega na ordem aberta;
e. à medida que as fases do roteiro são executadas, o sistema valoriza o custo de fabricação e carrega as horas trabalhadas na ordem aberta;
f. o saldo em valor da ordem de fabricação mostra o custo do lote em fabricação até seu estágio final e conclusão, quando será estocado.

Assim, o ERP, por meio desta solução, praticamente elimina a discussão entre os sistemas de acumulação de custos, se por ordem ou por processo, e trabalha unicamente com o sistema híbrido, atendendo a todas as empresas.

Questões e exercícios

1. Cite as características básicas que diferenciam o sistema de acumulação de custos por ordem de produção do sistema de acumulação de custos por processo.
2. Unidades Equivalentes de Produção
   Considere os seguintes dados quantitativos de um departamento de processo:

	Unidades	Percentual de acabamento	
		Materiais	Custos de conversão
Estoque inicial	6.000 gal*	100%	40%
Unidades iniciadas dentro do período	8.000		
Unidades completadas durante o período e transferidas para o próximo departamento de processo	11.000		
Estoque final	3.000	100%	30%

* Galões.

Calcule:
a. o estoque final de unidades equivalentes;
b. o total de unidades produzidas em unidades equivalentes de produção.

3. Custo por Processo
Considere os seguintes custos e dados obtidos no exercício anterior:

	Materiais	Custo de conversão	Total
Estoque inicial	$ 5.800	1.320	7.120
Custos incorridos no período	4.000	18.200	22.200

Calcule:
a. o custo unitário por unidade equivalente para cada tipo de gasto;
b. o custo unitário do processo todo por unidade;
c. o custo das mercadorias transferidas e o custo total do estoque final.

4. Custo por Ordem
Considere que a empresa fabrica determinados produtos em lotes e utiliza o sistema de acumulação de custo por ordem de fabricação. São produtos similares, utilizam apenas duas matérias-primas e são processados em apenas dois departamentos produtivos, diferenciando-se pelo tamanho e pelo esforço de produção. Em determinado mês, foram produzidos um lote de 7.290 unidades do produto A e um lote de 7.350 unidades do produto B.

	Produto A	Produto B
Quantidade do lote	7.290 unidades	7.350 unidades
Materiais requisitados		
Material 1	109.350 unidades	242.550 unidades
Material 2	65.610 unidades	110.250 unidades
Horas diretas utilizadas		
Departamento de produção	8.748 horas	14.700 horas
Departamento de montagem	8.019 horas	13.230 horas
Preços		
Material 1	5,80/unidade	
Material 2	8,70/unidade	
Hora Departamento de produção	126,00/hora	
Hora Departamento de montagem	130,00/hora	
Os custos indiretos de fabricação foram os seguintes:		
Depreciação de máquinas	$ 2.500.000	
Departamento de Suprimentos	1.200.000	
Departamento de Engenharia de Fábrica	1.700.000	

(continua)

(*continuação*)
Os custos diretos foram os seguintes:
Departamento de produção $ 2.954.448
Departamento de montagem   2.762.370

Esses lotes foram vendidos por $ 15.000.000 (Produto A) e $ 25.000.000 (Produto B).
a. Calcule o percentual médio de rateio dos custos indiretos de fabricação.
b. Faça a folha de custo por ordem de cada lote de produto, contendo o custo médio unitário final de cada unidade, bem como um resumo de todos os valores atribuídos a cada lote de produto.
c. Apure a margem líquida final de cada produto.

5. Custo por Operações
Uma empresa produtora de tornos tem dois produtos principais oriundos de uma mesma base mecânica: torno com acionamento mecânico e torno com acionamento eletrônico. Os três principais processos são: fundição, usinagem e montagem final. A diferença fundamental ocorre no processo de montagem: no produto com acionamento eletrônico é incorporado um painel de comando computadorizado importado; na outra versão isto não é feito. As duas fases anteriores são idênticas para os dois modelos. Damos, a seguir, os principais dados e elementos para apuração dos custos para determinado período:

	Fundição	Usinagem	Montagem
Gastos departamentais			
- Mão de obra	100.000	200.000	100.000
- Custos indiretos	120.000	150.000	75.000
- Materiais – Transferidos	–	420.000	820.000
- Materiais – Comprados	200.000	50.000	–
para tornos mecânicos	–	–	400.000
para tornos eletrônicos	–	–	1.200.000
Total	420.000	820.000	2.595.000
Produção do período			
- tornos mecânicos	100	100	100
- tornos eletrônicos	150	150	150
Total	250	250	250

Calcule:
a. o custo unitário para as fases de fundição e usinagem;
b. o custo unitário por produto na fase final de montagem.

Organização do Sistema de Custos e Contabilização

Objetivos de aprendizagem

Este capítulo desenvolve:

- as características do sistema de custos de um ERP (Enterprise Resource Planning);
- dois sistemas de custos: de custos gerencial e de custos contábil;
- o fluxo dos sistemas de custos gerencial e contábil;
- o que caracteriza um sistema de custos integrado e coordenado com a contabilidade;
- um exemplo de contabilização do custo industrial e a formação de estoques de produção em processo e produtos acabados.

As necessidades fiscais e legais da contabilidade de custos têm estrutura definida pela legislação do imposto de renda, bem como pelas práticas contábeis adotadas em nosso país. Já as necessidades gerenciais da contabilidade de custos são extremamente amplas e variadas, dependem de posturas e conceitos adotados e, seguramente, diferem das necessidades legais e fiscais.

Assim, um sistema único de contabilidade de custos não conseguirá atender às duas necessidades, as legais e fiscais e as gerenciais. Nesse sentido, impõe-se a necessidade de ter dois sistemas de custos que atendam aos dois objetivos diferentes. Dessa maneira, o sistema geral de custos é composto de dois blocos: o gerencial e o contábil e legal, conforme apresentamos na Figura 7.1.

Sistema geral de custos	
Gerencial	Contábil (Legal)

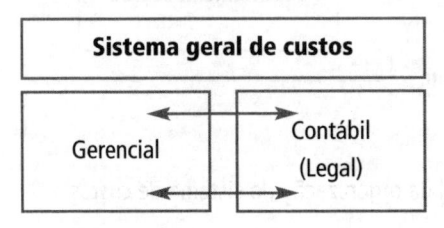

Figura 7.1 **Organização do sistema de custos**

É importante que haja a maior proximidade possível entre os dois sistemas de custos, de forma a aproveitar as demais estruturas dos sistemas de informações existentes na empresa que os abastecem. Contudo, em várias características, elementos e conceitos haverá diferenças que devem ser tratadas distintamente.

Em linhas gerais, ambos os sistemas utilizam-se, como estrutura básica, dos subsistemas de estrutura do produto e dos roteiros de fabricação, uma vez que estes são estruturados para atender à fábrica, e as informações devem ser consistentes. No entanto, como os objetivos finais diferem, essas duas estruturas servirão de base para moldar os dois subsistemas de custos, cujos objetivos básicos são:

a. subsistema de custos gerencial: tem como foco formar o preço de venda e analisar a rentabilidade dos produtos e da empresa;
b. subsistema de custos contábil: tem como foco apurar o valor dos estoques industriais para apuração do custo dos produtos vendidos e apresentação do balanço patrimonial.

Podemos dizer que o mais importante é o sistema de custos gerencial, já que tem por finalidade principal auxiliar o processo de tomada de decisão e avaliação do desempenho dos gestores. Já o custo contábil tem sua importância por focar a acurácia do valor do custo dos produtos vendidos e da avaliação do custo dos estoques industriais.

A Figura 7.2 apresenta uma visão sintética dos fundamentos para organizar o sistema de custos dentro da empresa.

```
┌─────────────────────────────┐        ┌─────────────────────────────┐
│          Geral              │───────▶│         Particular          │
│  • Balanço patrimonial      │        │    • Produtos e serviços    │
│  • Demonstração dos         │───────▶│                             │
│    resultados               │        │                             │
└──────────────┬──────────────┘        └──────────────▲──────────────┘
               │                                      │
               │        ┌──────────────────────┐      │
               │        │  Departamentalização │      │
               │        └──────────────────────┘      │
               ▼                                      │
┌─────────────────────────────┐        ┌─────────────────────────────┐
│    Incorporar orçamento     │───────▶│    Elaborar custo padrão    │
└─────────────────────────────┘        └─────────────────────────────┘
```

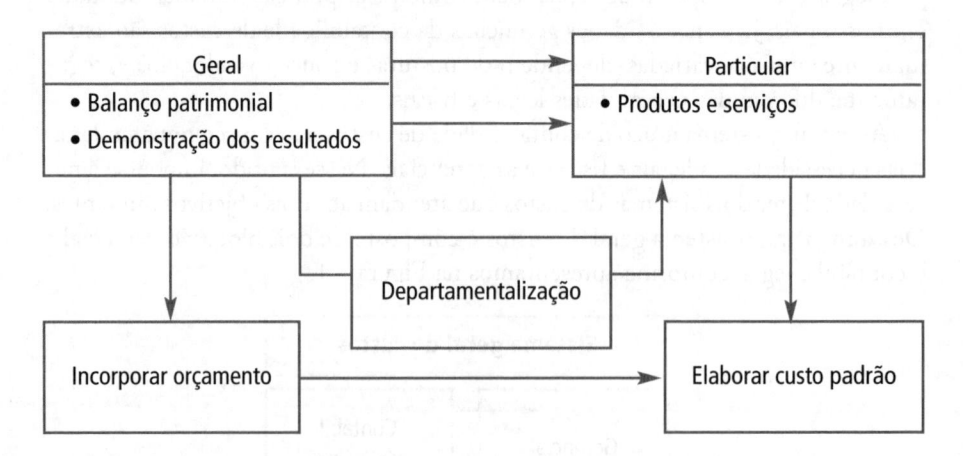

Figura 7.2 **Visão geral da organização do sistema de custos**

Em primeiro lugar, é necessário entender que o processo de custeamento unitário dos produtos e serviços é um procedimento que vai do geral para o particular, ou seja, com base nos dados fornecidos pelas demonstrações contábeis básicas, balanço patrimonial e demonstração de resultados é que se apura o custo unitário dos bens e serviços. Esta afirmativa é necessária para deixar claro que o caminho inverso não é o adequado, ou seja, primeiro tentar calcular o custo unitário dos produtos e serviços, para depois identificar o resultado da empresa.

O conceito de departamentalização é indispensável na contabilidade geral. Assim, a incorporação da estrutura hierárquica da empresa em centros de custos ou despesas na contabilidade é necessária para separar custos e despesas, bem como para identificar os setores ou departamentos que compõem o custo direto de fabricação, os quais devem ser vinculados às fases constantes dos roteiros de fabricação.

Não se pode imaginar trabalhar apenas com dados de custos reais. É necessário ter uma visão prospectiva do futuro dos custos por meio de custos orçados, estimados ou padronizados. Para tanto, o sistema de orçamento é fundamental nesse processo, uma vez que os dados de futuro devem ser cuidadosamente preparados segundo os conceitos orçamentários.

7.1 Organização do sistema de custos gerencial

A organização do sistema de custos passa, necessariamente, pela organização do sistema de informação contábil. Não é possível estruturar um sistema de custos adequado se não houver, previamente, uma estruturação apropriada do sistema de informação contábil.

O sistema de informação contábil, apesar da necessidade de aderência às regulamentações contábeis e fiscais, *deve ser estruturado segundo uma abordagem gerencial*. Este sistema, estruturado de acordo com esta abordagem, seguramente atenderá às necessidades legais, tributárias e operacionais do setor de contabilidade. O inverso não é verdadeiro. Um sistema contábil estruturado unicamente com base nas necessidades legais e fiscais dificilmente atenderá às necessidades gerenciais. Como o sistema de custos gerencial tem necessidades muito mais amplas do que as legais e tributárias, é necessário que todo o sistema contábil seja estruturado dentro de uma visão gerencial.

A Figura 7.3 mostra os conceitos básicos e os elementos que devem ser observados na estruturação do sistema de contabilidade para atender às necessidades gerenciais de custo.

```
┌─────────────┐   ┌──────────────────┐   ┌──────────────────┐   ┌──────────────────┐
│   Visão da  │   │   Estrutura da   │   │ Plano de contas  │   │  Demonstrações   │
│ organização │   │  conta contábil  │   │     contábeis    │   │financeiras básicas│
│             │┐  │ Centro de custos │   │   Investimentos  │   │      Balanço     │
└─────────────┘│→ │ Contas contábeis │ → │     Despesas     │ → │    patrimonial   │
┌─────────────┐│  │    Produtos e    │   │     Receitas     │   │  Demonstração do │
│   Visão do  ││  │     serviços     │   │                  │   │     resultado    │
│   negócio   │┘  └──────────────────┘   └──────────────────┘   └──────────────────┘
└─────────────┘
                  ┌──────────────────────────────────────────────────────────────┐
                  │               Sistema de informação contábil                 │
                  └──────────────────────────────────────────────────────────────┘
                                            ↑                          ↑
                  ┌──────────────────────────────────────────────────────────────┐
                  │  Sistema orçamentário – Sistema de mensuração da capacidade  │
                  └──────────────────────────────────────────────────────────────┘
```

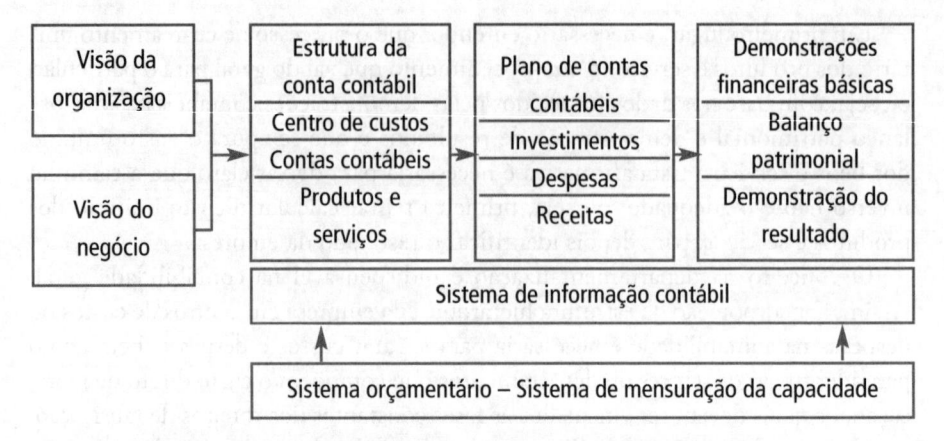

Figura 7.3 **Fundamentos para organização do sistema de custos gerencial**

O primeiro passo consiste em que o contador ou o *controller* tenha uma visão adequada da organização e do negócio, para que esses dois elementos sejam incorporados ao sistema de informação contábil e, subsequentemente, aproveitados pelo sistema de custos gerenciais.

Visão da organização

O conhecimento da estrutura e do funcionamento da organização é o caminho para a definição dos seguintes elementos a serem incorporados ao sistema de informação contábil e de custos:

a. segmentação da empresa em setores, departamentos, divisões, unidades de negócio, setores diretos e áreas da empresa;
b. segmentação da empresa em atividades, se for o caso;
c. incorporação da hierarquia formal ao sistema de informação contábil;
d. definição dos produtos e serviços de cada divisão ou unidade de negócio;
e. definição das contas de despesas e receitas;
f. definição do grau de responsabilidade em relação a ativos, receitas e despesas etc.

Visão do negócio

O conhecimento profundo dos negócios é necessário para definição dos seguintes elementos a serem incorporados ao sistema de informação contábil e de custos:

a. produtos e serviços, linha de produtos e serviços e subprodutos das diversas unidades de negócio;

b. materiais e principais insumos dos produtos e serviços em cada unidade de negócio;
c. processos básicos de produção e de comercialização para os produtos e serviços de cada unidade de negócio, fábrica ou divisão comercial;
d. definição da estrutura dos produtos e serviços, bem como dos processos ou roteiros de fabricação ou execução.

Estruturação do sistema de informação contábil

Após a realização das duas etapas anteriores, estrutura-se a conta contábil que atenda a todos os requisitos necessários para o efetivo gerenciamento contábil. Os elementos básicos a serem decididos e definidos são:

a. a estrutura da conta contábil, que será o elemento integrador dos demais subsistemas de informação;
b. a tabela de centros de custos (ou despesas) e receitas, que representa a organização e sua estrutura (o conceito de departamentalização);
c. as contas contábeis necessárias, segundo uma abordagem analítica, que comporão o plano de contas contábil;
d. a tabela de produtos e serviços, na qual serão aplicados os conceitos de custeamento unitário (partes, subconjuntos, conjuntos, produtos finais);
e. os planos de contas contábeis de despesas, receitas, ativos (investimentos) e passivos;
f. o formato das demonstrações contábeis básicas para a análise gerencial dos resultados.

Orçamento e capacidade

Uma vez que o sistema de custo gerencial tem como referência o preço de venda e o processo de análise de rentabilidade por produto, e estes só são elaborados adequadamente de acordo com uma visão de planejamento, há a necessidade de efetivar a implantação do sistema de orçamento, ou *planejamento orçamentário*. O fundamento do sistema de orçamento visa à elaboração da forma de custeio padrão ou de reposição, sem o que isto não será possível.

A questão da capacidade é inerente à definição dos padrões e da formação de preço de venda. Define-se um preço de venda dentro de um volume esperado de produção ou utilização de capacidade, já que os custos fixos terminam por ser um custo médio, e essa média depende do grau de utilização da capacidade fabril ou da produção dos serviços.

Estrutura do sistema de custos gerencial

A Figura 7.4 apresenta a estrutura básica para organização deste sistema, cujos objetivos básicos são:

a. apurar o custo unitário de uma unidade de cada produto ou serviço da empresa para formação do preço de venda e análise de rentabilidade;
b. mensurar o custo unitário com valores atuais em nível de reposição, ou com valores orçados ou padronizados;
c. permitir trabalhar com simulações de forma prospectiva e não reativa.

Não é objetivo central do sistema de custos gerencial apurar o custo real de produção, tanto no nível unitário quanto no do total de lotes de produção.

O referencial para o custeamento unitário de produtos e serviços sempre se baseia na estrutura do produto e do processo ou roteiro de fabricação ou execução. Assim, são três estruturas básicas de informação e conceituação:

a. a estrutura dos produtos e serviços, para apuração do custo dos materiais;
b. o processo ou roteiros de fabricação ou execução, para apuração do custo da mão de obra direta e da depreciação direta;
c. os conceitos de alocação dos custos indiretos, que podem ou não ser utilizados, dependendo do método adotado.

Após a obtenção do custo de produção (custo industrial na indústria, custo do serviço em serviços), conclui-se o processo com a formação de preços de venda. Nessa etapa, as informações necessárias e os conceitos são:

a. identificação e determinação da margem de lucro desejada;
b. identificação do impacto dos tributos sobre o lucro (imposto de renda e contribuição social sobre o lucro);
c. determinação do nível de capacidade de produção;
d. identificação do nível de despesas administrativas, comerciais e financeiras a serem cobertas pelo preço de venda calculado.

A utilização do conceito de multiplicador (*markup*) é o critério mais utilizado para a formação de preço de venda com base no custo. Ele resume, num índice matemático, o percentual necessário para que o preço de venda cubra o custo industrial, as despesas, e dê a margem desejada. Pode também ser utilizado o conceito de divisor. *Markup* será estudado no Capítulo 13.

Custo dos materiais

Este custo é obtido por meio da estrutura do produto ou serviço, na qual constam todos os materiais necessários para cada item ou produto ou serviço final, multi-

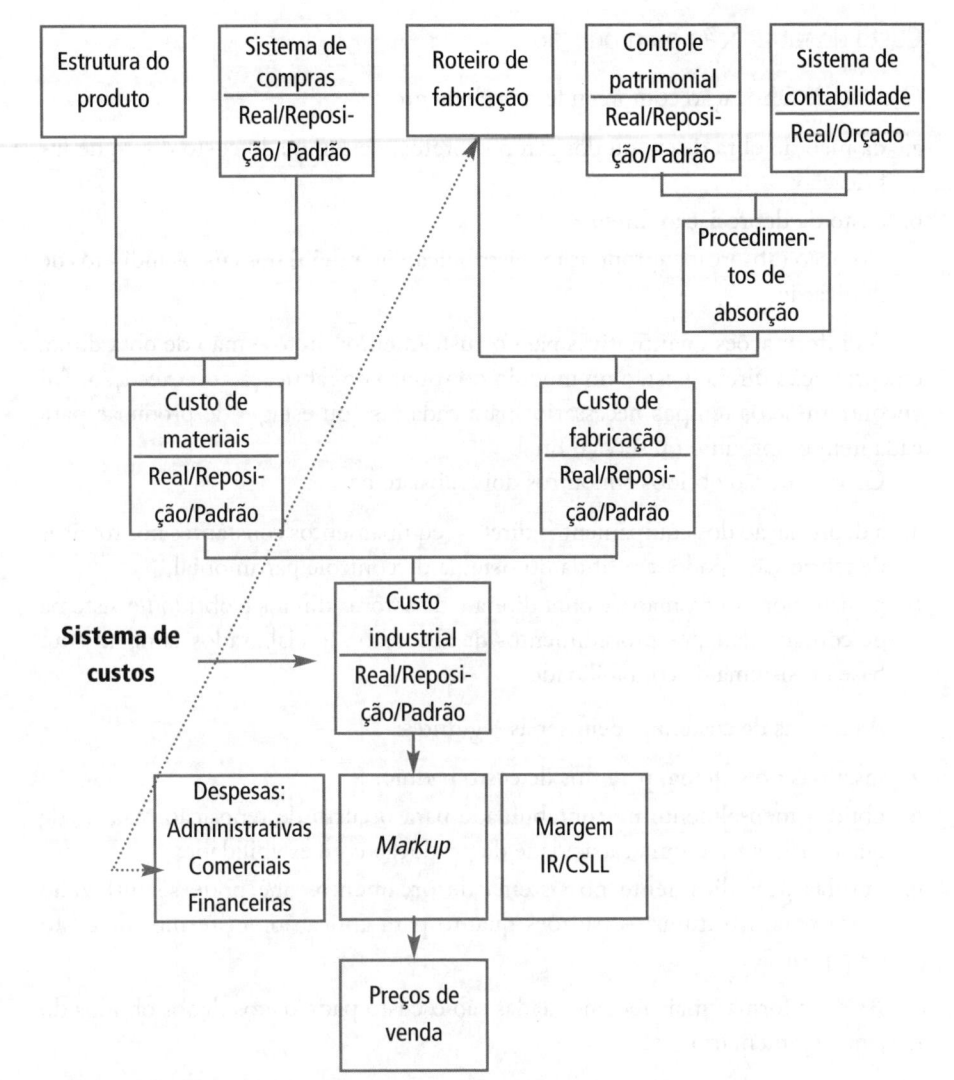

Figura 7.4 Organização do sistema de custos gerencial

```
[Estrutura do produto]  [Sistema de compras Real/Reposição/Padrão]  [Roteiro de fabricação]  [Controle patrimonial Real/Reposição/Padrão]  [Sistema de contabilidade Real/Orçado]
                                                                                          │
                                                                              [Procedimentos de absorção]

            [Custo de materiais Real/Reposição/Padrão]        [Custo de fabricação Real/Reposição/Padrão]

Sistema de custos  →  [Custo industrial Real/Reposição/Padrão]

        [Despesas: Administrativas Comerciais Financeiras]   [Markup]   [Margem IR/CSLL]

                                            [Preços de venda]
```

plicado pelos preços de compra, a serem obtidos no sistema de compras, ou por inserção, se for custo padrão.

Assim, o valor dos materiais de cada produto ou serviço, no sistema de custo gerencial, pode ser tanto o custo padrão como o de reposição. Se a empresa decide por essas duas formas de mensuração, haverá a duplicação dos dados no sistema de custos gerencial. O custo de reposição é um custo real. Em muitos casos, o último preço de compra é também o custo de reposição. Em nosso entendimento, isto é recomendável e só auxilia a gestão.

Custo de fabricação ou produção

O custo de fabricação compreende três elementos:

a. da mão de obra direta ou dos setores diretos, denominado custo direto de fabricação;
b. custo da depreciação direta;
c. alocação (absorção, apropriação, distribuição ou rateio) dos custos indiretos de fabricação.

As informações quantitativas para o custeamento direto – mão de obra direta e depreciação direta – estão no módulo do roteiro de fabricação ou execução. Ali encontram-se os tempos necessários para cada fase ou estágio de produção para cada item ou produto ou serviço final.

Os valores são obtidos em outros dois subsistemas:

a. a depreciação dos equipamentos diretos (equipamentos constantes nos roteiros de fabricação) pode ser obtida no sistema de controle patrimonial;
b. o custo horário da mão de obra direta e de setores diretos é obtido no sistema de contabilidade; os procedimentos de absorção são elaborados também com base no sistema de contabilidade.

As formas de custeio podem ser as seguintes:

a. inseridas no sistema, para fins de custo padrão;
b. obtidas mensalmente na contabilidade para o custo de reposição real, desde que considerando uma capacidade de produção com estabilidade;
c. obtidas periodicamente no sistema de orçamento, que pode ser utilizado tanto para estruturar os padrões quanto para aplicação em termos de custo de reposição.

As duas formas mais recomendadas são o custo padrão e os dados obtidos do sistema orçamentário.

Custo total e formação do preço de venda

A soma dos custos dos materiais e de fabricação ou produção dá o custo industrial unitário de cada produto e/ou serviço. Com isso, aplicando-se o *markup* determinado, obtém-se o preço de venda com base no custo.

A obtenção do preço de venda com base no custo unitário não quer dizer que ele será aplicado efetivamente. O preço de venda assim formado é um preço-parâmetro. A partir dele, a empresa fará estudos de mercado para determinar o melhor preço a ser praticado em relação a todos os produtos e serviços, de forma a alcançar a rentabilidade do investimento.

Roteiro de comercialização e logística e produto ampliado

A linha pontilhada da Figura 7.4 indica que, para alguns tipos de produtos e serviços, a comercialização tem um custo tão significativo e diferenciado que também deve ter um roteiro de comercialização e logística.

Empresas com necessidade de grande capilaridade de distribuição (varejistas, indústria de bebidas, alimentos, materiais de construção para residências etc.) devem verificar a necessidade de se elaborar um roteiro de comercialização e logística para cada tipo de produto, ou serviço, ou linha de produto, ou serviço. Para tanto, é necessário que os gastos com distribuição e logística sejam identificados claramente em relação aos produtos e serviços e, desta forma, possam ser considerados como *despesas diretas*. Um exemplo deste tipo de despesa direta é o frete específico para cada produto.

Nessa perspectiva, o conceito de custo unitário não se limita mais ao custo industrial. Compreende também o custo de despesas diretas. É possível que, nesse caso, haja a necessidade de tratar as despesas indiretas que apoiam as atividades de comercialização e logística. Adotando-se o método de absorção ou rateio, é possível elaborar um procedimento de absorção para despesas indiretas de comercialização ou logística.

Denominamos comercialização e logística de produto ampliado o tipo de produto que contempla um serviço direto. A Figura 7.5 mostra que, além da estrutura do produto e do roteiro de fabricação, pode haver a necessidade de se construir a estrutura do serviço e o roteiro de comercialização e logística, obtendo-se o custo direto do produto ampliado.

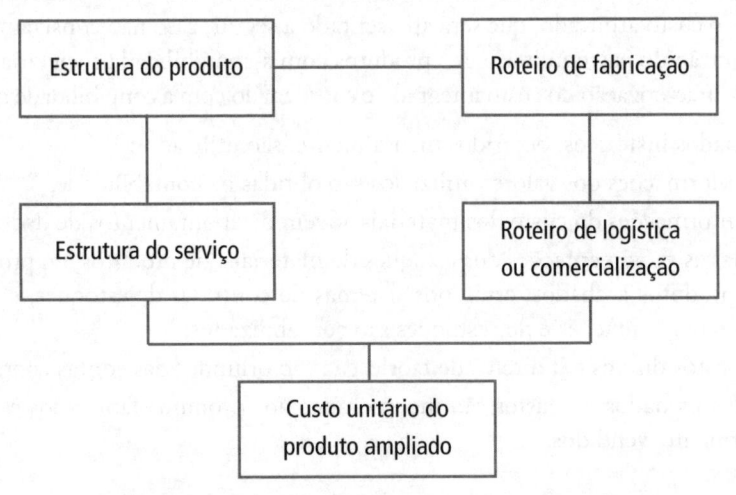

Figura 7.5 **Estrutura básica do custeamento unitário de um produto ampliado**

7.2 Custo integrado e coordenado e custo arbitrado para os estoques industriais

Os estoques industriais devem ser avaliados pelo custo de produção ou fabricação para atendimento das práticas contábeis internacionais. Em nosso país, as práticas contábeis só admitem o custo real, não admitem o custo padrão como forma de mensuração dos estoques industriais. Deste modo, é necessário fechar a contabilidade mensalmente para depois se obter o custo de fabricação dos produtos para fins de valoração dos estoques para a contabilidade.

Custeamento por absorção: obrigatoriedade legal

As práticas contábeis nacionais e internacionais determinam que os estoques industriais devem ser avaliados considerando-se todos os custos industriais. Como os gastos industriais compreendem os custos diretos e indiretos, isto significa que há a necessidade do rateio dos custos indiretos de fabricação, caracterizando-se como obrigatoriedade a adoção do método do custeamento por absorção.

A aplicação do método do custeamento por atividades (ABC – *Activity Based Costing*) também é aceita, desde que se limite à aplicação do método nos custos indiretos de fabricação e não compreenda despesas administrativas e comerciais.

Custo integrado e coordenado com a contabilidade

As práticas contábeis só admitem a adoção do custo integrado e coordenado com a contabilidade. Para fins tributários, as empresas industriais têm a alternativa de utilizar o custo arbitrado, que será apresentado a seguir, caso não consigam provar a integração do custo unitário dos produtos com a contabilidade societária.

Há caracterização do custo integrado e coordenado com a contabilidade quando:

a. os dados históricos, ocorridos mensalmente, são utilizados;
b. as informações dos valores utilizados são obtidas na contabilidade;
c. as informações do custo dos materiais advêm de apontamentos de dados reais;
d. todas as movimentações dos estoques de materiais, de produtos em processo e de produtos acabados, estão nos sistemas de controles de estoques, e o valor das movimentações e dos estoques são contabilizados;
e. os custos diretos e indiretos de fabricação são oriundos das contas contábeis;
f. todos os dados de custos são incorporados aos produtos fabricados e, posteriormente, vendidos.

Os critérios utilizados para valoração dos materiais podem ser dois:
a. PEPS (primeiro a entrar, primeiro a sair);
b. custo médio ponderado.

O UEPS (último a entrar, primeiro a sair) não é aceito pela legislação contábil e fiscal brasileira.

É importante ressaltar que, quando uma empresa não utiliza o custo integrado e coordenado para fins tributários, deve fazer o custo integrado e coordenado para fins contábeis. Assim, a opção do uso do custo arbitrado é só para fins fiscais tributários, e não para fins contábeis.

Dúvidas

Certas questões levam a algumas dúvidas, que devem ser dirimidas. As principais são apresentadas a seguir:

a. custo da ociosidade ou capacidade ociosa: custo ou despesa? – os custos fixos decorrentes da capacidade ociosa assumida, quando a ociosidade é devidamente caracterizada, não devem fazer parte do custo de produção, mas ser tratados como despesas, e não devem compor o custo dos estoques industriais;
b. gastos com pesquisa e desenvolvimento – esses gastos podem ter duas contabilizações: 1) quando caracterizarem a criação de intangível, devem ser contabilizados no ativo não circulante; 2) quando não gerarem intangíveis, devem ser contabilizados como despesa e não devem compor o custo dos estoques industriais;
c. gastos de setores administrativos fabris – caracterizam-se como custos administrativos fabris quando, dentro de uma planta industrial, há a necessidade de recursos humanos e gastos para recepção e escrita fiscal. Esses gastos devem ser considerados como despesas, e não como custo industrial;
d. ineficiência, retrabalhos e rejeitos – devem ser considerados como custo e ser incorporados ao custo dos estoques industriais;
e. setores administrativos com alguma ligação com a fábrica (compras, estoques de materiais) – depende do tipo de empresa, de sua magnitude e da estrutura hierárquica. Se esses setores estão ligados à diretoria ou à gerência industrial, devem ser considerados como custo indireto de fabricação. Se ligados à diretoria ou à gerência administrativa, podem ser considerados como despesas administrativas.

Custo arbitrado para fins tributários

O Regulamento do Imposto de Renda (RIR, 1999), nos artigos 292 a 298, trata tanto do custo integrado e coordenado quanto da utilização do custo arbitrado. O custo arbitrado deverá ser utilizado quando a empresa não conseguir provar que tem o custo integrado e coordenado. Assim, para fins de apuração do lucro real tributário e do valor do imposto de renda e da contribuição social sobre o lucro devido, a utilização do custo arbitrado pode ser utilizada.

O custo arbitrado tem os seguintes critérios básicos:

a. o valor do custo dos produtos acabados deverá ser avaliado por 70% do maior preço de venda do período de apuração, sem exclusão do ICMS;
b. o valor do custo dos materiais em processamento deverá ser avaliado por 80% do valor atribuído ao custo dos produtos acabados (critério anterior), ou uma vez e meia (1,5) o maior custo dos materiais adquiridos no período de apuração.

Não se recomenda, contudo, em nenhuma hipótese, o custo arbitrado, uma vez que impede qualquer visão gerencial e do custo real dos produtos ou serviços.

7.3 Organização do sistema de custos contábil

O objetivo fundamental deste sistema é atender às práticas contábeis de avaliação dos estoques de materiais e estoques industriais, bem como às necessidades fiscais de custo integrado e coordenado.

Este sistema também deve utilizar duas estruturas básicas de informações quantitativas: dos produtos e os roteiros de fabricação. A acumulação dos dados neste sistema dá-se pela introdução de outro subsistema, o de ordens de produção, e é articulado por outro módulo ou subsistema do ERP, denominado MRP, que é gerido pelo setor de PCP (Planejamento e Controle da Produção).

Outros sistemas que apoiam o MRP são os de chão de fábrica, os de apontamento das horas trabalhadas, os de *kanban*, administração das restrições e *just-in-time*.

MRP

O sistema de ordens de produção já foi abordado no Capítulo 6. A Figura 7.6 mostra a estrutura básica do software (módulo, sistema, subsistema) do MRP. Este sistema, desenvolvido na década de 1960, foi um dos primeiros aplicativos empresariais da indústria de computadores, hoje indústria da tecnologia da informação. É, talvez, o de maior complexidade de uma indústria clássica e tem por objetivo administrar os recursos fabris e todo o processo produtivo, até o estoque final ou a venda.

Inicialmente, o MRP foi desenvolvido apenas para o planejamento das compras de materiais, e sua denominação era *Material Requirement Planning* (Planejamento das Necessidades de Materiais). Hoje, é denominado MRP – I, por ser a primeira versão.

As seguidas evoluções da TI permitiram a incorporação de outras necessidades e estruturas de informações, e hoje temos o MRP – II, *Manufacturing Resource Planning* (Planejamento dos Recursos da Manufatura). Hoje, o software do MRP contempla também a administração dos equipamentos fabris, dos roteiros de fabricação, das estruturas dos produtos, e articula-se com o sistema de ordens de fabricação. Assim, o sistema faz parte do conjunto de sistemas que estruturam o sistema de custos contábil.

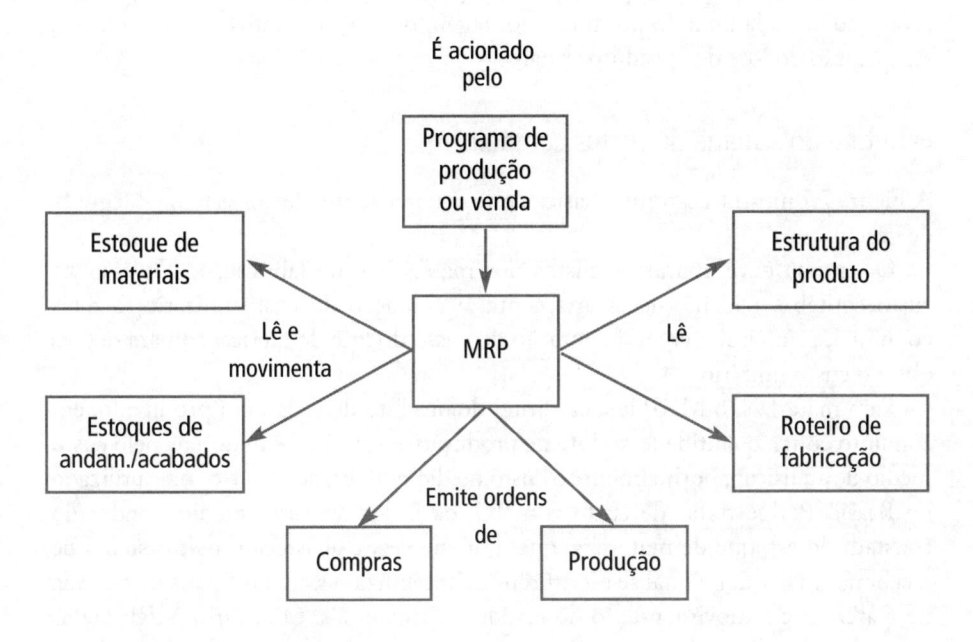

Figura 7. 6 *Manufacturing Resource Planning* (MRP II)

O sistema é abastecido pelo programa de produção ou de venda, no qual constam as quantidades de produtos finais a serem obtidos ao final do processo para cada período considerado (dia, semana, mês). Esse acionamento é denominado também programa mestre de produção ou venda. Será programa de venda se houver estoques de produtos acabados a serem considerados. E programa de produção se não for considerada a quantidade de estoques de produtos acabados ou se esses não existirem.

O sistema lê a estrutura do produto e o roteiro de fabricação e identifica todos os itens que devem ser produzidos para o programa de produção para aquele período, com os seus respectivos tempos de fabricação e *lead times*, dias em estoque de segurança etc., bem como as fases e os equipamentos a serem utilizados para cada item, até o produto final.

O sistema também lê os estoques de materiais, para verificar se há estoques suficientes para o programa de produção do período e as necessidades adicionais de materiais para todos os itens. Lê os estoques de produção em andamento e produtos acabados, considerando os eventuais estoques desses itens existentes na fábrica.

Como objetivo final do sistema, ele emite ordens de compras e de produção. As ordens de compra vão para o setor de suprimentos, que, por sua vez, dá seguimento ao processo por meio das cotações e da colocação de pedidos nas quantidades necessárias. As ordens de produção vão para o PCP e para a fábrica, para a produção de cada item do produto, montagem dos subconjuntos e conjuntos, até a conclusão do lote dos produtos finais.

Estrutura do sistema de custos contábil

A Figura 7.7 mostra a estrutura básica deste sistema dentro de um sistema integrado de gestão.

O sistema deve apurar os custos dos materiais e de fabricação. No caso do custo contábil, não há, necessariamente, a apuração do custo unitário; o mais comum é, primeiro, efetuar a apuração do custo do lote de fabricação para depois obter o custo unitário.

Para materiais, o MRP lê a estrutura de produto de cada item produzido, em conjunto com a quantidade do lote de produção, e valoriza os materiais pelo custo médio de aquisição, normalmente o custo médio ponderado, que é o mais utilizado no Brasil. Por se tratar de custo contábil, os dados do custo médio ponderado constam do estoque de materiais, que, por sua vez, é abastecido pelo sistema de recebimento fiscal, no qual se escrituram e contabilizam as notas fiscais de entrada de materiais e a movimentação do estoque de materiais. O próprio MRP faz as movimentações e valorizações e já acumula os valores obtidos na ordem de produção aberta para cada item.

O custeamento do roteiro de fabricação segue procedimento similar. O MRP lê os roteiros da fabricação e suas fases, em que consta o tempo necessário para cada fase e carrega na ordem de produção. Ao final do mês, o setor de contabilidade de custos apura o custo horário de fabricação de cada departamento ou setor direto constante dos roteiros (que deve incluir todos os custos indiretos) e o insere no sistema de custos contábil. Assim, o sistema de custos contábil multiplica o tempo das fases pelo valor dos custos horários de fabricação, e acumulada também, na mesma ordem de produção do item fabricado.

Esse processo segue todas as fases do roteiro do item, e as acumulações vão acontecendo nas ordens de produção. Ao final do mês, haverá ordens de produção de itens que ainda não estarão concluídas, que serão inventariadas como produção em processo (WIP – *Work in Process*) pelo valor total constante na ordem. Os itens que foram concluídos terão sua ordem de fabricação fechada, e o valor final da

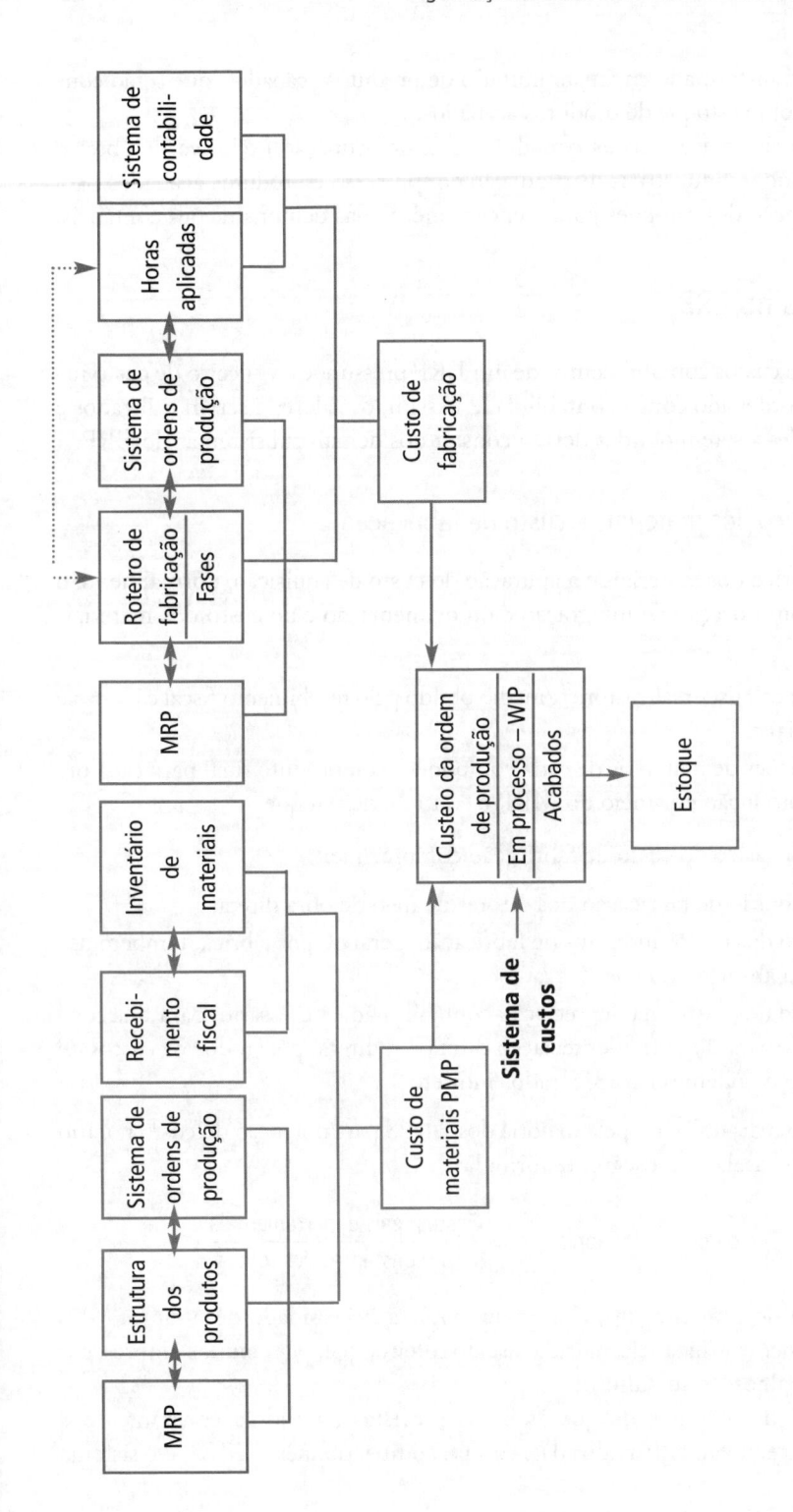

Figura 7.7 Organização do sistema de custos contábil

ordem será transformado em custo unitário de produtos acabados, que serão contabilizados como estoque de produtos acabados.

Assim, o sistema de custos contábil tem a preocupação exclusiva de obter o valor dos estoques industriais de produção em processo e produtos acabados para fins de avaliação dos estoques para o encerramento das demonstrações contábeis.

7.4 Custos no ERP

O sistema de custos contábil dentro de um ERP pressupõe o conceito de custo integrado e coordenado com a contabilidade. Assim, os valores a serem utilizados e as quantidades a serem obtidas devem constar dos demais subsistemas do ERP.

Cálculo básico dos materiais e custo de fabricação

O cálculo básico dos materiais é a apuração do custo de aquisição, normalmente o médio. A comprovação de integração da movimentação e do custo dos materiais se dá por:

a. utilização do custo real/histórico/médio obtido pelo recebimento fiscal e controle de materiais;
b. as requisições de materiais de cada componente ou produto final para cada ordem de produção por meio do MRP e controle de estoque.

O cálculo básico do custo de fabricação compreende:

a. o custo horário de fabricação dos setores de mão de obra direta;
b. a absorção dos custos indiretos de fabricação, geral ou por fábrica, também denominada absorção do *over head*;
c. a absorção dos custos da depreciação contábil (não é necessário, para fins contábeis, a separação entre depreciação direta e indireta, pois todos os custos de depreciação podem ser considerados indiretos).

O critério mais utilizado pela maioria dos ERPS para obtenção do custo horário de fabricação baseia-se na seguinte fórmula:

$$\text{Custo horário de fabricação} = \frac{\text{Gastos reais departamentais}}{\text{Horas constantes dos roteiros}}$$

Este critério tem sido utilizado para evitar a necessidade de apuração dos tempos realmente utilizados em cada fase do roteiro, que, para muitas empresas, é bastante trabalhoso e dificultoso.

Ele parte da premissa de que as horas previstas ou padrão constantes dos roteiros serão efetivamente realizadas. Assim, ao final do mês, o MRP e o sistema de custos contábil acumula todas as horas padrão dos roteiros, dos itens que foram produzidos no mês, para cada departamento ou setor direto. Dessa maneira, obtém-se o custo horário médio por departamento ou setor direto, desconsiderando as horas pagas, trabalhadas ou realmente realizadas, ficando apenas com as horas previstas.

Esse é o elemento fundamental para diferenciação dos diversos custos aplicados aos diversos itens e produtos finais, o que satisfaz à legislação. Esse critério não considera tempo perdido em retrabalho e ociosidade e parte da premissa da eficiência completa da fábrica. Por considerar como numerador o valor dos gastos reais, esse critério qualifica-se como integrado e coordenado com a contabilidade e facilita sobremaneira a avaliação do custo horário de fabricação.

Exemplo de apuração do valor de ordens de produção

Vamos dar como exemplo a apuração da ordem de produção e custo unitário de um componente. Os dados estão apresentados a seguir.

Estrutura do produto – Peça 1
Material do componente: aço
Quantidade de matéria-prima por componente: 1 kg
Preço de material: $ 2,00 por kg

Roteiro de fabricação
Horas por lote de 10 peças: Fase 1 – 0,4 horas
                            Fase 2 – 2 horas
Custo horário de fabricação: Departamento 1 (Fase 1) – $ 110,00/hora
                             Departamento 2 (Fase 2) – $ 105,00/ hora

Cálculos – Lote A na Fase 1 – 10 peças	$
10 pçs x 1 kg x $ 2,00	= 20,00 – Materiais
0,4 hs x $ 110,00 – Fase 1	= 44,00 – Custo de fabricação
Total de inventário do lote	= 64,00 – Custo total por absorção
Custo por peça na Fase 1	= 6,40

Havendo outro lote do mesmo componente sendo fabricado, mas que já está na Fase 2, o sistema contábil de custo apuraria o seguinte custo do lote de fabricação.

Cálculos – Lote B na Fase 2 – 10 peças	$
10 pçs x 1 kg x $ 2,00	= 20,00 – Materiais
0,4 hs x $ 110,00 – Fase 1	= 44,00 – Custo de fabricação
2,0 hs x $ 105,00 – Fase 2	= 210,00 – Custo de fabricação
Total de inventário do lote	= 274,00 – Custo total por absorção
Custo por peça na Fase 2 – Peça 1	= 27,40

Caso esta Peça 1 faça parte de um conjunto com a Peça 2, que tem um custo industrial de $ 50,00, e para a montagem das duas peças sejam gastas 5 horas de uma outra fase, a Fase 3, do departamento ou setor de montagem, e que, tenha um custo horário de $ 30,00 por hora, o custo da ordem de produção desse conjunto seria o seguinte.

Ordem de produção de um conjunto	$
Peça 1	= 27,40
Peça 2	= 50,00
Horas de montagem – 5 horas a $ 30,00	= 150,00
Custo total	227,40

Se este conjunto fizer parte de um produto final, o valor de $ 227,40 será acumulado na sua respectiva ordem de produção, somado aos demais conjuntos desse produto final.

7.5 Contabilização do custo industrial

Os procedimentos de contabilização de custos restringem-se à contabilização dos gastos industriais, uma vez que as legislações comerciais e legais obrigam a contabilidade a apurar os custos utilizando apenas os gastos consumidos na área industrial. Consequentemente, o método adotado é o de custeamento por absorção, que deve levar em consideração os custos incorridos. Alguns países admitem a utilização do custeamento por absorção mensurado por dados padrão. Em nosso país, isto é permitido apenas durante o trimestre, sendo necessário o ajuste ao custo real ao final desse período. É possível também a utilização do método ABC, desde que ele se restrinja aos gastos industriais. Os passos básicos para a contabilização do custo seguem o fluxo dos estoques industriais, como ficou evidenciado na Figura 1.2, apresentada no Capítulo 1. Relembrando o fluxo, temos:

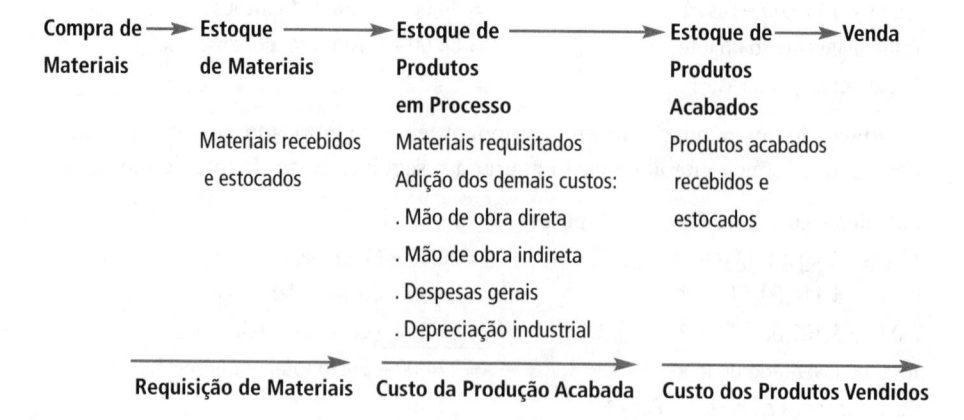

Compra de Materiais	→	Estoque de Materiais	→	Estoque de Produtos em Processo	→	Estoque de Produtos Acabados	→	Venda
		Materiais recebidos e estocados		Materiais requisitados Adição dos demais custos: . Mão de obra direta . Mão de obra indireta . Despesas gerais . Depreciação industrial		Produtos acabados recebidos e estocados		
		Requisição de Materiais		Custo da Produção Acabada		Custo dos Produtos Vendidos		

A mensuração do custo real dos estoques pode ser feita por meio de dois critérios básicos: o método PEPS (primeiro a entrar, primeiro a sair) e o preço médio ponderado. Em nosso país, o mais utilizado é o preço médio ponderado, que adotaremos neste tópico. Dessa maneira, os procedimentos básicos de contabilização são os seguintes:

1. Contabilizar as compras de materiais estocáveis, que não vão diretamente para o processo produtivo, nos estoques de matérias-primas, componentes, embalagem e materiais indiretos.
2. Calcular o preço médio de cada material para a valorização dos estoques de materiais.
3. Contabilizar as requisições de materiais que vão para a fábrica. Os materiais diretos serão incorporados ao custo de materiais dos produtos, e os indiretos aos gastos departamentais.
4. Por meio dos sistemas de acumulação (ordem, processo, híbrido), que também utilizam a estrutura dos materiais dos produtos e do processo de fabricação desses produtos e de seus componentes, apurar o custo dos produtos que foram concluídos e o custo dos produtos ainda em fase de produção ao final do período considerado. O custo dos produtos concluídos é denominado custo da produção acabada; o dos não concluídos constitui o estoque de produtos em processo.
5. O custo da produção acabada refere-se aos produtos prontos para a venda e vai para o estoque de produtos acabados. Por ocasião da venda, deve ser dada a baixa contábil, transformando-se em custo dos produtos vendidos, que vai para a demonstração de resultado do período. Os produtos não vendidos formam o estoque de produtos acabados, ainda por vender.

Desenvolveremos, a seguir, um exemplo de contabilização do custo industrial, dentro do sistema híbrido, com dois produtos.

A premissa básica deste exemplo é que não haverá ineficiências no processo, portanto, não há necessidade de contabilização adicional de retrabalhos, refugos e perdas no processo. Utilizaremos o custeamento por absorção, com o critério de absorção dos custos indiretos sobre o total da mão de obra direta.

Os valores serão considerados como realizados financeiramente à vista.

A – Dados da estrutura do produto e processo de fabricação

	Produto A	Produto B
Materiais		
. MP1	15 unidades	33 unidades
. MP2	9 unidades	15 unidades
Mão de obra direta		
. Produção	1,2 hora	2,0 horas
. Montagem	1,0 hora	1,8 hora

B – Dados de produção, vendas e estoques

Programa de produção	7.500 unidades	7.500 unidades
Quantidade produzida	7.350 unidades	7.400 unidades
Quantidade vendida	7.000 unidades	7.200 unidades
Estoque de produtos acabados	350 unidades	200 unidades
Estoque de produtos em processo	150 unidades	100 unidades
. Estágio dos produtos em processo		
.. Materiais	100%	100%
.. Mão de obra direta		
... Produção	100%	50%
... Montagem	20%	0%

C – Dados contábeis e movimentação do período

Balanço Inicial			$
Imobilizados			9.000.000
Capital social			9.000.000

	Movimentação do Período	Qtde.	Unitário – $	Total – $
1	Compra de MP 1	200.000	3,50	700.000
	Compra de MP 1	300.000	4,50	1.350.000
	Soma	500.000		2.050.000
	Preço médio ponderado		4,10	
2	Compra de MP 2	150.000	4,60	690.000
	Compra de MP 2	50.000	6,00	300.000
	Soma	200.000		990.000
	Preço médio ponderado		4,95	
3	Requisição de materiais			
	MP 1	360.000	4,10	1.476.000
	MP 2	180.000	4,95	891.000
	Soma	540.000		2.367.000

	4 Folha de pagamento	Horas	Unitário – $	Total – $
	Depto. Produção	23.900	30,00	717.000
	Depto. Montagem	20.700	20,00	414.000
	Total mão de obra direta	44.600		1.131.000
	Setores indiretos fabris			300.000
	Área comercial			700.000
	Área administrativa			500.000
	Soma			2.631.000

5	Depreciação industrial	900.000
	Gastos gerais de fabricação	1.401.300
6	Valor da venda de produtos acabados	8.000.000

Resolução

Passo 1 – Calcular o percentual para absorção dos custos indiretos de fabricação

Custos indiretos de fabricação	Total – $
. Folha de pagamento da diretoria industrial	300.000
. Depreciação industrial	900.000
. Gastos gerais de fabricação	1.401.300
Soma (a)	2.601.300
Total da mão de obra direta (b)	1.131.000
Percentual de absorção (a : b)	2,30

Passo 2 – Acrescer ao custo da mão de obra direta o percentual de absorção

	Depto. produção	Depto. montagem
Custo horário - $ (a)	30,00	20,00
Índice de absorção (1 + % de absorção) (b)	3,30	3,30
Custo horário com absorção - $ (a x b)	99,00	66,00

Passo 3 – Calcular o custo unitário dos produtos com os dados obtidos

	Produto A			Produto B		
	Qtde.	Unitário – $	Total – $	Qtde.	Unitário – $	Total – $
Materiais						
. MP1	15	4,10	61,50	33	4,10	135,30
. MP2	9	4,95	44,55	15	4,95	74,25
Soma			106,05			209,55
Mão de obra direta						
. Produção	1,2	99,00	118,80	2,0	99,00	198,00
. Montagem	1,0	66,00	66,00	1,8	66,00	118,80
Soma			184,80			316,80
Total			290,85			526,35

Passo 4 – Calcular o estoque de materiais

	MP 1	MP 2	Total – $
Estoque inicial	0	0	0
(+) Compras de materiais	2.050.000	990.000	3.040.000
(–) Requisição de materiais	(1.476.000)	(891.000)	(2.367.000)
Estoque final	574.000	99.000	673.000

Passo 5 – Calcular o estoque de produção em processo

	Produto A				Produto B				Total geral
	Qtde. em estoque	Estágio	Custo do insumo – $	Total – $	Qtde. em estoque	Estágio	Custo do insumo – $	Total – $	
Insumos									
. Materiais	150	100%	106,05	15.908	100	100%	209,55	20.954	36.862
. MOD – Produção	150	100%	118,80	17.820	100	50%	198,00	9.900	27.720
. MOD – Montagem	150	20%	66,00	1.980	100	0%	118,80	0	1.980
Total				35.708				30.954	66.562

Passo 6 – Calcular o estoque de produtos acabados

	Qtde. em estoque	Custo unitário – $	Total – $
Produto A	350	290,85	101.798
Produto B	200	526,35	105.270
Total			207.068

Passo 7 – Calcular o custo da produção acabada

	Total – $
Estoque inicial de produtos em processo	0
(+) Insumos de produção	
Requisição de materiais	2.367.000
MOD – Produção	717.000
MOD – Montagem	414.000
Mão de obra indireta – Setores indiretos fabris	300.000
Depreciação industrial	900.000
Custos indiretos de fabricação	1.401.300
Soma	6.099.300
(–) Estoque final de produtos em processo	(66.562)
= Custo da produção acabada	6.032.738

Passo 8 – Calcular o custo dos produtos vendidos

	Total – $
Estoque inicial de produtos acabados	0
(+) Custo da produção acabada	6.032.738
(–) Estoque final de produtos acabados	(207.068)
= Custo dos produtos vendidos	5.825.670

O custo dos produtos vendidos pode também ser calculado utilizando-se os dados do custo unitário de cada produto, multiplicado pelas quantidades vendidas de cada um:

	Qtde. vendida	Custo unitário – $	Total – $
Produto A	7.000	290,85	2.035.950
Produto B	7.200	526,35	3.789.720
Total			5.825.670

Passo 9 – Apurar a demonstração de resultados do exercício

	Total – $
Vendas	8.000.000
(–) Custo dos produtos vendidos	(5.825.670)
= Lucro bruto	2.174.330
(–) Despesas operacionais	
. Comerciais	(700.000)
. Administrativas	(500.000)
= Lucro operacional	974.330

Passo 10 – Levantar o balanço patrimonial final

Ativo	Total – $	Passivo	Total – $
Caixa*	927.700		
Estoques de materiais	673.000		
Estoques de produtos em processo	66.562		
Estoques de produtos acabados	207.068		
Imobilizados	9.000.000	Capital social	9.000.000
(–) Depreciação acumulada	(900.000)	Lucros acumulados	974.330
Total	9.974.330		9.974.330

* Obtenção do Saldo de Caixa

Vendas	8.000.000
(–) Compra de MP 1	(2.050.000)
(–) Compra de MP 2	(990.000)
(–) Folha de pagamento	(2.631.000)
(–) Gastos gerais de fabricação	(1.401.300)
= Saldo de caixa	927.700

Contabilização em Contas T

Lançamentos

1	Compra de MP 1	$ 2.050.000
2	Compra de MP 2	$ 990.000
3	Requisição de materiais	$ 2.367.000
4	Folha de pagamento – Mão de obra direta	$ 1.131.000
5	Folha de pagamento – Setores indiretos fabris	$ 300.000
6	Gastos da área comercial	$ 700.000
7	Gastos da área administrativa	$ 500.000
8	Depreciação industrial	$ 900.000
9	Gastos gerais de fabricação	$ 1.401.300
10	Venda de produtos acabados	$ 8.000.000
11	Valor da produção acabada	$ 6.032.738
12	Custo dos produtos vendidos	$ 5.825.670

Caixa			
		2.050.000	(1)
		990.000	(2)
		1.131.000	(4)
		300.000	(5)
		700.000	(6)
		500.000	(7)
(10)	8.000.000	1.401.300	(9)
	927.700		

Estoque de materiais			
(1)	2.050.000		
(2)	990.000		
		2.367.000	(3)
	673.000		

Estoque de produção em processo			
(3)	2.367.000		
(4)	1.131.000		
(5)	300.000		
(8)	900.000		
(9)	1.401.300		
		6.032.738	(11)
	66.562		

Estoque de produtos acabados			
(11)	6.032.738		
		5.825.670	(12)
	207.068		

Imobilizado	
9.000.000	

Depreciação acumulada	
	900.000 (8)

Capital social	
	9.000.000

Lucros acumulados	
	974.330

Vendas		Custo dos produtos vendidos
	8.000.000 (10)	(12) 5.825.670

Desp. comerciais		Desp. administrativas
(6) 700.000		(7) 500.000

Questões e exercícios

1. Contabilização de Custos
   Apresentamos a seguir os dados e as informações para a apuração do custo industrial e sua contabilização.

   A – Dados da estrutura do produto e processo de fabricação

	Produto A	Produto B
Materiais		
. MP1	30 unidades	66 unidades
. MP2	18 unidades	30 unidades
Mão de obra direta		
. Produção	2,4 horas	4,0 horas
. Montagem	2,2 horas	3,6 horas

   B – Dados de produção, vendas e estoques

Programa de produção	4.500 unidades	4.000 unidades
Quantidade produzida	4.380 unidades	3.900 unidades
Quantidade vendida	4.330 unidades	3.800 unidades
Estoque de produtos acabados	50 unidades	100 unidades
Estoque de produtos em processo	120 unidades	100 unidades
. Estágio dos produtos em processo		
.. Materiais	100%	100%
.. Mão de obra direta		
... Produção	100%	60%
... Montagem	50%	0%

   C – Dados contábeis e movimentação do período

Balanço Inicial	$
Imobilizados	8.000.000
Capital social	8.000.000

Movimentação do período	Qtde.	Unitário – $	Total – $
1 Compra de MP 1	225.000	3,60	810.000
Compra de MP 1	250.000	4,00	1.000.000
Soma	475.000		1.810.000
Preço médio ponderado		3,8105	
2 Compra de MP 2	145.000	5,20	754.000
Compra de MP 2	125.000	6,00	750.000
Soma	270.000		1.504.000
Preço médio ponderado		5,5704	
3 Requisição de materiais			
MP 1	399.000	3,81	1.520.400
MP 2	201.000	5,57	1.119.644
Soma	600.000		2.640.044
4 Folha de pagamento	Horas	Unitário – $	Total – $
Depto. Produção	26.640	40,00	1.065.600
Depto. Montagem	23.808	25,00	595.200
Total mão de obra direta	50.448		1.660.800
Mão de obra indireta –			
Setores indiretos fabris			320.000
Área comercial			740.000
Área administrativa			530.000
Soma			3.250.800
5 Depreciação industrial			800.000
Gastos gerais de fabricação			1.404.350
6 Valor da venda de produtos acabados			9.000.000

Faça a contabilização completa dos custos do período por meio das seguintes etapas:

a) calcule o percentual de absorção dos custos indiretos de fabricação, considerando como base para absorção o gasto total com mão de obra direta;
b) obtenha o custo horário dos setores diretos pelo conceito de absorção;
c) calcule o custo unitário dos produtos A e B;
d) apure o valor do estoque final de materiais diretos;
e) apure o valor do estoque final dos produtos em processo considerando os estágios de fabricação dos elementos de custo;
f) obtenha o valor do estoque final dos produtos acabados;
g) calcule o valor da produção acabada;
h) calcule o valor do custo dos produtos vendidos;
i) levante a demonstração de resultados do período;
j) levante o balanço patrimonial final.

PARTE II

Métodos e Formas de Custeio

Capítulo 8 – Métodos de Custeio: Apuração do Custo Unitário dos Produtos

Capítulo 9 – Custeio por Absorção

Capítulo 10 – Custeio ABC – Custeio Baseado em Atividades

Capítulo 11 – Formas de Custeio: Custo Padrão e Custo de Reposição

Métodos de Custeio: Apuração do Custo Unitário dos Produtos

Objetivos de aprendizagem

Este capítulo desenvolve:

- o objetivo, o desenvolvimento e a classificação dos diversos métodos de custeio;
- a integração dos métodos de custeio com a demonstração de resultados do período;
- o impacto da adoção de diferentes métodos de custeio na demonstração de resultados;
- a inter-relação dos métodos de custeio com a formação de preços de venda com base no custo.

Quando apresentamos o valor dos custos dos recursos ou insumos industriais nos capítulos anteriores, não nos preocupamos se esses custos devem ou não fazer parte dos produtos e serviços produzidos. Todo custo que não faz parte da apuração do custo unitário dos produtos e serviços deverá ser lançado diretamente na demonstração de resultados como despesa do período. Isto significa que há sempre e unicamente dois caminhos para os gastos: ou são atribuídos aos produtos, por meio da apuração do seu custo unitário, ou são contabilizados como despesas do período, sem nenhuma preocupação com a atribuição a determinado produto ou serviço.

A existência de mais de um método de custeio decorre das visões que as pessoas têm sobre o que é custo de produto. Alguns entendem que só devem ser atribuídos aos produtos custos perfeitamente identificáveis e mensuráveis unitariamente, não devendo existir rateios de custos gerais ou comuns; outros, que a distribuição de custos comuns é justificável e deve ser feita.

Conforme já vimos no Capítulo 3, a contabilidade oficial (brasileira e mundial) e os órgãos governamentais, que se utilizam da contabilidade para apuração tributária, determinam a utilização do método do *custeio industrial* (*absorção*). De acordo com este método, todos os gastos da área industrial devem fazer parte da apuração do custo unitário dos bens e serviços, sem se computar os gastos administrativos, comerciais e financeiros, que serão tratados como despesas periódicas. Este método é classicamente denominado *custeio por absorção*, porque toda indústria tem gastos diretos e indiretos. Como os gastos indiretos devem ser rateados e distribuídos aos produtos (absorvidos pelos produtos), o custo industrial termina por ser um custeamento por absorção.

Contudo, para fins gerenciais e para o processo de tomada de decisão, o método de absorção não se constitui o mais adequado em todas as situações; por vezes, para determinadas decisões, sua utilização (ou de qualquer outro que tenha o conceito de absorção) é totalmente contraindicada, porque fatalmente levará o gestor a decisões incorretas e prejudiciais à empresa.

8.1 Classificação dos conceitos e correntes de contabilidade de custos nos métodos de custeio

Os conceitos de gestão estratégica de custos têm como referencial básico o método de custeio ABC (*Activity Based Costing*, ou custeio baseado em atividades). Com este, a gestão estratégica de custos advoga a utilização do conceito de custo meta (*Target Costing*), um custo que deve ser alcançado.

A contabilidade de resultados, decorrente da adoção dos conceitos da teoria das restrições (*Theory Of Constraints* (TOC), constante do livro *A meta*, de Eliyahu Goldratt e Jeff Cox), é clara ao não adotar o custeio por absorção, acatando de forma irrestrita o método do custeio variável, considerando como tal apenas o custo dos materiais e serviços para os produtos. A teoria das restrições considera horizontes de tempo de curto prazo e assume que os demais custos operacionais correntes são custos fixos. De acordo com a TOC, o material direto é tratado como um custo variável, ao passo que a mão de obra direta e todos os outros custos são tratados como fixos. Dessa maneira, a TOC adota como método de custeamento uma visão extremada de custeio variável, considerando como tal apenas o custo de material direto dos produtos.

O Sistema de Informação de Gestão Econômica (Gecon), desenvolvido pela Fipecafi (Fundação Instituto de Pesquisas Contábeis, Atuariais e Financeiras) e pelo Departamento de Contabilidade da FEA/USP, incorpora apenas o método do custeio variável dentro do seu modelo de mensuração, conforme afirma Guerreiro:

> "Entre os diversos conceitos de mensuração que o sistema GECON utiliza, destacam-se: competência de períodos, reconhecimento de receitas das atividades pela produção dos bens e serviços, e não apenas no momento da venda, preços de transferências departamentais, custo de oportunidade dos recursos operacionais ativados, *método de custeio variável, margem de contribuição*... (grifo nosso)"[1].

---

[1] GUERREIRO, Reinaldo. *A meta da empresa*. São Paulo: Atlas, 1996, p. 106-107.

De acordo com as abordagens tradicionais de custeamento dos produtos, podemos ainda incorporar o método de custeio integral (*Full Costing*) e o RKW. Custeio integral é o método que apropria aos produtos, além dos custos de fabricação, o total das despesas administrativas e comerciais. Segundo Martins, "(...) RKW [abreviação de *Reichskuratorium für Wirtschaftlichtkeit*] consiste no rateio não só dos custos de produção, como também de todas as despesas da empresa, inclusive financeiras, a todos os produtos"[2].

Os métodos de custeio integral, RKW e custeio por atividades (custeio ABC), em nosso entendimento, enquadram-se na opção de custeio por absorção, tendo em vista que têm como base conceitual a alocação de todos os custos e despesas aos bens, produtos e serviços finais, mesmo que, no caso do custeio ABC, permitam antes o custeio unitário das atividades requeridas pelos bens, produtos e serviços finais.

Em resumo, podemos fazer a seguinte classificação das correntes e dos conceitos de custeamento dos produtos em relação aos métodos de custeio variável e absorção (Figura 8.1):

Custeio Variável/Direto	Custeio por Absorção
Teoria das restrições	Custeio ABC
GECON	Custo meta
	Custeio integral
	RKW

Figura 8.1 **Classificação dos conceitos e correntes de custos pelos métodos de custeio**

Características gerais dos métodos e pontos críticos

Os métodos de custeio por absorção têm como ponto crítico exatamente a distribuição dos custos indiretos aos produtos por meio dos critérios de rateio. Os pesquisadores contábeis contrários a este método entendem que qualquer critério de distribuição, mesmo aqueles que aparentemente têm alto grau de precisão, é *arbitrário*, portanto, induz a erros, invalidando o cálculo do custo unitário.

O ponto fraco do método por absorção é o ponto forte do método de custeamento variável/direto. Por não existir rateio dos custos comuns indiretos, os dados unitários são precisos e não dão margem a erro. Além disso, por observar a natureza do comportamento dos custos, é o único método que permite a utilização irrestrita no processo de tomada de decisão em condição de alteração de volume de produção ou venda, situação em que é cientificamente impossível o uso do método por absorção.

---

[2] MARTINS, Eliseu. *Contabilidade de custos*. 5. ed. São Paulo: Atlas, 1996, p. 236.

O custeamento variável/direto, por não incorporar os custos industriais indiretos, é considerado inadequado para fins legais e fiscais, e não pode ser utilizado para avaliação dos estoques industriais a custo. Esta característica inibe a sua utilização nas empresas porque, de certa forma, as obrigaria a ter dois sistemas de custeio, um baseado no método direto/variável, para fins gerenciais, e outro baseado no método por absorção, para utilização legal e fiscal. Adicione-se a isso a perspectiva de alguns autores que insistem que, pelo fato de os custos indiretos industriais serem necessários e inevitáveis, eles devem fazer parte do custo unitário dos produtos e serviços, sob pena de avaliação incorreta dos custos.

No apêndice ao final deste capítulo, apresentaremos uma visão mais aprofundada sobre esta questão.

8.2 Métodos de custeio

Como já vimos, método de custeio é o processo de identificar o custo unitário de um produto ou serviço ou de todos os produtos e serviços de uma empresa com base no total dos custos diretos e indiretos. As metodologias básicas são o custeio por absorção e o custeio direto/variável. Como também já vimos, existem metodologias mais antigas, como o RKW e o custeio integral, e outras mais modernas, como o custeio ABC e a teoria das restrições. Na Figura 8.2, fazemos uma apresentação esquemática dos tipos de gastos que são utilizados para os diversos métodos de custeio.

Nessa figura, verificamos que o método de custeio é um processo de distribuir os gastos totais, considerando seus principais tipos, aos diversos produtos ou serviços da empresa. Em outras palavras, em condições normais de operação, a obtenção do custo unitário dos produtos e serviços é um processo de alocação dos gastos totais, admitidos pelo método escolhido, aos diversos produtos ou serviços produzidos pela empresa.

Segundo o conceito da teoria das restrições, só devem ser atribuídos unitariamente aos produtos ou serviços os custos variáveis, que exemplificamos na figura com materiais diretos e despesas variáveis. No conceito do custeio direto/variável, além dos custos variáveis, incorpora-se também a mão de obra direta, uma vez que, apesar de esse tipo de gasto possuir uma característica de comportamento fixo num horizonte de curto prazo (um ano, por exemplo), ele, na realidade, tem as características de custo variável no longo prazo, já que nenhuma empresa retém por muito tempo mão de obra direta ociosa.

O custeio por absorção, que é o mais utilizado por ser o critério fiscal e legal em praticamente todo o mundo, incorpora os custos fixos e indiretos industriais (mão de obra direta, despesas gerais e depreciações) aos produtos, traduzindo esses gastos em custo unitário por meio de procedimentos de rateio das despesas e alocação aos diversos produtos e serviços.

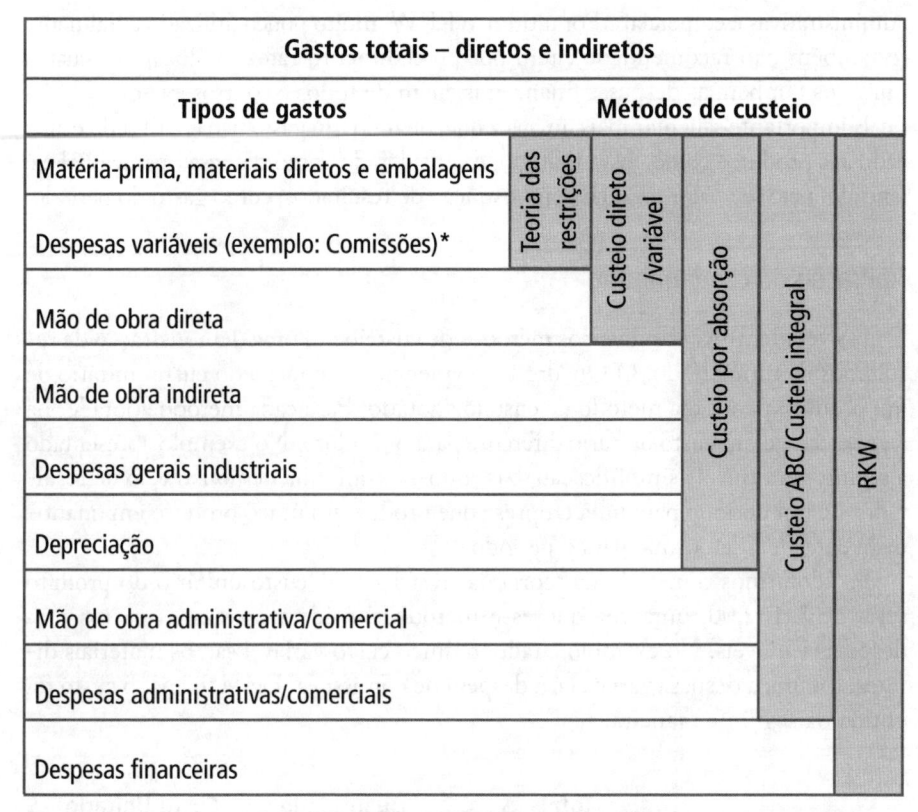

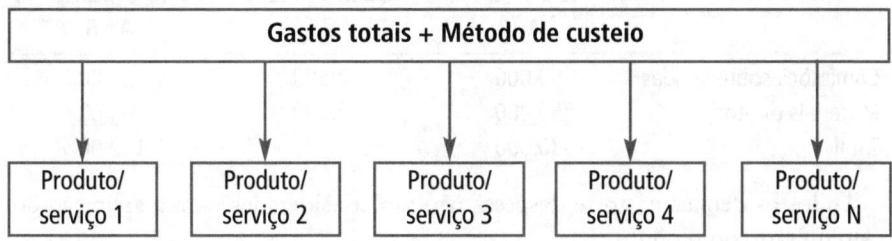

Gastos totais – diretos e indiretos		
Tipos de gastos	**Métodos de custeio**	
Matéria-prima, materiais diretos e embalagens	Teoria das restrições / Custeio direto /variável / Custeio por absorção / Custeio ABC/Custeio integral / RKW	
Despesas variáveis (exemplo: Comissões)*		
Mão de obra direta		
Mão de obra indireta		
Despesas gerais industriais		
Depreciação		
Mão de obra administrativa/comercial		
Despesas administrativas/comerciais		
Despesas financeiras		

Gastos totais + Método de custeio

→ Produto/serviço 1 | Produto/serviço 2 | Produto/serviço 3 | Produto/serviço 4 | Produto/serviço N

* Na legislação fiscal e societária, as despesas variáveis não fazem parte do custeio por absorção por serem consideradas despesas operacionais, sendo, portanto, consideradas gastos do período.

Figura 8.2 **Métodos de custeio**

O custeio ABC, apesar de ser sempre comparado com o por absorção (conceitualmente, é um conceito de absorção/alocação), em tese deveria incorporar também o custo das atividades administrativas e comerciais por meio dos direcionadores de custos dessas atividades. Dessa maneira, o ABC é um custeio por absorção integral. O custeio integral é a continuidade do por absorção, incluindo as despesas administrativas e comerciais. Por último, o RKW, muito pouco utilizado atualmente (e também não recomendado), tem por procedimento ratear e alocar aos custos unitários também as despesas financeiras, além de todos os outros gastos.

É importante salientar mais uma vez que, quando um gasto não é atribuído e alocado aos produtos como custo unitário, é considerado como despesa operacional e é lançado, pelo seu valor total na demonstração de resultados, como gasto do período.

Apuração do custo unitário

É possível identificar os diversos métodos de custeio em uma demonstração de resultados de um período. O Quadro 8.1 evidencia a apuração do custo unitário de um produto para cada método de custeio adotado. Para cada método adotado, há a apuração de um custo unitário diferente para o produto. No exemplo apresentado a seguir, para fins de simplificação, baseamo-nos em uma demonstração de resultados de um período para uma empresa que produz um único produto em quantidade considerada normal para o período.

Se adotarmos o método da teoria das restrições, o custo unitário do produto seria de $ 132,00, uma vez que esse método considera apenas os custos e as despesas variáveis. No exemplo citado, o único custo variável são os materiais diretos, e a única despesa variável é a despesa de comissões. Desta forma, o custo foi obtido da seguinte maneira:

	Total – $ A	Quantidade B	Custo Unitário – $ A : B
Comissões sobre vendas	80.000	2.500	32,00
Materiais diretos	250.000	2.500	100,00
Total	330.000		132,00

Todos os demais custos e despesas não são considerados para a apuração do custo unitário do produto.

Se adotarmos o método de custeio direto/variável, o custo unitário do produto seria de $ 168,00, uma vez que este método considera, além dos custos e despesas variáveis, também a mão de obra direta. Assim, o custo foi obtido da seguinte maneira:

	Total – $ A	Quantidade B	Custo Unitário – $ A : B
Comissões sobre vendas	80.000	2.500	32,00
Materiais diretos	250.000	2.500	100,00
Mão de obra direta	90.000	2.500	36,00
Total	420.000		168,00

Também neste método, todos os demais custos e despesas não são considerados para a apuração do custo unitário do produto.

> É importante ressaltar que o custo unitário dos produtos pelo método da teoria das restrições ou pelo custeio direto/variável não precisa ser obtido partindo-se do gasto total do período, como foi mostrado neste exemplo. O caminho natural é o inverso: os dados unitários do custo do produto são obtidos de forma unitária, e depois, após a multiplicação pela quantidade produzida ou vendida, são obtidos os gastos totais.

Adotando o método de custeamento por absorção, utilizaremos também, para a apuração do custo unitário do produto, os custos indiretos de fabricação. Dessa forma:

	Total – $ A	Quantidade B	Custo Unitário – $ A:B
Comissões sobre vendas	80.000	2.500	32,00[3]
Materiais diretos	250.000	2.500	100,00
Mão de obra direta	90.000	2.500	36,00
Mão de obra indireta	130.000	2.500	52,00
Despesas gerais industriais	90.000	2.500	36,00
Depreciações industriais	100.000	2.500	40,00
Total	740.000		296,00

Com os métodos de custo ABC e do custeio integral, teríamos:

	Total – $ A	Quantidade B	Custo Unitário – $ A : B
Comissões sobre vendas	80.000	2.500	32,00
Materiais diretos	250.000	2.500	100,00
Mão de obra direta	90.000	2.500	36,00
Mão de obra indireta	130.000	2.500	52,00
Despesas gerais industriais	90.000	2.500	36,00
Depreciações industriais	100.000	2.500	40,00
Despesas administrativas	85.000	2.500	34,00
Despesas comerciais	110.000	2.500	44,00
Total	935.000		374,00

---

[3] Os custos administrativos e comerciais, para fins de contabilidade societária, não são considerados no método por absorção.

Quadro 8.1 Métodos de custeio e demonstração de resultados do período

	Total – $	Quantidade (1)	Custo unitário dos produtos e serviços				
			Teoria das restrições	Custeio direto/ variável	Custeio por absorção	Custeio ABC e integral	RKW
Receita operacional bruta	1.250.000	2.500					
(–) Impostos sobre vendas (ICMS, PIS, COFINS, ISS)	250.000	2.500					
= Receita operacional líquida I	1.000.000	2.500					
(–) Comissões sobre vendas	80.000	2.500	32,00	32,00	32,00	32,00	32,00
= Receita operacional líquida II	920.000	2.500					
(–) **Custo dos produtos e serviços vendidos**	660.000	2.500					
Materiais diretos	250.000	2.500	100,00	100,00	100,00	100,00	100,00
Mão de obra direta	90.000	2.500		36,00	36,00	36,00	36,00
Mão de obra indireta	130.000	2.500			52,00	52,00	52,00
Despesas gerais	90.000	2.500			36,00	36,00	36,00
Depreciações	100.000	2.500			40,00	40,00	40,00
= Lucro bruto	260.000	2.500					
(–) **Despesas operacionais**	195.000	2.500					
Administrativas (2)	85.000	2.500				34,00	34,00
Comerciais (2)	110.000	2.500				44,00	44,00
= Lucro operacional	65.000	2.500					
(–) Despesas financeiras	25.000	2.500					10,00
= Lucro líquido antes dos impostos sobre o Lucro	40.000	2.500					
Custo unitário total do produto ou serviço			132,00	168,00	296,00	374,00	384,00

(1) Premissa: quantidade vendida igual à produzida
(2) Inclui mão de obra, despesas gerais e depreciações

Finalmente, com o método RKW, que apropria todos os custos e despesas de uma demonstração de resultados aos produtos, teríamos:

	Total – $ A	Quantidade B	Custo Unitário – $ A : B
Comissões sobre vendas	80.000	2.500	32,00
Materiais diretos	250.000	2.500	100,00
Mão de obra direta	90.000	2.500	36,00
Mão de obra indireta	130.000	2.500	52,00
Despesas gerais industriais	90.000	2.500	36,00
Depreciações industriais	100.000	2.500	40,00
Despesas administrativas	85.000	2.500	34,00
Despesas comerciais	110.000	2.500	44,00
Despesas financeiras	25.000	2.500	10,00
Total	960.000		384,00

8.3 Análise de rentabilidade – Uma introdução

Utilizando os mesmos dados do Quadro 8.1, podemos fazer uma primeira análise de rentabilidade, tendo em vista a diversidade de critérios. Esta primeira análise é feita tomando-se apenas os dados unitários de preço de venda e de custo.

Rentabilidade unitária

O Quadro 8.2 mostra como ficaria uma análise de rentabilidade desse único produto, segundo os possíveis métodos de custeamento.

Quadro 8.2 Análise de rentabilidade – Custo unitário

	Teoria das restrições	Custeio direto/ variável	Custeio por absorção	Custeio ABC e integral	RKW
Preço de venda (A)	400,00	400,00	400,00	400,00	400,00
Custo unitário (B)	132,00	168,00	296,00	374,00	384,00
Lucro unitário (C = A – B)	268,00	232,00	104,00	26,00	16,00
Margem de lucro (C : A)	67,0%	58,0%	26,0%	6,5%	4,0%

Pelo método da teoria das restrições, o produto tem um lucro de $ 268,00 por unidade, correspondendo a uma margem percentual de 67,0% sobre o preço de venda, ao passo que, pelo método RKW, o lucro seria de apenas $ 16,00 por unidade de produto e a margem sobre venda, de 4,0%.

> É importante ressaltar que esta análise só tem algum sentido se utilizarmos apenas um único método para produtos diferentes, não tendo absolutamente nenhum sentido para comparação com um único produto, como é o caso.

Assim, é necessário um modelo de análise de rentabilidade mais completo, que inclua todos os gastos que não foram considerados pelos critérios de custeamento apresentados.

Rentabilidade unitária e total considerando o volume

O mínimo que se espera de uma análise de rentabilidade é a conjugação dos dados unitários com o volume adotado e, necessariamente, considerando os gastos não atribuídos unitariamente aos produtos como despesas do período. Assim, o modelo básico de análise de rentabilidade de produtos deve incorporar:

a. os preços de venda unitários;
b. os custos unitários segundo o método adotado;
c. o volume considerado para o período de análise;
d. os gastos não incorporados no método, que serão considerados como despesas do período.

Vejamos agora como ficaria cada um dos métodos dentro de um modelo geral de análise de rentabilidade. O Quadro 8.3 mostra primeiro o modelo a ser adotado para o método da teoria das restrições.

O valor do preço de venda menos os custos variáveis é denominado, neste método, *contribuição da produção*. Temos aí a margem unitária de 67,0%. Todos os custos que não foram apropriados ao produto são considerados como despesas *apenas na coluna total*. Dessa maneira, o modelo evidencia a margem unitária do produto e, ao mesmo tempo, após a dedução de todas as despesas não consideradas no produto, o lucro líquido total que a empresa teria com esse volume produzido/vendido, que é de $ 40.000 no período. A margem líquida representa 4,0% do total das vendas.

Quadro 8.3 Análise de rentabilidade total (dados unitários + volume + despesas do período)

	Teoria das restrições		
	Dados unitários	Quantidade	Total
Vendas	400,00	2.500	1.000.000
Custo do produto	132,00	2.500	330.000
Contribuição da produção	268,00	2.500	670.000
Custos e despesas indiretas			630.000
Mão de obra direta			90.000
Mão de obra indireta			130.000
Despesas gerais			90.000
Depreciações			100.000
Administrativas			85.000
Comerciais			110.000
Financeiras			25.000
Lucro líquido			40.000
Margem (unitária/total)	67,0%		4,0%

Neste método, como já vimos na introdução deste capítulo, os gastos com mão de obra direta são considerados como custos fixos e não são atribuídos aos produtos de forma unitária. Esses gastos, como todos os demais indiretos, são considerados apenas como despesas do período.

A adoção de qualquer método não altera o lucro líquido total, mesmo que evidencie custo e lucro unitários diferentes. Vejamos, no Quadro 8.4, o mesmo modelo de análise de rentabilidade com o método direto/variável.

Este método, considerado o melhor cientificamente, trata a mão de obra direta como custo variável pelas suas próprias características de variabilidade no médio e no longo prazos. Ele traz um dos conceitos mais importantes na análise de custos: o de *margem de contribuição*, que é a diferença entre o preço de venda e os custos diretos/variáveis e indica com quanto cada unidade de produto contribui para absorver os custos e as despesas fixas.

Como no método anterior, todos os gastos que não foram atribuídos aos produtos são considerados como despesas do período e lançados contra os resultados totais, não tendo apuração unitária. O lucro líquido total da empresa continua o mesmo, ou seja, $ 40.000.

Quadro 8.4 Análise de rentabilidade total (dados unitários + volume + despesas do período)

	Custo direto/variável		
	Dados unitários	Quantidade	Total
Vendas	400,00	2.500	1.000.000
Custo do produto	168,00	2.500	420.000
Margem de contribuição	232,00	2.500	580.000
Custos e despesas indiretas			540.000
Mão de obra indireta			130.000
Despesas gerais			90.000
Depreciações			100.000
Administrativas			85.000
Comerciais			110.000
Financeiras			25.000
Lucro líquido			40.000
Margem (unitária/total)	58,0%		4,0%

O método do custeio por absorção é formalmente consistente com a demonstração de resultados tradicional. A diferença entre o preço de venda e o custo unitário do produto é denominada lucro bruto, tal como os demonstrativos publicados. Vejamos sua apresentação no modelo de análise de rentabilidade (Quadro 8.5).

Quadro 8.5 Análise de rentabilidade total (dados unitários + volume + despesas do período)

	Custeio por absorção		
	Dados unitários	Quantidade	Total
Vendas	400,00	2.500	1.000.000
Custo do produto	296,00	2.500	740.000
Lucro bruto	104,00	2.500	260.000
Custos e despesas indiretas			220.000
Administrativas			85.000
Comerciais			110.000
Financeiras			25.000
Lucro líquido			40.000
Margem (unitária/total)	26,0%		4,0%

O método de custeio ABC ou o de custeio integral (a diferença entre os dois está no processo de alocação dos custos indiretos) têm uma apresentação que evidencia como margem o lucro operacional, pois considera todos os custos e despesas operacionais para apropriação ao custo unitário dos produtos (Quadro 8.6).

Quadro 8.6 Análise de rentabilidade total (dados unitários + volume + despesas do período)

	Custeio ABC e integral		
	Dados unitários	Quantidade	Total
Vendas	400,00	2.500	1.000.000
Custo do produto	374,00	2.500	935.000
Lucro operacional	26,00	2.500	65.000
Custos e despesas indiretas			25.000
Financeiras			25.000
Lucro líquido			40.000
Margem (unitária/total)	6,5%		4,0%

Finalmente, o método RKW, que apropria todos os gastos aos produtos, sejam eles de qualquer natureza, é o único que no seu modelo de apresentação evidencia que a análise da margem unitária e da margem total é a mesma (Quadro 8.7).

Quadro 8.7 Análise de rentabilidade total (dados unitários + volume + despesas do período)

	Custeio RKW		
	Dados unitários	Quantidade	Total
Vendas	400,00	2.500	1.000.000
Vendas	400,00	2.500	1.000.000
Custo do produto	384,00	2.500	960.000
Lucro líquido	16,00	2.500	40.000
Margem (unitária/total)	4,0%		4,0%

A questão fundamental de todos os modelos: o lucro líquido total

O aspecto mais importante que fica evidenciado pelos modelos de demonstração de resultados é que, *independentemente do método de custeio utilizado, o lucro líquido total é o mesmo*. Dessa forma, para fins gerenciais, o que sempre deve importar, como aspecto conclusivo, é a lucratividade total. A utilização desses modelos no processo decisório de análise de lucratividade dos produtos terá eficácia desde que o fundamento do lucro líquido total jamais seja abandonado.

8.4 Método de custeio e formação de preço de venda

Uma das grandes dúvidas que emerge da discussão de métodos de custeio é como se procede para a formação de preço de venda dos produtos com base no custo. Por um lado, quanto mais procedimentos de absorção tiver um método, menor a margem de lucro que aparece na análise de rentabilidade unitária, como vimos no Quadro 8.2. Por outro lado, o inverso é claro: quanto menos custos são absorvidos, maior é a representatividade da margem de lucro sobre o preço de venda, obviamente em razão de o custo unitário atribuído ser menor.

Markup: multiplicador sobre o custo

A técnica mais utilizada para a formação de preço de venda com base no custo unitário é a adoção de um multiplicador sobre o custo, denominado *markup*. Calcula-se um *markup* tal que, aplicado sobre o custo unitário obtido por meio de um método, se obtenha o preço de venda desejado, que deverá cobrir todos os custos e despesas e oferecer uma margem desejada. Faremos apenas uma introdução sobre o assunto, já que a obtenção do *markup*, de forma mais completa, será abordada no Capítulo 13.

A solução para se obter preço de venda com métodos diferentes está na utilização de diferentes *markups*. O método de custeio que utiliza menos custos e despesas para a apuração do custo unitário exigirá um *markup* maior do que o método que utiliza todos os custos e despesas para se obter o custo unitário dos produtos.

O *markup* normalmente é construído com uma estrutura padrão de custos e despesas em relação a um volume de atividade de produção e vendas considerado normal. Imaginando que os dados do exemplo do Quadro 8.1 representem a atividade normal de uma empresa, a distância entre as vendas (ou os preços de venda) e os custos e despesas considerados nos métodos dá o multiplicador, que, a partir daí, poderá ser aplicado em qualquer custo de produto.

Quadro 8.8 Obtenção do *markup* para formação de preço de venda

	Teoria das restrições	Custeio direto/ variável	Custeio por absorção	Custeio ABC e integral	RKW
Preço de venda (A)	400,00	400,00	400,00	400,00	400,00
Custo unitário (B)	132,00	168,00	296,00	374,00	384,00
Markup (C = A : B)	3,030	2,381	1,351	1,070	1,042

No exemplo anterior, caso a empresa adote o método do custeio direto/variável e deseje utilizar um multiplicador para formar preço de venda com base no custo, deverá utilizar o índice 2,381. Por exemplo, se o custo de outro produto for $ 100,00, o preço de venda deverá ser $ 238,10 ($ 100,00 x 2,381).

Se a empresa utilizar o custeio ABC, o multiplicador deverá ser 1,07, ou seja, caso ela apure, pelo método ABC, que o custo de um produto seja $ 222,62 (o que deveria acontecer se utilizasse a metodologia adequada), o preço de venda deverá ser o mesmo, isto é, $ 238,20 ($ 222,62 x 1,07 – a diferença em relação $ 238,10 é arredondamento de casas decimais).

Assim, para cada método utilizado deverá haver a construção de um *markup* que a ele se adapte.

8.5 Diferença no lucro pela adoção de determinado método de custeio: Custo aplicado aos estoques para fins legais e fiscais

Alguns autores discutem a questão de que adotar determinado critério de custo afetará o resultado de forma diferente em comparação ao se adotar algum outro critério. Normalmente, essa questão tem sido conduzida com base na possibilidade do custeamento variável para os estoques, em vez do custeamento por absorção.

O custeamento dos estoques só ocorre para fins legais e fiscais e, obviamente, quando há estoques, ou seja, quando o volume de produção é maior que o das vendas em um primeiro momento e/ou na continuidade de variação entre o volume produzido e vendido.

Em linhas gerais, as empresas não querem ter estoque de produtos acabados, ou, quando os têm, os mantêm em um nível normal de atividades sem grandes oscilações. Além do mais, *todos os produtos são fabricados para ser vendidos, e não estocados*. Desse modo, *para fins gerenciais*, que é o escopo deste livro e a questão mais importante na gestão empresarial, para a apuração de custos e análise de rentabilidade de produtos, não há necessidade de construir modelos de decisão considerando a questão dos estoques.

Um segundo ponto, tão importante quanto o primeiro, é o conceito de gasto, que se sobrepõe aos conceitos de custos e despesas. Os fundamentos para a apuração do custo dos estoques partem do pressuposto de que só os gastos industriais devem fazer parte do produto que está sendo estocado, não se discutindo se as despesas devem ou não fazer parte do valor dos estoques. Neste particular, a questão fundamental é que *todo gasto <u>do ano</u> incorra <u>durante o ano</u>*, e seu efeito econômico não ultrapasse o exercício, mesmo havendo uma contabilização legal/fiscal do estoque segundo qualquer critério.

Um terceiro aspecto é que, conforme os princípios fundamentais de contabilidade, em nosso país e em quase todo o mundo, há a exigência de se fazer o custeio dos estoques pelo critério de absorção, não se permitindo a adoção de outro critério. Assim, a comparabilidade fica prejudicada pela impossibilidade de aplicação de critério alternativo.

Independentemente de todos esses aspectos, contabilmente, se adotarmos o custeamento por absorção para os estoques, o lucro de um ano realmente ficará diferente caso se adote outro critério. Contudo, considerando o somatório dos lucros de todos os anos de vida da empresa, o resultado é absolutamente igual, mesmo que se considerem métodos diferentes para a apuração dos estoques. Este ponto fundamental pode ser comparado no Quadro 8.9, apresentado a seguir.

Nesse exemplo, nota-se que o lucro do primeiro ano, no método por absorção, é maior do que no critério de custeamento variável, ocorrendo o inverso no segundo ano. Contudo, na soma dos dois anos, o lucro total é o mesmo ($ 76.000).

O único efeito real para as empresas, caso fosse possível adotar um critério diferente do custeio por absorção, seria o ganho de juros sobre a postergação do pagamento dos impostos sobre o lucro, já que o próprio imposto seria o mesmo no somatório dos anos.

Dessa forma, podemos afirmar mais uma vez que a adoção de qualquer método de custeio não altera o lucro total da empresa.

Quadro 8.9 **Valorização dos estoques e lucro contábil/fiscal**

Dados	Ano 1	Ano 2	Total
Quantidade produzida	5.000	5.400	10.400
Quantidade vendida	4.500	5.900	10.400
Quantidade estocada	500	0	0
Custos variáveis totais – $	50.000	54.000	104.000
Custos indiretos fixos totais – $	40.000	40.000	80.000
Total dos custos de produção – $	90.000	94.000	184.000
Valor das vendas – $	112.500	147.500	260.000
Demonstração de resultados – Custeio por absorção	**Ano 1**	**Ano 2**	**Total**
Vendas	112.500	147.500	260.000
Custo dos produtos vendidos	81.000	103.000	184.000
= Custos de produção	90.000	94.000	184.000
(–/+) Custo dos produtos estocados	(9.000)	9.000	0
Lucro bruto	31.500	44.500	76.000 ←
Margem percentual sobre vendas	28,0%	30,2%	29,2%
Demonstração de resultados – Custeio variável	**Ano 1**	**Ano 2**	**Total**
Vendas	112.500	147.500	260.000
Custo dos produtos vendidos	45.000	59.000	104.000
= Custos variáveis	50.000	54.000	104.000
(–/+) Custos variáveis dos produtos estocados	(5.000)	5.000	0
Margem de contribuição	67.500	88.500	156.000
Margem de contribuição percentual	60,0%	60,0%	60,0%
(–) Custos indiretos fixos	40.000	40.000	80.000
Lucro bruto	27.500	48.500	76.000 ←
Margem percentual sobre vendas	24,4%	32,9%	29,2%

Questões e exercícios

1. Discorra, com suas palavras, sobre qual é o ponto crítico do custeio por absorção e qual é o ponto forte do custeio direto/variável.

2. A seguir está relacionada uma série de gastos de uma indústria têxtil:
   a. Mão de obra do chefe da fábrica
   b. Aluguel do escritório
   c. Comissões sobre venda dos tecidos
   d. Consumo de fios
   e. Manutenção dos teares
   f. Juros bancários
   g. Mão de obra dos tecelões
   h. Estopa consumida na fábrica
   i. Gastos do escritório com fotocópias
   j. Depreciação dos teares
   k. Gastos com propaganda

   Tomando como referência os métodos de custeio apresentados, identifique que tipo de gasto deverá ser utilizado para cada método de custeio.

3. O custo unitário de um produto pelo método de custeio de absorção apresentou os seguintes dados:

	$
Custos variáveis/diretos	350,00
Custos indiretos absorvidos	280,00
Custo unitário total	630,00

   Sabendo que o volume considerado foi de 1.000 unidades e que o preço de venda foi de $ 800,00, faça a demonstração de resultados para esse total vendido pelos métodos de absorção e do custeio variável/direto.

4. Tomando como referência os dados do exercício anterior e com base no pressuposto de que o preço de venda da empresa pode ser formado pelo custo, apure qual seria o *markup* a ser utilizado para cada método de custeio.

5. Considere os seguintes dados:

	Ano 1	Ano 2
Volume de vendas	50.000 unidades	150.000 unidades
Volume de produção	100.000 unidades	100.000 unidades
Preço de venda	$ 12,00/unidade	$ 12,00/unidade
Custos variáveis	$ 9,00/unidade	$ 9,00/unidade
Custos fixos	$ 100.000	$ 100.000
Despesas fixas	$ 50.000	$ 50.000

   a. Elabore a demonstração de resultados utilizando o conceito de custeio variável e de margem de contribuição.
   b. Elabore a demonstração de resultados utilizando o conceito de custeio por absorção industrial.
   c. Compare o resultado dos dois critérios por meio do somatório dos valores dos dois exercícios.
   d. Justifique as diferenças apresentadas em cada ano e no ano seguinte.

Apêndice 1 – A polêmica: custeio direto (variável) ou absorção?

Por dezenas de anos, os teóricos contábeis têm se debruçado sobre essa dúvida crucial. Qual é o melhor método de custeio? A polêmica centra-se claramente na questão da absorção dos custos indiretos aos produtos e serviços, procedimento comumente chamado de rateio, distribuição, apropriação ou alocação. Há um método superior ao outro? A controvérsia central é sobre a justificativa teórica para excluir os custos fixos indiretos do custo das unidades produzidas e, portanto, do inventário.

Os advogados do custeamento direto argumentam que os custos fixos indiretos são relacionados com a capacidade de produção e não com a produção real das unidades de produto. Os custos indiretos são necessários para permitir a capacidade de produzir e são incorridos independentemente de haver produção física ou não. Assim, esses custos têm características de despesas do período e não devem ser apropriados aos produtos de forma unitária.

Os defensores do custeamento por absorção argumentam que os custos fixos indiretos são igualmente necessários e essenciais para o processo de produção com os diretos e variáveis, e assim não devem ser ignorados no custeamento das unidades do produto.

Esta polêmica estende-se também ao método de Custeamento ABC – Activity Based Costing, assim como ao conceito de custo meta ou custo-alvo (*target cost*). O método ABC tem a finalidade de melhorar o processo de alocação dos custos indiretos aos produtos e serviços, e, portanto, pode-se caracterizar como uma variação do custeamento por absorção; assim, na opinião dos defensores do custeamento direto/variável, o método ABC não é eficaz gerencialmente. O custo meta parte da premissa que o preço de venda é dado pelo mercado e, deduzindo-se do preço do mercado a margem desejada, obtém-se um custo-alvo, o custo máximo admissível. Este conceito, em princípio, parte da premissa que pode existir um custo unitário total de produto, que absorve tanto os custos indiretos como as despesas operacionais. Dentro dessa formatação, fica claro que o custo-meta é um conceito de custeamento por absorção, indo além da absorção dos custos indiretos fabris e absorvendo também as despesas operacionais.

A apresentação que efetuamos mostra que, em resumo, a polêmica, mesmo que bem antiga, continua, aparentemente, sem síntese.

Vantagens e desvantagens dos métodos de custeio

De modo geral, as vantagens teóricas do custeio variável/direto parecem mais claras e evidentes, pois tendem a não enviesar a apropriação dos custos dos produtos com rateios dos custos indiretos sem bases científicas.

Para iniciar nosso posicionamento crítico, extraímos um painel das vantagens e desvantagens sobre os dois métodos de custeio, ambos tendo como base a sumarização feita pela *National Association of Accountants* (Associação Nacional de Contadores – USA) no *relatório Research Series N° 23, "Direct Costing", New York, 1953*.

Vantagens do custeamento direto

a. o custo dos produtos é mensurável objetivamente, pois não sofrerão processos arbitrários ou subjetivos de distribuição dos custos comuns;

b. o lucro líquido não é afetado por mudanças de aumento ou diminuição de inventários;

c. os dados necessários para a análise das relações custo-volume-lucro são rapidamente obtidos do sistema de informação contábil;

d. é mais fácil para os gerentes industriais entenderem o custeamento dos produtos sob o custeio direto, pois os dados são próximos da fábrica e de sua responsabilidade, possibilitando a correta avaliação de desempenho setorial;

e. o custeamento direto é totalmente integrado com o custo padrão e o orçamento flexível, possibilitando o correto controle de custos;

f. o custeamento direto constitui um conceito de custeamento de inventário que corresponde diretamente aos dispêndios necessários para manufaturar os produtos;

g. o custeamento direto possibilita mais clareza no planejamento do lucro e na tomada de decisões.

Desvantagens do custeamento direto

a. a exclusão dos custos fixos indiretos para valoração dos estoques causa a sua subavaliação, fere os princípios contábeis e altera o resultado do período;

b. na prática, a separação de custos fixos e variáveis não é tão clara como parece, pois existem custos semivariáveis e semifixos, podendo o custeamento direto incorrer em problemas semelhantes de identificação dos elementos de custeio;

c. o custeamento direto é um conceito de custeamento e análise de custos para decisões de curto prazo, mas subestima os custos fixos, que são ligados à capacidade de produção e de planejamento de longo prazo, podendo trazer problemas de continuidade para a empresa.

Benedicto, após citar vários autores e analisar as vantagens do custeamento variável ou direto, por eles apresentadas, assim se expressa: "Em linhas gerais, pode-se inferir que o custeio direto/variável oferece mais informações úteis e relevantes para a tomada de decisão do que as demais abordagens do método de custeio, principalmente por evidenciar, de forma clara e objetiva, a margem de contribuição que a instituição precisa ter para suportar determinado volume de atividade, de modo que absorva os seus custos fixos e gere resultados favoráveis. Em síntese, o método do custeio variável oferece condições para os gestores:

- avaliarem os impactos de redução ou aumento de custos nos resultados da entidade, tornando-se um instrumento relevante ao planejamento e controle das atividades;
- avaliarem o desempenho de forma mais significativa dos centros de resultados do que aquela proporcionada pelo custeio por absorção, uma vez que os centros de resultados absorvem custos fixos e sua rentabilidade fica prejudicada com os rateios efetuados, tornando às vezes um centro de resultado produtivo em não produtivo ou vice-versa".[4]

Reforçamos os seguintes pontos, considerados vantagens:

a. custos unitários de produtos mensuráveis objetivamente;

b. permite a análise custo-volume-lucro;

c. é o único que identifica a margem de contribuição unitária e global;

d. permite a possibilidade da obtenção do ponto de equilíbrio;

e. totalmente integrado com custo padrão e orçamento flexível;

f. permite clareza no planejamento e na tomada de decisão.

Exceto se levarmos em conta a questão dos estoques industriais e o conceito de valor dos ativos para fins regulatórios (práticas contábeis internacionais, legislação tributária), fica claro que o método do Custeio Variável ou Direto é o indicado para ser adotado para fins gerenciais.

Custeio variável/direto: o recomendado

O objetivo de qualquer informação contábil é sua utilização gerencial e o processo de tomada de decisão. Os aspectos regulatórios são importantes e devem ser

---

[4] BENEDICTO, Gideon Carvalho de. *Contribuição ao estudo de um sistema de contabilidade gerencial para uma gestão eficaz das instituições de ensino*. Tese de Doutoramento. São Paulo: FEA/USP, 1997, p. 142.

atendidos, mas o principal é a utilização do arcabouço de contabilidade de custos para o processo decisório. Um sistema de custo não é um fim em si mesmo. Em outras palavras, ele é uma ferramenta gerencial, que existe para fornecer aos administradores dados de custos necessários para poder tomar as decisões relativas aos produtos e serviços. Se os métodos que contêm os conceitos de absorção enviesam os dados para o processo decisório, eles não devem ser utilizados para esses fins.

Desta maneira, impõe-se necessariamente um sistema de informação de contabilidade de custos que atenda os dois lados da questão: a) um sistema de informação de custos para fins contábeis e tributários, que deverá adotar o método de custeamento por absorção, mas que não deve ser utilizado para fins gerenciais; b) um sistema de informação de custos para fins gerenciais, este sim, que deve ser utilizado para o processo de tomada de decisão que envolva custo e rentabilidade de produtos e serviços.

Assim, diante do exposto até o momento, concluímos que o *método de custeio variável/direto é o método conceitualmente adequado para a gestão econômica do sistema empresa*, no âmbito da contabilidade de custos, enquanto que o método de custeio por absorção não é adequado para tomada de decisão, pois em muitas situações o seu modelo decisório é inaplicável.

Podemos finalizar este tópico com Martins (1996, p. 214-5), que também reafirma esta questão quando diz: "Como vimos, **não há** [grifo nosso], normalmente, grande utilidade para fins gerenciais no uso de um valor em que existam custos fixos apropriados". Este autor apresenta os três grandes problemas, para ele, que concorrem para a pouca utilidade do custeio por absorção para fins gerenciais, que resumimos a seguir:

Primeiro: os custos fixos existem independentemente da fabricação ou não desta ou daquela unidade, e acabam presentes no mesmo montante, mesmo que oscilações (dentro de certos limites) ocorram no volume de produção; s*egundo*: por não se relacionarem com este ou aquele produto ou a esta ou aquela unidade, são quase sempre distribuídos à base de critérios de rateio, quase sempre com grandes graus de arbitrariedade; *terceiro*: o custo fixo por unidade depende ainda do volume de produção; pior do que tudo isso, o custo de um produto pode variar em função da alteração de volume de outro produto, o que traduz-se num modelo totalmente inadequado para fins de tomada de decisão.

Métodos de custeio e planejamento de longo prazo

Uma colocação de vários acadêmicos e profissionais ligados à gestão de custos é qualificar os métodos de custeamento variável/direto e da teoria das restrições como importantes para gestão de curto prazo, mas, por não incorporarem os custos indiretos/fixos no custeamento dos produtos e serviços, não são adequados para gestão do planejamento de longo prazo, já que os custos indiretos fixos estão ligados à capacidade de produção.

Entendemos que essa posição carece de profundidade científica e premissas adequadas. Já verificamos que *os custos indiretos fixos têm um comportamento fixo apenas em relação a determinada quantidade de volume de produção ou capacidade operacional* (que denominamos intervalo relevante de produção) e tendem a crescer em degraus, à medida que a capacidade produtiva deve ser aumentada para abrigar um novo salto de volume ou quantidade.

Além disso, o modelo da margem de contribuição, ao separar os custos fixos dos variáveis, mantendo os primeiros e reduzindo o valor da margem de contribuição total, deixa evidente a participação desses gastos no total do resultado da empresa. Em nenhum momento o modelo decisório a margem de contribuição despreza os custos fixos, apenas os aloca no total.

Provavelmente, os métodos de custeamento com absorção dos custos indiretos é que podem provocar viés na análise de planejamento de longo prazo, uma vez que, ao se fazer absorção de custos indiretos, é impossível replicar os dados dos custos unitários calculados para um período, para os períodos seguintes, em havendo mudança do nível de atividade.

Apêndice 2 – Exemplo de aplicação de custeamento direto: empresas de serviços

O custeamento variável/direto é o recomendado para o processo de tomada de decisão para qualquer tipo de produto ou empreendimento. É clara a sua aplicação para empresas comerciais (o custo das mercadorias vendidas é totalmente variável), bem como para empresas industriais, nas quais a relevância do custo dos materiais diretos e da mão de obra direta é significativa.

Outrossim, muitas empresas de serviços desenvolvem atividades com pouquíssima utilização de gastos variáveis e, às vezes, nenhum gasto variável compõe o conjunto de gastos dessas empresas.

Exemplos deste tipo de empresa de serviços são aquelas que têm seus gastos baseados em mão de obra fixa e não utilizam praticamente nenhum material direto na execução de seus serviços. São exemplos clássicos os seguintes:

a. empresas de auditoria, contabilidade, consultoria, projetos de engenharia;
b. empresas de profissionais liberais, de representação;
c. instituições de ensino;
d. empresas de atividades financeiras;
e. empresas integradas de produção de animais (por exemplo, granjas).

A maior parte dos gastos dessas empresas são fixos e estão ligados à decisão de capacidade. Quando da decisão do investimento, decide-se por determinada capacidade a ser mantida, na expectativa de que ela seja preenchida em um período. Enquanto essa capacidade não for preenchida, os gastos são fixos para aquele nível de capacidade.

Quando há um aumento da capacidade, naturalmente surge a necessidade de aumentar os gastos fixos para atender à expectativa de preenchimento da nova capacidade. Por exemplo, uma empresa integrada de granja cuja estrutura de produção é de 10.000 aves, tem os custos fixados enquanto mantiver essa capacidade. Quando decidir por adição de nova capacidade de produção, haverá necessidade de estruturação adicional e novos custos fixos acontecerão. Outro exemplo: quando uma instituição de ensino decide pela oferta de um conjunto de cursos, ela admite os custos fixos para essa capacidade. Ao decidir aumentar a oferta de cursos, haverá novo acréscimo de custos fixos para essa nova capacidade. Mas, essencialmente, são custos fixos.

A característica desse tipo de empresa é que os custos são fixos, mas a maior parte deles tem um comportamento *direto* em relação a determinados serviços. Em outras palavras, os gastos são fixos, mas são diretos. Assim, o método recomendado para esse tipo de empresa é o de custeamento direto, em que os custos fixos diretos são alocados aos diversos serviços oferecidos. Não se recomenda para esse tipo de empresa o rateio dos custos indiretos que não podem ser alocados objetivamente aos diversos serviços oferecidos.

O Quadro 8.10 mostra uma aplicação teórica do método de custeamento direto em uma instituição de ensino superior.

Uma instituição de ensino tem pouquíssimos custos variáveis[5]. É uma entidade de prestação de serviços em que a maior parte dos gastos é de natureza fixa, porém, são diretos às diversas atividades desenvolvidas.

No exemplo do Quadro 8.10, verificamos que os gastos para cada curso podem e devem ser alocados de forma direta, mesmo sendo de natureza fixa, pois, havendo 20 ou 80 alunos, a maioria dos gastos é do mesmo montante.

Em seguida, identificam-se gastos fixos diretos à diretoria de cada faculdade. Os espaços hachurados indicam que *não se devem ratear os custos fixos da diretoria de cada faculdade para os cursos*, mantendo, assim, o modelo de decisão do custeamento direto/variável e a identificação das margens de contribuição (que no caso de existirem apenas custos fixos diretos, poderia ser denominada margem direta de contribuição).

---

[5] Para um estudo mais detalhado sobre custos e preços em instituição de ensino superior ver LAZIER, Lucas Cerqueira. *Métodos de custeio e formação de preços*: Um estudo de caso em uma instituição de ensino superior privada no Estado de São Paulo. Dissertação, Mestrado Profissional em Administração da Universidade Metodista de Piracicaba, UNIMEP, São Paulo, 2011.

Da mesma forma, os gastos diretos da diretoria de cada *campus* não devem ser rateados entre as suas faculdades, e os gastos corporativos e centrais, da reitoria etc. também não devem ser rateados aos *campi*.

Esse modelo impede a distorção da avaliação da rentabilidade de cada curso, faculdade, *campus* etc., pois não aloca de forma arbitrária os custos fixos indiretos às atividades desenvolvidas.

Provavelmente o questionamento mais importante seria se, com este modelo, não se estaria apurando o resultado (lucro ou prejuízo) de cada curso. Conforme já vimos, não existe *lucro unitário por produto, bem como lucro unitário por serviço ou curso*, existe tão somente os preços de venda unitários, o custo direto/variável unitário e a margem de contribuição direta.

Em continuidade ao questionamento, pode-se argumentar que com isso não se consegue atribuir responsabilidades pela lucratividade de cada curso. Novamente, entra o conceito de margem direta ou de contribuição. Os cursos devem ser avaliados pela margem direta esperada, e não pelo lucro que poderia ser obtido com rateios. Desta maneira, deve-se estabelecer as metas e as responsabilidades dos gestores de cada curso apenas sobre a margem de contribuição direta esperada.

As demais responsabilidades (custos diretos das diretorias das faculdades, dos *campi* etc.) devem ser atribuídas aos gestores dessas atividades, e não aos cursos ou às atividades específicas. Portanto, este é o modelo de apuração de custos e lucros adequado para quaisquer entidades de serviços similares a essa.

Quadro 8.10 Custeio direto: aplicação em uma instituição de ensino

	Campus 1								Campus 2					Resultados financeiros - Outros - Geral	Total geral
	Faculdade 1			Faculdade 2			Total Campus 1	Faculdade N						
	Curso A - Graduação	Curso B Pós	Total	Curso C	Curso D	Total		Curso Y	Curso Z	Total				
Receitas - $														
Mensalidades	1000	1000	2000	1000	1000	2000	4000	1000	1000	2000				6000
Taxas	5	5	10	5	5	10	20	5	5	10				30
Total de receitas	1005	1005	2010	1005	1005	2010	4020	1005	1005	2010				6030
CUSTOS DIRETOS - CURSOS/ENSINO														
Salários e encargos														
Professores Mestres I	20	20	40	20	20	40	80	20	20	40				120
Professores Mestres II	2	2	4	2	2	4	8	2	2	4				12
Coordenador	20	20	40	20	20	40	80	20	20	40				120
Administração	2	2	4	2	2	4	8	2	2	4				12
Materiais, Despesas, Depreciações	24	24	56	24	24	56	128	24	24	56				184
Resultado I - R$	937	937	1866	937	937	1866	3716	937	937	1866				5582
Percentual (%)	93,2	93,2	92,8	93,2	93,2	92,8	92,4	93,2	93,2	92,8				92,6

Quadro 8.10 Custeio direto: aplicação em uma instituição de ensino (continuação)

	Campus 1							Campus 2				Resultados financeiros - Outros - Geral	Total geral
	Faculdade 1			Faculdade 2			Total Campus 1	Faculdade N					
	Curso A - Graduação	Curso B Pós	Total	Curso C	Curso D	Total		Curso Y	Curso Z	Total			
CUSTOS DIRETOS – EXTENSÃO													
Salários e encargos													
Professores Mestres I	20	20	40	20	20	40	80	20	20	40			120
Professores Mestres II	2	2	4	2	2	4	8	2	2	4			12
CUSTOS DIRETOS – PESQUISAS													
Salários e encargos													
Professores Mestres I	20	20	40	20	20	40	80	20	20	40			120
Professores Mestres II	2	2	4	2	2	4	8	2	2	4			12
Resultado II - R$	915	915	1822	915	915	1822	3628	915	915	1822			5450
Percentual (%)	91	91	90,6	91	91	90,6	90,2	91	91	90,6			90,4
CUSTOS DIRETOS – FACULDADE													
Salários e encargos			20			20	40			20			60
Diretoria			2			2	4			2			6
Administração			20			20	40			20			60

Quadro 8.10 Custeio direto: aplicação em uma instituição de ensino (continuação)

| | Campus 1 ||||||| Campus 2 |||| Resultados financeiros - Outros - Geral | Total geral |
| | Faculdade 1 ||| Faculdade 2 ||| Total Campus 1 | Faculdade N ||| | |
	Curso A - Graduação	Curso B Pós	Total	Curso C	Curso D	Total		Curso Y	Curso Z	Total		
Materiais, Despesas, Depreciações			24			24	48			24		72
Resultado III – R$			1756			1756	3496			1756		5252
Percentual (%)			87,4			87,4	87			87,4		87,1
CUSTOS DIRETOS – CAMPUS												
Salários e encargos							20			20		40
Diretoria							2			2		4
Administração							20			20		40
Manutenção							2			2		4
Serviços de apoio							20			20		40
Materiais, Despesas, Depreciações							6			6		20
Resultado IV - R$							3426			1686		5104
Percentual (%)							85,2			83,9		84,6

Quadro 8.10 Custeio direto: aplicação em uma instituição de ensino (continuação)

	Campus 1							Campus 2				Resultados financeiros - Outros - Geral	Total geral
	Faculdade 1			Faculdade 2			Total Campus 1	Faculdade N					
	Curso A - Gradução	Curso B Pós	Total	Curso C	Curso D	Total		Curso Y	Curso Z	Total			
CUSTOS GERAIS													
Salários e encargos												20	20
Reitoria												2	2
Administração												20	20
Marketing												2	2
Biblioteca												20	20
Serviços de apoio etc												2	2
Materiais, Despesas, Depreciações												4	4
OUTROS RESULTADOS													
Receitas financeiras												2	2
Despesas financeiras												-45	-45
Doações												2	2
Alienação de imobilizados												-15	-15
TOTAL DE DESPESAS	112	112	298	112	112	298	682	112	112	368		14	1072
RESULTADO LÍQUIDO DO PERÍODO	893	893	1712	893	893	1712	3338	893	893	1642		-14	4958

Custeio por Absorção

Objetivos de aprendizagem

Este capítulo desenvolve:

- a definição dos tipos de gastos que devem fazer parte desse método na apuração do custo unitário dos produtos;
- a elaboração de um exemplo com um único produto;
- a elaboração de um exemplo com dois produtos e um único critério (estágio) de absorção de custos indiretos;
- a elaboração de um exemplo com dois produtos e três critérios de absorção de custos indiretos;
- a verificação do impacto na demonstração de resultados de um período.

9.1 Introdução

Custeamento por absorção é o método legal e fiscal que utiliza, para formar o custo unitário dos produtos e serviços, apenas os gastos da área industrial, e é consistente com o modelo oficial de apuração dos resultados das empresas. Este método caracteriza-se por:

a. utilizar os custos diretos industriais;
b. utilizar os custos indiretos industriais por meio de critérios de apropriação ou rateio;
c. *não* utilizar os gastos administrativos;
d. *não* utilizar os gastos comerciais, sejam diretos ou indiretos;
e. o somatório do custo dos produtos e serviços vendidos no período dá origem à rubrica custo dos produtos e serviços na demonstração de resultados do período;
f. o somatório do custo dos produtos e serviços ainda *não* vendidos dá origem ao valor dos estoques industriais no balanço patrimonial do fim do período (estoques em processo e estoque de produtos acabados).

Apresentamos, a seguir, no Quadro 9.1, dados de gastos de uma empresa industrial e a informação de quais devem ser utilizados para a apuração do custo unitário dos produtos e serviços sob o custeio por absorção.

Quadro 9.1 Gastos de um período e utilização no custeio por absorção

Gastos	$	Utilização
Gastos diretos		
Materiais diretos	460.000	No custeio por absorção
Materiais auxiliares	36.000	No custeio por absorção
Mão de obra direta	200.000	No custeio por absorção
Comissões sobre vendas	204.000	Não utiliza
Soma	900.000	
Gastos indiretos		
Salários dos departamentos de apoio à produção	200.000	No custeio por absorção
Despesas dos departamentos de apoio à produção	90.000	No custeio por absorção
Depreciações industriais	150.000	No custeio por absorção
Salários e despesas administrativas	70.000	Não utiliza
Salários e despesas comerciais	50.000	Não utiliza
Soma	560.000	
Total	1.460.000	

Ressaltamos que os gastos diretos, apresentados pelo total no Quadro 9.1, devem ser obtidos de forma unitária, já que são passíveis de clara identificação aos produtos.

Tendo como referência os dados anteriores, podemos elaborar alguns exemplos de custeamento de produtos pelo método de custeio por absorção, que apresentamos a seguir.

9.2 Exemplo – Produto único

Para fazer e vender o Produto A, a empresa tem de incorrer nos seguintes gastos operacionais:

Matéria-prima necessária para uma unidade do Produto A
- 200 unidades a $ 2,30 cada

Materiais auxiliares consumidos para cada unidade do Produto A
- 0,1 unidade a $ 360,00 cada

Tempo necessário para produzir uma unidade do Produto A
- 4 horas a $ 50,00 por hora

Gastos do período

. Salários dos departamentos de apoio à produção	$ 200.000
. Despesas dos departamentos de apoio à produção	$ 90.000
. Depreciações	$ 150.000
. Salários e despesas administrativas	$ 70.000
. Salários e despesas comerciais	$ 50.000

Outros dados

Comissões
- 10,834% sobre o preço de venda

Preço de venda
- $ 1.883,00 por unidade do Produto A

Quantidade produzida (e igualmente vendida)
- 1.000 unidades

Apuração dos custos diretos ao produto

A primeira etapa do custeamento é apurar os custos diretos de cada produto, neste caso, produto único. É importante ressaltar que *esta etapa é a mesma para todos os métodos de custeio*, ou seja, a parcela dos custos diretos alocáveis ao produto ou serviços ou aos produtos e serviços deve ser feita em primeiro lugar, e é necessária para qualquer método de custeio[1].

	$
Matéria-prima	
• 200 unidades x $ 2,30	460,00
Materiais auxiliares	
• 0,10 unidade a $ 360,00	36,00
Mão de obra direta	
• 4 horas a $ 50,00 (*)	200,00
Soma – custos diretos	696,00

---

[1] A única exceção seria o custo de mão de obra direta no método da teoria das restrições, pois, neste, esses custos são considerados fixos e tratados como despesas do período.

(*) O custo horário da mão de obra direta foi obtido da seguinte maneira:	
Total dos gastos com mão de obra direta	$ 200.000 (A)
Tempo necessário para 1 unidade de produto	4 horas
Quantidade de produto produzida/vendida	1.000 unidades
Total de horas de mão de obra direta para 1.000 unidades	4.000 horas (B)
Custo de 1 hora de mão de obra direta (A : B)	$ 50,00 ($ 200.000 : 4.000 horas)

Absorção dos custos indiretos ao produto

O fato de estarmos considerando apenas um único produto simplifica sobremaneira o processo de absorção. Basta a divisão de todos os custos indiretos industriais pela quantidade de produção/vendas. Vejamos:

Custos indiretos	
. Salários dos departamentos de apoio à produção	$ 200.000
. Despesas dos departamentos de apoio à produção	$ 90.000
. Depreciações	$ 150.000
Soma	$ 440.000 (A)
Quantidade de produção/vendas	1.000 unidades do Produto A (B)
Custos indiretos por unidade de Produto A (A:B)	$ 440,00 ($ 440.000 : 1.000 unidades)

Total do custo unitário do produto

Somam-se os custos diretos mais os indiretos absorvidos de forma unitária.

	Unitário do Produto A $
Custos diretos	696,00
Custos indiretos absorvidos	440,00
Custo unitário total	1.136,00

Demonstração de resultados

O Quadro 9.2 conclui o processo de custeamento, evidenciando, no modelo da demonstração de resultados, qual seria o lucro da empresa com um volume de 1.000 unidades de produção e vendas do Produto A.

Quadro 9.2 Demonstração de resultados – Produto A

	Preços unitários	Quantidade	Total
Vendas	1.883,00	1.000	1.883.000
Custo por absorção	1.136,00	1.000	1.136.000
Lucro (margem) bruto	747,00	1.000	747.000
Despesas operacionais			
Salários e despesas administrativas			70.000
Salários e despesas comerciais			50.000
Comissões sobre vendas			204.000
Soma			324.000
Lucro operacional			423.000

9.3 Exemplo – Dois produtos – Absorção em um estágio

Utilizando a maior parte dos dados do exemplo anterior de um único produto, vamos considerar que a empresa em questão decida fabricar e vender outro, da mesma linha do Produto A, que denominaremos Produto B, que tem estrutura de produto e processo de fabricação similares aos do A, mas em quantidades diferentes. Para fazer o Produto B, a empresa vai deixar de fabricar parte da quantidade do Produto A. As quantidades a serem produzidas e vendidas são:

	Quantidade de produto final a ser produzida/vendida
Produto A	625 unidades
Produto B	250 unidades

Os dados do Produto A são mantidos, excetuando comissões, que passam a ser 10,2% sobre o preço de venda. Os dados específicos do Produto B são os seguintes:

Matéria-prima necessária para uma unidade
- 380 unidades a $ 3,00 cada

Materiais auxiliares consumidos para cada unidade
- 0,2 unidades a $ 360,00 cada

Tempo necessário para produzir uma unidade
- 6 horas a $ 50,00 por hora

Comissões
- 10,2% sobre o preço de venda

Preço de venda
- $ 3.292,50 por unidade do Produto B

Apuração dos custos diretos ao produto

Vamos fazer primeiro o custeio direto/variável do Produto B. O custo direto/variável do Produto A não se altera, mesmo que a quantidade a ser produzida e vendida seja diferente.

	$
Matéria-prima	
• 380 unidades a $ 3,00	1.140,00
Materiais auxiliares	
• 0,2 unidade a $ 360,00	72,00
Mão de obra direta	
• 6 horas a $ 50,00	300,00
Soma – custos diretos	1.512,00

Absorção dos custos indiretos aos produtos

Um dos critérios de absorção mais utilizados é a adoção de um critério único para todos os custos indiretos, aplicável a todos os produtos, com base no total de custos de mão de obra direta da empresa. A premissa subjacente é a de que o que causa primariamente a necessidade de custos indiretos é o esforço da mão de obra direta aplicada aos diversos produtos, e, assim, o critério de absorção mais indicado seria utilizar como base de rateio o valor total da mão de obra direta.

No nosso exemplo, o total de mão de obra direta da empresa foi de $ 200.000. O total dos custos indiretos soma $ 440.000. Assim, o índice de absorção obtido é de 2,20, resultado da divisão de $ 440.000 por $ 200.000, como será demonstrado a seguir.

Custos indiretos		
• Salários dos departamentos de apoio à produção	$ 200.000	
• Despesas dos departamentos de apoio à produção	$ 90.000	
• Depreciações	$ 150.000	
Soma	$ 440.000	(A)
Valor total da mão de obra direta	$ 200.000	(B)
Índice para absorção dos custos indiretos (A:B)	2,20	
(Comumente denominado taxa de rateio)		

Aplicando o índice de 2,20 para o custo unitário de mão de obra direta de cada produto teremos a parcela dos custos indiretos de fabricação, atribuída unitariamente ao custo unitário de cada produto.

	Produto A	Produto B
Custo unitário de mão de obra direta	$ 200,00	$ 300,00
Índice de absorção de custos indiretos	2,20	2,20
Custo indireto unitário por produto	$ 440,00	$ 660,00

Com isso podemos finalizar o custo unitário por absorção de cada produto:

	Produto A	Produto B
	$	$
Matéria-prima	460,00	1.140,00
Materiais auxiliares	36,00	72,00
Mão de obra direta	200,00	300,00
Custos indiretos absorvidos	440,00	660,00
Custo unitário total	1.136,00	2.172,00

Demonstração de resultados

O Quadro 9.3 conclui o processo de custeamento, evidenciando, no modelo da demonstração de resultados, qual seria o lucro da empresa com um volume de 625 unidades do Produto A e 250 unidades do Produto B.

Quadro 9.3 Demonstração de resultados – Produtos A e B

	Produto A			Produto B			Total geral
	Preços unitários	Qtde.	Total	Preços unitários	Qtde.	Total	
Vendas	1.883,00	625	1.176.875	3.292,50	250	823.125	2.000.000
Custo por absorção	1.136,00	625	710.000	2.172,00	250	543.000	1.253.000
Lucro (margem) bruto	747,00	625	466.875	1.120,50	250	280.125	747.000
Despesas operacionais							
Salários e despesas administrativas							70.000
Salários e despesas comerciais							50.000
Comissões sobre vendas							204.000
Soma							324.000
Lucro operacional							423.000

9.4 Exemplo – Absorção em três estágios

Têm sido naturais, na utilização do método de custeio por absorção, a busca e a identificação dos melhores critérios para rateio ou absorção dos custos indiretos, sempre com o objetivo de melhorar a acurácia do valor do custo unitário dos produtos e serviços. Os exemplos anteriores foram apresentados segundo critérios considerados os mais simples. Desenvolveremos, a seguir, um exemplo com maior complexidade, detalhando os mesmos dados do último exemplo apresentado, com os dois produtos.

Como já havíamos introduzido no Capítulo 4, o procedimento mais utilizado para detalhamento dos custos de fabricação é o conceito de departamentalização, de acordo com o qual as contas representativas das despesas da fábrica são acumuladas para cada um dos setores existentes, que seguem o processo fabril e a hierarquia da organização.

No Quadro 9.4, reapresentamos todos os custos industriais dos exemplos que temos utilizado até agora, segundo uma classificação por departamentos ou centros de custos contábeis. Os dados são aleatórios e objetivam apenas evidenciar um sistema normalmente utilizado pelas empresas.

Os gastos objeto de distribuição departamental foram:

	$
Gastos dos setores diretos	200.000
Salários dos departamentos de apoio à produção	200.000
Despesas dos departamentos de apoio à produção	90.000
Depreciações industriais	150.000
Soma	640.000

Esses dados mostram, neste primeiro momento, as despesas alocadas diretamente pelos lançamentos contábeis, ainda sem nenhum rateio ou distribuição. O demonstrativo apresenta algumas despesas que podem ou devem ser objeto de distribuição:

a. *Energia elétrica – $ 20.000* – Gasto debitado unicamente no Setor 3 da Divisão 1 – Manutenção. A premissa é que haja uma única entrada de energia elétrica na empresa e que o setor de Manutenção seja o responsável pela sua administração. Contudo, é sabido que este serviço atende a toda a empresa ou fábrica. Portanto, as empresas, de modo geral, têm distribuído esse gasto aos principais departamentos, normalmente utilizando o critério de consumo de kWh por setor.

b. *Limpeza – $ 10.000* – De forma idêntica ao caso da energia elétrica, a premissa é que o setor de Manutenção administre esse gasto, razão de sua primeira

Quadro 9.4 Despesas por departamento

	Divisão 1				Divisão 2					Administração geral da fábrica			Total geral
	Setor 1	Setor 2	Setor 3	Total	Setor 1	Setor 2	Setor 3	Setor 4	Total	Setor 1	Setor 2	Total	
Mão de obra direta	7.920	23.100	–	31.020	33.000	13.200	–	–	46.200	–	–	–	77.220
Salários	3.600	10.500	–	14.100	15.000	6.000	–	–	21.000	–	–	–	35.100
Encargos sociais	4.320	12.600	–	16.920	18.000	7.200	–	–	25.200	–	–	–	42.120
Mão de obra indireta	3.300	3.960	3.080	10.340	4.400	3.300	123.200	22.000	152.900	10.560	41.160	51.720	214.960
Salários	1.500	1.800	1.400	4.700	2.000	1.500	56.000	10.000	69.500	4.800	18.709	23.509	97.709
Encargos sociais	1.800	2.160	1.680	5.640	2.400	1.800	67.200	12.000	83.400	5.760	22.451	28.211	117.251
Despesas gerais	10.500	53.100	32.000	95.600	15.400	26.820	10.000	10.000	62.220	15.000	25.000	40.000	197.820
Energia elétrica	–	–	20.000	20.000	–	–	–	–	–	–	–	–	20.000
Limpeza	–	–	10.000	10.000	–	–	–	–	–	–	–	–	10.000
Outras	10.500	53.100	2.000	65.600	15.400	26.820	10.000	10.000	62.220	15.000	25.000	40.000	167.820
Depreciações	–	–	–	–	–	–	–	–	–	–	–	–	150.000
Máquinas e equipamentos	–	–	–	–	–	–	–	–	–	–	–	–	130.000
Prédios	–	–	–	–	–	–	–	–	–	–	–	–	20.000
Total geral	21.720	80.160	35.080	136.960	52.800	43.320	133.200	32.000	261.320	25.560	66.160	91.720	640.000

Divisão 1
Setor 1 – Preparação de matéria-prima
Setor 2 – Fabricação
Setor 3 – Manutenção

Divisão 2
Setor 1 – Montagem
Setor 2 – Acabamento e expedição
Setor 3 – Engenharia
Setor 4 – Auditoria de qualidade

Administração geral da fábrica
Setor 1 – Planejamento e controle da produção
Setor 2 – Gerência/diretoria

alocação direta a este setor. É um gasto que também tem sido distribuído aos demais departamentos e setores, utilizando-se o critério de m² ou mesmo do conhecimento de quantos terceirizados atuam em cada área.

c. *Depreciações de máquinas e equipamentos – $ 150.000* – No Quadro 9.4 não houve nenhuma alocação desse gasto. Normalmente os gastos com máquinas e equipamentos podem ser alocados diretamente, sem necessidade de rateio, aos setores utilizadores dos bens. Em geral, essa alocação é obtida pelo sistema de controle patrimonial, em que cada bem é controlado separadamente, para fins de cálculo da depreciação mensal, por setor ou departamento.

d. *Depreciação de prédios – $ 20.000* – Esse tipo de gasto também tem sido distribuído aos setores, normalmente pelo critério de m² ocupado.

Com base nessas ponderações, elabora-se o primeiro estágio de absorção, distribuindo-se despesas genéricas, por meio de qualquer critério (o mais consistente possível), aos setores que compõem a fábrica ou a organização. O Quadro 9.5 evidencia esta distribuição, elaborada de forma aleatória, apenas para fins exemplificativos.

Estágio 1 – Distribuição de despesas comuns aos setores fabris

Neste demonstrativo já é possível a apuração de um custo horário dos setores diretos responsáveis pelos processos fabris que interferem na elaboração dos produtos. Contudo, esses custos horários ainda não consideram os demais custos indiretos a serem absorvidos nos estágios subsequentes.

Estágio 2 – Distribuição dos setores indiretos de cada divisão para os centros diretos da divisão

Após a adequação de todas as despesas da fábrica, um segundo processo de absorção é necessário. No nosso exemplo, cada divisão tem dois setores diretos e alguns de apoio ou indiretos. Na Divisão 1, o Setor 3 é de apoio e indireto, exemplificado pela Manutenção. No Quadro 9.6, o total de seus gastos está sendo absorvido pelos dois setores diretos na proporção dos valores de cada um.

O mesmo procedimento foi utilizado para a Divisão 2. Seus dois setores indiretos, Engenharia e Auditoria de Qualidade, estão sendo absorvidos na proporção do total dos custos dos setores diretos da divisão.

Salientamos que pode existir outro procedimento de distribuição. Pode ser feito por meio de algum critério quantitativo (número de pessoas, horas etc.), assim como por estimativa percentual ou de qualquer outra maneira.

O que é importante ressaltar em relação ao segundo estágio é que a *absorção dos custos dos setores indiretos de cada divisão está sendo feita dentro de cada uma delas*, evitando-se ratear setores de apoio de uma divisão ou área para outra. Esse procedi-

Quadro 9.5 Estágio 1 – Absorção das despesas comuns pelos setores

	Divisão 1				Divisão 2					Administração geral da fábrica			Total geral
	Setor 1	Setor 2	Setor 3	Total	Setor 1	Setor 2	Setor 3	Setor 4	Total	Setor 1	Setor 2	Total	
Mão de obra direta	7.920	23.100	–	31.020	33.000	13.200	–	–	46.200	–	–	–	77.220
Salários	3.600	10.500	–	14.100	15.000	6.000	–	–	21.000	–	–	–	35.100
Encargos sociais	4.320	12.600	–	16.920	18.000	7.200	–	–	25.200	–	–	–	42.120
Mão de obra indireta	3.300	3.960	3.080	10.340	4.400	3.300	123.200	22.000	152.900	10.560	41.160	51.720	214.960
Salários	1.500	1.800	1.400	4.700	2.000	1.500	56.000	10.000	69.500	4.800	18.709	23.509	97.709
Encargos sociais	1.800	2.160	1.680	5.640	2.400	1.800	67.200	12.000	83.400	5.760	22.451	28.211	117.251
Despesas gerais	14.800	61.400	3.400	79.600	20.900	30.220	13.000	11.700	75.820	16.200	26.200	42.400	197.820
Energia elétrica	3.100	6.400	1.000	10.500	3.000	1.400	2.500	1.200	8.100	700	700	1.400	20.000
Limpeza	1.200	1.900	400	3.500	2.500	2.000	500	500	5.500	500	500	1.000	10.000
Outras	10.500	53.100	2.000	65.600	15.400	26.820	10.000	10.000	62.220	15.000	25.000	40.000	167.820
Depreciações	17.400	78.800	4.800	101.000	19.000	9.000	11.000	5.000	44.000	2.500	2.500	5.000	150.000
Máquinas e equipamentos	15.000	75.000	4.000	94.000	14.000	5.000	10.000	4.000	33.000	1.500	1.500	3.000	130.000
Prédios	2.400	3.800	800	7.000	5.000	4.000	1.000	1.000	11.000	1.000	1.000	2.000	20.000
Total geral	43.420	167.260	11.280	221.960	77.300	55.720	147.200	38.700	318.920	29.260	69.860	99.120	640.000
Horas diretas (Trabalhadas/Disponíveis)	480	1120	–	1.600	1600	800	–	–	2.400	–	–	–	4.000
Custo horário – $	90,46	149,34			48,31	69,65							

Quadro 9.6 Estágio 2 – Absorção dos setores indiretos das divisões aos setores diretos de cada divisão

	Divisão 1				Divisão 2					Administração geral da fábrica			Total geral
	Setor 1	Setor 2	Setor 3	Total	Setor 1	Setor 2	Setor 3	Setor 4	Total	Setor 1	Setor 2	Total	
Mão de obra direta	7.920	23.100	–	31.020	33.000	13.200	–	–	46.200	–	–	–	77.220
Salários	3.600	10.500	–	14.100	15.000	6.000	–	–	21.000	–	–	–	35.100
Encargos sociais	4.320	12.600	–	16.920	18.000	7.200	–	–	25.200	–	–	–	42.120
Mão de obra indireta	3.300	3.960	3.080	10.340	4.400	3.300	123.200	22.000	152.900	10.560	41.160	51.720	214.960
Salários	1.500	1.800	1.400	4.700	2.000	1.500	56.000	10.000	69.500	4.800	18.709	23.509	97.709
Encargos sociais	1.800	2.160	1.680	5.640	2.400	1.800	67.200	12.000	83.400	5.760	22.451	28.211	117.251
Despesas gerais	14.800	61.400	3.400	79.600	20.900	30.220	13.000	11.700	75.820	16.200	26.200	42.400	197.820
Energia elétrica	3.100	6.400	1.000	10.500	3.000	1.400	2.500	1.200	8.100	700	700	1.400	20.000
Limpeza	1.200	1.900	400	3.500	2.500	2.000	500	500	5.500	500	500	1.000	10.000
Outras	10.500	53.100	2.000	65.600	15.400	26.820	10.000	10.000	62.220	15.000	25.000	40.000	167.820
Depreciações	17.400	78.800	4.800	101.000	19.000	9.000	11.000	5.000	44.000	2.500	2.500	5.000	150.000
Máquinas e equipamentos	15.000	75.000	4.000	94.000	14.000	5.000	10.000	4.000	33.000	1.500	1.500	3.000	130.000
Prédios	2.400	3.800	800	7.000	5.000	4.000	1.000	1.000	11.000	1.000	1.000	2.000	20.000
Total geral	43.420	167.260	11.280	221.960	77.300	55.720	147.200	38.700	318.920	29.260	69.860	99.120	640.000
Absorção dos setores indiretos das divisões*	2.325	8.955	–	11.280	108.029	77.871	–	–	185.900				
Total com absorção	45.745	176.215	–	221.960	185.329	133.591	–	–	318.920	29.260	69.860	99.120	640.000
Horas diretas (Trabalhadas/Disponíveis)	480	1120	–	1.600	1600	800	–	–	2.400	–	–	–	4.000
Custo horário – $	95,30	157,34			115,83	166,99							

* Na proporção dos valores totais de cada setor direto.

Custeio por absorção 229

Quadro 9.7 Estágio 3 – Absorção dos setores indiretos gerais da fábrica aos setores diretos de cada divisão

	Divisão 1				Divisão 2					Administração geral da fábrica			Total geral
	Setor 1	Setor 2	Setor 3	Total	Setor 1	Setor 2	Setor 3	Setor 4	Total	Setor 1	Setor 2	Total	
Mão de obra direta	**7.920**	**23.100**	–	**31.020**	**33.000**	**13.200**	–	–	**46.200**	–	–	–	**77.220**
Salários	3.600	10.500	–	14.100	15.000	6.000	–	–	21.000	–	–	–	35.100
Encargos sociais	4.320	12.600	–	16.920	18.000	7.200	–	–	25.200	–	–	–	42.120
Mão de obra indireta	**3.300**	**3.960**	**3.080**	**10.340**	**4.400**	**3.300**	**123.200**	**22.000**	**152.900**	**10.560**	**41.160**	**51.720**	**214.960**
Salários	1.500	1.800	1.400	4.700	2.000	1.500	56.000	10.000	69.500	4.800	18.709	23.509	97.709
Encargos sociais	1.800	2.160	1.680	5.640	2.400	1.800	67.200	12.000	83.400	5.760	22.451	28.211	117.251
Despesas gerais	**14.800**	**61.400**	**3.400**	**79.600**	**20.900**	**30.220**	**13.000**	**11.700**	**75.820**	**16.200**	**26.200**	**42.400**	**197.820**
Energia elétrica	3.100	6.400	1.000	10.500	3.000	1.400	2.500	1.200	8.100	700	700	1.400	20.000
Limpeza	1.200	1.900	400	3.500	2.500	2.000	500	500	5.500	500	500	1.000	10.000
Outras	10.500	53.100	2.000	65.600	15.400	26.820	10.000	10.000	62.220	15.000	25.000	40.000	167.820
Depreciações	**17.400**	**78.800**	**4.800**	**101.000**	**19.000**	**9.000**	**11.000**	**5.000**	**44.000**	**2.500**	**2.500**	**5.000**	**150.000**
Máquinas e equipamentos	15.000	75.000	4.000	94.000	14.000	5.000	10.000	4.000	33.000	1.500	1.500	3.000	130.000
Prédios	2.400	3.800	800	7.000	5.000	4.000	1.000	1.000	11.000	1.000	1.000	2.000	20.000
Total geral	**43.420**	**167.260**	**11.280**	**221.960**	**77.300**	**55.720**	**147.200**	**38.700**	**318.920**	**29.260**	**69.860**	**99.120**	**640.000**
Absorção dos setores indiretos das divisões	45.745	176.215	–	221.960	185.329	133.591	–	–	318.920	29.260	69.860	99.120	640.000
Absorção dos setores indiretos gerais da fábrica													
Setor 1*	2.926	5.852	–		17.556	2.926							
Setor 2*	17.465	31.437	–		10.479	10.479							
Soma	20.391	37.289	–		28.035	13.405							
Total com absorção	66.136	213.504	–	279.640	213.364	146.996	–	–	360.360	–	–	–	640.000
Horas diretas (Trabalhadas/Disponíveis)	480	1120	–	1.600	1600	800	–	–	2.400				4.000
Custo horário – $	137,78	190,63			133,35	183,74							

*Na proporção de estimativa de esforços despendidos.

mento torna o processo de custeamento unitário dos produtos muito mais próximo da realidade do que se simplesmente aglutinarmos todos os custos indiretos e ratearmos para os setores diretos em uma pré-alocação por divisão ou área.

Da mesma forma, como demonstrado no quadro anterior, obtém-se o custo horário de cada setor direto. Contudo, ainda faltam os custos indiretos dos setores gerais da fábrica.

Estágio 3 – Distribuição dos setores indiretos gerais da fábrica para os centros diretos da divisão

Neste último estágio de absorção, os setores indiretos da administração geral da fábrica são absorvidos pelos quatro setores diretos das duas divisões. Completa-se o ciclo de absorções, e os custos da fábrica são totalmente absorvidos pelos setores que executam os processos básicos da elaboração dos produtos da empresa.

O Quadro 9.7 evidencia os números finais. Os custos horários obtidos agora são definitivos e já podem ser aplicados aos produtos fabricados, considerando-se as horas que cada setor direto gasta para executar os processos necessários de cada produto.

Neste estágio, temos a absorção dos gastos dos setores de administração geral da fábrica, que totalizam $ 99.120. O critério de rateio utilizado foi uma estimativa do tempo ou esforço despendido pelos setores 1 e 2 da Administração geral para cada setor direto de cada divisão. Os percentuais e os cálculos estão no Quadro 9.7-A.

Este critério de rateio é muito questionável, já que os percentuais são determinados basicamente por inferência e conhecimento geral, sem uma base fundamentada. Contudo, foi utilizado como referência. Para melhorar esse tipo de arbitramento é que há a proposta do custeamento ABC, apresentado no próximo capítulo.

Produtos fabricados e horas necessárias para os processos existentes

O exemplo que temos trabalhado indica que o Produto A consome 4 horas de mão de obra direta, agora transformadas em centros diretos, e que o Produto B consome 6 horas diretas. Para fins de evidenciação, apresentamos o detalhamento dessas horas necessárias para cada produto, considerando os quatro setores diretos das duas divisões (Quadro 9.6).

Quadro 9.7-A **Absorção da administração geral da fábrica**

	Setor 1 – Administração geral		Setor 2 – Administração geral	
	Esforço estimado em %	Valor rateado	Esforço estimado em %	Valor rateado
Divisão 1				
Setor 1	10%	2,926	25%	17,465
Setor 2	20%	5,852	45%	31,437
Soma	30%	8,778	70%	48,902
Divisão 2				
Setor 1	60%	17,556	15%	10,479
Setor 2	10%	2,926	15%	10,479
Soma	70%	20.482	30%	20.958
Total do gasto rateado	100%	29.260	100%	69.860

Quadro 9.8 Horas de processo por produto

	Produto A	Produto B
Setor 1 – Divisão 1	0,488	0,700
Setor 2 – Divisão 1	1,152	1,600
Setor 1 – Divisão 2	1,400	2,900
Setor 2 – Divisão 2	0,960	0,800
Soma	4,000	6,000

Custo de fabricação por unidade de produto

Aplicando nos tempos dos diversos processos de cada produto os custos horários unitários obtidos no Quadro 9.7, poderemos chegar ao custo de fabricação unitário total para cada produto. É importante ressaltar que esta metodologia conduziu à obtenção de um custo horário que inclui tanto os custos diretos como os indiretos em um único valor, fruto da metodologia da utilização dos três estágios de absorção. O Quadro 9.9 mostra o custo de fabricação unitário para cada produto.

Quadro 9.9 Custo de fabricação unitário (custos diretos + indiretos)

	Produto A			Produto B		
	Horas	Custo horário	Custo unitário	Horas	Custo horário	Custo unitário
Setor 1 – Divisão 1	0,488	137,78	67,24	0,700	137,78	96,45
Setor 2 – Divisão 1	1,152	190,63	219,60	1,600	190,63	305,01
Setor 1 – Divisão 2	1,400	133,35	186,69	2,900	133,35	386,72
Setor 2 – Divisão 2	0,960	183,74	176,39	0,800	183,74	147,00
Soma	4,000		649,93	6,000		935,17

Custo unitário total

Concluindo o processo de custeamento dos produtos A e B, basta adicionar os custos diretos de cada produto, que são os mesmos em qualquer metodologia adotada:

Quadro 9.10 Custo unitário total

	Produto A	Produto B
Materiais diretos	460,00	1.140,00
Materiais auxiliares	36,00	72,00
Custo de fabricação total	649,93	935,17
Soma	1.145,93	2.147,17

Os custos unitários obtidos por meio desta metodologia de custeamento mais detalhada, com três estágios de absorção, apresentam valores diferentes da primeira metodologia, em que o processo de absorção dos custos indiretos foi feito utilizando-se um único critério. Na metodologia anterior, o custo unitário do Produto A era de $ 1.136,00, e do Produto B, $ 2.172,00.

Demonstração de resultados

Como já verificamos, métodos e critérios adotados para obtenção de custos unitários de produtos e serviços não alteram o resultado total da empresa, uma vez que, quando se atribuem mais custos indiretos a determinado produto, os demais deixam de receber esses custos alocados; o inverso é verdadeiro: quando se deixa de atribuir determinado montante de custos indiretos a determinado produto, os demais devem assumi-los.

O Quadro 9.11 apresenta a demonstração de resultados do período, considerando as mesmas quantidades. O resultado final de $ 423.000 é o mesmo obtido no Quadro 9.3, quando estruturamos os custos unitários com uma metodologia de absorção mais simplificada.

Quadro 9.11 **Demonstração de resultados – Produtos A e B – Absorção em três estágios**

	Produto A			Produto B			Total geral
	Preços unitários	Qtde.	Total	Preços unitários	Qtde.	Total	
Vendas	1.883,00	625	1.176.875	3.292,50	250	823.125	2.000.000
Custo por absorção	1.145,93	625	716.207	2.147,17	250	536.793	1.253.000
Lucro (margem) bruto	737,07	625	460.668	1.145,33	250	286.332	747.000
Despesas operacionais							
Salários e despesas administrativas							70.000
Salários e despesas comerciais							50.000
Comissões sobre vendas							204.000
Soma							324.000
Lucro operacional							423.000

Critério alternativo de cálculo e evidenciação

Outra forma de apresentação dos custos unitários é a utilização de *índices de absorção* de custos indiretos departamentais. Utilizando o exemplo em questão com os dados do Quadro 9.7, podemos, primeiro, criar índices gerais para absorção dos setores indiretos de cada divisão e, em seguida, um índice para absorção dos custos indiretos da administração geral da fábrica.

Índice de absorção dos custos indiretos da Divisão 1
Total dos custos indiretos da divisão 1 (A) $ 11.280
Total dos custos dos centros diretos (B) $ 210.680 ($ 43.420 + 167.260)
Índice de absorção da divisão 1 (A:B) 0,05354

Índice de absorção dos custos indiretos da Divisão 2
Total dos custos indiretos da divisão 2 (A) $ 185.900 ($ 147.200 + 38.700)
Total dos custos dos centros diretos (B) $ 133.020 ($ 77.300 + 55.720)
Índice de absorção da divisão 2 (A:B) 1,39753

Índice de absorção dos custos indiretos gerais da fábrica
Total dos custos indiretos gerais (A) $ 99.120
Total dos custos diretos das divisões (B) $ 343.700 ($ 210.680 + 133.020)
Índice de absorção dos gastos gerais (A:B) 0,28839

Dentro deste critério alternativo, primeiro será obtido o custo unitário de cada produto, considerando-se apenas o custo horário direto dos setores diretos de cada divisão, evidenciados no Quadro 9.5. O resultado desse primeiro cálculo é apresentado a seguir:

Quadro 9.12 Custo de fabricação unitário (custos diretos)

	Produto A			Produto B		
	Horas	Custo horário	Custo unitário	Horas	Custo horário	Custo unitário
Setor 1 – Divisão 1	0,488	90,46	44,14	0,700	90,46	63,32
Setor 2 – Divisão 1	1,152	149,34	172,04	1,600	149,34	238,94
			216,18			302,26
Setor 1 – Divisão 2	1,400	48,31	67,64	2,900	48,31	140,11
Setor 2 – Divisão 2	0,960	69,65	66,86	0,800	69,65	55,72
			134,50			195,83
Soma	4,000		350,68	6,000		498,09

Após isso, aplicam-se os índices de absorção sobre os custos unitários diretos de cada divisão, obtendo-se o total do custo indireto de fabricação unitário de cada produto:

Quadro 9.13 Custo indireto de fabricação obtido por meio da aplicação de índices de absorção

	Produto A			Produto B		
	Índice de absorção	Custo unitário Direto	Indireto	Índice de absorção	Custo unitário Direto	Indireto
Custo indireto da Divisão 1	0,05354	216,18	11,57	0,05354	302,26	16,18
Custo indireto da Divisão 2	1,39753	134,50	187,97	1,39753	195,83	273,67
Custo indireto geral da fábrica	0,28839	350,68	101,13	0,28839	498,09	143,64
			300,68			433,50

Concluindo o processo, somam-se os três elementos unitários de custos: de materiais diretos, de fabricação dos setores diretos e os indiretos de fabricação (Quadro 9.14).

Quadro 9.14 Custo unitário total

	Produto A	Produto B
Materiais diretos	460,00	1.140,00
Materiais auxiliares	36,00	72,00
Custo direto de fabricação	350,68	498,09
Custo indireto de fabricação	300,68	433,50
Soma	1.147,36	2.143,59

Demonstração de resultados

Aplicando os custos unitários obtidos por este procedimento alternativo de custeio por absorção, temos o resultado total da empresa, que é o mesmo dos exemplos anteriores, conforme evidencia o quadro abaixo.

Quadro 9.15 Demonstração de resultados – Produtos A e B – Absorção por meio de índice

	Produto A			Produto B			Total geral
	Preços unitários	Qtde.	Total	Preços unitários	Qtde.	Total	
Vendas	1.883,00	625	1.176.875	3.292,50	250	823.125	2.000.000
Custo por absorção	1.147,36	625	717.101	2.143,59	250	535.899	1.253.000
Lucro (margem) bruto	735,64	625	459.774	1.148,91	250	287.227	747.001
Despesas operacionais							
Salários e despesas administrativas							70.000
Salários e despesas comerciais							50.000
Comissões sobre vendas							204.000
Soma							324.000
Lucro operacional							423.000

9.5 A questão dos critérios de rateio

Para cada critério de absorção, apropriação, alocação ou rateio dos custos indiretos obtém-se um diferente custo unitário do produto ou serviço. Vamos explorar este tema mais uma vez, considerando quatro critérios diferentes de absorção e seu impacto no custo unitário total dos produtos e serviços. O Quadro 9.16 apresenta os dados de dois produtos e o total dos custos indiretos de fabricação, que serão objeto dos critérios de rateio.

Quadro 9.16 Informação e dados do período

	Produto A		Produto B		Total $
	Qtde.	Valor – $	Qtde.	Valor – $	
Preço de venda unitário		60,00		200,00	
Volume corrente	1.300		120		
Custos unitários					
. Materiais diretos		22,50		110,00	
. Mão de obra direta		18,00		38,00	
. Comissões sobre venda		9,00		20,00	
Custos indiretos					16.560

Absorção baseada na mão de obra direta

Um critério que pode ser adotado é a distribuição dos custos indiretos pelo total da mão de obra direta, apresentado no Quadro 9.17.

Quadro 9.17 Absorção dos custos indiretos

Critério de rateio assumido: Total da mão de obra direta			
A – Total da mão de obra direta	Custo Unitário	Qtde.	Total
Produto A	18,00	1.300	23.400
Produto B	38,00	120	4.560
Total da mão de obra direta			27.960
B – Determinação do índice de absorção			
Total dos custos indiretos	16.560	a	
Total da mão de obra direta	27.960	b	
Índice de absorção ou rateio	0,5923	a/b	
C – Custos indiretos por produto	Produto A	Produto B	
Custo unitário da MOD	18,00	38,00	a
Índice de absorção ou rateio	0,5923	0,5923	b
Custo indireto por produto	10,66	22,51	a x b

Absorção baseada nas quantidades produzidas

Outro critério muito utilizado é o rateio por quantidades dos produtos produzidos, conforme apresentado abaixo.

Quadro 9.18 Absorção dos custos indiretos

Critério de rateio assumido: Total de quantidade dos produtos		
Total dos custos indiretos	16.560	a
Quantidades		
Produto A	1.300	
Produto B	120	
Quantidade total	1.420	b
Custo indireto médio por quantidade	11,66	a : b

Neste critério, o custo indireto atribuído unitariamente termina por ser um único valor para todos os produtos.

Absorção baseada no custo total dos materiais diretos

É um critério utilizado quando a representatividade da mão de obra direta no custo de fabricação é muito pequena:

Quadro 9.19 Absorção dos custos indiretos

Critério de rateio assumido: Total do custo dos materiais diretos			
A – Custo total dos materiais diretos	Custo Unitário	Qtde.	Total
Produto A	22,50	1.300	29.250
Produto B	110,00	120	13.200
Total dos materiais diretos			42.450
B – Determinação do índice de absorção			
Total dos custos indiretos	16.560	a	
Total do custo dos materiais diretos	42.450	b	
Índice de absorção ou rateio	0,3901	a : b	
C – Custos indiretos por produto	Produto A	Produto B	
Custo unitário dos materiais diretos	22,50	110,00	a
Índice de absorção ou rateio	0,3901	0,3901	b
Custo indireto por produto	8,78	42,91	a x b

Absorção baseada no custo total de fabricação

Esse critério considera como base de rateio o total do custo de fabricação direto, que compreende o custo unitário dos materiais e da mão de obra direta:

Quadro 9.20 **Absorção dos custos indiretos**

Critério de rateio assumido: Total do custo direto de fabricação			
A – Total do custo direto de fabricação **Produto A**	Custo Unitário	Qtde.	Total
Materiais diretos	22,50		
Mão de obra direta	18,00		
Total do custo direto	40,50	1.300	52.650
Produto B			
Materiais diretos	110,00		
Mão de obra direta	35,00		
Total do custo direto	145,00	120	17.400
Total geral			70.050
B – Determinação do índice de absorção			
Total dos custos indiretos	16.560	a	
Total dos custos diretos de fabricação	70.050	b	
Índice de absorção ou rateio	0,23640	a : b	
C – Custos indiretos por produto	Produto A	Produto B	
Custo unitário direto de fabricação	40,50	145,00	a
Índice de absorção ou rateio	0,23640	0,23640	b
Custo indireto por produto	9,57	34,28	a x b

Resumo geral e avaliação

Mostramos no Quadro 9.21 a comparação dos resultados obtidos por meio dos diversos critérios de absorção ou do rateio dos custos indiretos de fabricação.

As principais constatações são:

a. o valor dos custos unitários diretos e variáveis nunca se modifica, em razão dos critérios de absorção. São os mesmos valores, uma vez que obtidos por critérios objetivos de mensuração da estrutura do produto e roteiro de fabricação;
b. o resultado (lucro ou prejuízo) da empresa sempre é o mesmo, independentemente do critério de rateio ou do método de custeio utilizado. No nosso exemplo, os diversos critérios de absorção utilizados não modificaram o lucro total da empresa de $ 930;

Custeio por absorção 239

Quadro 9.21 Absorção dos custos indiretos – comparação dos critérios utilizados

	Critérios de Rateio							
	Custo total da mão de obra direta		Total das quantidades produzidas		Custo total dos materiais diretos		Total dos custos diretos de fabricação	
	Produto A	Produto B	Produto A	Produto B	Produto A	Produto B	Produto A	Produto B
Custo e lucro unitário								
Materiais diretos	22,50	110,00	22,50	110,00	22,50	110,00	22,50	110,00
Mão de obra direta	18,00	38,00	18,00	38,00	18,00	38,00	18,00	38,00
Comissões	9,00	20,00	9,00	20,00	9,00	20,00	9,00	20,00
Subtotal – Custos diretos/variáveis	49,50	168,00	49,50	168,00	49,50	168,00	49,50	168,00
Custo indireto de fabricação	10,66	22,51	11,66	11,66	8,78	42,91	9,57	34,28
Custo unitário total	60,16	190,51	61,16	179,66	58,28	210,91	59,07	202,28
Preço de venda unitário	60,00	200,00	60,00	200,00	60,00	200,00	60,00	200,00
Margem unitária	(0,16)	9,49	(1,16)	20,34	(1,72)	(10,91)	0,93	(2,28)
Demonstração do resultado por produto								
Quantidade produzida	1300	120	1300	120	1300	120	1300	120
Total da receita por produto	78,000	24,000	78,000	24,000	78,000	24,000	78,000	24,000
Total dos custos dos produtos	(78,209)	(22,861)	(79,511)	(21,559)	(75,761)	(25,309)	(76,797)	(24,273)
Lucro total por produto	(209)	1,139	(1,511)	2,441	2,239	(1,309)	1,203	(273)
Demonstração do resultado total								
Total das receitas	102.000		102.000		102,000		102.000	
Total dos custos	(101.070)		(101.070)		(101,070)		(101.070)	
Lucro total da empresa	930		930		930		930	

c. os diferentes critérios de absorção apenas deslocam parte dos custos indiretos de um produto para outro. Assim, nos dois primeiros critérios, o Produto A apresenta margem unitária negativa, bem como lucro total por produto negativo, ao passo que nos dois últimos critérios é o Produto B que tem margem e lucro negativos.

Qual é o melhor critério de rateio?

Cientificamente, nenhum critério de rateio pode ser considerado melhor, uma vez que são posições assumidas arbitrariamente. Em nosso entendimento, provavelmente o mais recomendável ("menos ruim") é o critério de alocação baseado nos esforços da mão de obra direta (ou do custo dos setores diretos) porque, pela experiência e observações empíricas, há uma tendência de que os setores diretos demandem mais esforços dos setores de apoio à fábrica (onde estão os custos indiretos de fabricação).

Provavelmente o critério menos recomendado é o das quantidades produzidas, uma vez que as empresas produzem muitos produtos diferentes. Este critério só teria sentido caso todos os produtos fossem homogêneos em estrutura, peso, esforços etc., o que não é muito comum. Nosso exemplo leva a este raciocínio porque as quantidades dos dois produtos são completamente diferentes, bem como os preços de venda.

Avaliação geral

O método de custeio por absorção caracteriza-se por apropriar aos custos dos produtos e serviços todos os gastos industriais. Os materiais diretos são apropriados de forma unitária e direta; os gastos com a mão de obra direta ou com os setores diretos, dos processos que interferem nos produtos e serviços, são apropriados normalmente sobre os tempos de execução dos processos exigidos pelo produto ou serviço, atribuindo-se os custos horários obtidos às horas disponíveis ou trabalhadas em todos os produtos; finalmente, os custos indiretos são absorvidos por algum critério de distribuição ou rateio.

O ponto relevante é que, independentemente do procedimento adotado para a apropriação dos custos aos produtos e serviços, o resultado total da empresa não se altera. Isto implica a necessidade da maior acurácia possível na distribuição dos custos indiretos, sob pena de enviesar exageradamente os custos unitários, uma vez que alocações indevidas a determinados produtos e serviços provocarão necessariamente alocação indevida aos demais produtos e serviços.

Questões e exercícios

1. Com base nos dados de uma empresa com dois produtos que passam pelo mesmo processo de fabricação, calcule:
   a. o custo direto/variável de cada produto;
   b. o custo por absorção integral de cada produto, considerando como base de absorção do total dos custos e despesas fixas o total dos gastos com a mão de obra direta;
   c. a margem de cada produto em relação ao preço de venda;
   d. o resultado total da empresa considerando as quantidades apresentadas.
   Dados:

	Produto A	Produto B	Total
Matéria-prima	0,5 unidade a $ 2,40	1,3 unidade a $ 4,00	–
Outros materiais e componentes	$ 0,30 por unidade de produto	$ 1,40 por unidade de produto	–
Embalagem	$ 0,20 por unidade de produto	$ 0,30 por unidade de produto	–
Tempo de mão de obra direta necessário para uma unidade de produto final	0,6 h	1,2 h	–
Custo horário da mão de obra direta	$ 6,25	$ 6,25	–
Comissão sobre preço de venda	5%	5%	–
Preço de venda	$ 20,00	$ 30,00	–
Produção* do período	3.000 unid.	5.000 unid.	8.000 unid.
Gastos indiretos			
Custos fixos	–	–	$ 58.500
Despesas fixas	–	–	$ 19.500

* Considere que o volume produzido foi igualmente vendido.

2. Tomando como referência os dados do exercício anterior e sabendo que a matéria-prima teve um aumento de preço de 10%, que a mão de obra direta de 8% e que os custos fixos totais tiveram um reajuste de 5%, calcule:
   a. o novo custo direto/variável de cada produto;
   b. o novo custo por absorção industrial de cada produto, considerando como base de absorção dos custos fixos o total dos gastos com mão de obra direta;

c. a margem de cada produto em relação ao preço de venda;
d. o resultado total da empresa considerando as quantidades apresentadas.
3. Tomando ainda como referência os dados apresentados no exercício 1 bem como suas premissas, e considerando que a quantidade de produção e vendas do Produto A passa a ser 3.500 unidades e do Produto B a 4.850, calcule:
   a. o novo custo por absorção industrial de cada produto (a mão de obra direta deve ser tratada como custo variável);
   b. o resultado total da empresa considerando as novas quantidades apresentadas.
4. Uma empresa é segmentada em duas divisões, cada uma com dois processos diretos sob sua responsabilidade e setores indiretos de apoio específicos. Além disso, possui setores indiretos gerais de apoio, que representam a administração geral da fábrica. Todos os custos são alocados diretamente, com exceção da conta de energia elétrica, com um gasto mensal de $ 10.000, e dos serviços de limpeza, de $ 5.000, que incorrem de forma geral para toda a fábrica. O quadro apresentado a seguir apresenta os custos diretos mensais de todos os setores, a quantidade de horas diretas disponibilizadas/trabalhadas para os processos produtivos e percentuais de rateio para as duas despesas gerais, obtidos por estimativa, após acurada medição da utilização de cada um deles por todos os setores da fábrica.

	Custos diretos	Horas disponibilizadas	Percentuais de absorção	
			Energia elétrica	Serviços de limpeza
Divisão A				
Setor Direto – Processo 1	20.000	800	35%	20%
Setor Direto – Processo 2	22.000	960	17%	20%
Setores de apoio – Indiretos	15.000		8%	8%
Soma	57.000		60%	48%
Divisão B				
Setor Direto – Processo 3	12.000	320	11%	15%
Setor Direto – Processo 4	13.000	480	16%	15%
Setores de apoio – Indiretos	7.000		7%	7%
Soma	32.000		34%	37%
Adm. geral fábrica – Indiretos	18.000		6%	15%
Total geral	107.000		100%	100%

Objetivando a apuração do custo por absorção dos produtos dessa empresa, é necessário calcular o custo horário dos processos diretos. Para isso,

a. faça a alocação dos custos de energia elétrica e serviços de despesas para todos os setores da fábrica, com base nos percentuais estimados (estágio 1 de absorção), de modo a obter os custos totais de cada setor;

b. faça a alocação dos custos indiretos de cada divisão, para os setores diretos de cada divisão (estágio 2 de absorção), de forma a apurar o índice de absorção por divisão;

c. faça a alocação dos custos indiretos gerais da fábrica para os setores diretos das duas divisões, de forma a apurar o índice de absorção de custos indiretos gerais;

d. calcule os três custos horários de cada setor direto: após a absorção das despesas de energia e limpeza; após a absorção dos custos indiretos específicos de cada divisão; após a absorção final de todos os custos indiretos.

5. Considerando os dados obtidos após a solução do exercício anterior, e sabendo que a empresa em questão gera três produtos, calcule o custo de fabricação de cada um, empregando as seguintes horas utilizadas em cada processo por produto:

	Horas utilizadas de cada processo		
Processos	Produto A	Produto B	Produto C
Processo 1	0,2	0,3	0,4
Processo 2	0,3	0,3	0,5
Processo 3	0,14	0,1	0,1
Processo 4	0,15	0,20	0,15

6. Continuando o exercício anterior, admita os seguintes dados de custo unitário de materiais e de preço de venda para os três produtos da empresa e calcule: a) o custo unitário total de cada produto, que é a soma do custo unitário de fabricação obtido no exercício anterior mais o custo unitário dos materiais; b) a margem bruta de lucro de cada produto; c) a margem percentual bruta de cada produto.

	Produto A	Produto B	Produto C
Custos dos materiais – $	92,57	133,23	155,09
Preço de venda unitário – $	150,00	165,00	300,00

7. Tomando os dados apurados no exercício anterior e sabendo que as quantidades produzidas e vendidas no mês foram de 1.000 unidades do Produto A, 1.200 do Produto B e 600 do Produto C, calcule o resultado total do mês. Considere como informações adicionais que todos os produtos pagam 2% de comissões sobre as vendas e que as despesas totais administrativas foram de $ 17.500. Após isso, calcule a margem líquida geral da empresa no mês em questão.

8. Custos conjuntos

   Os custos necessários para comprar, cortar e beneficiar um tronco de madeira padrão são:

	$
Material	125.000
Custos de transformação	55.000
Total	180.000

   Do processo inicial sairão dois produtos com base nesses custos conjuntos: vigas e chapas de madeira. Os valores de venda estimados desses dois produtos são:

	$
Valor de venda das chapas	252.000
Valor de venda das vigas	378.000
Total	630.000

   Os custos adicionais para a venda das chapas são estimados em $ 50.000, e para a das vigas, $ 112.000.

   a. Distribua os custos conjuntos com base no valor da venda dos produtos finais.
   b. Apure as margens brutas e líquidas de cada produto.

Apêndice: Custos conjuntos e subprodutos

Produtos conjuntos

Produtos conjuntos são aqueles feitos simultaneamente de uma mesma matéria-prima inicial e que possuem, quando acabados, valores de venda significativos, equivalentes ou diferenciados. Como exemplo de produção conjunta, que é o aparecimento de diversos produtos da mesma matéria-prima, temos:

- óleo, farelos etc., da soja;
- gasolina, querosene, asfalto, óleo diesel etc., do petróleo;
- álcool e açúcar, da cana;
- ossos e diferentes tipos de carne, do gado;
- tábuas, ripas, serralho etc., de toras de madeira etc.

Subprodutos

Aparecem tanto no processo de fabricação de produtos conjuntos como de outros produtos. Surgem como decorrência normal do processo produtivo e têm valor de venda e condições normais de comercialização. De modo geral, não têm participação significativa nas vendas da empresa. São considerados subprodutos porque se originam de desperdícios, sobras, refugos, e, por isso, deixam de ser considerados produtos normais da empresa. Podem ser considerados subprodutos, por exemplo, serragem, limalha de ferro, sucata, embalagens reaproveitadas etc.

Custos conjuntos

São os custos incorridos até um determinado ponto do processo produtivo, em que ainda não podem ser identificados diretamente aos produtos conjuntos que dele são originados. Frequentemente se confundem custos conjuntos com custos indiretos comuns. Custos comuns são aqueles incorridos para a geração simultânea de produtos, mas cada um deles poderia ser produzido isoladamente. Assim, os custos conjuntos são indivisíveis, ao passo que os comuns são divisíveis e podem ser atribuídos especificamente a cada um dos produtos.

Ponto de separação dos custos conjuntos

Em determinada fase da fabricação, em uma produção conjunta, ocorre o que chamamos de ponto de separação ou ponto de cisão, em que cada produto é isolado, e, então, passa a ter um valor específico de venda e pode ser identificado. Devido à indivisibilidade dos custos conjuntos antes do ponto de separação, os procedimentos de distribuição e apropriação para o custeamento dos produtos permitem certo grau de imperfeição. Alguns dos critérios adotados para a distribuição dos custos conjuntos são:

a. método baseado no valor de mercado dos produtos finais;
b. método das unidades quantitativas;
c. método da média ponderada.

Exemplo de distribuição de custos conjuntos

O Quadro 9.22, a seguir, apresenta um exemplo em que é utilizado o método de valor de mercado dos produtos finais.

Quadro 9.22 **Custeamento de produtos conjuntos pelo critério de valor de mercado**

	Custos conjuntos	Valor de mercado estimado		
		Produto conjunto A	Produto conjunto B	Total
Valor de mercado estimado	–	150.000	250.000	400.000
Percentual de participação (a)		37,5%	62,5%	100,0%
Apuração dos custos				
I – Custos conjuntos (b)*	140.000			
Rateio dos custos conjuntos (a x b)		52.500	87.500	140.000
II – Custos específicos após o ponto de separação		32.000	20.000	52.000
III – Custos totais (I + II)		84.500	107.500	192.000

* Inclui matéria-prima e custos diretos de conversão.

Custos conjuntos e análise gerencial

Tendo em vista que os custos conjuntos são, na realidade, indivisíveis até o ponto de separação e o tratamento especificado aos produtos separados, gerencialmente não é recomendável o processo de atribuição de custos a cada produto gerado dos custos conjuntos, devendo o total destes custos ser tratado de forma global, conforme exemplificado no Quadro 9.23[2].

Obtém-se primeiro a margem de contribuição direta de cada produto com seus custos e despesas diretas e variáveis específicas. Os custos conjuntos neste modelo de análise para tomada de decisão não são alocados aos produtos, mas, sim, diretamente na coluna que representa o total do lucro de todos os produtos, obtendo-se a margem de contribuição total e percentual de todos os produtos.

---

[2]Baseado em GUERREIRO, Reinaldo. *Gestão do lucro*. São Paulo: Atlas, 2006.

Quadro 9.23 Análise gerencial de custos conjuntos

	Produto Conjunto A	Produto Conjunto B	Total
Quantidade vendida – unidades	100.000	50.000	
Preço unitário – $	1,50	5,00	
Total da receita	150.000	250.000	400.000
Custos específicos após o ponto de separação	32.000	20.000	52.000
Margem de contribuição direta	118.000	230.000	348.000
Margem de contribuição direta – %	78,7%	92,0%	87,0%
Custos conjuntos			140.000
Margem de contribuição total			208.000
Margem de contribuição total – %			52,0%

Custeio ABC – Custeio Baseado em Atividades

capítulo 10

Objetivos de aprendizagem

Este capítulo desenvolve:

- o conceito de atividade;
- os conceitos ABC e ABM – administração baseada em atividades;
- o impacto no sistema de informação de custos e contabilidade geral;
- o conceito de direcionadores ou causadores de custos das atividades;
- o custeamento dos produtos utilizando o ABC;
- o conceito de atividades que adicionam valor ou não aos produtos; considerações e críticas complementares.

10.1 Introdução

A grande crítica ao custeamento por absorção está relacionada aos custos indiretos comuns, normalmente considerados fixos em relação ao volume de produção, alocados aos diversos produtos por critérios de distribuição. Os defensores do custeamento variável entendem que esses critérios, arbitrários ou subjetivos, invalidam o correto custeamento dos produtos.

Segundo alguns autores, os procedimentos de aplicação dos custos fixos indiretos de fabricação aos produtos por meio de percentuais de absorção baseados em alguma medida razoável de atividade, tais como horas-máquinas de fabricação, horas ou valor de mão de obra direta, têm produzido enormes erros na atribuição de consumo de recursos dos departamentos indiretos para os produtos individuais, provocando também sérias distorções na formação de preços de venda baseados nos custos de fabricação.

Além disso, o reconhecimento de que a competitividade industrial e as novas exigências de consumo fizeram muitas empresas mudar sua estratégia de fabricação menores, normalmente denominadas tarefas. Assim, para desenvolver uma atividade, é necessário o desenvolvimento de várias tarefas, normalmente realizadas por funcionários especializados, encarregados dessas funções.

A nomenclatura *atividade* tem sido utilizada para apoiar vários outros conceitos de gestão. No custeio ABC, atividade é uma unidade administrativa menor que um setor ou departamento, ou seja, um setor pode congregar mais de uma atividade, assim como um departamento pode e normalmente desempenha várias atividades. Dessa forma, podemos classificar o conceito de atividade para o método de custeio ABC como *microatividades*.

Atividades e departamentalização no sistema de informação

No Capítulo 4, apresentamos o conceito de departamentalização como um procedimento necessário à apuração do custo dos produtos. A departamentalização identifica os principais processos necessários à fabricação e à venda dos produtos e serviços, e é fundamental para a apuração correta e acurada dos esforços de produção e vendas dos diversos produtos e serviços da empresa por meio do tempo gasto em cada processo.

De acordo com a metodologia ABC, um departamento congrega várias atividades. Assim, caso a empresa adote essa metodologia de custeio, o conceito de departamentalização deverá sofrer um detalhamento, identificando as diversas atividades que são executadas por um departamento. Nos departamentos diretos, as atividades tendem a se identificar com os processos produtivos.

Na estruturação dos sistemas de informação, a adoção do conceito de atividade implica a adoção de um conceito complementar para a acumulação dos dados. Se no conceito tradicional o *centro de custo* é a menor célula de acumulação de dados e representa um departamento, no custeio ABC o centro de custo deverá ser detalhado em subcentros de custos (ou atividades) que, a partir de agora, se tornarão as menores células de acumulação de dados contábeis. Utilizando esse raciocínio, teremos então:

Estrutura organizacional	Sistema de acumulação de informações contábeis
Departamento	Conceito: centro de custo
Atividade	Conceito: subcentro de custo ou atividade

Alguns autores entendem que o custeamento por atividades não traz acréscimos substanciais de controle para o sistema de informação contábil. Entendemos que, de modo geral, o sistema de informação contábil deverá sofrer o impacto de mais centros de controle de custos e receitas, tendo em vista que haverá a necessidade de criação de um maior número de referenciais de acumulação de dados que nos sistemas tradicionais por centros de custos e departamentos.

Como o conceito do custo por atividades é identificar as atividades relevantes dentro dos departamentos, essas atividades tendem a ser em maior número que os departamentos ou centros de custos, gerando, assim, maior necessidade de elementos de controle.

Podemos tomar como exemplo o departamento de compras. A contabilidade tradicional apura os gastos de cada departamento por centro de custo, classificando os diversos tipos de gastos em agrupamentos de contas, conforme o exemplo apresentado a seguir.

Depto. de compras – Acumulação tradicional	$
Despesas com pessoal	100.000
Materiais indiretos	10.000
Despesas gerais	50.000
Depreciação	15.000
Total	175.000

No sistema de custos ABC, deverá haver outro subsistema de custos que permita acumulação por atividades. Como a acumulação tradicional não pode ser suprimida, o sistema ABC exige contabilização complementar e adicional, por atividades. Supondo que o setor de compras tenha pelo menos quatro atividades principais, os mesmos gastos deveriam ser acumulados também por atividade, em outro subsistema.

Custo por atividades – Exemplo	
Depto. de compras – Acumulação ABC	$
Atividades do Depto. de compras	
Desenvolver fornecedores	63.000
Fazer cotações	24.500
Colocar pedidos	52.500
Importações	35.000
	175.000

Isso implica, indiretamente, que um departamento será segmentado em atividades, multiplicando a necessidade de unidades de acumulação de custos.

ABM

Paralelamente ao desenvolvimento do conceito de custeamento baseado em atividades, surgiu o conceito de ABM – gestão baseada em atividades (*activity based management*). A ideia central da ABM é transformar o conceito de atividades no foco da gestão econômica da empresa por meio da avaliação da eficiência, da produtividade e do desempenho das atividades.

Em termos práticos, tanto o conceito ABM como o ABC acabam por se restringir à avaliação do custo das atividades e à classificação de atividades que adicionam valor ou não aos produtos e aos clientes. A proposta da ABM ressente-se da falta de critérios objetivos de mensuração da *receita* das atividades, impedindo ou dificultando a visão do *resultado* dessas atividades, tema central de gestão econômica. Dessa maneira, restou a aplicação desses conceitos ao custeamento das atividades e aos produtos.

10.3 Direcionadores de custos (*Cost Drivers*)

O conceito base do método ABC é a constatação de que o consumo de recursos na empresa é determinado pelo(s) evento(s) que é(são) executado(s) pela atividade. Em outras palavras, cada atividade dentro da empresa nasce em razão da necessidade de se executar determinados trabalhos ou tarefas, genericamente denominados atividades, que podem ser representados, do ponto de vista contábil, como eventos econômicos. Naturalmente, para o desenvolvimento dessas atividades, há a necessidade de se consumir recursos (equipamentos, mão de obra, despesas); portanto, *as atividades são as causadoras dos custos nas empresas.*[1]

Diante disso, na concepção desse método de custeio e modelo de gestão, a administração adequada dos custos deverá ser feita pela gestão das atividades, por meio de sua identificação, mensuração, registro e acumulação contábil. Daí que o modelo ABC/ABM é também denominado contabilidade por atividades.

Direcionadores de custos

Sendo as atividades as causadoras dos custos nas empresas, é necessário identificar os trabalhos ou tarefas principais que cada atividade executa, pois, quanto maior a necessidade do desenvolvimento dessas atividades, maior a necessidade de consumo de recursos e, portanto, de custos. Dessa maneira, surgiu dentro do modelo ABC o conceito de direcionadores de custos ou de atividades (*cost drivers*).

Podemos definir como direcionador de custo de uma atividade o principal trabalho ou tarefa que é executado pela atividade como forma de desempenhar sua principal função, que possa ser claramente identificada e quantitativamente mensurada e monitorada. Em outras palavras, para que se qualifique como direcionador de custo, a quantidade desenvolvida pela atividade deverá ser medida e acumulada segundo os critérios contábeis.

---

[1] Obviamente, as atividades desenvolvidas não têm apenas custos, pois cada tipo pode também ser avaliado em termos de preços de venda e de receitas. Contudo, pelo fato de a maior parte das atividades constituir-se daquelas desenvolvidas internamente, entende-se que há dificuldades de mensuração de suas receitas.

Dessa maneira, podemos aplicar à atividade a equação fundamental de qualquer custo, que é a multiplicação da quantidade consumida pelo preço incorrido.

> Equação fundamental do custo ⟶ Custo = Preço x Quantidade

Aplicando-a no conceito de atividade, teremos:

> Custo da atividade = Custo unitário da atividade x Quantidade realizada da atividade

Exemplificando, o setor de contabilidade desenvolve as atividades de lançamentos, análises de contas e emissão de relatórios contábeis. A quantidade de lançamentos contábeis, a quantidade de análises contábeis e a quantidade de relatórios contábeis poderá ser considerada como direcionador de custos do setor de contabilidade, pois, em linhas gerais, o desenvolvimento dessas atividades é que causa a necessidade de custos ao setor de contabilidade. No setor de recebimento fiscal, a quantidade de notas fiscais de entrada e a de itens constantes nas notas poderão ser consideradas como direcionadores de custos do setor de entradas fiscais. O setor de faturamento e expedição poderá ter como direcionadores de custos as quantidades de notas fiscais e faturas emitidas, a de pedidos atendida e a de fretes contratados. O setor de manutenção industrial poderá ter como direcionadores de custos as chamadas de manutenção atendidas e a quantidade de manutenções efetuadas de forma preventiva, eventualmente detalhadas por tipo de manutenção.

Tomando como referência o exemplo do departamento de compras do item anterior, após a identificação das atividades de cada departamento, haverá a necessidade de quantificar o volume da atividade desenvolvida, para, em seguida, apurar o custo médio unitário para o desenvolvimento de uma unidade de cada atividade, o custo da atividade.

Custo por atividades – Exemplo				
Depto. de compras – Acumulação ABC		Direcionador		
Atividades do Depto. de compras		Tipo	Qtde.	Custo da atividade
Desenvolver fornecedores	63.000	Fornecedores a desenvolver	40	1.575,00
Fazer cotações	24.500	Cotações a efetuar	50.000	0,49
Colocar pedidos	52.500	Pedidos a colocar	20.000	2,63
Importações	35.000	Declarações de importação	1.200	29,17
	175.000			

O objetivo do custeamento das atividades, além da transferência do custo das atividades para os produtos e serviços, é também analisar o impacto de cada atividade na estrutura da empresa e permitir sua comparação com o custo dessas atividades ao longo do tempo, bem como em relação às outras empresas, por meio de *benchmarking*.

Custos indiretos, departamentos de serviços, atividades e direcionadores de custos

De modo geral, os custos indiretos de fabricação concentram-se nos departamentos de serviços que apoiam os de produção. Sabemos que os departamentos de produção também podem ter custos indiretos, mas tendencialmente em menor relevância.

Departamentos de serviços	Direcionadores de atividades
Compras	Ordens de compras
	Cotações
Energia	Consumo de energia (kwh)
	Capacidade instalada das máquinas
Depreciação	Horas de máquinas
Pessoal e Recrutamento	Número de empregados
	Turnover
Recebimento e Expedição	Unidades manuseadas
	Quantidade de embarques
	Quantidade de recebimentos
	m² ocupados pelos materiais
Manutenção	Horas de máquinas ou horas/homens trabalhadas
	Quantidade de atendimentos
	Pessoal e equipamentos ocupados à disposição de cada produto
Planejamento e Controle da Produção	Quantidade de ordens controladas
	Horas de análise trabalhadas
Engenharias	Horas de análise trabalhadas
	Quantidade de partes projetadas
	Quantidade de processos desenvolvidos
	Pessoal ocupado à disposição de cada linha de produto
Almoxarifado e Movimentação de Materiais	m² ocupados
	Quantidade de itens estocados
	Volume manuseado
	Equipamento à disposição das linhas de produtos
	Quilometragem percorrida

Figura 10.1 **Exemplos de direcionadores de atividades nos departamentos de serviços**

O custeamento por atividades não necessariamente se baseia em identificar uma atividade para cada departamento de serviço. Esse método busca identificar as atividades relevantes que geram os custos que são necessários para os produtos. Deste modo, um departamento pode ter mais de uma atividade, assim como podem existir atividades que não necessariamente tenham de ser acumuladas por departamentos ou centros de custos. De qualquer forma, é possível que se consiga identificar uma atividade relevante para cada departamento.

10.4 ABC e custeamento dos produtos

Os métodos tradicionais de custeamento dos produtos (ou qualquer objeto de custo) fazem a alocação do custo dos recursos diretamente aos produtos. Isso pode ser visualizado a seguir.

Figura 10.2 Alocação dos custos aos produtos – Métodos tradicionais

O custo ABC é definido comumente como um método de custeamento que atribui primeiro os custos às atividades e depois aos produtos com base no uso das atividades de cada produto. O custeamento baseado em atividades apoia-se no conceito *produtos consomem atividades, atividades consomem recursos*. Isso pode ser evidenciado a seguir.

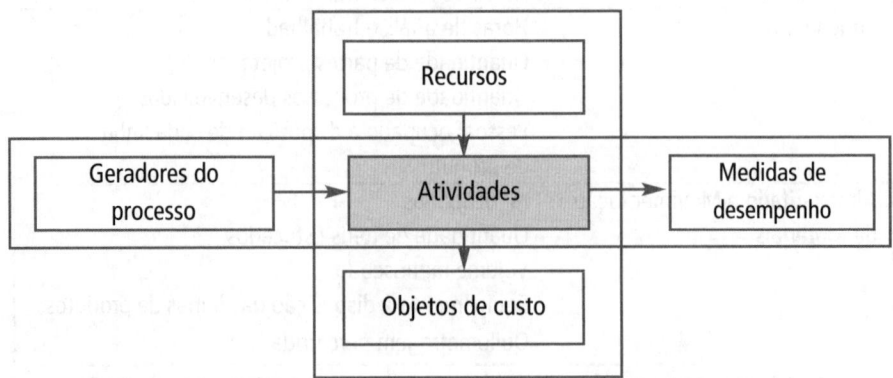

Figura 10.3 Visão conceitual resumida do custo ABC (recursos, atividades, produtos)

Fica clara a diferença básica: enquanto nos métodos tradicionais os custos indiretos são atribuídos diretamente aos produtos por meio de algum critério de rateio, normalmente considerados arbitrários, no custeio ABC busca-se reconhecer uma relação causal entre o consumo dos recursos e as atividades desenvolvidas por meio da identificação dos direcionadores de custos. Após o reconhecimento da relação causal do consumo de recursos e de custos pelas atividades, busca-se identificar os produtos que consumiram tais atividades.

No modelo ABC, a medição do custo das atividades e sua identificação quantitativa, além do processo de custeamento, são fundamentais para constituir-se em um elemento para a avaliação do desempenho das atividades e, consequentemente, de seus gestores.

Exemplo de custeamento de produtos pelo custeio baseado em atividades

Utilizando os mesmos dados do exemplo de dois produtos do Capítulo 9, mostraremos, a seguir, um exemplo de custeamento de produtos pelo método ABC. Os dados de custos diretos serão mantidos e apresentaremos exemplos de direcionadores de atividades dos departamentos de apoio à produção, comercialização e administração e suas quantidades.

O primeiro passo é a identificação das atividades dos diversos setores de apoio com seus principais direcionadores de custos, obtendo-se o custo de cada atividade desenvolvida nesses setores de apoio. O Quadro 10.1 apresenta um exemplo.

Quadro 10.1 **Custeamento das atividades**

Atividades identificadas nos departamentos de apoio			
Direcionador de custos	Quantidade	Valor	Custo por atividade
Área Industrial			
Processos desenvolvidos	500	150.000	300,00
Preparação de máquinas	6.000	60.000	10,00
Ordens de compras	1.000	50.000	50,00
Ordens de produção	2.000	30.000	15,00
Horas de máquinas	15.000	150.000	10,00
Total		440.000	
Área administrativa e comercial			
Notas fiscais/faturas/ duplicatas emitidas	2.100	42.000	20,00
Relatórios financeiros	100	28.000	280,00
Expedições	700	11.200	16,00
Pedidos de venda	500	38.800	77,60
Total		120.000	

O passo seguinte é identificar os objetos de custos que consumiram as atividades. No nosso exemplo, os objetos de custos são os produtos A e B. Tem-se, então, o custo unitário de todas as atividades por produto, conforme mostramos a seguir.

Quadro 10.2 Custo das atividades por produto

	Quantidade de direcionadores		
	Total	Produto A	Produto B
Área industrial			
Processos desenvolvidos	500	100	400
Preparação de máquinas	6.000	800	5.200
Ordens de compras	1.000	500	500
Ordens de produção	2.000	1.430	570
Horas de máquinas	15.000	4.500	10.500
Área administrativa e comercial			
Notas fiscais/faturas/duplicatas emitidas	2.100	1.500	600
Relatórios financeiros	100	50	50
Expedições	700	500	200
Pedidos de venda	500	300	200

Total do custo das atividades por produto			
	Custo unitário por atividade	Produto A	Produto B
Área industrial			
Processos desenvolvidos	300,00	30.000	120.000
Preparação de máquinas	10,00	8.000	52.000
Ordens de compras	50,00	25.000	25.000
Ordens de produção	15,00	21.450	8.550
Horas de máquinas	10,00	45.000	105.000
Total (A)		129.450	310.550
Área administrativa e comercial			
Notas fiscais/faturas/duplicatas emitidas	20,00	30.000	12.000
Relatórios financeiros	280,00	14.000	14.000
Expedições	16,00	8.000	3.200
Pedidos de venda	77,60	23.280	15.520
Total (B)		75.280	44.720
		Produto A	Produto B
Quantidade de produtos produzidos (C)		625	250
Custo das atividades industriais (A : C)		207,12	1242,20
Custo das atividades administrativas/comerciais (B : C)		120,45	178,88

Somando o custo das atividades dos setores de apoio aos produtos A e B com os dados do custeamento direto de cada um desses produtos, tem-se o total de seu custo unitário pelo método ABC, que apresentamos a seguir.

Quadro 10.3 **Custo unitário dos produtos – Método ABC**

	Produto A $	Produto B $
Custo industrial		
Matéria-prima	460,00	1.140,00
Materiais auxiliares	36,00	72,00
Mão de obra direta	200,00	300,00
Custo das atividades industriais	207,12	1.242,20
Total do custo industrial	903,12	2.754,20
Despesas operacionais		
Comissões	192,07	335,83
Custo das atividades administrativas/comerciais	120,45	178,88
Total das despesas operacionais	312,52	514,71
Custo unitário total dos produtos	1.215,64	3.268,91

Complementando a análise, temos a margem de lucro por este método de custeio. Note que há uma grande diferença quando comparamos com o método de custeio por absorção (ver Capítulo 9). Pelos métodos tradicionais, o produto A era menos lucrativo, e o B apresentava melhor margem. Pelo custo ABC, a situação se inverte, e o produto B é que tem uma lucratividade baixa, se for comparada com a do A.

Margem de lucro				
Preço de venda unitário	1.883,00	100,00%	3.292,50	100,00%
Custo industrial unitário	903,12	47,96%	2.754,20	83,65%
Despesas operacionais por unidade	312,52	16,60%	514,71	15,63%
Lucro líquido por unidade	667,36	35,44%	23,59	0,72%

Complementando a análise de rentabilidade, introduzimos os preços, custos e quantidades no modelo de demonstração de resultados total do período, apresentado a seguir no Quadro 10.4. Note que, na adoção do custeio ABC, tratando as despesas administrativas e comerciais por atividades, estas deixam de ser consideradas como despesas fixas, e assim não aparecem mais no total sendo incorporadas como custo unitário dos produtos.

Quadro 10.4 **Demonstração de resultados – Produtos A e B – Custeio ABC**

	Produto A			Produto B			
	Preços unitários	Qtde.	Total	Preços unitários	Qtde.	Total	Total geral
Vendas	1.883,00	625	1.176.875	3.292,50	250	823.125	2.000.000
Custo ABC	1.215,64	625	759.771	3.268,91	250	817.229	1.577.000
Lucro (margem) bruto	667,36	625	417.104	23,59	250	5.896	423.000
Despesas operacionais*							
Salários e despesas administrativas							0
Salários e despesas comerciais							0
Comissões sobre vendas							0
Soma							0
Lucro operacional							423.000

*Nesse método, essas despesas já estão alocadas aos produtos por meio dos direcionadores de custos.

10.5 Atividades que adicionam valor ou não

O modelo de gestão por atividades pode ser estendido para fins gerenciais e tomada de decisão, classificando as atividades entre as que adicionam valor ao produto ou não. O conceito mais difundido de adição de valor no modelo ABC/ABM é aquele segundo o qual uma atividade que não adiciona valor ao produto é aquela que pode ser eliminada sem que os atributos do produto sejam afetados; portanto, não interfere no conceito de valor do cliente. Em outras palavras, a atividade que não adiciona valor não é exigida pelo consumidor, mas existe em razão de ineficiências internas da empresa. Assim, as atividades que adicionam valor são aquelas necessárias para produzir e comercializar o produto, e, consequentemente, atender às exigências do cliente.

Em linhas gerais, as atividades consideradas não agregadoras de valor aos produtos são aquelas decorrentes do tempo despendido em atividades não produtivas ou operacionais, tais como tempo de espera, inspeção de qualidade, movimentação, manutenção, retrabalho etc. Podemos classificar genericamente essas atividades como desperdícios em potencial.

Nesse sentido, o método ABC, por permitir detalhar todas as atividades desenvolvidas dentro da empresa, possibilita essa classificação adicional, constituindo-se em um modelo de decisão para a eliminação de atividades desnecessárias ou provocadoras de desperdícios.

Contudo, muitas atividades, mesmo classificáveis como não agregadoras de valor, nem sempre podem ser eliminadas, uma vez que, à luz dos processos existentes, são imprescindíveis. Dessa maneira, uma forma de classificar essas atividades em um modelo decisório é apresentada a seguir.

Quadro 10.5 Modelo para classificação de atividades adicionadoras de valor ou não

Atividade	Custo – $	Cadeia de valor	Grau de eficiência	Necessidade	Decisão
Preparação de equipamentos (set-up)	100.000	Não adiciona valor	Eficiente	Necessária	Otimizar
Horas de equipamento utilizadas (processamento)	800.000	Adiciona valor	Eficiente	Necessária	Manter
Inspeção de qualidade	200.000	Não adiciona valor	Ineficiente	Necessária	Corrigir
Retrabalhos	100.000	Não adiciona valor	Ineficiente	Desnecessária	Eliminar
Engenharia de projeto	600.000	Adiciona valor	Ineficiente	Necessária	Corrigir
Serviço pós-venda	400.000	Adiciona valor	Eficiente	Necessária	Otimizar
Manutenção corretiva	300.000	Não adiciona valor	Eficiente	Necessária	Manter
Transporte interno	200.000	Não adiciona valor	Ineficiente	Necessária	Corrigir
Estoque em processo	450.000	Não adiciona valor	Eficiente	Desnecessária	Eliminar
Eliminação de refugos	150.000	Não adiciona valor	Ineficiente	Desnecessária	Eliminar
	3.300.000				

Resumo – Custo das Atividades

Adicionam valor	1.800.000	54,5%
Não adicionam valor	1.500.000	45,5%
	3.300.000	100,0%

Neste exemplo, há um grande percentual de atividades consideradas não agregadoras de valor, atingindo 45,5% do custo total das atividades classificadas.

10.6 Considerações complementares

O modelo ABM, como o custeio ABC, tem sido reconhecido, por uma grande parte dos cientistas contábeis, como uma solução inovadora e importante para a de produtos homogêneos estocáveis para produtos diversificados, especificados para cada cliente, obriga as empresas a procedimentos mais acurados de custeamento dos produtos para gestão estratégica de custos e produção.

Dessas pesquisas surgiu um novo método de custeamento denominado custeio baseado em atividades (custo ABC, do inglês, *activity based cost*), que procura aprimorar o custeamento dos produtos por meio de mensurações corretas dos custos fixos indiretos, sobre as atividades geradoras desses custos, para acumulação diferenciada ao custo dos diversos produtos da empresa.

Podemos, então, definir o custo por atividade como um método de custeamento que identifica um conjunto de custos para cada evento ou transação de cada atividade na organização, que age como um direcionador de custos. Os custos indiretos são alocados aos produtos e serviços na base do número desses eventos ou transações que o produto ou serviço tem gerado ou consome como recurso. O custeamento por atividades também é denominado custeio baseado em transações.

Custeio ABC, custos diretos/variáveis e despesas administrativas e comerciais

Ressaltamos que o método ABC de custeamento dos produtos não afeta a apuração dos custos variáveis e diretos para cada produto, ou seja, essa etapa do custeamento dos produtos é a mesma do custeio por absorção, assim como já o é, naturalmente, do custeio variável/direto.

O custeio ABC preocupa-se exclusivamente com os custos indiretos ou fixos, objetivando identificar, primeiro, os elementos causadores de seu consumo e, apenas posteriormente, promover a alocação aos produtos. Como os custos variáveis e diretos já estão alocados corretamente, não há necessidade de tratamento diferenciado para esses elementos de custos.

Outro aspecto relevante na filosofia do custeio ABC, que o diferencia do custeio por absorção, é que ele estende o método aos gastos administrativos e comerciais e, da mesma maneira, procura identificar os elementos causadores dos gastos de cada atividade, para depois alocá-los aos produtos. Desse modo, o mais correto, em termos de comparação entre métodos de custeio, é comparar o custeio ABC com o custeio integral.

10.2 Atividades, ABC e ABM

O ponto central do custeio ABC é o conceito de atividade. Podemos definir atividade como o menor segmento de responsabilidade, dentro da empresa, que gera um produto ou um serviço e consome recursos para sua execução necessária à geração desses produtos ou serviços. Uma atividade deve congregar várias outras gestão econômica e, principalmente, para os custos, tanto que tem sido denominado também gestão estratégica de custos. Contudo, os defensores do método de custeio variável não reconhecem vantagens adicionais naquele método, tratando-o meramente como uma nova versão do custeio por absorção ou custeio integral. Apresentamos, a seguir, considerações complementares sobre o método ABC, algumas das quais adotam um posicionamento crítico até adverso.

Custo ABC para controle de custo e estratégia de produtos

As vantagens do custeamento por atividades, como método para proceder a uma distribuição mais acurada dos custos indiretos de fabricação aos produtos parecem claras. O método permite apurar custos de forma mais precisa, ao mesmo tempo que auxilia no processo de controle dos custos das atividades.

Da mesma forma, partindo do pressuposto de que a empresa, por meio de sua alta administração, decide as atividades que quer, deve e pode manter dentro da organização, pode-se também pensar que os departamentos de serviços e suas atividades *são para a empresa* (e seu negócio), e *não* especificamente para os produtos. Nesta linha de pensamento, a utilização do método de custeamento por atividades, para definir a estratégia de entrada de novos produtos ou a eliminação de produtos existentes, deve ser aplicada com maior cuidado.

Interpretando o custeamento por atividade como mais um método de distribuição de custos indiretos, podemos voltar a enfatizar o custeio por absorção para tomada de decisão em detrimento das técnicas do custeamento direto ou variável, as quais, para esse tipo de gerenciamento, apresentam comprovadas vantagens teóricas.

Exemplificando, ao decidirmos a entrada de um novo produto na linha de produtos da empresa, fazemos estudo de custos, estimando seu custo unitário. Se, ao estimarmos o custo unitário do novo produto incluirmos como custo o quanto ele consumirá unitariamente das diversas atividades dos departamentos de serviços, poderemos até decidir pela sua não produção, caso o custo unitário total suplante o preço de venda estimado ou apresente uma margem insignificante.

Nesta linha de pensamento, poderemos provocar a perda das possíveis receitas marginais que adviriam desse novo produto, o que é indesejável para a empresa.

Atividade que adiciona valor

A visão de agregação ou não de valor que as atividades desenvolvidas internamente podem trazer ao produto pode ser criticada, considerando-se como ponto de partida a visão tradicional de que o preço de venda de um produto é dado pelo mercado, e este é seu valor máximo. Nesse sentido, nenhuma atividade interna, seja de processamento, de movimentação, inspeção ou espera, pode aumentar o valor do produto final, pois seu valor de venda já é dado pelo mercado.

Outra consideração a ser feita é que, na realidade e em linhas gerais, é praticamente impossível para o cliente saber quais atividades são necessárias ao produto final, e, portanto, não tem condições de exigir o desenvolvimento de alguma atividade pela empresa. Para o cliente, basta estar satisfeito com o serviço gerado pelo produto adquirido que compra a preço de mercado.

Por um lado, o conceito de atividade que adiciona ou não valor estaria relacionado apenas à questão de atividades necessárias ou não para os processos operacionais e à eficiência de seu desempenho. Por outro lado, espera-se, em condições normais, que nenhuma empresa internalize ou desenvolva atividades desnecessárias. Dessa maneira, esse conceito ficaria restrito apenas à questão da eliminação de desperdícios, situação que é natural a empresa monitorar com frequência, independente do modelo de gestão adotado e do conhecimento de seu custo real.

Produtos que consomem atividades

Outra crítica significativa é o custeamento dos produtos por meio da identificação das atividades consumidas por eles. Em inúmeros casos, a atividade não trabalha diretamente para os produtos e, para atribuição a eles, resta apenas uma possibilidade de distribuição percentual, por estimativa, que é um critério de absorção, e não de custeamento de atividades.

Como exemplos de atividades que não trabalham diretamente para os produtos podemos citar:

a. compra de materiais indiretos;
b. compra de materiais diretos, mas sem conhecimento, por ocasião da compra e do estoque, de que produto será gerado, pois é de uso geral (compra-se tecido para diversos tipos de camisa; compram-se produtos químicos para diversos tipos de tinta etc.);
c. manutenção de equipamentos que trabalham para todos os produtos;
d. manutenção de obras civis;
e. preparação de máquinas para peças intercambiáveis em vários produtos;
f. engenharia de projeto para família de produtos etc.

Nesses casos, não há possibilidade de utilizar o conceito de que as atividades consomem os recursos e os produtos consomem as atividades.

ABC e volume de atividade

Esta talvez seja a crítica mais consistente ao modelo. Ao custear a atividade sobre uma quantidade de direcionadores, o método transforma custos indiretos (e, na maioria, fixos) em variáveis por meio da obtenção de um custo unitário.

Contudo, a maior parte das atividades desenvolve tarefas e trabalhos em um intervalo relevante de produção, em que os custos são fixos. Assim, a utilização de um custo unitário da atividade só é válida dentro de uma quantidade adotada ou assumida, não podendo ocorrer fora do padrão adotado.

Essa característica deixa o sistema com poucas possibilidades de uso sistêmico, ficando a utilização do custo unitário apenas para a quantidade adotada, sem condições de repetição, dando um caráter de custeio estático.

Custo ABC e as novas tecnologias de produção (JIT, CIM)

O conceito de *just-in-time* (JIT) para administração de produção e redução de estoques gera efeitos na redução de custos quando identifica atividades que podem ser eliminadas ou reduzidas, tais como inspeções, pedidos, requisições, movimentos de materiais, ocupação de espaços para inventário etc. Neste sentido, é esperado que as empresas que implementem o JIT para administração da produção implementem também o sistema de custo ABC, já que o enfoque desse método de custeamento nas atividades vem reforçar as possibilidades de redução ou eliminação de custos e desperdícios, e também de atividades.

É importante lembrar que as novas tecnologias de produção, como o ambiente CIM (*Computer Integrated Manufacturing*), que inclui FMS (*Flexible Manufacturing Systems*), criam as denominadas células de produção. Esse elemento vem reforçar a possibilidade do custo ABC, porque o custo de cada célula também pode ser encarado como uma atividade que gera custos comuns, os quais são requisitados pelos diversos produtos da empresa.

Procedimentos para implantação e utilização do sistema ABC

Os passos apresentados a seguir indicam as etapas para a implantação e utilização do sistema de custeamento ABC.

Custeamento por atividades Metodologia de implantação e utilização	
1º Passo	Identificar as atividades dos setores indiretos
2º Passo	Escolher o melhor direcionador de custo (*cost driver*) de cada atividade
3º Passo	Quantificar periodicamente as quantidades dos direcionadores realizados pelas atividades
4º Passo	Mensurar quanto se gasta periodicamente para realizar a atividade
5º Passo	Custear unitariamente cada atividade
6º Passo	Identificar a quantidade de direcionadores de cada atividade consumida por produto ou serviço
7º Passo	Custear unitariamente o total das atividades para cada produto ou serviço e inserir no custo unitário total

Questões e exercícios

1. Explique o que é direcionador de custo e sua importância no custeio ABC.
2. Tomando como exemplo os setores a seguir, procure identificar as principais atividades que possam ser desenvolvidas por eles e que mereçam um tratamento de direcionadores de custos:

   Departamento de Controladoria   Auditoria de Qualidade
   Departamento Financeiro   Departamento de Faturamento
   Departamento de Auditoria Interna   Administração de Comercialização

3. Identifique a diferença básica entre os custeamentos tradicional e ABC.
4. Com base na solução do exercício 1 do Capítulo 9, faça o custeamento dos produtos A e B pelo critério de custeio por atividades (custo ABC), considerando o detalhamento e as seguintes informações para os custos e as despesas fixas indiretas. Compare com o resultado final obtido pelo critério de custeio por absorção.

   • Custos fixos $ 58.500
   • Despesas fixas $ 19.500
   Detalhamento:

	Gasto total	Quantidade do direcionador		Direcionador
		Produto A	Produto B	
Custos indiretos				
Departamento de Suprimentos	$ 12.000	8	32	Ordens de compra
Departamento de Almoxarifado	$ 12.900	240	160	Movimentações de estoque
Controle de Produção	$ 24.000	60	20	Lotes de produção
Depreciação	$ 9.600	1.800	3.000	Horas de máquinas
Total	$ 58.500			
Despesas indiretas				
Departamento de Faturamento	$ 19.500	200	40	Faturas emitidas

5. Uma empresa produz dois tipos de fitas cassete, *standard* e de alta qualidade, e custeia seus produtos pelo método de absorção. Os custos indiretos de fabricação são normalmente alocados pelo critério de proporcionalidade sobre o valor da mão de obra direta empregada em cada produto.

Os seguintes dados foram levantados em um período:

	Standard	Alta qualidade	Total
Mão de obra direta	$ 174.000	$ 66.000	$ 240.000
Materiais	125.000	114.000	239.000
Custos indiretos de fabricação	–	–	440.000
Quantidade produzida	300.000 unid.	100.000 unid.	
Preço de venda unitário	$ 1,95	$ 3,60	

A empresa estava descontente com o método tradicional, que indicava produto com prejuízo, e fez um estudo para implantar o custo ABC, levantando os seguintes dados:

		Quantidade de direcionadores		
Direcionador de Custos	Custos atribuídos	Standard	Alta qualidade	Total
Número de lotes de produção	$ 170.000	40	10	50
Testes de qualidade efetuados	153.000	12	18	30
Pedidos de embarque processados	60.000	100	50	150
Número de *set-ups*	30.000	10	15	25
Número de *kits* de peças requisitadas e manuseadas	27.000	160	50	210
Total custos indiretos	$ 440.000			

a. Calcule o custo unitário de cada produto pelo critério tradicional por absorção.

b. Calcule o custo por direcionador de atividade e o total dos custos indiretos por produto.

c. Calcule o custo unitário de cada produto pelo método ABC.

d. Faça a análise comparativa de lucratividade dos produtos pelos dois critérios.

capítulo 11

Formas de Custeio: Custo Padrão e Custo de Reposição

Objetivos de aprendizagem

Este capítulo desenvolve:

- os conceitos, as finalidades e os tipos de custo padrão;
- as diferenças entre o custo padrão e os custos orçados e estimados;
- critérios para a construção do custo padrão dos elementos do custo de um produto;
- metodologia para a apuração e análise das variações entre o custo real e o custo padrão;
- considerações sobre o custo padrão, tecnologias e conceitos de produção, e o sistema de informação contábil.

Definido o método de custeio, a etapa seguinte consiste em escolher a forma ou o sistema de custeio. Como já vimos, a forma de custeio está ligada à teoria e aos modelos de mensuração. Nesse momento, trata-se de optar pelo padrão monetário a ser utilizado neste método.

O modelo de mensuração natural parece ser obviamente o custo real. Nos primórdios da contabilidade de custos, isto era uma verdade. Contudo, a consolidação dos conceitos de planejamento, o orçamento, a administração por metas ou objetivos e o desenvolvimento de produtos trouxeram a necessidade gerencial de antecipação da informação do custo futuro dos produtos e serviços. Tendo em vista que para calcular o custo real é necessário o uso de informações passadas, surgiu o conceito de custo padrão, calculado com base em eventos futuros ou desejados de custos, que podem ou não acontecer na realidade da empresa.

11.1 Definição

Um padrão representa medidas físicas e monetárias relativas a elementos de receita e do custo de eventos, transações e atividades adequadamente mensurados, que deveriam ser atingidos considerando-se condições preestabelecidas, vinculadas à decisão de elaborar uma unidade de produto ou serviço em determinado momento do tempo[1].

O custo padrão tem as seguintes características:

- compõe-se de elementos físicos e monetários;
- utiliza dados e informações que devem acontecer no futuro;
- deve ser cuidadosamente predeterminado em bases unitárias;
- aplica-se basicamente a operações repetitivas, servindo de medida predeterminada estável para processos e atividades organizacionais específicas;
- deve servir de modelo de comparação ou meta.

Custos orçados ou estimados

A diferença entre estes e custo padrão é que os orçados procuram identificar os custos que deverão ocorrer no futuro, ao passo que o padrão pode incorporar metas de realização de custos. Os custos orçados têm por base antecipar os gastos que deverão ocorrer e que afetarão o custeamento dos produtos. Em outras palavras, custos orçados ou estimados têm como foco os custos que devem acontecer, já o padrão, os custos que deveriam acontecer.

11.2 Finalidades do uso do custo padrão

Custo padrão é uma das técnicas para avaliar e substituir a utilização do custo real. Independentemente de a empresa utilizar o método do custeio direto ou por absorção, ela pode fazer uso do conceito de custo padrão, que se diferencia do custo real no sentido de que é normativo, objetivo, proposto ou um custo que se deseja alcançar.

Por isso, na elaboração do padrão, a empresa pode incorporar metas a serem atingidas pelos diversos setores fabris e operacionais, de modo que tais avaliações de custos sejam alcançadas. Neste sentido, o custo padrão é uma ferramenta indispensável para o controle dos custos, das operações e das atividades.

---

[1] PELEIAS, Ivan Ricardo. *Contribuição à formulação de um sistema de padrões e análise ótica do modelo Gecon*. Tese de Doutoramento. São Paulo, FEA/USP, 1999, p. 102.

O custo padrão pode ser utilizado para diversas metas ou objetivos. Entendemos, porém, que seu maior objetivo está ligado aos conceitos de controle empresarial. Assim, os objetivos mais importantes do custo padrão seriam:

a. determinação do custo, que deve ser o custo correto;
b. avaliação das variações ocorridas entre o real e o padronizado;
c. definição de responsabilidades e obtenção do comprometimento dos responsáveis por atividade padronizada, servindo de elemento motivacional;
d. avaliação de desempenho e eficácia operacional;
e. base para o processo orçamentário.

Além disso, podemos identificar outros aspectos importantes, como veremos a seguir.

Substituição do custo real

Custo real representa o custo ocorrido. Como instrumento de planejamento estratégico ou operacional, o custo real não tem nenhum significado, já para a avaliação de inventário, serve apenas para atender às necessidades legais e fiscais da contabilidade empresarial.

O custo real tem validade somente no sentido de que, após a análise de sua variabilidade, sobre um custo padrão, identificam-se as causas das variações e, por meio delas, possibilita-se a correção dos rumos atuais. Para o dia a dia, o custo padrão tem muito mais utilidade que o real. Além disso, este último apresenta muita variabilidade unitária, uma vez que depende do volume de atividade, produção ou venda. Adicionalmente, sabe-se que um sistema de apuração do custo real para todas as atividades, processos, produtos e serviços tende a ser lento e caro.

Outra vantagem da substituição do custo real é que o custo padrão não precisa ser calculado mensalmente. Seu cálculo pode ser feito em períodos maiores, como seis meses ou um ano. Sua atualização pode ser feita pelos critérios de inflação interna da empresa.

Formação de preços de venda

É uma das melhores utilizações do custo padrão. Embora, teoricamente, seja o mercado que dite o preço de venda dos produtos, este deve ser inicialmente calculado com base nas condições de custo das empresas. Dessa forma, como elemento inicial para a formação de preços de venda, devemos utilizar o custo padrão, pois traz todos os elementos necessários para parametrizar um preço de venda ideal. Este assunto será estudado no Capítulo 13.

Acompanhamento da inflação interna da empresa

Outra utilização do custo padrão ocorre no acompanhamento da inflação interna da empresa. A estrutura de custos padrão é a base de dados mais recomendada para a construção das cestas de apuração desta inflação. Mensalmente, utilizamos as estruturas padrão para avaliar o crescimento do nível dos custos internos da companhia.

11.3 Tipos de padrão

Como dissemos, na elaboração do padrão alguns conceitos podem ser adotados pelas empresas a fim de servir de base para a elaboração do custo padrão dos produtos. Vejamos os principais tipos.

Custo padrão ideal

Seria o custo padrão calculado de forma científica, em que todas as condições de utilização máxima dos recursos produtivos, de estrutura de produto e de processo de fabricação pudessem ser alcançadas. Representa o custo de um produto que ocorre sem nenhum desperdício ou ociosidade, em condições ideais de produção, com os melhores equipamentos e recursos humanos. Como meta, é muito provável que nunca vá acontecer, dadas as imperfeições ambientais, empresariais e de mercado.

Tomado como meta, faria que todos os setores da empresa se empenhassem em atingi-lo, mas poderia até ser desmotivador, em caso de insucesso.

Custo padrão corrente

Neste caso, buscam-se padrões de custos e produção que, mesmo calculados cientificamente, considerem as eventuais condições correntes da empresa. Este custo é tomado como meta para todos os setores da empresa, mas em patamares que, embora ideais e difíceis de se obter, permitam seu alcance. É um custo ideal, adaptado, que pode ser atingido.

Devem-se incorporar no custo padrão todos os objetivos de busca de eficiência, de produtividade e de qualidade fabril que estejam disponíveis à empresa.

Custo padrão baseado em dados passados

O custo padrão também pode ser calculado considerando-se os dados reais já ocorridos, pressupondo-se que estes tenham significância e possam servir para parâmetros futuros. Como é próprio de informações futuras baseadas em dados do passado, é importante saber que o que aconteceu antes seguramente não se repetirá. Portanto, os riscos de falhas na construção deste padrão são possíveis.

11.4 Custo padrão, custeamento por absorção e orçamento

A aplicação da forma de custeamento padrão serve para qualquer método de custeio, seja direto/variável, seja por absorção ou custeamento ABC. É natural a aplicação do custo padrão para o custeamento direto/variável, por ser o principal elemento de custos.

A questão que pode ser colocada é sobre a validade, para fins de tomada de decisão, da elaboração de custo padrão com os métodos que tenham rateio, como o custeamento por absorção e o ABC. Em outras palavras, a questão é se se deve fazer padrões para os custos indiretos de fabricação.

Custo padrão para custos indiretos de fabricação (overhead)

Os custos indiretos de fabricação, também denominados na literatura norte-americana custos de *overhead*, representam os gastos com setores, departamentos ou atividades de apoio à fábrica. Os principais setores indiretos que apoiam a fábrica são:

- Diretoria ou gerência industrial;
- Planejamento e controle de produção (PCP);
- Manutenção;
- Qualidade;
- Controle de estoques;
- Compras, eventualmente, etc.

Nosso entendimento é que é necessária a estruturação do custo padrão para os setores indiretos, para cada unidade de negócio industrial, já que os responsáveis pelas fábricas devem ter um padrão de *overhead* ou gasto com setores de apoio. Em outras palavras, devem-se ter metas financeiras, incorporadas ao custo padrão, de custos máximos admissíveis para os setores de apoio fabril.

Nível de atividade

A construção dos padrões de custos indiretos de fabricação está intrinsecamente ligada ao padrão de quantidade ou ao nível de atividade em que serão estruturados os padrões, ou seja, como os padrões são construídos para determinado período de tempo. Deve-se assumir um nível de atividade (volume ou quantidade de produção) que permaneça estático para aqueles padrões que estão sendo construídos.

Nesse sentido, a análise das variações do custo padrão dos custos indiretos de fabricação tem validade, uma vez que está alinhada a apenas um único nível de capacidade.

Orçamento

Os dados para estruturação dos padrões devem vir, primariamente, dos dados constantes do orçamento para o período em questão. Quando o orçamento compreende um nível de atividade normal, os dados a serem utilizados para a construção dos padrões serão os mesmos, exceto, eventualmente, na depreciação, em que poderão ser aplicadas formas de mensuração diferentes.

Em linhas gerais, os dados do orçamento deverão sofrer adaptação para construção dos padrões quando o orçamento já prevê que no período orçado a empresa trabalhará com capacidade ociosa. Como a construção dos padrões prevê que estes sejam construídos em condições normais de produção e venda, neste caso, os dados do orçamento terão de ser adaptados para a construção dos padrões.

11.5 Construção do padrão

Tendo como foco o custo unitário dos produtos e serviços, devemos construir padrões para todos os elementos de custos formadores do custo dos produtos e serviços.

A literatura tradicional propõe a construção de três blocos de custos padrão, quais sejam:

- custo padrão dos materiais diretos;
- custo padrão da mão de obra direta;
- custo padrão dos custos indiretos de fabricação.

Atualmente, a prática dos negócios e os ERP têm estruturado os padrões em quatro blocos de custos:

- custo padrão dos materiais diretos;
- custo padrão do custo direto de fabricação, para cada departamento direto;
- custo padrão do custo indireto de fabricação, para os departamentos indiretos;
- custo padrão da depreciação direta.

Adotaremos em nosso exemplo a segunda abordagem, que julgamos a mais coerente para o momento atual.

Materiais diretos

Os materiais necessários, com suas respectivas quantidades, para se produzir determinado produto, são evidenciados pela estrutura do produto. Esses dados são originados pela engenharia de desenvolvimento de produtos, durante a feitura do projeto original mais as suas atualizações.

Muitos produtos, principalmente os que são elaborados por processo contínuo utilizando matéria-prima a granel, têm certo grau de perda ou refugo que, em condições técnicas ou científicas, devem ser incorporados ao padrão de quantidade.

O preço padrão dos materiais diretos é aquele obtido em condições normais de negociação de compra. A ele devem ser incorporadas as eventuais despesas que fazem parte do custo unitário dos materiais.

É importante ressaltar aqui a questão dos prazos de pagamento das compras. O preço padrão dos materiais e dos demais insumos industriais deve ser sempre calculado na condição de compra de pagamento à vista. Todos os encargos financeiros de juros incorporados nos preços de compra devem ser expurgados, para trazer os preços à condição de preços à vista. Com isso será possível a adoção de um custo padrão em uma data base e sua atualização pela inflação interna da empresa.

Exemplo:

Padrão de quantidade	
Toneladas de material A por unidade de produto	21,0
Perda normal estimada no processo	0,8
Estimativa de refugos	0,3
Quantidade padrão por unidade de produto	22,1
Padrão de preço	
Preço de compra sem impostos recuperáveis	$ 20,70
(–) Custo financeiro de pagamento a prazo	(2,70)
Preço de compra à vista	18,00
Frete e despesas de recebimento	2,00
Preço padrão do material A	$ 20,00

Mão de obra direta

Normalmente, a mão de obra direta padrão é determinada pela quantidade de horas necessárias de pessoal ou pela de funcionários diretos em todas as fases do processo de fabricação do produto.

A base para a construção dos padrões de mão de obra direta é, então, o processo de fabricação. Todas as atividades e processos necessários para fazer o produto requerem operários para manuseio dos materiais ou dos equipamentos durante os processos.

As estimativas ou os padrões de necessidade de mão de obra direta podem ser cientificamente calculados quando se trabalha em ambientes de alta tecnologia de produção, gerenciados por sistemas computacionais. Em outros casos, podem ser feitos estudos de tempo por meio de operações simuladas antecipadamente em ambientes reais. Em todos os casos, deve haver um estudo para quebras, refugos, retrabalho, manutenção e necessidades do pessoal.

A base para a valorização dos custos de mão de obra direta deve incluir toda a remuneração dos trabalhadores mais os encargos sociais de caráter genérico. De modo geral, utiliza-se o critério de custo médio horário dos salários de cada departamento de produção ou da célula/atividade de processo pela qual passa o produto por meio dos centros de custos ou de acumulação por atividades.

Exemplo:

Padrão de quantidade	
Horas necessárias de mão de obra para montagem completa de uma unidade do produto final	10,00
Paradas para manutenção e necessidades pessoais	1,00
Horas estimadas de retrabalho de qualidade	0,50
Horas padrão por unidade de produto	11,50
Padrão de valor	
Salário horário médio do setor de montagem	$ 11,62
Encargos sociais legais	$ 9,29
Benefícios espontâneos	$ 2,32
Custo horário de mão de obra direta	$ 23,23

Custo direto de fabricação

Mão de obra direta é o principal gasto do custo direto de fabricação, que é representado pelos setores, departamentos ou atividades que manipulam objetivamente os produtos e serviços e que compreendem os gastos com a mão de obra direta aplicada nos roteiros de fabricação.

Dentro dos gastos dos setores diretos de fabricação, além da mão de obra direta, também ocorrem outros, comumente (até equivocadamente) denominados custos indiretos:

- mão de obra indireta da chefia;
- consumo de materiais indiretos para os processos fabris;
- gastos gerados pela mão de obra direta (energia elétrica, materiais de consumo, treinamento, materiais de expediente etc.);
- depreciação dos equipamentos ou instalações indiretas, como móveis, computadores, ferramentas etc.

Exceto com relação à mão de obra indireta da chefia, os demais gastos claramente têm vinculação com a mão de obra direta e decorrem da sua existência. A questão que poderia ser discutida se refere à mão de obra da chefia. Mesmo que, conceitualmente, seja indireta, não deve ser relevante, até porque ela também tem um vínculo intrínseco com a mão de obra direta. Neste sentido, entendemos que é mais adequado tratá-la, como os demais gastos dos setores diretos, como custo direto de fabricação.

De acordo com este critério, em vez de padronizarmos apenas o custo horário da mão de obra direta, faremos a padronização do custo horário total de cada setor direto, que estamos denominando custo direto de fabricação.

Os dados apresentados a seguir mostram um exemplo de cálculo incorporando ao custo da mão de obra direta os demais custos do departamento, exceto a depreciação direta. No exemplo, os setores diretos são os X e Y. A base para o cálculo dos padrões é a quantidade horas, que é utilizada para todos os gastos de cada departamento.

Construção de padrões – custo direto de fabricação – Valores orçados anuais

Custo da mão de obra direta	Homens diretos	Mão de obra direta	Horas diretas	Custo horário
Diretos			b	a : b
Setor X	20	906.400	40.000	22,66
Setor Y	30	1.393,930	60.000	23,23
Total/Média	50	2.300,330	100.000	23,00

Custos indiretos – Setores diretos Setor/Processo/ Departamento diretos	Mão de obra indireta	Despesas gerais	Materiais indiretos	Depreciação indireta	Total a	Horas diretas b	Custo horário a : b
Setor X	100.000	20.000	200.000	30.000	350.000	40.000	8,75
Setor Y	150.000	120.000	350.000	38.000	658.000	60.000	10,97
Total/Média	250.000	140.000	550.000	68.000	1.008.000	100.000	10,08

Custo indireto de fabricação

O padrão deste elemento de custo utilizará apenas os gastos dos departamentos de apoio à fábrica, que estamos denominando custo indireto de fabricação, ou *overhead*, conforme exemplo apresentado a seguir.

Construção de padrões – Custo indireto de fabricação – Valores orçados anuais

Custos indiretos – Setores Indiretos Setor/Processo/Departamento	Mão de obra indireta	Despesas Gerais	Materiais indiretos	Depreciação indireta	Total
Setor A	200.000	170.000	20.000	12.000	402.000
Setor B	350.000	150.000	45.000	15.000	560.000
Total/Média	550.000	320.000	65.000	27.000	962.000 a
Gastos diretos de fabricação – Mão de obra direta e outros *Overhead*					3.308.330 b
					29,08% a : b

Construção de padrões – Custo total fabricação – Valores orçados anuais

Custo total de fabricação	Custos diretos			Indiretos OH – %	OH – Valor	Custo total
	Mão de obra direta	Demais	Soma			
Setor X	22,66	8,75	31,41	29,08%	9,13	40,54
Setor Y	23,23	10,97	34,20	29,08%	9,95	44,14
Total/Média	23,00	10,08	33,08	29,08%	9,62	42,70

O exemplo contempla o critério de absorção dos custos indiretos de fabricação sobre o total dos custos diretos de fabricação de todos os departamentos da fábrica ou unidade de negócio. No nosso exemplo, a fábrica ou unidade de negócio estão representadas no custo direto de fabricação pelos setores diretos X e Y. Os setores indiretos de apoio estão representados pelos setores A e B.

Foi apurado que o somatório dos gastos dos setores indiretos é de $ 962.000. O somatório dos setores diretos é de $ 3.308.330 ($ 2.300.330 de mão de obra direta e $ 1.008.000 dos demais custos dos setores X e Y).

O percentual de *overhead* ou absorção obtido é de 29,08%. Isto quer dizer que, em média, para o padrão a ser adotado, para cada $ 1,00 de custos diretos de fabricação a empresa gasta $ 0,2908 de custos indiretos.

A conclusão do padrão de custo indireto de fabricação é a aplicação do percentual de 29,08% ao custo horário unitário de cada setor direto, obtendo-se o custo indireto de fabricação a ser adicionado, a partir da aplicação do percentual.

Depreciação direta

A literatura tradicionalmente trata todo valor da depreciação como custo indireto. Como vimos no Capítulo 5, a depreciação dos equipamentos utilizados nas fases dos roteiros de fabricação deve ser alocada direta e unitariamente aos produtos e serviços produzidos. Assim, todos os equipamentos diretos devem ter sua depreciação transformada em custo padrão.

Os dados apresentados a seguir mostram um exemplo de cálculo da depreciação direta de equipamentos constantes do roteiro de fabricação.

Construção de padrões – Depreciação direta – Valores orçados anuais

Depreciação direta	Dados padrão		Custo
	Valor	Horas	
Máquina H	300.000	4.000	75,00
Equipamento Z	500.000	6.000	83,33

Como o custo padrão é um instrumento gerencial, o valor base dos equipamentos para apuração do padrão horário (pode ser por volume, quando os equipamentos têm relação direta com a quantidade) pode ser o custo de reposição do equipamento, não devendo se prender ao custo da depreciação contabilizada ou utilizada para fins fiscais.

O cálculo do custo padrão da depreciação direta também deve ser consistente com o critério das práticas contábeis, de tal forma que se incorpore ao padrão o custo baseado no valor depreciável, ou seja, o custo de reposição menos o valor residual (valor provável de venda após vida útil), conforme exemplo a seguir.

Critério de cálculo consistente com as práticas contábeis

Valor do bem (valor de reposição)	$ 200.000
(-) Valor residual após a vida útil esperada	(80.000)
= Valor depreciável	120.000

11.6 Ficha padrão

O resumo dos dados padrão de cada produto, quantidades e valores deve ser apresentado conjuntamente em um relatório denominado ficha padrão, também conhecido como ficha técnica.

Exemplo:

Quadro 11.1 Ficha Padrão – Custo padrão do produto

Ficha padrão	Quantidade	Unidade de medida	Custo unitário – $	Total – $
Materiais diretos	22,1	Toneladas	20,00	442,00
Mão de obra direta – Setor Y	11,5	Horas	23,23	267,17
Custos indiretos – Setores diretos	11,5	Horas	10,97	126,12
Custos indiretos – Setores indiretos	11,5	Percentual	9,95	114,43
Subtotal	11,5		44,15	557,76
Depreciação direta – Máquina H	11,5	Horas	75,00	862,50
Total				1.812,21

11.7 Periodicidade da construção do padrão

Custo padrão mensal

Apesar de possível, não é condizente com a filosofia do custo padrão, por ser um elemento que carrega dentro de si metas a serem alcançadas, que normalmente pressupõem um período mais longo. Além disso, seria muito trabalhoso, contrariando o conceito de sua construção, que é o de possibilitar a substituição do custo real.

Custo padrão em uma data base

É a prática mais utilizada. Elabora-se o custo padrão em determinado mês, considerando-se aspectos de projeções e metas a serem alcançadas dentro de determinado período, por exemplo, seis meses, ou um ano.

Custo padrão em moeda estável

Neste caso, elabora-se o custo padrão em uma moeda forte, nacional (Ufir etc.) ou estrangeira (dólar, euro, marco, iene etc.). Uma possibilidade de custo padrão em moeda estável é a construção de padrões criando-se indicadores internos de inflação.

Custo padrão em data base atualizado pela inflação interna da empresa

Integrando a construção do padrão, com periodicidade anual ou semestral, em uma data base, com o objetivo de incorporar metas a serem alcançadas no período futuro, entendemos como a opção mais viável de acompanhamento das variações de preços do custo padrão sua atualização por indicadores de inflação interna da companhia.

Com isso é possível manter o controle das variações dos preços, bem como o conceito de padrão como meta, que não deve ser alterado pelas flutuações de preços.

Como já frisamos, é importante a construção do padrão com preços à vista sem encargos financeiros ou efeitos monetários embutidos, para que se possa aplicar convenientemente os conceitos de inflação interna da companhia.

11.8 Análise das variações

Um dos pontos-chave na elaboração do custo padrão, que contém metas a serem atingidas, é sua verificação junto ao custo real. Temos, então, a análise das variações entre o custo padrão – o que deveria ser atingido e o custo real –, o que aconteceu. Diante das análises, verificam-se os problemas e as medidas corretivas são tomadas para que os padrões possam ser alcançados.

A equação fundamental de contabilidade de custos

Toda análise das variações fundamenta-se na equação fundamental de custos, que é a resultante da multiplicação do preço unitário dos fatores de custo pelas quantidades utilizadas desses insumos industriais.

Equação Fundamental de Custo

> Custo do insumo = Preço do insumo x Quantidade de insumo utilizada

Abreviando, temos:

$$C = P \times Q$$

Esquema genérico de análise das variações

O conceito geral de análise das variações entre os custos padrão e real está em separar, do total da variação de cada tipo de insumo industrial, a parcela que foi ocasionada por variações de volume, ou quantidade da parcela que foi ocasionada por variações de preços.

Assim, um esquema geral para análise das variações dos insumos industriais pode ser representado pelo seguinte modelo:

```
                          Variação total
          ┌──────────────────────┴──────────────────────┐
     Variação de preço                        Variação de quantidade
          (A – B)                                    (B – C)
     • de materiais                            • de materiais
     • de taxa horária                         • eficiência de mão de obra
     • custos indiretos variáveis              • eficiência de custos indiretos
                                                  variáveis
```

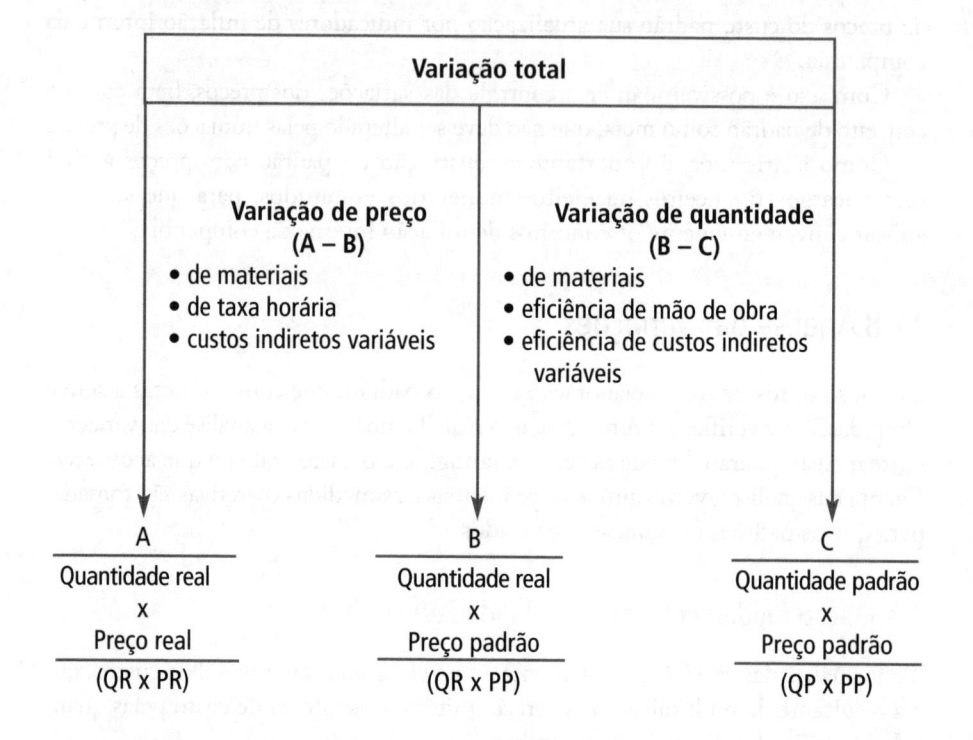

A	B	C
Quantidade real	Quantidade real	Quantidade padrão
x	x	x
Preço real	Preço padrão	Preço padrão
(QR x PR)	(QR x PP)	(QP x PP)

Figura 11.1 **Esquema genérico de análise das variações**

11.9 Exemplo conceitual de análise das variações

A seguir apresentamos, no Quadro 11.2, dados para desenvolver uma análise das variações dos elementos diretos de custos de um produto.

Quadro 11.2 **Dados de um Produto – Real x Padrão**

Elemento de custo	Custo padrão – $	Custo real – $	Variações $	Favorável (F) desfavorável (D)
Materiais Diretos				
. Material A	413.662	433.029	19.367	Desfavorável (D)
. Material B	353.034	360.000	6.966	Desfavorável (D)
Soma	766.696	793.029	26.333	Desfavorável (D)
Custo direto de fabricação	813.048	795.528	(17.520)	Favorável (F)

Análise das variações de materiais

Variação total: $ 19.367 (D)

Variação de preço	Variação de quantidade

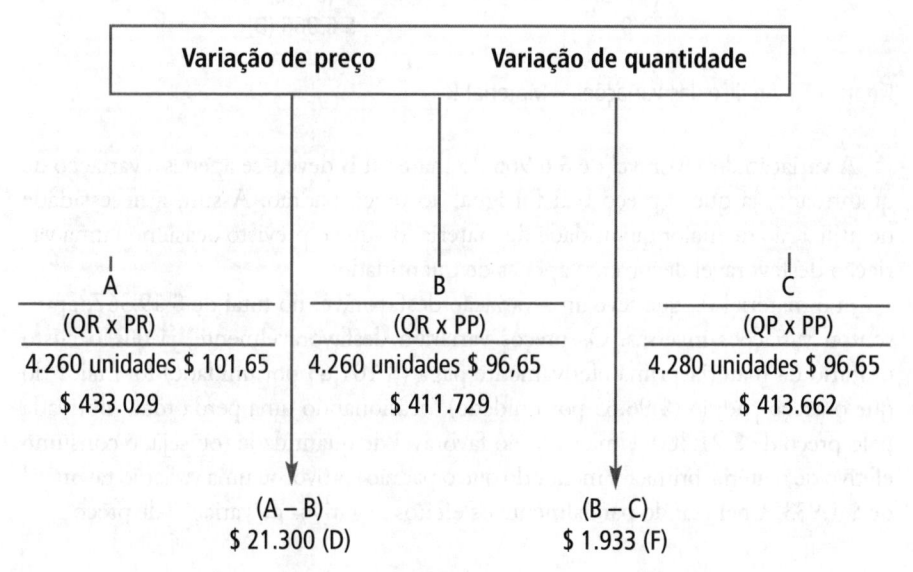

A	B	C
(QR x PR)	(QR x PP)	(QP x PP)
4.260 unidades $ 101,65	4.260 unidades $ 96,65	4.280 unidades $ 96,65
$ 433.029	$ 411.729	$ 413.662

(A – B) $ 21.300 (D)

(B – C) $ 1.933 (F)

Figura 11.2 **Análise das variações – Material A**

Variação total: $ 6.966 (D)

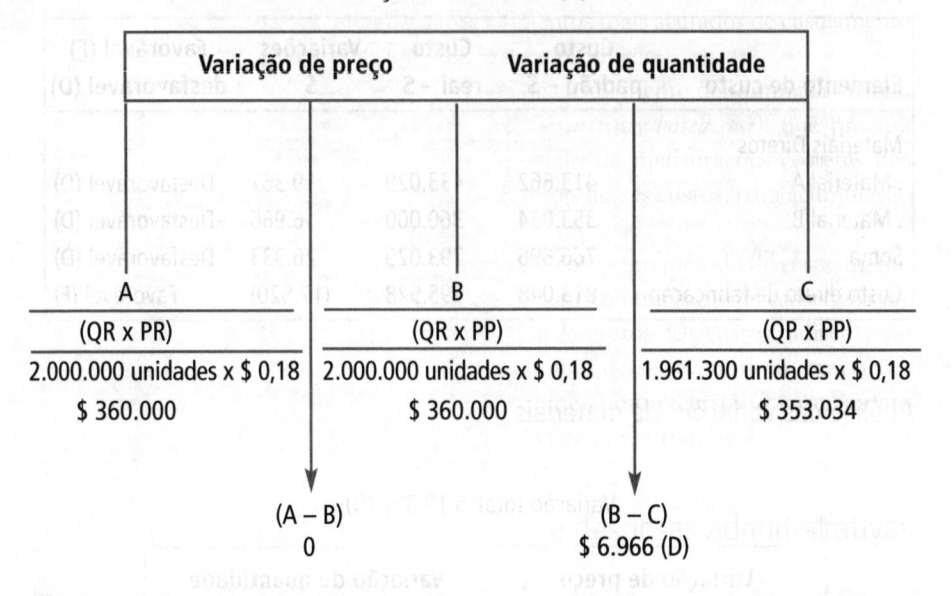

```
         Variação de preço        |        Variação de quantidade
                                  |
         A            |           B           |            C
      (QR x PR)       |       (QR x PP)       |       (QP x PP)
2.000.000 unidades x $ 0,18 | 2.000.000 unidades x $ 0,18 | 1.961.300 unidades x $ 0,18
      $ 360.000       |       $ 360.000       |       $ 353.034

         (A – B)                    (B – C)
            0                      $ 6.966 (D)
```

Figura 11.3 **Análise das variações – Material B**

A variação desfavorável de $ 6.966 do material B deveu-se apenas à variação de quantidade, já que o preço real foi igual ao preço padrão. Assim, a necessidade de utilização de maior quantidade de material do que o previsto ocasionou uma variação desfavorável decorrente apenas de quantidade.

Já o material A, que teve uma variação desfavorável no total de $ 19.367, apresentou variações inversas. Os preços variaram desfavoravelmente, já que o custo unitário da matéria-prima efetivamente paga ($ 101,65 por unidade) foi maior do que o preço padrão ($ 96,65 por unidade), ocasionando uma perda total motivada pelo preço de $ 21.300. Uma variação favorável de quantidade (ou seja, o consumo efetivo de matéria-prima foi menor do que o padrão) provocou uma variação favorável de $ 1.933, amenizando parcialmente os efeitos negativos da variação de preço.

Análise das variações do custo direto de fabricação

Variação total: $ 17.520 (D)

	Variação de gastos	Variação de eficiência	
A	**B**		**C**
(QR x PR)	(QR x PP)		(QP x PP)
208.800 horas x $ 3,81	208.800 horas x $ 3,80		213.960 horas x $ 3,80
$ 795.58	$ 793.440		$ 813.048

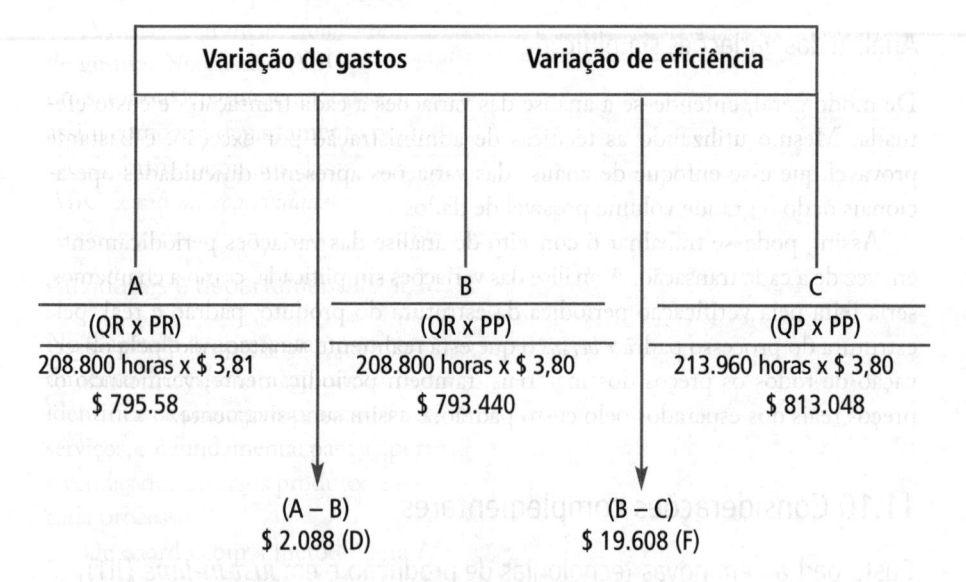

(A – B)
$ 2.088 (D)

(B – C)
$ 19.608 (F)

Figura 11.4 Análise das variações – Custo direto de fabricação

No nosso exemplo, a variação total foi favorável em $ 17.520. Apesar de a taxa horária (o custo horário médio da mão de obra direta) ter aumentado de $ 3,80 para $ 3,81, provocando uma variação de custos desfavorável de $ 20.088, a melhor produtividade, denominada variação de eficiência, permitiu que com menos horas trabalhadas se construíssem as unidades de produtos finais, ocasionando uma variação favorável de $ 19.608.

Análise das variações e administração por exceção

A atenção dos administradores estar centrada primariamente nos elementos de custos que apresentam as maiores distorções, objetivando o direcionamento dos esforços e do tempo, que são escassos para a empresa, para o que é realmente relevante. Assim, a análise das variações, além de calcular as variações ocorridas entre os custos e quantidades reais com os preços e quantidades padronizadas, deve também providenciar meios de relatar as variações realmente merecedoras de atenção e de ação gerencial corretiva. Denominamos este enfoque *administração por exceção*, ou *administração por relevância*.

Para identificação correta do que deve ser considerado relevante, padrões de variações deverão ser construídos, de forma a parametrizar os limites máximos e mínimos permitidos para as variações. Técnicas de métodos quantitativos, como os quadros de controles estatísticos, poderão ser utilizadas para este fim.

Análise das variações simplificada

De modo geral, entende-se a análise das variações a cada transação de custo efetuada. Mesmo utilizando as técnicas de administração por exceção, é bastante provável que esse enfoque de análise das variações apresente dificuldades operacionais dado o grande volume possível de dados.

Assim, pode-se trabalhar o conceito de análise das variações periodicamente, em vez de a cada transação. A análise das variações simplificada, como a chamamos, seria feita pela verificação periódica da estrutura do produto, padrão e real, pela estrutura do processo padrão *versus* o que está realmente acontecendo, pela observação de todos os preços dos materiais, também periodicamente, verificando os preços reais dos esperados pelo custo padrão, e assim sucessivamente.

11.10 Considerações complementares

Custo padrão em novas tecnologias de produção e em *just-in-time* (JIT)

As novas tecnologias computadorizadas de produção, expressas pelo conceito CIM (*Computer Integrated Manufacturing*), possibilitam um enorme avanço na qualidade dos padrões de produção. As estruturas de produtos e os processos de fabricação em ambientes computadorizados devem promover um aumento da qualidade dos padrões quantitativos de forma significativa, já que as partes a serem fabricadas são objeto de um trabalho pormenorizado, ligando a estrutura do produto, do processo e dos equipamentos de produção.

Num sentido inverso, porém, a crescente automação tende a diminuir a importância dos custos de mão de obra direta, ensejando menor necessidade de controle dos seus custos. É possível até que o tratamento da mão de obra direta, como um custo fixo, seja possível ou necessário, já que a necessidade de manipulação do produto por pessoas também é reduzida.

Com relação aos materiais, também diminuem as possibilidades de perdas, quebras ou utilização não padronizada, tendo em vista o rigoroso controle de qualidade dos materiais exigido por ambientes automatizados.

Em ambientes administrados por meio do conceito JIT, há uma tendência natural de maior ociosidade de pessoal, objetivando-se a redução dos estoques a nível zero, redução esta assumida naturalmente pelas empresas que implementam este conceito de administração de produção. Nesse sentido, as variações de eficiência de mão de obra também tendem a não ser relevantes como instrumento de controle e de administração de custos.

Custo padrão e sistema de informação contábil

O sistema de informação contábil deve estar preparado para receber os dados do custo padrão, de tal forma que a análise das variações seja efetuada mensalmente. O custo padrão deve ser inserido no sistema de informação contábil da mesma forma como é o orçamento. Assim, não há nenhuma dificuldade. O custo padrão dos produtos acompanhará as contas contábeis e os conceitos de controladoria de forma idêntica a todas as informações orçamentárias.

11.11 Custo de reposição

Este custo também se caracteriza como uma forma de custeio. Um pouco diferente do custo padrão propriamente dito, o de reposição é o próximo custo real, mas não é, como reposição, um custo histórico ou médio.

Objetivos do custo de reposição

São fundamentalmente dois os objetivos do custo de reposição:

- ter um custo atualizado mensalmente para tomada de decisão sobre a evolução dos elementos do custo unitário dos produtos e serviços;
- atualizar os preços de venda formados com base no custo unitário.

No âmbito empresarial, é comum denominar o custo de reposição custo padrão, mas, essencialmente, eles não são a mesma coisa. O custo padrão é predeterminado, que serve de meta para confrontar com os custos ocorridos e fornecer metas de desempenho para os gestores ligados aos custos. O custo de reposição é atualizado, mas não envolve o conceito de meta.

Validade do custo de reposição

Sua validade está diretamente associada a seus dois objetivos principais. O custo de reposição distancia-se do custo real médio histórico e foca o próximo preço, no custo de reposição. Com isso, disponibiliza uma informação valiosa para os gestores, que permanentemente podem trabalhar com uma visão proativa.

Além disso, o custo de reposição é a variável principal para o sistema de inflação interna ou inflação da empresa, instrumento gerencial de grande amplitude e importância gerencial de controle de gastos.

Formação do custo de reposição de produtos e serviços

O custo de reposição segue a estrutura básica de todos os procedimentos de custeamento unitário:

- custo dos materiais;
- custo de fabricação;
- custo indireto de fabricação (*overhead*);
- custo da depreciação direta.

O custo dos materiais deve ser coletado em tempo real, ou pelo menos mensalmente, por meio das cotações de todos os materiais que compõem a estrutura do produto ou serviço.

Os custos de fabricação, indireto de fabricação e da depreciação direta podem ser extraídos do sistema orçamentário ou do sistema de custo padrão. Nosso entendimento é de que esses elementos do custo de reposição podem ser os mesmos calculados pelo custo padrão e mantidos como reposição enquanto o padrão for considerado válido.

De acordo com esta metodologia, o custo dos materiais será revisto mensalmente e os demais elementos do custo mantidos enquanto se mantiver o custo padrão desses elementos.

Exemplo numérico

O Quadro 11.3 mostra os conceitos apresentados anteriormente. Mensalmente apura-se o custo dos materiais diretos e adicionam-se os demais elementos de custos extraídos da construção dos padrões.

Quadro 11.3 **Custo de reposição e formação de preços de venda**

Elementos de custos	Mês 1	Mês 2	Mês n
Custo dos materiais diretos	40,00	38,00	45,00
Custo direto de fabricação	20,00	20,00	20,00
Custo indireto de fabricação	9,20	9,20	9,20
Depreciação direta	8,00	8,00	8,00
Custo unitário de reposição total	77,20	75,20	82,20
Markup	2,20	2,20	2,20
Preço de venda calculado	169,84	165,44	180,84

Com isso, tem-se a possibilidade de acompanhar permanentemente a evolução dos custos reais tendo como referência o custo de reposição. Além disso, aplicando-se o multiplicador construído para formar preços de venda com base no custo, *markup*, tem-se também atualizado o preço de venda considerando os custos de reposição.

Questões e exercícios

1. Discorra sobre as características e os objetivos do custo padrão baseado em dados anteriores, do custo padrão ideal e do custo padrão corrente.

2. Um produto elaborado por processo contínuo de fabricação é obtido pela utilização de uma única matéria-prima para a obtenção do produto final. Para cada quantidade de matéria-prima que entra, há uma perda de 6% na saída do processo. Após isso, há um refugo médio de 5% no controle de qualidade do produto acabado.
O preço de nota fiscal da matéria-prima é de $ 4,00/kg, que inclui 15% de ICMS recuperável. Além disso, inclui juros de 5% porque a matéria-prima é paga 60 dias após a compra. Despesas de frete e seguro representam em média 10% do valor à vista sem impostos.
Calcule:
   a. o padrão de quantidade para produzir 1 kg de produto final pronto para venda;
   b. o padrão de preço;
   c. o custo unitário dos materiais para o produto final.

3. Faça a análise das variações considerando os seguintes dados:

Dados padrão de materiais	Dados reais
Preço padrão = $ 108,65	Preço real = $ 109,65
Consumo padrão = 4.260 unidades	Consumo real = 4.240 unidades
Total de consumo = $ 462.849	Total de consumo = $ 464.916

4. Foram obtidas as seguintes informações sobre determinado produto:
   Horas reais de mão de obra direta utilizadas = 315 horas
   Preço padrão dos materiais = $ 2,50 por unidade
   Horas padrão de mão de obra direta = 300 horas
   Quantidade padrão de materiais = 450 unidades
   Custo horário real de mão de obra direta = $ 3,00
   Quantidade real de material utilizada = 445 unidades
   Custo horário padrão de mão de obra direta = $ 3,10
   Custo real de materiais = $ 2,52 por unidade
   Monte um quadro para a análise da:
   a. variação total de materiais;

b. variação total da mão de obra direta;
c. variação da quantidade de materiais;
d. variação do preço de materiais;
e. variação da eficiência da mão de obra;
f. variação do custo horário da mão de obra.

5. Com as informações dadas a seguir, calcule o custo padrão por unidade de produto acabado.

   Volume da atividade normal = 10.000 unidades

   Padrões de custos

Material direto	$ 2,00 por quilo
Mão de obra direta	$ 4,20 por hora
Custos indiretos variáveis	$ 2,75 por hora de mão de obra direta
Custos indiretos fixos	$ 30.000

   Padrões de quantidade

Material direto	5 quilos por unidade
Mão de obra direta	3 horas por unidade

6. Continuando com os dados do exercício anterior, e considerando que os gastos e as quantidades reais são os descritos a seguir, prepare um quadro completo das variações entre o real e o padrão, assim como todas as análises de variações de quantidade e valor para todos os custos.

   Volume real produzido = 9.600 unidades
   Material direto consumido = 48.480 kg – $ 94.536
   Mão de obra direta = 27.840 horas – $ 125.280
   Custos indiretos variáveis = $ 77.952

Custos para Tomada de Decisão

PARTE III

Capítulo 12 – Custeamento variável e análise de custo/volume/lucro: modelo de decisão da margem de contribuição

Capítulo 13 – Formação de preços de venda

Capítulo 14 – Introdução à precificação (*pricing*)

Capítulo 15 – Análises de custos e rentabilidade de produtos

Capítulo 16 – Custo de serviços e atividades específicas

Capítulo 17 – Custos ambientais e da qualidade, ociosidade e produtividade

Capítulo 18 – Política de redução de custos e gestão do lucro

Custeamento Variável e Análise de Custo/Volume/Lucro: Modelo de Decisão da Margem de Contribuição

capítulo 12

Objetivos de aprendizagem

Este capítulo desenvolve:

- custeio variável como o método científico para tomada de decisão com base nas informações de custo;
- os principais conceitos decorrentes do método, como ponto de equilíbrio e margem de contribuição;
- um modelo de decisão baseado na margem de contribuição;
- os métodos para apuração do ponto de equilíbrio em várias situações;
- um modelo de decisão de margem de contribuição para vários produtos;
- o conceito de fatores limitantes ou restritivos no modelo de margem de contribuição.

O método de custeio recomendado, no que diz respeito à tomada de decisão, é o do custeio variável, às vezes também denominado, inadequadamente, custeio direto. Podemos dizer que todos os custos variáveis são custos diretos aos produtos, mas nem todos os custos diretos aos produtos são variáveis, pois podemos ter custos diretos fixos.

Já foi apresentada também a questão da mão de obra direta, o elemento de custo que mais traz dúvidas na interpretação de seu comportamento em relação ao volume. Em essência, em conjunturas econômicas normais, a mão de obra direta pode ser considerada um custo variável. Contudo, sabemos que, no curto prazo, ela é um custo fixo.

Para fins de construção de modelos decisórios, julgamos plenamente válido considerar a mão de obra direta como custo variável. Um modelo decisório centra-se na perspectiva futura e, assim, é natural entender a mão de obra direta como um custo variável. Neste sentido, acabamos por incorporar a nomenclatura custeio variável/direto ao método de custeio variável.

> O modelo de decisão da margem de contribuição é o modelo decisório fundamental para a gestão dos resultados da empresa, seja em termos de rentabilidade dos produtos, atividades, áreas de responsabilidade, divisões, unidades de negócios seja da empresa em sua totalidade.

12.1 Principais conceitos do método de custeio variável/direto

O conceito de análise comportamental de custos, separando-os em fixos e variáveis, possibilita uma expansão das possibilidades de análise dos gastos e das receitas da empresa em relação aos volumes produzidos ou vendidos, determinando pontos importantes para fundamentar futuras decisões de aumento ou de diminuição dos volumes de produção, corte ou manutenção de produtos existentes, mudanças no *mix* de produção, incorporação de novos produtos ou de quantidades adicionais etc.

Esse ferramental de análise econômica normalmente é denominado *análise de custo/volume/lucro* e conduz a três importantes conceitos: margem de contribuição, ponto de equilíbrio e alavancagem operacional, que podem ser agrupados em um único modelo decisório, que estamos denominando modelo de decisão da margem de contribuição.

Margem de contribuição

Representa o lucro variável. É a diferença entre o preço de venda unitário e os custos e as despesas variáveis por unidade de produto ou serviço. Significa que, a cada unidade vendida, a empresa lucrará determinado valor. Multiplicado pelo total vendido, teremos a margem de contribuição total do produto para a empresa.

Ponto de equilíbrio

Evidencia, em termos quantitativos, o volume que a empresa precisa produzir ou vender para que consiga pagar todos os custos e despesas fixas, além dos custos e despesas variáveis em que necessariamente tem de incorrer para fabricar/vender o produto. No ponto de equilíbrio, não há lucro nem prejuízo. A partir de volumes adicionais de produção ou de venda, a empresa passa a ter lucro.

A informação do ponto de equilíbrio da empresa, tanto do total global como por produto individual, é importante, porque identifica o nível mínimo de atividade em que a empresa ou cada divisão deve operar.

Alavancagem operacional

Significa a possibilidade de acréscimo do lucro total, pelo aumento da quantidade produzida e vendida, buscando a maximização do uso dos custos e das despesas fixas. É dependente da margem de contribuição, ou seja, do impacto dos custos e das despesas variáveis sobre o preço de venda unitário e dos valores dos custos e das despesas fixas. Alguns produtos têm alavancagem maior que outros em virtude dessas variáveis.

Margem de contribuição unitária e ponto de equilíbrio por produto ou divisão

A partir do momento que há o custeamento variável/direto para cada produto da empresa, assim como uma boa identificação dos custos e das despesas fixas de cada um deles, é possível construir o ponto de equilíbrio de cada produto. O mesmo ocorre com os dados das divisões.

12.2 Modelo de decisão da margem de contribuição

Margem de contribuição é a margem bruta, obtida pela venda de um produto ou serviço, que excede seus custos variáveis unitários. Em outras palavras, margem de contribuição é o mesmo que lucro variável unitário, ou seja, o preço de venda unitário do produto deduzido de custos e despesas variáveis necessários para produzir e vender o produto.

Tomando como base um exemplo conceitual similar ao que introduzimos no Capítulo 9, em que estudamos métodos de custeio, temos:

CUSTOS E DESPESAS VARIÁVEIS – Produto A

	$
Matéria-prima e materiais diretos	460,00
Materiais indiretos variáveis	36,00
Mão de obra direta	200,00
Comissões – 12% de $ 1.700,00 (preço de venda unitário)	204,00
Total custo variável	900,00

Produto A		
Preço de venda unitário	$ 1.700,00	100,00%
Custo variável unitário	900,00	52,94%
Margem de contribuição unitária	800,00	47,06%

Isso significa que, a cada unidade do produto A vendida, a empresa recebe um lucro unitário de $ 900,00. Esta é a contribuição unitária que este produto dá à empresa para cobrir todos os custos e as despesas fixas (custos de capacidade) e propiciar a margem de lucratividade desejada.

No custeamento variável, os custos e as despesas fixas são considerados custos periódicos, e não do produto. Neste conceito, não há necessidade de adicionar os custos e as despesas fixas ao custeamento unitário do produto, devendo esses gastos ser tratados de forma global, apenas na demonstração de resultados do período.

O exemplo anterior evidencia dois conceitos de margem de contribuição, ambos importantes:

a. de margem de contribuição unitária, em valor;
b. de margem de contribuição percentual.

Modelo de decisão – Um único produto

O modelo de decisão da margem de contribuição expressa-se na demonstração de resultados, em que necessariamente devem ser incorporados os dados quantitativos (que representam os volumes de produção, venda ou nível de atividade) e os preços unitários. O Quadro 12.1 apresenta o modelo de decisão da margem de contribuição para um volume de atividade de 1.000 unidades anuais de produção e vendas do produto A.

Quadro 12.1 **Modelo de decisão de margem de contribuição – Único produto**

Demonstração de resultados do período

	Quantidade	Preço unitário – $	Total – $
Vendas	1.000	1.700,00	1.700.000
Custos e despesas variáveis	1.000	900,00	900.000
Margem de contribuição	1.000	800,00	800.000
Custos e despesas fixas do ano			560.000
Lucro operacional total			240.000

Margem de contribuição e volume de produção/vendas

Partindo do pressuposto de que a venda de cada unidade de produto propicia uma contribuição unitária para cobrir os custos e as despesas fixas e possibilitar o lucro, podemos fazer uma simulação de como seria o lucro líquido em algumas situações de quantidade vendida:

Quadro 12.2 Margem de contribuição e volume de produção/vendas

	Dados unitários	Quantidade produzida/vendida			
		1	2	700	701
Vendas	1.700,00	1.700	3.400	1.190.000	1.191.700
Custos e despesas variáveis	(900,00)	(900)	(1.800)	(630.000)	(630.900)
Margem de contribuição	800,00	800	1.600	560.000	560.800
Custos e despesas fixas do ano		(560.000)	(560.000)	(560.000)	(560.000)
Resultado operacional total		(559.200)	(558.400)	0	800

Quando vende 700 unidades, a empresa tem um resultado líquido igual a zero. Denominamos esta situação estrutura de equilíbrio ou ponto de equilíbrio das vendas. Estudaremos este conceito, com mais detalhes a seguir.

12.3 Ponto de equilíbrio (*Break-Even Point*)

Denominamos ponto de equilíbrio o volume de atividade operacional em que o total da margem de contribuição da quantidade vendida/produzida iguala-se aos custos e às despesas fixas. Em outras palavras, o ponto de equilíbrio mostra o nível de atividade ou o volume operacional, quando a receita total das vendas iguala-se ao somatório dos custos variáveis totais mais os custos e as despesas fixas. Assim, o ponto de equilíbrio evidencia os parâmetros que mostram a capacidade mínima na qual a empresa deve operar para não ter prejuízo, mesmo que à custa de lucro zero. O ponto de equilíbrio é também denominado ponto de ruptura (*break-even point*).

Ponto de equilíbrio e gestão de curto prazo

O conceito de ponto de equilíbrio também é um conceito para a gestão de curto prazo da empresa. É importante ressaltar este enfoque. Isto é claro porque o ponto de equilíbrio mostra o ponto mínimo em que a empresa pode operar para que tenha lucro zero. Nesse ponto mínimo de capacidade de operação, a empresa consegue cobrir os custos variáveis das unidades vendidas ou produzidas e também todos os custos de capacidade, os custos fixos.

Nessa linha de pensamento, fica evidente que é uma técnica para utilização em gestão de curto prazo, porque não se pode pensar em um planejamento de longo prazo para uma empresa que não dê resultado positivo nem remunere os detentores de suas fontes de recursos.

Equação e cálculo do ponto de equilíbrio

Como o ponto de equilíbrio conceitua o patamar em que o lucro líquido é igual a zero, é fácil determinar sua equação, em uma determinada quantidade, utilizando os dados restantes da análise da margem de contribuição. Assim, a equação do ponto de equilíbrio é desenvolvida com base nas seguintes premissas:

> Vendas = Custos variáveis* + Custos fixos + Lucros

*Inclui as despesas variáveis.

Como se busca um ponto em que os lucros serão iguais a zero, a equação fica:

> Vendas = Custos variáveis + Custos fixos

Ponto de equilíbrio em quantidade

Objetiva determinar a quantidade mínima que a empresa deve produzir e vender. Abaixo dessa quantidade, a empresa seguramente estará operando com prejuízo.

Com base na equação mostrada anteriormente, a fórmula do ponto de equilíbrio em quantidade é a seguinte:

$$\text{Ponto de equilíbrio em quantidade} = \frac{\text{Custos fixos totais}}{\text{Margem de contribuição unitária}}$$

Demonstração da fórmula

Considerando a equação que fundamenta o ponto de equilíbrio, vamos demonstrar a fórmula do ponto de equilíbrio (PE):

> Vendas = Custos variáveis + Custos fixos

Vendas = preço de venda unitário **(PV)** x quantidade vendida no PE **(Q)**
Custos variáveis = custo variável unitário **(CV)** x quantidade no PE **(Q)**
Custos fixos = total em reais dos custos e despesas fixas **(CF)**
Margem de contribuição **(MC)** = preço de venda − custo variável
$$MC = PV - CV$$

Assim, temos:
Equação do ponto de equilíbrio, considerando dados unitários:

$$\underbrace{PV \times Q}_{\text{vendas}} = \underbrace{CV \times Q}_{\text{custos variáveis}} + \underbrace{CF}_{\text{custos fixos}}$$

PV x Q = CV x Q + CF
(PV x Q) – (CV x Q) = CF

como PV – CV = MC (margem de contribuição unitária), substituindo, temos:
MC x Q = CF; portanto, a quantidade no ponto de equilíbrio é:

$$PE\ (Q) = \frac{CF}{MCu}$$

Em nosso exemplo introdutório:

$$\text{Ponto de equilíbrio em quantidade} = \frac{\$\ 560.000}{\$\ 800,00\ (\$\ 1.700,00 - \$\ 900,00)}$$

PE em quantidade =   *700 unidades*

Ponto de equilíbrio em valor

Em determinadas situações, notadamente quando o leque de produtos é muito grande e há dificuldades de se obter o *mix* ideal de produtos e suas quantidades no ponto de equilíbrio, bem como quando existem dificuldades de se identificar os custos e as despesas fixas para cada produto, temos de nos valer de uma informação de caráter global expressa em denominador monetário. Assim, traduzimos o ponto de equilíbrio em valor de vendas, ou seja, o valor mínimo que deve ser vendido para que a empresa não tenha prejuízo e obtenha lucro zero.

Para este cálculo, é necessário saber a margem de contribuição em percentual sobre o preço de venda.

Margem de contribuição percentual
Preço de venda unitário $ 1.700,00   100,00
Margem de contribuição unitária $ 800,00   47,06%

Fórmula:

Ponto de equilíbrio em valor = $\dfrac{\text{Custos fixos totais}}{\text{Margem de contribuição percentual}}$

Em nosso exemplo introdutório:

Ponto de equilíbrio em valor = $\dfrac{\$\ 560.000}{0,4706\ (47,06\%\ :\ 100)}$

PE em valor = $ 1.190.000 (aproximação do resultado matemático de $ 1.189.970)

Em nosso exemplo, o valor mínimo que a empresa necessita vender para cobrir todos os seus custos fixos e variáveis é $ 1.190.000.

Podemos confirmar o cálculo do ponto de equilíbrio em valor multiplicando a quantidade obtida no ponto de equilíbrio em quantidade pelo preço unitário de venda.

PE em quantidade	= 700 unidades (A)
Preço de venda unitário	= $ 1.700,00 (B)
PE em valor	= $ 1.190.000 (A x B)

Metas de ponto de equilíbrio[1]

Em algumas situações, faz-se necessário um estudo de ponto de equilíbrio, procurando-se evidenciar alguma situação procurada ou mesmo um cálculo rápido, que mostre o mínimo de atividade no qual a empresa pode atuar em determinadas situações não habituais.

Basicamente, as diversas variantes de cálculo de metas de ponto de equilíbrio são elaboradas com a retirada de alguns custos e despesas fixas da fórmula de cálculo ou com a introdução de valores mínimos de lucro que se imagina colocar como meta. Dão-se nomes diversos aos pontos de equilíbrio encontrados em tais situações. Veremos a seguir algumas delas, considerando os dados para apenas um único produto em determinado período.

Preço de venda	$ 1.700 por unidade de produto
Custos e despesas variáveis	$ 900 por unidade de produto
Margem de contribuição	$ 800 por unidade de produto
Custos e despesas fixas no período	
. Custos indiretos de fabricação	$ 200.000
. Depreciações	$ 150.000
. Despesas administrativas	$ 70.000

---

[1] MARTINS, Eliseu. *Contabilidade de custos.* 2. ed. São Paulo: Atlas, 1982, p. 260.

. Despesas comerciais $ 50.000
. Despesas financeiras líquidas das receitas financeiras
 mais ou menos efeitos monetários $ 90.000
Soma dos custos e despesas fixas $ 560.000

Ponto de equilíbrio operacional

Denominamos ponto de equilíbrio operacional a quantidade de vendas que deve ser efetuada para cobrir todos os custos e as despesas fixas, deixando de lado os aspectos financeiros e não operacionais. Assim, o ponto de equilíbrio operacional considera os seguintes dados:

- receitas de vendas (ou da produção a preços de venda);
- custos variáveis – obtidos do custo dos produtos vendidos/produzidos;
- despesas variáveis – obtidas das despesas operacionais (administrativas e de vendas);
- custos fixos – obtidos do custo dos produtos vendidos/produzidos;
- despesas fixas – obtidas das despesas operacionais.

Para obtermos a quantidade do ponto de equilíbrio operacional com os dados apresentados, excluiremos do total dos custos e das despesas fixas $ 90.000, referentes às despesas financeiras e aos efeitos monetários, ficando com um total de gastos fixos de $ 470.000 ($ 560.000 – 90.000).

$$\text{PE em quantidade} = \frac{\text{Custos fixos totais}}{\text{Margem de contribuição unitária}}$$

$$PE = \frac{\$\ 470.000}{\$\ 800} = 587,5 \text{ unidades}$$

Ponto de equilíbrio econômico

Para este cálculo, incluiremos as despesas e as receitas financeiras mais os efeitos monetários, que serão tratados como despesas fixas. Obteremos, assim, o valor da receita mínima que gera lucro zero, mas que cobre todos os gastos operacionais, financeiros e os efeitos da inflação nos ativos e passivos monetários.

Com os dados apresentados, teríamos:

$$PE = \frac{\$\ 560.000}{\$\ 800} = 700 \text{ unidades}$$

Ponto de equilíbrio financeiro

Variante do ponto de equilíbrio econômico, que exclui apenas a depreciação, pois momentaneamente esta é uma despesa não desembolsável. É importante em situações de eventuais reduções da capacidade de pagamento da empresa.

Com os dados apresentados, teríamos a exclusão de $ 150.000 de depreciação, ficando o total dos custos e despesas fixas em $ 410.000 ($ 560.000 − $ 150.000).

$$PE = \frac{\$ 410.000}{\$ 800} = 512,5 \text{ unidades}$$

Ponto de equilíbrio meta

Outra variante de ponto de equilíbrio em valor, adicionando-se aos custos e às despesas fixas e aos efeitos financeiros e monetários um montante de lucro mínimo, o qual a empresa julga obrigatório. Normalmente o valor adicionado é o custo de capital dos acionistas, ou seja, um retorno sobre o capital aplicado de, pelo menos, a taxa de mercado. A fórmula do ponto de equilíbrio nessa condição seria:

$$PE \text{ em quantidade} = \frac{\text{Custos fixos totais} + \text{Montante de lucro desejado}}{\text{Margem de contribuição unitária}}$$

Considerando os valores já apresentados e supondo que os acionistas da empresa tenham investido $ 1.000.000 e que desejem um retorno mínimo de 10% ao ano, adicionaríamos ao total dos custos e despesas fixas $ 100.000, valor que seria o lucro mínimo desejado no período.

$$PE = \frac{\$ 560.000 + \$ 100.000}{\$ 800} = \frac{\$ 660.000}{800} = 825 \text{ unidades}$$

Metas de ponto de equilíbrio e ponto de equilíbrio em valor

Apesar de termos demonstrado as diversas variantes de ponto de equilíbrio em quantidade de vendas, o mais comum nessas situações é fazer o cálculo considerando-se a fórmula do ponto de equilíbrio em valor, obtendo-se, em vez da quantidade de produto a ser vendida, o total mínimo da receita líquida de vendas suficiente para atender às metas de ponto de equilíbrio. Neste caso, como já demonstramos, em vez da margem de contribuição unitária, deverá ser utilizada a margem de contribuição percentual.

Análise gráfica do ponto de equilíbrio

Extremamente interessante e importante é colocarmos os dados que formam o ponto de equilíbrio em um gráfico. No eixo X serão indicados os dados de volume, e no eixo Y, os dados de valor. Colocaremos as retas de valor das vendas e as retas de custos fixos e variáveis, conforme havíamos introduzido no tópico em que analisamos graficamente o comportamento dos custos.

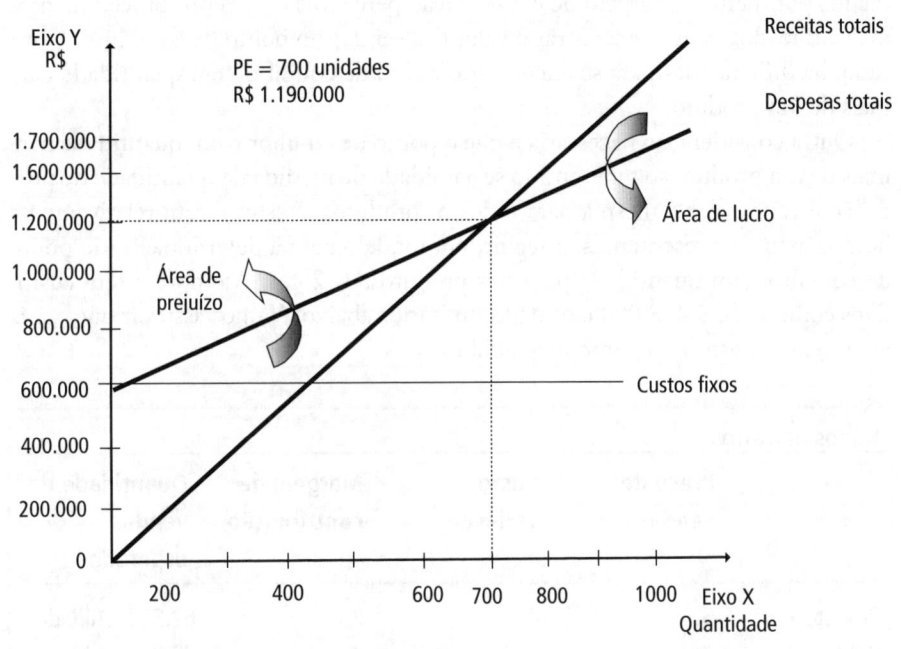

Figura 12.1 **Gráfico do ponto de equilíbrio**

Como construir o gráfico

a. Faça a linha paralela ao eixo X do volume (quantidade) com o valor dos custos fixos totais.
b. Pegue um volume de vendas (no caso, 1.000 unidades), encontre o total de custos fixos mais custos variáveis para esta quantidade e trace a reta, partindo da interseção da reta paralela ao eixo X, conseguida no item (a) (o ponto em que a reta dos custos fixos encontra o eixo Y).
c. Trace a reta de vendas totais, partindo do ponto zero, até um volume em reais, multiplicando a quantidade pelo preço de venda (no caso, o preço de venda x 1.000 unidades).

Com isso, na interseção da reta dos custos totais com a das vendas totais, teremos representado graficamente o ponto de equilíbrio. Abaixo do ponto de equilíbrio encontra-se a área de prejuízo e, acima dele, a área de lucro.

Ponto de equilíbrio em quantidade para múltiplos produtos

Esse é um dos assuntos mais complexos da análise custo/volume/lucro. Já vimos que o ponto de equilíbrio em valor é um critério de margem de contribuição média, por meio da margem de contribuição percentual, e um dos procedimentos mais utilizados para se encontrar o valor das vendas no ponto de equilíbrio. Contudo, há dificuldades para se encontrar o ponto de equilíbrio em quantidade para mais de um produto.

Outra consideração necessária é que o ponto de equilíbrio em quantidade para mais de um produto só terá sentido se a unidade de medida de quantidade de produção e vendas for a mesma para todos os produtos, e estes forem relativamente homogêneos. Apresentamos, a seguir, um modelo para a determinação do ponto de equilíbrio em quantidade para três produtos: 1, 2 e 3. A empresa tem custos fixos comuns de $ 488.000 e os dados unitários abaixo. Vamos assumir que o *mix* atual será o mesmo no ponto de equilíbrio.

Dados unitários				
	Preço de venda	Custo variável	Margem de contribuição	Quantidade de vendas esperadas
Produto 1	6	4	2	62.500 unidades
Produto 2	7	3	4	75.000 unidades
Produto 3	8	5	3	112.500 unidades
Custos fixos comuns = $ 488.000				

Calcula-se primeiro a participação dos produtos no total de quantidades produzidas, obtendo-se o *mix* em percentual. Em seguida, aplica-se este percentual às margens de contribuição unitárias, obtendo-se uma margem de contribuição unitária média. Com isso, podemos utilizar a equação do ponto de equilíbrio em quantidade.

	Mix de quantidades	em percentual
Produto 1	62.500	25%
Produto 2	75.000	30%
Produto 3	112.500	45%
Total	250.000	100%

Aplicando os percentuais do *mix* à margem de contribuição unitária, obteremos uma margem de contribuição unitária média.

Produto 1		Produto 2		Produto 3	
(0,25 x $ 2)	+	(0,30 x $ 4)	+	(0,45 x $ 3)	=
= 0,50	+	1,20	+	1,35	= $ 3,05

$$\text{PE em quantidade} = \frac{\$\ 488.000}{\$\ 3,05} = 160.000 \text{ unidades}$$

Margem de segurança

Esta pode ser definida como o volume de vendas que excede às vendas calculadas no ponto de equilíbrio. Este volume excedente, para se analisar a margem de segurança, pode ser tanto o valor das vendas orçadas como o valor real das vendas.

Equacionando:

Margem de segurança (MS) = Vendas reais/orçadas – vendas no PE

No nosso exemplo:

MS = 1.700.000 – 1.190.000
MS =   510.000

Percentual da margem de segurança

$$\text{Percentual da MS} = \frac{\text{MS em valor}}{\text{Vendas totais}}$$

No nosso exemplo:

$$\text{Percentual da MS} = \frac{510.000}{1.700.000}$$

Percentual da MS =   30%

12.4 Modelo de decisão da margem de contribuição – Vários produtos

Dificilmente uma empresa produz e vende um único produto ou serviço. Assim, é necessário construir um modelo de decisão de margem de contribuição para múltiplos produtos e serviços, que também deve conter os mesmos elementos fundamentais do modelo básico, ou seja, os volumes e os dados unitários, no formato de demonstração de resultados de um período. A seguir apresentamos um modelo decisório de margem de contribuição para dois ou mais produtos e serviços.

Quadro 12.3 Modelo de decisão de margem de contribuição – Múltiplos produtos

	Produto A	Produto B	Produto N	
Quantidade	625	250	n	
Preço de venda – unitário	1.700,00	3.750,00	n	
Custos variáveis – unitário	696,00	1.512,00	n	
Despesas variáveis – unitário	204,00	450,00	n	
Margem de contribuição – unitária	800,00	1.788,00	n	Total
Vendas totais	1.062.500	937.500	–	2.000.000
Custos variáveis totais	(435.000)	(378.000)	–	(813.000)
Despesas variáveis totais	(127.500)	(112.500)		(240.000)
Margem de contribuição total	500.000	447.000	–	947.000
Margem de contribuição percentual	47,1%	47,7%		47,4%
(–) Custos e despesas fixas totais				(560.000)
Lucro operacional total				387.000
Margem operacional percentual				19,4%
Participação dos produtos na margem de contribuição total	52,8%	47,2%		100%

12.5 Utilização do modelo de decisão da margem de contribuição para maximização do lucro

Todos os componentes do modelo podem ser trabalhados de forma a alavancar o resultado líquido total da empresa. Cada um deles permite ao administrador financeiro um estudo aprofundado e políticas estruturadas ou aplicações momentâneas, possibilitando alterações de modo a aumentar o lucro da companhia.

Estes são os fatores que afetam o estudo da margem de contribuição e a alavancagem operacional:

1. Preços dos produtos.
2. Quantidade vendida/produzida ou nível de atividade.
3. Custos variáveis por unidade.
4. Total dos custos fixos.
5. *Mix* dos produtos vendidos.
6. Produtividade.
7. Restrições ou fatores limitantes.

Alterações em qualquer uma das variáveis do modelo provocarão alterações no resultado líquido da companhia, para mais ou para menos. O parâmetro decisório sugerido pelo modelo é econômico, mensurado pelo resultado total da empresa. Comparando-se os resultados obtido de um curso alternativo de ação com o resultado total anterior, a decisão será pelo maior resultado.

Sabemos que uma decisão empresarial não deve ser necessariamente tomada apenas pelo resultado econômico. Outras variáveis podem ser consideradas e, em determinados momentos, podem até ter mais significância que o resultado econômico. Variáveis como qualidade, concorrência, participação no mercado, novos mercados, tecnologias emergentes etc. podem fazer que a decisão não se paute exclusivamente pelo resultado econômico.

O modelo de decisão da margem de contribuição é de mensuração econômica, o indicado para este aspecto da decisão.

Exemplo de utilização do modelo e suas variáveis

Após pesquisa de mercado, a empresa identificou a possibilidade de lançar um produto de preço e funções intermediárias, entre os produtos A e B, o que poderia trazer maior valor agregado. Esse novo produto, C, poderia ser vendido por $ 2.500,00, desde que o produto A fosse vendido a um preço 10% menor do que o atual, para que o cliente percebesse a diferença de valor. A comissão sobre vendas seria a mesma dos demais produtos, ou seja, 12% do preço de venda unitário.

A empresa imagina que deixará de vender 250 unidades do produto A, e que venderá 230 unidades do novo produto C. O custo variável unitário deste produto seria 30% maior do que o do produto A. Para efetivar essa modificação do *mix* de venda dos produtos, a empresa necessitará incorrer em $ 30.000 de despesas fixas anuais referentes à publicidade.

Note-se que este exemplo provoca alterações em todas as variáveis:

a. altera-se o preço do produto A;
b. altera-se a quantidade vendida do produto A e incorpora-se a quantidade do produto C;
c. incorpora-se o custo variável do produto C e altera-se a despesa variável do produto A, já que, reduzindo-se seu preço reduz-se também a comissão unitária;
d. alteram-se os gastos fixos, pois há um aumento de $ 30.000;
e. altera-se a produtividade, pois haverá diminuição de quantidade de produto final, já que serão trocadas 250 unidades do produto A por 230 do C.

Apresentamos as variáveis modificadas e seus respectivos cálculos:

- Novo preço de venda unitário do produto A = $ 1.530,00 ($ 1.700,00 – 10%)
- Comissão (despesa variável) do produto A = $ 183,60 (12% x $ 1.530,00)

- Comissão (despesa variável) do produto C = $ 300,00 (12% x $ 2.500,00)
- Custo variável do produto C = $ 904,80 ($ 696,00 x 1,30)
- Nova quantidade do produto A = 375 unidades (625 − 250)
- Novo total de custos e despesas fixas = $ 590.000 ($ 560.000 + $ 30.000)

Quadro 12.4 Utilização do modelo de decisão de margem de contribuição

	Produto A	Produto B	Produto C	
Quantidade	375	250	230	
Preço de venda – unitário	1.530,00	3.750,00	2.500,00	
Custos variáveis – unitário	696,00	1.512,00	904,80	
Despesas variáveis – unitário	183,60	450,00	300,00	
Margem de contribuição – unitária	650,40	1.788,00	1.295,20	Total
Vendas totais	573.750	937.500	575.000	2.086.250
Custos variáveis totais	(261.000)	(378.000)	(208.104)	(847.104)
Despesas variáveis totais	(68.850)	(112.500)	(69.000)	(250.350)
Margem de contribuição total	243.900	447.000	297.896	988.796
Margem de contribuição percentual	42,5%	47,7%	51,8%	47,4%
(−) Custos e despesas fixas totais				(590.000)
Lucro operacional total				398.796
Margem operacional percentual				19,1%
Participação dos produtos na margem de contribuição total	24,7%	45,2%	30,1%	100%

Os dados levantados no modelo evidenciam informações importantes, comparando-se com os dados constantes do modelo inicial com apenas dois produtos:

- A nova alternativa propiciou aumento da receita total de vendas de $ 2.000.000 para $ 2.086.250.
- O novo *mix* não alterou significativamente a margem de contribuição percentual média da empresa, que continuou em 47,4%.
- A margem de contribuição do produto A diminuiu de 47,1% para 42,5%, pois houve redução em 10% no preço de venda unitário.
- O novo produto C traz um valor agregado maior, evidenciado pela maior margem de contribuição percentual, que é de 51,8%, a maior dos três produtos.
- Os custos fixos aumentaram, porém, a margem de contribuição total para o novo *mix* e o novo produto é maior, resultando em um lucro operacional total maior, passando de $ 387.000 para $ 398.796.
- A margem operacional percentual total média diminuiu de 19,4% para 19,1%. Este dado, que analisado isoladamente é ruim, não deve ser considerado como

relevante, pois o *valor absoluto* do lucro operacional total aumentou. Como nas premissas não houve investimentos em ativos imobilizados, a rentabilidade dos ativos aumenta como consequência.
- Pelos dados evidenciados no modelo decisório, essa alternativa deverá ser aceita, pois economicamente o lucro total é superior ao da situação anterior.

12.6 Margem de contribuição e fatores limitantes

O modelo de decisão de margem de contribuição deve ter sua utilização complementada com o conceito de fatores limitantes ou restritivos. Uma série de variáveis, internas ou externas, pode afetar o fluxo operacional da empresa, impondo restrições à produção e à venda dos produtos. Quando essas restrições afetam o volume de vendas a ser produzido ou vendido, de um ou mais produtos, devem ser incorporadas ao modelo. O conceito adequado é avaliar a margem de contribuição de cada produto, não mais de forma isolada, mas sim em relação à restrição ou às restrições encontradas.

As restrições mais comuns que podem afetar as variáveis do modelo são:

- Demanda de mercado: o mercado não aceita quantidades maiores do(s) produto(s).
- Matérias-primas e componentes: os fornecedores, temporariamente, estão com a capacidade produtiva esgotada e não têm condições de aumentar o suprimento de materiais.
- Mão de obra direta: temporariamente, há escassez de mão de obra especializada e a empresa não tem condições internas de aumentar sua produção.
- Utilização dos equipamentos: temporariamente, os equipamentos não têm mais capacidade de atender ao acréscimo de produção.
- Distribuição e logística: os distribuidores dos produtos não têm condições de aumentar, de imediato, a capacidade de distribuição dos produtos.
- Investimentos: as instalações operacionais, em seu conjunto, estão trabalhando no limite da capacidade e só um novo investimento em novas fábricas e escritórios possibilitará atender ao aumento da demanda e da produção prevista.
- Capital de giro: a empresa está sem caixa para financiar o capital de giro necessário para o aumento de produção e vendas.
- Financiamento externo: o mercado financeiro não tem linhas de crédito para financiar um aumento das vendas dos produtos da empresa.

Exemplo

Tendo como referência os dados do Quadro 12.4, apresentamos um exemplo numérico considerando *a restrição da capacidade de equipamentos existentes*. A empresa vê-se diante de uma explosão da demanda de seus produtos no curto prazo, e precisa decidir qual produto deve aumentar a produção objetivando maior lucratividade. Não há limites de demanda, e qualquer quantidade será absorvida pelo mercado. Também não haverá necessidade de nenhum outro gasto, exceto os custos e as despesas variáveis.

Todos os produtos da empresa (A, B e C) necessitam de uma etapa do processo produtivo que utiliza o equipamento X, que está quase no limite de sua capacidade operativa, medida em horas. Cada produto utiliza a seguinte quantidade de horas do equipamento X:

Horas de utilização do equipamento X por unidade de produto

Produto A = 4 horas
Produto B = 16 horas
Produto C = 10 horas

O atual programa de produção e vendas consome 7.800 horas de utilização do Equipamento X, conforme vemos a seguir:

Horas utilizadas do equipamento X pelo atual programa de produção e vendas

	Quantidade de produto em produção/vendas	Horas do equipamento X por unidade de produto	Horas totais utilizadas pelo equipamento X
Produto A	375 unidades	4 horas	1.500 horas
Produto B	250 unidades	16 horas	4.000 horas
Produto C	230 unidades	10 horas	2.300 horas
			7.800 horas

A engenharia de fábrica constatou que só há possibilidade de utilização de *mais 400 horas no período*, tendo em vista que a empresa já está trabalhando com todos os turnos possíveis e há necessidade de algumas horas para a manutenção preventiva do equipamento.

Primeira decisão possível: fabricar o produto de maior margem de contribuição unitária

Com base nos dados do Quadro 12.4, notamos que o produto B é o que tem maior margem de contribuição unitária. Para fazê-lo, são necessárias 16 horas do equipamento X. Assim, a quantidade adicional deste produto a ser produzida será de 25 unidades:

Horas adicionais disponíveis do equipamento X = 400 horas (A)
Horas do equipamento X necessárias para uma unidade do produto B = 16 horas (B)
Quantidade adicional de produção do produto B = 25 unidades
(A : B)

Incorporando a quantidade adicional de 25 unidades, passaremos a vender 275 unidades do Produto B. Ajustando o modelo decisório, teremos o novo lucro operacional total de $ 443.496 (Quadro 12.5).

Quadro 12.5 Margem de contribuição e fatores limitativos – (+) 25 unidades do produto B

	Produto A	Produto B	Produto C	
Quantidade	375	275	230	
Preço de venda – unitário	1.530,00	3.750,00	2.500,00	
Custos variáveis – unitário	696,00	1.512,00	904,80	
Despesas variáveis – unitário	183,60	450,00	300,00	
Margem de contribuição – unitária	650,40	1.788,00	1.295,20	Total
Vendas totais	573.750	1.031.250	575.000	2.180.000
Custos variáveis totais	(261.000)	(415.800)	(208.104)	(884.904)
Despesas variáveis totais	(68.850)	(123.750)	(69.000)	(261.600)
Margem de contribuição total	243.900	491.700	297.896	1.033.496
Margem de contribuição percentual	42,5%	47,7%	51,8%	47,4%
(–) Custos e despesas fixas totais				(590.000)
Lucro operacional total				443.496
Margem operacional percentual				20,3%
Participação dos produtos na margem de contribuição total	23,6%	47,6%	28,8%	100%

Dessa forma, em relação ao lucro anterior de $ 398.796, aumentando-se 25 unidades do produto B, o lucro total aumenta em $ 44.700.

Segunda decisão possível: fabricar o produto de maior margem de contribuição percentual

Com base nos dados do Quadro 12.6, notamos que o produto C é o que tem maior margem de contribuição percentual, ou seja, 51,8%. Para fazê-lo, são necessárias 10 horas do equipamento X. Assim, a quantidade adicional do produto C a ser produzida será de 40 unidades:

Horas adicionais disponíveis do equipamento X = 400 horas (A)
Horas do equipamento X necessárias para uma unidade do Produto C = 10 horas (B)
Quantidade adicional de produção do produto C = 40 unidades (A:B)

Incorporando a quantidade adicional de 40, passaremos a vender 270 unidades do produto C. Ajustando o modelo decisório, teremos o novo lucro operacional total de $ 450.604.

Quadro 12.6 Margem de contribuição e fatores limitativos – (+) 40 unidades do produto C

	Produto A	Produto B	Produto C	
Quantidade	375	250	270	
Preço de venda – unitário	1.530,00	3.750,00	2.500,00	
Custos variáveis – unitário	696,00	1.512,00	904,80	
Despesas variáveis – unitário	183,60	450,00	300,00	
Margem de contribuição – unitária	650,40	1.788,00	1.295,20	Total
Vendas totais	573.750	937.500	675.000	2.186.250
Custos variáveis totais	(261.000)	(378.000)	(244.296)	(883.296)
Despesas variáveis totais	(68.850)	(112.500)	(81.000)	(262.350)
Margem de contribuição total	243.900	447.000	349.704	1.040.604
Margem de contribuição percentual	42,5%	47,7%	51,8%	47,6%
(–) Custos e despesas fixas totais				(590.000)
Lucro operacional total				450.604
Margem operacional percentual				20,6%
Participação dos produtos na margem de contribuição total	23,4%	43,0%	33,6%	100%

Assim, em relação ao lucro anterior de $ 398.796, aumentando-se 40 unidades do produto C, o lucro total aumenta em $ 51.808. Note-se, então, que a primeira decisão não deve ser tomada. Produzindo-se mais quantidades do produto C, mesmo ele tendo margem de contribuição unitária menor que o B, aumenta-se a lucratividade em virtude do fato de se utilizar menos horas do equipamento X, que é a restrição.

A decisão correta: fabricar o produto de maior margem de contribuição em relação ao fator limitante

Em condições de restrição, a decisão correta é encontrar a margem de contribuição pelo fator limitante. Apresentamos, no Quadro 12.7, o cálculo em que fica evidente que o produto A, por utilizar a menor quantidade de horas do equipamento X, tem a maior margem de contribuição em relação a este recurso. Como neste exemplo as horas do equipamento X restringirão o aumento da produção, para obter maior lucriatividade devemos produzir o máximo possível deste produto A, mesmo ele tendo a menor margem de contribuição unitária sem considerar restrições.

Quadro 12.7 Margem de contribuição unitária pelo fator limitativo

	Margem de contribuição unitária	Quantidade de horas do equipamento X por unidade de produto	Margem de contribuição por hora do equipamento X
Produto A	$ 650,40	4 horas	$ 162,60
Produto B	$ 1.788,00	16 horas	$ 111,75
Produto C	$1.295,20	10 horas	$ 129,52

Para fazer o produto A, são necessárias 4 horas do equipamento X. Assim, a quantidade adicional deste produto a ser produzida será de 100 unidades:

Horas adicionais disponíveis do equipamento X   = 400 horas (A)
Horas do equipamento X necessárias para uma unidade do produto A = 4 horas (B)
Quantidade adicional de produção do produto A   = 100 unidades
                                                                                                          (A : B)

Incorporando a quantidade adicional de 100, passaremos a vender 475 unidades do produto A. Ajustando o modelo decisório, teremos o novo lucro operacional total de $ 463.836 (Quadro 12.8).

Quadro 12.8 Margem de contribuição e fatores limitativos – (+) 100 unidades do Produto A

	Produto A	Produto B	Produto C	
Quantidade	475	250	230	
Preço de venda – unitário	1.530,00	3.750,00	2.500,00	
Custos variáveis – unitário	696,00	1.512,00	904,80	
Despesas variáveis – unitário	183,60	450,00	300,00	
Margem de contribuição – unitária	650,40	1.788,00	1.295,20	Total
Vendas totais	726.750	937.500	575.000	2.239.250
Custos variáveis totais	(330.600)	(378.000)	(208.104)	(916.704)
Despesas variáveis totais	(87.210)	(112.500)	(69.000)	(268.710)
Margem de contribuição total	308.940	447.000	297.896	1.053.836
Margem de contribuição percentual	42,5%	47,7%	51,8%	47,1%
(–) Custos e despesas fixas totais				(590.000)
Lucro operacional total				463.836
Margem operacional percentual				20,7%
Participação dos produtos na margem de contribuição total	29,3%	42,4%	28,3%	100%

Desse modo, em relação ao lucro anterior de $ 398.796, aumentando-se 100 unidades do produto A, o lucro total aumenta em $ 65.040, que é o maior aumento de lucratividade entre os três produtos, comprovando-se a tese da margem de contribuição pelo fator limitante.

Fatores limitantes

Os fatores limitantes, ou restrições, devem ser físicos, ou seja, devem ser passíveis de mensuração em determinado padrão de quantidade. Assim, podemos ter restrições ou fatores limitantes em mão de obra direta, equipamentos, instalações, distribuição etc.

Outro fator restritivo ou limitante em muitas atividades é o espaço físico, como nas lojas de departamentos e supermercados. Deve-se, nesses casos, identificar os produtos que dão a maior margem de contribuição por espaço ocupado. No caso de supermercados, provavelmente, além do espaço ocupado, o giro das vendas deve ser incorporado ao cálculo, uma vez que a repetição maior ou menor de vendas para o mesmo espaço afeta a lucratividade e a margem de contribuição total dos produtos.

12.7 Margem de contribuição horária e otimização da capacidade produtiva[2]

Esse conceito é uma análise em continuidade ao conceito de margem de contribuição e fatores restritivos ou limitantes, tendo como base o fato de que, para boa parte das empresas industriais e de serviços, o principal elemento determinador do ritmo e da produção são as horas disponíveis de mão de obra direta.

Análise da situação atual

O Quadro 12.9 mostra os dados unitários e totais, bem como as margens de contribuição unitária e percentual. Incorpora também a margem de contribuição horária, identificando o quanto cada produto consome em horas da fábrica ou da operação do principal recurso, que é a mão de obra direta, transformando-a em margem de contribuição horária.

---

[2] Adaptado de GUERREIRO, Reinaldo. *Gestão do lucro*. São Paulo: Atlas, 2006.

Quadro 12.9 Análise da margem de contribuição - unitária, percentual e horária

	Produto A	Produto B	Produto C	Total
Quantidade produzida atual	1.000	800	400	
Dados unitários				
Preço de venda unitário	100,00	250,00	500,00	
Custos variáveis unitários	70,00	187,50	400,00	
Margem de contribuição unitária	30,00	62,50	100,00	
Margem de contribuição percentual	30,0%	25,0%	20,0%	
Horas ocupadas da fábrica por unidade	0,5	2,0	5,0	
Margem de contribuição horária	60,00	31.25	20.00	
Dados totais				
Horas ocupadas da fábrica	500	1.600	2.000	4.100
Receita de venda	100.000	200.000	200.000	500.000
Custos variáveis totais	70.000	150.000	160.000	380.000
Margem de contribuição total	30.000	50.000	40.000	120.000
Custos e despesas fixas totais				130.000
Lucro desejado				10.000
Lucro alcançado				(20.000)

A margem de contribuição horária é obtida por meio da seguinte fórmula:

$$\text{Margem de contribuição horária} = \frac{\text{Margem de contribuição unitária}}{\text{Horas utilizadas de produção por unidade}}$$

Os dados da margem de contribuição unitária mostram que o melhor produto neste quesito é o produto C. Temos, porém, de observar também a margem de contribuição horária. Vemos que o produto A tem a melhor margem de contribuição por hora de trabalho da fábrica. Assim, este é o produto de maior lucratividade pela ocupação da produção.

A situação atual mostra a empresa com prejuízo, sem conseguir atingir a meta de lucro, pois falta obter $ 20.000 para atender aos níveis de rentabilidade desejada.

Análise da capacidade produtiva sem restrições de demanda

Para obtermos parâmetros que permitam a tomada de decisão em um ambiente de simulação, devemos analisar a capacidade produtiva produzindo os três produtos.

Quadro 12.10 **Análise da capacidade produtiva**

	Produto A	Produto B	Produto C	Total
Quantidade produzida atual	1.000	800	400	
Horas ocupadas da fábrica por unidade	0,5	2,0	5,0	
Horas ocupadas da fábrica – Total	500	1.600	2.000	4.100
Simulações – Quantidades				
Produzindo unicamente o Produto A	8.200	0	0	4.100
Produzindo unicamente o Produto B	0	2.050	0	4.100
Produzindo unicamente o Produto C	0	0	820	4.100

Esta análise parte do princípio de que, neste momento, não há restrição de demanda para nenhum produto, o que não é uma situação normal para as empresas, que dificilmente conseguem produzir e vender um único produto. O objetivo desta análise, contudo, é dar um parâmetro de rentabilidade máxima possível, sem restrição de demanda.

Assim, com a capacidade horária existente poder-se-ia ter uma produção máxima de 8.200 unidades do produto A, 2.050 do B e 820 do C. Com esses dados, podemos fazer uma simulação de lucratividade total para cada um dos três produtos produzidos exclusivamente.

Simulação com as quantidades máximas de produção por produto

Os Quadros 12.11, 12.12 e 12.13 mostram o lucro total alcançado na situação de produção exclusiva de um só produto.

Quadro 12.11 Simulação – Margem de contribuição – Produção exclusiva do Produto C

	Produto A	Produto B	Produto C	Total
Quantidade utilizada	0	0	820	
Dados unitários				
Preço de venda unitário	100,00	250,00	500,00	
Custos variáveis unitários	70,00	187,50	400,00	
Margem de contribuição unitária	30,00	62,50	100,00	
Margem de contribuição percentual	30,0%	25,0%	20,0%	
Horas ocupadas da fábrica por unidade	0,5	2,0	5,0	
Dados totais				
Horas ocupadas da fábrica	0	0	4.100	4.100
Receita de venda	0	0	410.000	410.000
Custos variários totais	0	0	328.000	328.000
Margem de contribuição total	0	0	82.000	82.000
Custos e despesas fixas totais				130.000
Lucro desejado				10.000
Lucro alcançado				(58.000)

Caso a empresa produzisse unicamente este produto C, seu resultado seria negativo em $ 48.000. Não alcançando o lucro desejado, em relação a este teria um resultado negativo de $ 58.000.

É importante ressaltar que o Produto C tem margem de contribuição unitária positiva; portanto, é um produto lucrativo. A questão é que, se fosse produzido apenas esse produto, a empresa não conseguiria cobrir seus custos fixos totais e dar o lucro esperado.

Com relação ao produto B, por ter uma margem de contribuição horária superior à do C, ele permite maior lucratividade e apresenta um resultado total melhor que o do C, caso fosse produzido e vendido exclusivamente, conforme mostra o Quadro 12.12.

Quadro 12.12 Simulação – Margem de contribuição – Produção exclusiva do Produto B

	Produto A	Produto B	Produto C	Total
Quantidade utilizada	0	2.050	0	
Dados unitários				
Preço de venda unitário	100,00	250,00	500,00	
Custos variáveis unitários	70,00	187,50	400,00	
Margem de contribuição unitária	30,00	62,50	100,00	
Margem de contribuição percentual	30,0%	25,0%	20,0%	
Horas ocupadas da fábrica por unidade	0,5	2,0	5,0	
Dados totais				
Horas ocupadas da fábrica	0	4.100	0	4.100
Receita de venda	0	512.500	0	512.500
Custos variáveis totais	0	384.375	0	384.375
Margem de contribuição total	0	128.125	0	128.125
Custos e despesas fixas totais				130.000
Lucro desejado				10.000
Lucro alcançado				(11.875)

O melhor desempenho, em razão da melhor margem de contribuição horária, é do produto A. Com este, caso fosse produzido exclusivamente e não houvesse restrição da demanda, o lucro total da empresa cobriria todos os custos fixos, bem como o lucro desejado, e ainda mostraria um excedente de lucro de $ 96.000 em relação ao esperado.

Quadro 12.13 Simulação – Margem de contribuição – Produção exclusiva do Produto A

	Produto A	Produto B	Produto C	Total
Quantidade utilizada	8.200	0	0	
Dados unitários				
Preço de venda unitário	100,00	250,00	500,00	
Custos variáveis unitários	70,00	187,50	400,00	
Margem de contribuição unitária	30,00	62,50	100,00	

(*continua*)

Quadro 12.13 Simulação – Margem de contribuição – Produção exclusiva do Produto A (*continuação*)

	Produto A	Produto B	Produto C	Total
Margem de contribuição percentual	30,0%	25,0%	20,0%	
Horas ocupadas da fábrica por unidade	0,5	2,0	5,0	
Dados totais				
Horas ocupadas da fábrica	4.100	0	0	4.100
Receita de venda	820.000	0	0	820.000
Custos variários totais	574.000	0	0	574.000
Margem de contribuição total	246.000	0	0	246.000
Custos e despesas fixas totais				130.000
Lucro desejado				10.000
Lucro alcançado				106.000

Dessa forma, o Produto A é de fato o mais rentável para a empresa, tendo como elemento base a capacidade produtiva em horas da organização.

Restrição de demanda e *mix* de produtos

As análises apresentadas basearam-se no fato de que não havia restrição da demanda de nenhum produto, e, em caso de produção, qualquer produto seria vendido no volume produzido. Contudo, esta não é a realidade no mundo dos negócios. As empresas produzem mais de um produto porque há restrição na demanda de cada um deles.

Outro fator essencial para esta análise são as condições de marketing. Em linhas gerais, provavelmente ninguém entra em uma loja que só faz um produto. Qualquer consumidor quer ter alternativas de produtos e serviços. Assim, se a empresa oferta apenas um produto, provavelmente terá dificuldades de cobrir todos os custos fixos e obter o lucro desejado.[3]

No entanto, as análises apresentadas são extremamente importantes porque determinam situações extremas. Com esses dados, técnicas de planejamento operacional e simulação matemática, incorporando outras variáveis ou restrições, como a de demanda, a empresa conseguirá obter a composição ótima (*mix*) de produtos para maximizar sua rentabilidade.

---

[3] Estamos considerando comportamento de consumidor e empresas mais comuns. Algumas empresas conseguem produzir poucos produtos e atingir seus objetivos, como a fábrica que produz os automóveis Ferrari, por exemplo.

Questões e exercícios

1. O que é margem de contribuição e em que ela se fundamenta?
2. Por que o conceito de ponto de equilíbrio é associado à gestão de curto prazo da empresa?
3. Apresente a melhor resposta para cada uma das seguintes questões:
    a. Se a empresa tem uma margem de contribuição negativa, para alcançar o ponto de equilíbrio deverá:
       (1) Aumentar o volume de vendas
       (2) Diminuir o volume de vendas
       (3) Aumentar o valor dos custos fixos
       (4) Diminuir o valor dos custos fixos
       (5) Aumentar o preço de venda
    b. Se a margem de contribuição foi diminuída em determinado montante, o lucro operacional deveria:
       (1) Ter sido diminuído no mesmo montante
       (2) Ter sido diminuído mais do que esse montante
       (3) Ter sido aumentado no mesmo montante
       (4) Ter permanecido inalterado
       (5) Nenhuma das alternativas anteriores
    c. O ponto de equilíbrio de um produto poderia ser aumentado por:
       (1) Decréscimo nos custos fixos
       (2) Aumento no percentual da margem de contribuição
       (3) Aumento nos custos variáveis
       (4) Decréscimo nos custos variáveis
       (5) Nenhuma das alternativas anteriores
4. Uma empresa está considerando a introdução de um novo produto com os seguintes dados de custos e preços:

Preço de venda	$ 200 por unidade
Custos e despesas variáveis	$ 120 por unidade
Custos e despesas fixas	$ 300.000 por ano

    a. Qual é a quantidade a ser vendida no ponto de equilíbrio?
    b Qual é a quantidade a ser vendida para se obter um lucro operacional de $ 100.000 por ano?
5. Para fazer e vender o produto A, a empresa tem de incorrer nos seguintes gastos operacionais:
    Matéria-prima necessária para uma unidade do produto A
       • 500 unidades a $ 2,00 cada

Tempo necessário para produzir uma unidade do produto A
• 5 horas a $ 80,00 por hora
Gastos do período
• Salários/despesas dos departamentos de apoio à produção $ 440.000
• Depreciações $ 320.000
• Salários/despesas administrativas/comerciais $ 180.000
Outros dados
Comissões – 12% sobre o preço de venda
Preço de venda – $ 3.600 por unidade
Quantidade produzida (e igualmente vendida) – 900 unidades

a. Calcule o custo unitário pelo critério de custeio direto e identifique a margem de contribuição unitária e percentual.
b Apure o lucro líquido total com a venda de 900 unidades.
c Calcule o ponto de equilíbrio da empresa em quantidade e em valor.
d. Com um novo processo de produção, haverá necessidade da troca de qualidade de material direto, que passará a custar 20% a mais. O aumento do custo fixo de $ 60.000, decorrente do investimento em novo processo de produção, fará que o volume de produção seja aumentado em 120 unidades, que o mercado deverá aceitar se o preço de venda reduzir em 2%. Será lucrativa esta hipótese?

6. Com os dados apresentados no quadro a seguir, correspondentes a um mês de operações de uma empresa que fabrica e vende três linhas de produtos, elabore uma demonstração de resultados do período, contendo: a) a margem de contribuição unitária e percentual de cada produto e a margem de contribuição percentual média da empresa; b) o lucro líquido percentual sobre as vendas; c) a participação percentual da receita total, custo total e margem de contribuição total de cada produto. Com base nesses dados, identifique o produto que deve ter sua venda incentivada e o produto que deve ter sua contribuição melhorada.

	Produto X	Produto Y	Produto Z	Total
Preço de venda unitário – $	35,00	47,00	220,00	
Custo variável unitário – $	22,00	23,00	164,00	
Quantidade vendida no período	680	520	85	
Comissão sobre preço de venda	2%	2%	5%	
Custos fixos – $				4.500
Despesas comerciais fixas – $				2.000
Despesas administrativas fixas – $				5000

7. Considerando os dados do exercício anterior e a informação de que as previsões para o próximo mês são de aumento de 5% do volume de vendas do produto A e de 10% do produto C, satisfaça todas as solicitações do exercício anterior.

A empresa tem condições de produzir os novos volumes, bastando um aumento de $ 1.000 nos custos fixos e de $ 1.200 nas despesas fixas comerciais.

8. Uma revendedora de automóveis vende dois modelos básicos: esporte e luxo. A seguir, apresentamos os dados de custos e vendas:

	Esporte	De luxo
Preço médio de venda unitário	$ 25.000	$ 35.000
Custo variável médio unitário	20.000	25.000
Margem de contribuição unitária	5.000	10.000

Custos fixos totais = $ 300.000

a. Monte a equação matemática para obter a quantidade de vendas no ponto de equilíbrio.
b. Calcule qual seria a quantidade no ponto de equilíbrio só com as vendas do modelo esporte.
c. Calcule qual seria a quantidade no ponto de equilíbrio só com as vendas do modelo luxo.
d. Considerando que um pacote de *mix* normal de produtos seja 3 carros esporte para cada 1 luxo (3:1), qual seria o número de pacotes no ponto de equilíbrio?
e. Calcule qual seria a quantidade de carros no ponto de equilíbrio, independente do modelo, supondo uma margem de contribuição média.
f. Supondo que seja possível distinguir custos fixos diretos de $ 80.000 para o modelo esporte e de $ 100.000 para o modelo luxo, restariam apenas $ 120.000 de custos fixos comuns. Qual seria a quantidade a ser vendida de cada modelo para se assumir um prejuízo de $ 120.000?
g. Considerando uma alocação de $ 120.000 de custos fixos comuns e distribuindo-os metade para cada modelo, calcule o ponto de equilíbrio em quantidade para cada modelo, assim como o ponto de equilíbrio em quantidade de carros, independentemente dos modelos, supondo uma margem de lucro média para os dois produtos.

9. Uma companhia fabrica os seguintes produtos, com os respectivos dados de custos e vendas:

	Produto I	Produto II	Produto III
Preço unitário de venda	$ 5	$ 6	$ 7
Custo variável unitário	$ 3	$ 2	$ 4
Vendas esperadas (em unidades)	100.000 unid.	150.000 unid.	250.000 unid.

Custos fixos totais = $ 1.240.000

Supondo que o *mix* de produtos poderia ser o mesmo no ponto de equilíbrio, calcule o ponto de equilíbrio em quantidades e em valor de vendas.

10. Contribuição marginal e fator limitativo

   Uma empresa tem dois produtos, que apresentam os seguintes dados:

	Produto A	Produto B
Preço de venda	$ 20,00	$ 30,00
Custos e despesas variáveis	14,00	18,00
Margem de contribuição	6,00	12,00

   Pela análise percentual da margem de contribuição, qual produto deveria ter sua produção e suas vendas mais enfatizadas?
   a. Ainda com base nos dados apresentados, sabendo que o mercado tem condição de absorver apenas 500 unidades do produto B, a capacidade de produção do produto A fica restrita a 1.500 unidades. Calcule a margem de contribuição total da empresa nesta combinação de faturamento.
   b. Outra informação é incorporada ao nosso problema. A gerente divisional afirma que só tem à disposição 1.000 horas de fábrica para gerar os produtos A e B. Sabendo que uma hora produz três unidades do produto A e apenas uma unidade do B, mas que o mercado pode absorver apenas 2.400 unidades do produto A, calcule a margem de contribuição total da empresa nessa nova combinação de produção.

Formação de Preços de Venda

Objetivos de aprendizagem

Este capítulo desenvolve:

- os conceitos, objetivos e modelos gerais para a formação e a gestão de preços de venda;
- a formação de preços de venda e sua relação com a demonstração de resultados;
- uma introdução ao conceito de *mark-up*;
- a formação de preços de venda com base no custo unitário dos produtos;
- os elementos formadores do *mark-up*;
- a obtenção da margem de lucro desejada para formação de preços;
- a formação de preços considerando-se o ciclo de vida dos produtos, utilizando o modelo de margem de contribuição;
- o financiamento da venda e os impactos nos impostos sobre os preços de venda.

13.1 Introdução

A decisão sobre preços deve levar em conta uma série de aspectos, que inclui motivos, objetivos, estruturas de mercado e foco na determinação dos preços.

Motivos para a decisão de preços

Várias situações conduzem à tomada de decisão em relação aos preços. Podemos listar as principais:

a. lançamento de um novo produto;
b. introdução de produtos regulares em novos canais de distribuição ou em novos segmentos de mercado;

c. conhecimento de alteração de preços dos concorrentes;
d. variações significativas da demanda dos produtos, para mais ou para menos;
e. alterações significativas na estrutura de custos da empresa e dos produtos, bem como dos investimentos;
f. mudança de objetivos de rentabilidade da empresa;
g. adaptação às novas estratégias de atuação no mercado;
h. alterações na legislação vigente;
i. adaptação a novas tecnologias existentes ou empregadas.

Objetivos na decisão de preços

O foco central de qualquer decisão empresarial é a criação de valor para o acionista, por meio do retorno sobre o investimento. Assim, este também é o objetivo central da tomada de decisão de preços. Outros objetivos podem ser relacionados, por exemplo:

a. expandir vendas e crescimento de mercado;
b. evitar a competição e garantir a sobrevivência;
c. ser líder de preços.

Modelos de tomada de decisão de preços

São três os principais modelos para gestão de preços de venda:

a. orientados pela teoria econômica;
b. orientados pelos custos;
c. orientados pelo mercado.

Os modelos de decisão de preço de venda orientados pela teoria econômica partem da premissa básica de que as empresas, agindo de forma racional, procuram maximizar seus lucros, tendo pleno conhecimento da curva de demanda de mercado e de seus custos. Neste modelo, é necessária a identificação da estrutura de mercado em que a empresa atua, ou seja, concorrência perfeita, monopólio, oligopólio e concorrência monopolística.

Os modelos de decisão de preços orientados pelos custos formam o preço dos produtos, por meio do cálculo de seus custos e da adição de uma margem de lucro objetivada, pressupondo-se que o mercado absorva a quantidade ofertada ao preço obtido nesta equação.

Os modelos de decisão de preço orientados pelo mercado levam em consideração somente a demanda do produto ou a ação da concorrência e o valor percebido pelos clientes, ignorando os custos no estabelecimento de preços.

13.2 Formação de preços de venda com base no mercado e na teoria econômica

A teoria econômica indica que quem faz o preço de venda dos produtos é o mercado, basicamente por meio da oferta e da procura, com as devidas considerações para situações de monopólio, oligopólio, mercados cativos e situações similares.

Levando em conta essa condição, praticamente seria desnecessário o cálculo dos custos e a subsequente formação de preços de venda com base nele. O que a empresa teria de fazer é abalizar corretamente o preço de mercado do produto por meio dos preços dos concorrentes existentes ou de pesquisas de mercado (no caso de produtos inéditos) e fazer considerações específicas sobre gastos de comissões, canais de distribuição, publicidade, localização da fábrica etc.

Custo meta

O preço de mercado possibilita, na realidade, a situação inversa da formação de preços de venda. Assumindo a condição de que o preço pago pelo mercado é o máximo que a empresa pode atribuir ao seu produto, este preço passa a ser o elemento fundamental para a *formação de custos e despesas*.

Diante disso, parte-se do preço de venda, deduz-se a margem mínima que a empresa quer obter, assim como os custos financeiros de financiamento da produção e os efeitos monetários sobre o capital de giro, e obtém-se o valor máximo que tal produto pode custar internamente para a empresa. Com este dado, se a empresa se vê em condições de produzir e vender o produto com o lucro desejado, o custo obtido passa a ser o custo padrão ideal, ou *custo meta*.

Em linhas gerais, o custo meta é expresso pela seguinte fórmula, considerando-se dados hipotéticos:

CUSTO META	
Preço de venda de mercado	= $ 100,00
(–) Margem de lucro desejada ou necessária (10%)	(10,00)
Custo meta	90,00

Para obtenção do custo meta é necessário um modelo decisório baseado em um método de custeio que contemple todos os custos e despesas. Neste sentido, só é possível obter o custo meta por meio do método de custeio integral ou do de custeio ABC. Pela linha conceitual de custeio direto/variável, não existe possibilidade de encontrar o custo meta, pois nesta linha de pensamento, que já demonstramos ser científica, o custo unitário só pode existir em termos de custos médios, nunca de unidade individual de produto.

Independente desta polêmica conceitual, entendemos que o conceito de custo meta é válido e importante para procedimentos de redução e otimização de custos. No Capítulo 15, *Análises de custos e rentabilidade de produtos*, apresentaremos um exemplo de custo meta.

Valor percebido pelo consumidor

O conceito de fixação de preços pelo valor percebido é uma noção de preço orientado pelo mercado, uma vez que a fonte básica de referência é identificar, antecipadamente, o grau de utilidade ou o valor que um produto ou serviço traz à mente do consumidor.

Em termos práticos, de acordo com este conceito, a empresa deve tentar definir o *maior preço* de venda para o seu produto, sabendo que seu cliente está disposto a pagar por esse preço, pois a utilidade do produto é suficiente para deixá-lo tranquilo no ato da compra. Dessa maneira, a fixação do preço de venda por meio do valor percebido pelo consumidor é a *criação do valor de mercado* do produto ou do serviço.

Esse conceito de formação de preço de venda também é denominado preço-alvo de mercado, ou *target pricing*, por levar em conta as forças de competitividade de mercado, considerando o que os clientes estarão dispostos a pagar pelos produtos, dentro dos volumes estimados de demanda. Este tema será abordado com mais detalhes no próximo capítulo.

13.3 Formação de preços de venda com base no custo

O pressuposto básico para esta metodologia é que o mercado estaria disposto a absorver os preços de venda determinados pela empresa, os quais, por sua vez, são calculados sobre os custos dela e dos investimentos realizados.

Sabemos que, na verdade, isso nem sempre acontece, ficando tal procedimento, então, eventualmente invalidado. De qualquer forma, é necessário o cálculo sobre os custos, tendo em vista que, por meio dele, podemos ao menos ter um parâmetro inicial ou um padrão de referência para análises comparativas.

Além disso, outras situações podem exigir a utilização dos procedimentos de formação de preços de venda com base no custo, tais como:

a. estudos de engenharia e de mercado para a introdução de novos produtos;
b acompanhamento dos preços e dos custos dos produtos atuais;
c novas oportunidades de negócios;
d negócios ou pedidos especiais;
e faturamento de produtos por encomenda;
f análise de preços de produtos de concorrentes etc.

Outra área de aplicação da metodologia de formação de preços de venda com base no custo está ligada a necessidades institucionais: informações para órgãos governamentais, prestação de contas de serviços e taxas por parte de autarquias, prestação de contas de empresas públicas e autarquias etc. Normalmente, essas necessidades são caracterizadas mais popularmente pela geração de planilhas de custo dos produtos e serviços.

Formação de preços de venda com base no custo e sua validade gerencial

A validade gerencial da formação de preços com base no custo está centrada na necessidade de se avaliar a rentabilidade dos investimentos em relação aos custos e às despesas decorrentes da estrutura empresarial montada para produzir e vender os produtos e serviços. Objetiva-se com isso determinar o preço-alvo de contribuição (*compound pricing* ou *contribution target pricing*), que mostra a contribuição ao resultado, que seria obtida considerando-se a composição do preço baseado nas estruturas de custos e despesas e dos investimentos realizados.

Formação de preços de vendas e métodos de custeio

A formação de preços de venda com base no custo pode ser feita considerando-se qualquer método de custeio. Basicamente, a metodologia trabalha com o conceito tradicional de custos, que separa os custos e as despesas associados aos produtos dos associados ao período, da seguinte maneira:

a custos e despesas associados unitariamente aos produtos e serviços: tratamento como custo unitário do produto;
b custos e despesas associados ao período: tratamento como percentual multiplicador sobre o custo unitário do produto (*mark-up*).

Assim, quanto mais gastos forem atribuídos unitariamente aos produtos (por meio de rateios, alocações, direcionadores de custos), menor será o multiplicador para se obter o preço de venda. Quanto menos gastos forem atribuídos unitariamente aos produtos, maior será o multiplicador ou, *mark-up*, para se obter o preço de venda.

Custeio por absorção

É a técnica mais utilizada. Tomam-se como base os custos industriais por produto e adicionam-se as taxas gerais de despesas administrativas e comerciais, despesas financeiras e margem desejada.

Apesar de várias desvantagens teóricas conhecidas sobre a utilização do custeio por absorção, a maior parte dos acadêmicos admite que, na prática, este ainda é o critério mais utilizado para a formação de preços de venda, basicamente porque o método é simples de usar, assim como está totalmente relacionado com os princípios contábeis geralmente aceitos e a demonstração de resultados tradicional da empresa.

Custeio direto/variável

Em vez de se tomar como base o custo por absorção (equivalente ao custo da fábrica, que inclui tanto os custos diretos como os indiretos), o valor básico de referência para se formar o preço de venda neste critério são os custos diretos ou variáveis mais as despesas variáveis do produto que possam ser identificadas. Após isso, a margem a ser aplicada deverá cobrir, além da rentabilidade mínima almejada, os custos e as despesas fixas, que não foram alocados aos produtos.

Este critério é coerente com a análise custo/volume/lucro ao determinar, na formação de preço de venda, a margem de contribuição de cada produto. Cientificamente, é o mais recomendado.

Custos de transformação

Dependendo do valor dos itens comprados de terceiros, algumas empresas não requisitam, no preço de venda, a absorção das despesas operacionais e a margem de lucro dos valores desses materiais ou dos serviços adquiridos de terceiros, tomando como base para a formação dos preços de venda apenas os valores gastos a título de transformação do produto. Os custos de transformação são todos os elementos de custos, excetuando-se as matérias-primas e os materiais diretos. A utilização desta técnica tende a ser eventual, principalmente para pedidos especiais.

Formação de preços de venda e formas de custeio

Assim como a formação de preços de venda com base no custo deve obedecer a um método de custeio, o mesmo ocorre em relação à forma de mensuração dos elementos de custos.

O estudo inicial para validar os atuais preços de venda e analisar a rentabilidade desejada deve se basear no custo real.

Contudo, para fins de fixação de preços de venda, utilizando-se os custos, a opção mais recomendada tem sido a adoção do *custo padrão*, ou, eventualmente, do custo orçado. A adoção do custo padrão como base para a formação de preços de venda fundamenta-se em não alocar ineficiências aos preços e permitir uma condição de maior estabilidade dos preços com os clientes.

13.4 Conceitos e elementos básicos para a formação de preços de venda

Partindo do pressuposto de que a base para a formação de preços de venda calculados sejam os custos alocados aos diversos produtos, mesmo que pratiquemos estudos de formação de preços de venda baseados no custeio direto, teremos de verificar como serão tratados os demais itens que complementam a formação de tais preços de venda. Para exemplificar um tipo de formação de preço de venda, assumimos que a base seja o custo padrão por absorção de cada produto.

Multiplicador sobre os custos (mark-up)

O conceito de *mark-up*, que traduzimos como multiplicador sobre os custos, é uma metodologia para se calcular preços de venda de forma rápida, com base no custo por absorção de cada produto. Este conceito de *mark-up*, amplamente utilizado tanto pelas empresas de grande porte como pelas microempresas, parte do pressuposto de que a base para a diferenciação de preços de venda dos diversos produtos da empresa é o custo por absorção.

Evidencia-se aqui como ainda está arraigado, em nossa cultura contábil-financeira, o conceito de custo por absorção como o mais adequado para se obter o custo dos produtos. Tomando como base este custo de cada produto, aplica-se um multiplicador, de tal forma que os demais elementos formadores do preço de venda sejam adicionados ao custo com base nesse multiplicador.

É importante ressaltar que, apesar de o *mark-up* ser um multiplicador aplicado sobre o custo dos produtos, sua construção está ligada a determinados percentuais sobre o preço de venda. Todos os seus componentes do *mark-up* são determinados por meio de relações percentuais médias sobre os preços de venda e, a seguir, aplicados sobre o custo dos produtos.

Os elementos constantes do *mark-up* são:

Mark-up I – Despesas e margem de lucro

a. despesas administrativas;
b. despesas comerciais;
c. outras despesas operacionais (assistência técnica, engenharia);
d. custo financeiro de produção e vendas;
e. margem de lucro desejada.

Mark-up II – Impostos sobre venda

a. ICMS;
b. PIS;
c. Cofins.

Nota: normalmente o IPI não é computado no *mark-up* porque, em nosso país, a legislação fiscal atual exige que o preço de venda já contenha o ICMS, mas trata o IPI como se fosse um imposto que não faz parte do preço de venda, sendo exclusivamente de competência do contribuinte final, ponto em que cessa o processo de industrialização do produto.

Mark-up II e situações tributárias

É importante a criação de dois *mark-ups*, um para obtenção do preço de venda sem impostos, outro para incorporar os impostos sobre vendas, uma vez que em nosso país as empresas podem se enquadrar em diversos regimes tributários, ao mesmo tempo que existem diferenças de tributação para determinadas regiões e mesmo para determinados produtos.

As diferenças de tributação mais conhecidas são:

- mercado interno e mercado externo, em que, para a maioria dos produtos e serviços exportados, não há incidência dos tributos de IPI, ICMS, PIS e Cofins;
- regime tributário para as empresas do Simples;
- regiões onde há suspensão ou isenção de impostos, como zonas especiais de exportação e Zona Franca de Manaus;
- vendas para os demais estados da federação;
- aplicação do sistema de substituição tributária em alguns produtos para diversos estados da federação;
- produtos e serviços (quer seja da mesma empresa) que têm tributação diferenciada de PIS e Cofins, em que alguns produtos e serviços são tributados pelo regime cumulativo e outros pelo não cumulativo.

Dessa maneira, impõe-se a necessidade de dois *mark-ups*: um para obter o preço de venda antes dos impostos e outro para obter o preço de venda com os impostos para os diferentes mercados e produtos com tributação diferenciada.

Mark-up e estrutura da demonstração de resultados

O cálculo do *mark-up* é extraído da estrutura da demonstração de resultados, partindo-se do custo dos produtos vendidos. O *mark-up* I parte do custo industrial, e o multiplicador adotado determina o preço de venda antes dos impostos sobre a venda. Esse preço de venda cobre, além do custo industrial, as despesas operacionais, o custo financeiro e a margem de lucro desejada. O *mark-up* II parte do preço de venda sem impostos para obter o preço de venda com impostos – que interessa ao cliente e deve constar na lista de preços.

Quadro 13.1 *Mark-up* e demonstração de resultados

Receita operacional bruta (preço de venda com impostos)	120,00	
(–) Impostos sobre a venda	(20,00)	*Mark-up* II
= **Receita operacional líquida**	**100,00**	
(Preço de Venda sem Impostos)		
(–) Custo dos produtos vendidos (custo industrial por absorção)	(60,00)	
Materiais diretos	25,00	
Mão de obra direta	8,00	
Mão de obra indireta	12,00	
Despesas gerais	8,00	
Depreciações	7,00	
= **Lucro Bruto**	**40,00**	*Mark-up* I
(–) Despesas operacionais e financeiras	(28,00)	
Comerciais	12,00	
Administrativas	10,00	
Financeiras	6,00	
= **Lucro líquido antes dos impostos sobre o lucro**	**12,00**	
(–) Impostos sobre o Lucro*	(4,08)	
= **Lucro líquido após os impostos sobre o lucro**	**7,92**	

* No Brasil, os impostos sobre o lucro são: a) Imposto de Renda, com alíquota básica de 15% mais adicional de 10% para lucros anuais superiores a $ 240.000 no ano; b) Contribuição Social sobre o Lucro Líquido, com alíquota de 9%. A alíquota efetiva para a maior parte das empresas tributadas pelo lucro real aproxima-se, então, de 34%.

O Quadro 13.1 mostra a relação entre o *mark-up* e a demonstração de resultados. Neste exemplo, o *mark-up* I seria de 1,6667:

Preço de venda sem impostos = 100,00 (a)
Custo industrial = 60,00 (b)
Mark-up I = 1,6667 (a : b)

O *mark-up* II seria de 1,20:
Preço de venda com impostos = 120,00 (a)
Preço de venda sem impostos = 100,00 (b)
Mark-up II = 1,20 (a : b)

O *mark-up* total seria de 2,0:
Preço de venda com impostos = 120,00 (a)
Custo industrial = 60,00 (b)
Mark-up I = 2,00 (a : b)

O *mark-up* total também pode ser obtido pela multiplicação dos dois *mark-ups* intermediários:

Mark-up I x *mark-up* II = *mark-up* total
1,6667 x 1,20 = 2,00

Mark-up genérico

Partindo-se do pressuposto de que o custo industrial padrão por absorção é o grande elemento diferenciador para a formação de preços de venda dos diversos produtos dentro da empresa, o mais comum é utilizar-se um *mark-up* genérico para todos os produtos.

Isto quer dizer que, na construção do índice multiplicador que será aplicado sobre o custo por absorção, os indicadores das despesas operacionais sobre vendas (administrativas, comerciais) serão os mesmos percentuais para todos os produtos. Isso também acontecerá com o custo financeiro e com a margem de lucro desejada, que serão os mesmos percentuais sobre o preço de venda, aplicados igualmente para todos os produtos.

Com relação aos impostos sobre vendas, caso existam situações em que esses não sejam incidentes (exportações, em alguns casos, por exemplo), não se aplicam sobre os custos os percentuais relativos a estes impostos. Este é um dos motivos pelos quais o *mark-up* deve ser aplicado ao menos em duas etapas, com e sem impostos sobre vendas.

Mark-up por produto

Nada impede, porém, que construamos um *mark-up* básico para cada produto, linha de produtos ou divisões.

Neste caso, o pressuposto básico é de que não só o custo por absorção seja o elemento diferenciador do custo do produto. Também os dados de despesas operacionais, no todo ou parcialmente, assim como a margem e os custos financeiros, podem ser diferentes para cada produto ou grupo de produtos.

Mark-up, mercados, canais de distribuição, *mix* de vendas dos produtos

Sabemos que uma empresa atinge diversos mercados com seus produtos. Além dos regionais, em que as distâncias podem implicar custos e preços de vendas diferenciados, existe a possibilidade de segmentos de clientes preferenciais e de diferentes canais de distribuição. Em alguns mercados, por exemplo, a empresa pode entregar diretamente o produto, por meio de seus próprios vendedores; em outros, pode achar melhor trabalhar com representantes comissionados.

Deste modo, forma-se um *mix* de venda para cada produto, sendo que cada segmento de mercado deve ter um preço de venda diferenciado. Assim, é necessário, na formação de preços de venda, fazer considerações de cálculo para se formar preços diferenciados, de modo que a rentabilidade da empresa não seja afetada. Os preços de venda diferenciados deverão formar um preço de venda médio do *mix* de venda de cada produto, de maneira que a rentabilidade final seja alcançada.

13.5 Margem de lucro desejada

Um dos pontos mais polêmicos está relacionado à margem de lucro que deve ser alocada ao *mark-up*. Fundamentalmente, a margem de lucro desejada está ligada ao conceito de rentabilidade do investimento. Como esta está ligada à sua eficiência de geração de vendas (o giro do ativo), a margem a ser incorporada no preço de venda dos produtos tem de estar relacionada com esses dois elementos.

Rentabilidade do investimento é um conceito de custo de oportunidade de capital. Assim, além dos elementos componentes do giro e da rentabilidade dos investimentos, outro componente-chave é o custo de capital dos proprietários do capital empresarial, genericamente denominados acionistas. Desta forma, a base para a margem de lucro desejada fundamenta-se em três componentes: vendas, investimentos (ativos) e custo de oportunidade.

> *Parâmetros básicos para cálculo da margem de lucro desejada*
> Vendas
> Lucro operacional
> Investimentos (ativos)
> Custo de oportunidade do capital

A margem de lucro desejada para incorporação nos preços de venda dos diversos produtos é bastante variável de empresa para empresa, e depende, além dos elementos fundamentais já citados, de inúmeros fatores, entre os quais podemos enumerar alguns, sem a pretensão de esgotar as variáveis:

a. setor de atuação da empresa;
b. necessidade de reposição de ativos;
c. tipo de produto;
d. competitividade do setor;

e. momento econômico do país ou do mercado base;
f. escalas de produção;
g. grau de alavancagem operacional;
h. elasticidade da demanda;
i. taxa interna de retorno dos investimentos;
j. período em que os investimentos retornarão (*payback*);
k. pedidos ou encomendas especiais etc.

Além disso, outros aspectos, de igual importância, não necessariamente vinculados à problemática econômico-financeira, devem e são levados em consideração, tais como:

a. objetivos da empresa;
b. cultura da empresa;
c. ambiente social em que a empresa está inserida;
d. participação dos funcionários etc.

São inúmeras as variáveis que poderão ser levadas em consideração para se chegar à margem de lucro desejada ou necessária.

Como vimos, a base mais adequada para se calcular a margem de lucro mínima desejada é a rentabilidade do ativo, ou seja, a rentabilidade do investimento, já deduzidos os impostos sobre o lucro líquido.

Outra variante, mais objetivamente ligada ao acionista, é a rentabilidade do capital próprio, ou seja, do patrimônio líquido.

Em nosso exemplo numérico, utilizaremos esses fundamentos, já que as demais variáveis tendem a ter cunho relativo, subjetivo ou momentâneo, que nosso exemplo não consegue abarcar.

Parâmetros externos para a margem desejada

Entendemos que alguns parâmetros externos podem ajudar a atingir uma margem de lucro satisfatória. Uma empresa industrial, comercial ou de serviços é constituída basicamente para atingir ganhos superiores aos recebidos em aplicações no mercado financeiro, geralmente aplicações de renda fixa.

Um parâmetro básico é a remuneração da poupança governamental em nosso país, que paga 0,5% ao mês, ou 6,17% ao ano; outro, são as taxas de juros cobradas no mercado internacional, através das taxas interbancárias dos Estados Unidos e de Londres: *Prime Rate* e *Libor*, respectivamente.

No Brasil, seguramente as margens devem ser superiores às da poupança governamental, pois os negócios empresariais apresentam muito mais riscos que a poupança e, por isso, necessitam de maior remuneração. Internacionalmente, também devem ser superiores às taxas interbancárias, pois elas representam o patamar mínimo de rentabilidade. Como parâmetro geral, rentabilidades entre 12% e 15% ao ano, após os impostos sobre o lucro, são consideradas normais.

Margem de lucro genérica

Conforme já abordamos, a empresa pode adotar o conceito de uma mesma margem para todos os produtos. Dessa forma, como princípio de cálculo, basta verificar a rentabilidade mínima desejada para seus investimentos próprios e utilizar esta margem dentro do *mark-up*.

Neste caso, a empresa adotará o conceito de que, em termos de rentabilidade, não faz distinção entre produtos ou divisões da empresa e de que o que deseja é uma margem de lucro única, de tal forma que eventuais rentabilidades maiores de um ou mais produtos cubram rentabilidades menores ou até mesmo negativas de outros.

Margem de lucro por produto e contabilidade divisional

No entanto, caso a empresa queira uma diferenciação de margem de lucro para cada produto ou divisão, deverá ter como base os valores constantes do gerenciamento contábil setorial.

Uma forma possível para apurar a diferenciação de margens de lucro é construir um patrimônio líquido por divisão ou por produto. Podemos construí-lo por divisão, por meio de uma relação proporcional entre os ativos colocados pela empresa à disposição dos gerentes divisionais.

Margem de lucro por produto x *mark-up* por produto

Também é possível uma combinação entre *mark-up* e margem de lucro por produto. Poderia ser feito um *mark-up* diferenciado por produto até as despesas operacionais, e, após isso, seria aplicada uma margem de lucro genérica para todos os produtos.

O inverso também é possível, mas entendemos que não seria recomendável, pois nos parece incoerente diferenciar a margem e não diferenciar as despesas. Julgamos mais relevante, para a determinação da diferenciação dos custos e despesas totais por produto, a correta classificação das despesas do que a margem de lucro diferenciada.

Impostos sobre o lucro e legislação fiscal

Quando falamos em margem de lucro, estamos fazendo referência direta à rentabilidade do capital investido, por meio do indicador de margem de lucro sobre o ativo ou sobre o patrimônio líquido, que significa, em resumo, retorno do investimento aos detentores do capital da empresa. É a remuneração do capital aplicado pelos investidores.

Estamos falando, então, da rentabilidade do capital após os impostos sobre o lucro, que deverão ser pagos pela empresa. Assim, a margem de lucro mínima deve ser recomposta, em termos de margem bruta, na formação do preço de venda, de tal forma que, após a venda, tais lucros sejam tributados e o resultado líquido possa fluir para os investidores.

Alíquotas básicas e imposto efetivo

Um cuidado a ser tomado é não adotar, como percentual dentro do *mark-up*, as alíquotas básicas dos impostos sobre o lucro sem verificar o que realmente a empresa tem pago de tais impostos. Sabe-se que a legislação fiscal possui normas próprias de dedução de despesas e tributação das receitas; tais variantes devem ser consideradas na formação da margem de lucro bruta para obtermos a margem de lucro líquida.

Este cuidado vale também para situações especiais em que determinadas receitas não sofrem tributação total desses impostos. Aí também o conceito de imposto efetivo deve ser aplicado, em vez das alíquotas básicas.

Enquadramento da empresa na legislação tributária

Ainda na linha do item anterior, a legislação tributária possibilita que a empresa se enquadre em variantes de tributação, razão pela qual a margem de lucro deve ser adaptada a tal enquadramento.

13.6 Custo financeiro e custo de financiamento da venda

É importante fazer uma distinção entre estes dois conceitos. Chamaremos de custo financeiro o custo financeiro da empresa para a obtenção do cálculo de preços de venda dentro das condições gerais de venda. Chamaremos de custo de financiamento da venda os valores adicionais cobrados sobre as condições normais de venda, para financiar ao comprador prazos maiores que os já contidos no preço ofertado.

Custo financeiro e sua obtenção

São denominados custo financeiro para formação de preços de venda os impactos financeiros que a empresa sofre, decorrentes da sua estrutura de capital e da estrutura de ativos e passivos monetários.

Dentro do custo financeiro da empresa estão:

a. os custos decorrentes da duração do ciclo de produção;
b. os juros reais decorrentes dos financiamentos, deduzidos dos juros reais decorrentes das aplicações financeiras dos excedentes de caixa;
c. as perdas monetárias sobre a manutenção habitual e necessária dos ativos monetários, deduzidas dos ganhos monetários sobre a manutenção habitual dos passivos monetários.

O percentual médio de custo financeiro pode ser obtido na demonstração de resultados pelo sistema de correção integral ou na demonstração de resultados em outras moedas.

Custo de financiamento da venda e sua obtenção

Neste caso, a empresa financiará prazos adicionais aos habitualmente constantes da oferta de seus produtos, a pedido do cliente. Este custo de financiamento não representa um custo financeiro interno da empresa, e sim é externo a ela. O cliente teoricamente poderia ser financiado por entidades financeiras que não a empresa que vende o produto.

Assim, o percentual financeiro que deverá ser adicionado ao *mark-up* será outro percentual, além do custo financeiro da empresa, e a obtenção de sua taxa estará ligada aos custos financeiros de mercado, cobrados por instituições financeiras naquele momento econômico conjuntural. Retomaremos este tópico mais adiante, no item "Financiamento e impostos da venda".

13.7 Determinação da margem desejada para o *mark-up*

Margem ou lucratividade é um conceito de lucro sobre as vendas. Rentabilidade é um conceito de rendimento do capital investido. Assim, a margem desejada a ser aplicada nos preços de venda formados pelo custo deve ser resultante da rentabilidade desejada sobre o capital investido. Este conceito é expresso pela fórmula de análise da rentabilidade, denominada *método Dupont*, que converge os elementos de lucratividade das vendas para o giro do ativo (ou patrimônio líquido).

O conceito de giro está associado ao de produtividade do capital empregado nas operações. Quanto maior o giro, maior produtividade e maior potencial de geração de lucros para os acionistas. O método Dupont pode ser aplicado tanto no lucro operacional como no lucro líquido, conforme veremos a seguir:

$$Rentabilidade\ do\ ativo = \frac{Lucro\ operacional}{Ativo\ operacional}$$

Considerando os elementos do método Dupont que decompõem a rentabilidade, temos:

Rentabilidade do ativo = Giro do ativo x Margem operacional

Sendo: Giro do ativo = $\dfrac{\text{Vendas}}{\text{Ativo}}$ e Margem operacional = $\dfrac{\text{Lucro operacional}}{\text{Vendas}}$

Temos:

$$\text{Rentabilidade do ativo} = \dfrac{\text{Vendas}}{\text{Ativo}} \times \dfrac{\text{Lucro operacional}}{\text{Vendas}}$$

A mesma metodologia pode ser aplicada considerando-se unicamente a ótica do acionista, utilizando-se, em vez do lucro operacional, o lucro líquido após despesas e receitas financeiras e, em vez de ativo, o patrimônio líquido, ficando assim a fórmula:

$$\text{Rentabilidade do patrimônio líquido} = \dfrac{\text{Vendas}}{\text{Patrimônio líquido}} \times \dfrac{\text{Lucro líquido}}{\text{Vendas}}$$

No caso de utilização da rentabilidade do ativo, o lucro operacional deverá ser ajustado e diminuído dos impostos sobre o lucro, de forma proporcional ao total obtido pela empresa, o que é necessário para se obter o lucro líquido.

Faturamento normativo

A formação de preços de venda normalmente é elaborada com base em *custos padrão, custos estimados* ou *orçados*, visando conseguir preços formados em condições operacionais normais da empresa. Desta forma, o conceito de faturamento padronizado ou de faturamento normativo vem a ser um elemento importante para a construção do *mark-up,* assim como da margem de lucro desejada.

O faturamento normativo deve ser revisto periodicamente; recomendamos que o seja com a revisão anual do padrão. Como já introduzimos, os percentuais constantes do *mark-up* são determinados em uma relação percentual sobre preços de venda. Isso nos leva novamente ao conceito de faturamento normativo ou faturamento padrão.

Como o processo de formação de preços de venda busca um preço de venda calculado, baseado em situações de normalidade, a base para o cálculo dos percentuais de margem, despesas operacionais, custo financeiro etc. deve ser um volume de vendas que represente uma condição normal de produção e de vendas da empresa.

A formação de preços de venda não deve, de modo geral, ficar atrelada a situações conjunturais, de maneira que, em períodos de alta demanda, se busquem rentabilidades exageradas, assim como, em períodos de baixa demanda, se procure adicionar percentuais de despesas decorrentes de ociosidades estruturais.

O faturamento normativo da empresa será calculado sobre projeções orçamentárias para um ou mais períodos, e calcado nas estruturas existentes e planejadas de capacidade de produção, buscando-se sempre condições normais e estáveis de operação, dentro de uma visão de padronização.

O faturamento normativo representa o conceito de giro do ativo da fórmula Dupont. Tal faturamento refere-se ao valor total das vendas que a empresa consegue obter com sua atual capacidade operacional, em condições normais de operação, considerando-se o *mix* de produtos e serviços previstos para o próximo período.

A Figura 13.1 evidencia os conceitos apresentados até agora para obtenção da margem desejada.

```
           Obtenção da margem desejada
          Modelo: Retorno do investimento

RETORNO A SER OBTIDO*  =  GIRO DO INVESTIMENTO  x  MARGEM SOBRE VENDAS**
         ↓                      ↓                          ↓
  Definição do acionista   Faturamento normativo            ?
```

* Pode ser sobre o valor da empresa ou sobre o valor do acionista
** Será a margem líquida (acionista) ou a operacional (valor da empresa)

Figura 13.1 Metodologia, conceito e elementos para obtenção da margem desejada.

Após as definições do valor do investimento e da rentabilidade desejada para a empresa ou pelo acionista, acoplando-se o valor do faturamento normativo que representa o giro do investimento ou do patrimônio do acionista, obtém-se a margem desejada. Em outras palavras, obtendo-se a margem desejada em cada venda, a empresa conseguirá atender à rentabilidade desejada dos investidores.

Margem de lucro desejada líquida dos impostos sobre o lucro

A margem a ser incorporada no *mark-up* sempre é um conceito de margem bruta, já que a formação de preços de venda com base em custos unitários não considera, no formato do cálculo, os impostos sobre o lucro. Assim, a margem a ser utilizada deve ser aquela que permita à empresa pagar os impostos a serem gerados pelo lucro e conseguir a rentabilidade líquida para a empresa e para os acionistas.

Apresentamos, a seguir, dois modelos de obtenção da margem desejada para incorporação no *mark-up*: lucro operacional sobre os ativos e lucro para os acionistas sobre o patrimônio líquido.

Os dados são os seguintes:

BALANÇO PATRIMONIAL
Empréstimos (capital de terceiros)   6.500.000
Patrimônio líquido (capital próprio)   5.500.000
ATIVO TOTAL/VALOR DA EMPRESA   12.000.000
FATURAMENTO NORMATIVO   22.000.000

Determinação da margem desejada considerando-se o lucro operacional

Quando o foco de criação de valor é o valor total da empresa, e não exclusivamente o dos acionistas (do patrimônio líquido), a formação de preços de venda deve incorporar no *mark-up* a *margem operacional* desejada, que deverá remunerar todo o investimento no ativo, seja ele financiado por capital próprio, seja por capital de terceiros.

Para a determinação da margem a ser incorporada no *mark-up*, a administração da empresa ou os acionistas devem definir a rentabilidade sobre o ativo total final desejado. Para o nosso exemplo numérico, consideramos uma rentabilidade desejada de 10% sobre o investimento. Consideraremos também que a alíquota efetiva de impostos sobre o lucro é de 30%.

Quadro 13.2 **Determinação da margem operacional desejada para o** *mark-up*

1. **Ativo total da empresa**	12.000.000
2. **Rentabilidade desejada**	10%
3. Valor de lucro operacional a ser obtido (1 x 2)	1.200.000
4. Alíquota efetiva de impostos sobre o lucro	30%
5. Valor de lucro operacional a ser obtido antes dos impostos sobre o lucro [3 : (100% − 30%)]	1.714.286
6. **Faturamento normativo**	**22.000.000**
7. Margem de lucro operacional a ser utilizada no *mark-up* (5 : 6)	7,8%

Neste exemplo, para que a empresa tenha uma rentabilidade líquida dos impostos sobre o lucro de 10% sobre os ativos, deverá ser incorporada no *mark-up* de cada produto uma margem desejada de 7,8%. Esta margem é menor do que a rentabilidade final a ser obtida porque, aqui, a empresa tem um giro do ativo maior do que 1; no caso, um giro de 1,8333.

$$\text{Rentabilidade do ativo} = \frac{\text{Vendas}}{\text{Ativo}} \times \frac{\text{Lucro operacional}}{\text{Vendas}}$$

Rentabilidade do ativo = $\dfrac{\$\,22.000.000}{\$\,12.000.000}$ x $\dfrac{\$\,1.714.286}{\$\,22.000.000}$

Rentabilidade do ativo = 1,8333 x 7,8%

Rentabilidade do ativo = 14,3% (antes dos impostos sobre o lucro)

Rentabilidade do ativo após impostos sobre o lucro	
. Rentabilidade bruta	14,3%
. (–) Impostos sobre o lucro – 30%	(4,3)%
Rentabilidade do ativo após impostos	10,0%

Determinação da margem desejada considerando-se o lucro líquido para os acionistas

Quando o foco da criação de valor está diretamente ligado aos acionistas, pode-se construir uma margem desejada para a sua incorporação ao *mark-up*, visando apenas ao capital investido pelos acionistas, que é representado na contabilidade pela figura do patrimônio líquido. Neste caso, ao construir o restante dos elementos do *mark-up*, deverá ser incorporado um percentual deste para cobrir as despesas financeiras com o capital de terceiros.

Quadro 13.3 **Determinação da margem para os acionistas desejada para o mark-up**

1. **Patrimônio líquido**	**5.500.000**
2. **Rentabilidade desejada**	**13%**
3. Valor de lucro a ser obtido para os acionistas (1 x 2)	715.000
4. Alíquota efetiva de impostos sobre o lucro	30%
5. Valor de lucro para os acionistas a ser obtido antes dos impostos sobre o lucro [3 : (100% – 30%)]	1.021.429
6. **Faturamento normativo**	**22.000.000**
7. Margem de lucro para os acionistas a ser utilizada no *mark-up* (5 : 6)	4,6%

Colocamos, no exemplo numérico, uma rentabilidade desejada para os acionistas de 13%, maior do que a desejada no cálculo do Quadro 13.3, que foi de 10%. O raciocínio de se colocar uma taxa maior para os acionistas está no conceito de alavancagem financeira, ou seja, normalmente as empresas conseguem taxas de juros menores de empréstimos e financiamentos que permitem alavancar rentabilidade para os acionistas.

13.8 Exemplo numérico de formação de preço de venda

Para o desenvolvimento deste exemplo, adotaremos as seguintes premissas conceituais:

a. Os produtos tiveram seu custo unitário calculado pelo método de custeio por absorção.
b. A mensuração do custo unitário dos elementos de custos foi feita pela forma de custo padrão.
c. A margem desejada será direcionada para os acionistas.
d. Utilizaremos o conceito de *mark-up* genérico, único para todos os produtos da empresa.

Já vimos que deveremos ter dois *mark-ups*, que serão aplicados de forma sequencial. O primeiro incorporará os percentuais padrão de despesas operacionais, margem desejada e custo financeiro. O segundo, os impostos sobre vendas, dos quais excluiremos o IPI, para adotar o procedimento normalmente utilizado pelas empresas em nosso país.

Obtenção dos percentuais de despesas operacionais e custo financeiro

Já evidenciamos como obter a margem de lucro desejada. A obtenção dos outros percentuais sobre vendas líquidas para se construir o *mark-up* deve seguir os conceitos de faturamento normativo ou padrão. Devemos ter estimativas das despesas administrativas e comerciais, assim como dos custos dos financiamentos, sempre considerando um nível de atividade normal e padrão, para as associarmos ao faturamento normativo. Em resumo, devemos elaborar uma demonstração de resultados com conceito de padrão, para obtermos percentuais padrão dessas despesas.

A elaboração da demonstração de resultados com conceito de padrão deve ser realizada com base nos dados do planejamento orçamentário. Os dados constantes do orçamento do próximo período são dados já consolidados e consistentes, e devem ser utilizados como a melhor fonte de referência para as estimativas das despesas.

O Quadro 13.4 apresenta esses dados, que devem ser considerados como padrão, e que, associados ao faturamento normativo, fornecem médias percentuais de despesas operacionais e financeiras sobre as vendas líquidas dos impostos.

Quadro 13.4 Determinação dos percentuais médios de despesas operacionais e custo financeiro para o *mark-up*

Faturamento normativo (vendas líquidas)	22.000.000	100,00%
Custos dos produtos vendidos	(17.600.000)	
Lucro bruto	4.400.000	
Despesas comerciais	(1.610.000)	7,3%
Despesas administrativas	(1.190.000)	5,4%
Lucro operacional	1.600.000	
Despesas financeiras	(632.000)	2,9%
Lucro líquido antes dos impostos	968.000	
Impostos sobre o lucro – 30%	(290.400)	
Lucro líquido	677.600	

Neste exemplo numérico, verificamos que as despesas comerciais, considerando-se uma atividade normal da empresa, representam 7,3% das vendas; as despesas administrativas representam 5,4% das vendas líquidas, e as financeiras com financiamentos (fontes de capital de terceiros), em média, 2,9% do faturamento normativo.

Preço de venda calculado

A formação de preços de venda com base no custo sempre nos conduz ao denominado Preço de Venda Calculado (PVC). É o valor que a empresa deseja obter, de tal forma que atinja suas metas de rentabilidade e satisfaça seus proprietários.

Como já havíamos introduzido no conceito de *mark-up*, calculamos o preço de venda de cada produto em duas etapas. Em primeiro lugar, calculamos o preço de venda desejado, líquido dos impostos sobre venda, que denominamos Preço de Venda Calculado 1 – PVC1.

Em seguida, aplicamos a segunda parte do *mark-up*, de tal forma que possamos embutir os impostos sobre a venda, que serão cobrados do consumidor. Com isso temos outro preço de venda formado, bruto, que denominamos Preço de Venda Calculado 2 – PVC2.

Vamos exemplificar a construção do *mark-up* e a formação de preços de venda para *faturamento à vista*.

13.9 Construção do *mark-up*

Primeiro passo: somatório dos percentuais padrão de despesas operacionais, custo financeiro e margem de lucro desejada sobre as vendas líquidas dos impostos.

	Percentual sobre vendas
Despesas comerciais	7,3%
Despesas administrativas	5,4%
Custo financeiro	2,9%
Margem de lucro desejada	4,6%
Total	20,2%

Segundo passo: obtenção da participação do custo industrial (estamos utilizando o critério de custeio por absorção) sobre as vendas sem impostos. Para executar este passo, basta tirar de 100,0% o total das despesas operacionais, custo financeiro e margem de lucro desejada obtidos anteriormente. Assim:

Preço de venda sem impostos	100,0%
(–) Despesas operacionais, custo financeiro e margem desejada	–20,2%
= Participação média do custo industrial	79,8%

Terceiro passo: obtenção do *mark-up* I, o multiplicador sobre o custo industrial para se chegar ao preço de venda sem impostos.

Preço de venda sem impostos (a)	100,0%
Custo industrial de um produto (b)	79,8%
= Mark-up *I (a : b)*	1,25313

Quarto passo: identificação dos percentuais dos impostos sobre as vendas, para obtenção do *mark-up* II, o multiplicador para obtenção do preço de venda com impostos.

	Percentual sobre vendas
ICMS – Imposto sobre Circulação de Mercadorias e Serviços	18,00%
PIS – Programa de Integração Social	1,65%
Cofins – Contribuição Social sobre Faturamento	7,60%
Total	27,25%

Quinto passo: obtenção de quanto deve ser a venda líquida dos impostos, em relação à venda tributada com os impostos sobre venda.

Preço de venda com impostos (a)	100,00%
Impostos sobre a venda (b)	27,25%
= Preço de venda líquido dos impostos (a – b)	72,75%

Sexto passo: obtenção do *mark-up* II, para construir um preço de venda com impostos, pronto para a emissão de listas de preços de venda e documentação fiscal.

Preço de venda com impostos (a)   100,00%
Preço de venda sem impostos (b)   72,75%
= Mark-up II (a : b)   1,37457

Exemplo de formação dos preços de venda

Os preços de venda dos produtos do nosso exemplo numérico serão formados com base no custo por absorção de cada produto. Supondo-se que o produto A tenha um custo unitário de $ 1.157,36, o produto B, um custo unitário de $ 2.118,60, e aplicando-se para ambos os *mark-ups* obtidos anteriormente, teremos:

Quadro 13.5 **Formação de preço de venda sobre custo por absorção utilizando o conceito de *mark-up***

		Produto A	Produto B
A	Custo unitário – Método de custeio por absorção – $	1.157,36	2.118,60
B	Mark-up I	1,25313	1,25313
C	Preço de venda líquido dos impostos (A x B) – $	1.450,32	2.654,88
D	Mark-up II	1,37457	1,37457
E	Preço de venda bruto com impostos (C x D) – $	1.993,57	3.649,32

Comprovação dos *mark-ups* I e II

Para verificar a exatidão dos cálculos efetuados, podemos fazer uma comprovação numérica, partindo do preço de venda com impostos até chegarmos ao custo industrial. Exemplificaremos com o produto A.

Quadro 13.6 **Comprovação do cálculo do *mark-up***

		$
Venda de uma unidade do produto A (a)		1.993,57
ICMS	18,00%	(358,84)
PIS	1,65%	(32,89)
Cofins	7,60%	(151,51)
Total dos impostos sobre a venda (b)	27,25%	(543,25)
= Venda líquida dos impostos = c = (a – b)		1.450,32
(–) Despesas operacionais e margem de lucro (d)	20,20%	(292,97)
(= 20,2% x $ 1.450,32)		
= custo unitário industrial		1.157,36

13.10 Determinação do *mark-up* com base em custeamento variável, capital de giro por produto e retorno do investimento

O exemplo apresentado a seguir mostra um modelo para obtenção do *mark-up* para todos os produtos da empresa com base no custo variável de cada produto ou serviço, considerando também os investimentos em capital de giro necessário para cada produto ou serviço.

Dificilmente se consegue identificar o valor ativo fixo ou imobilizado da empresa por produto ou linha de produtos. É possível que algumas instalações ou equipamentos sejam específicos para cada produto ou serviço, mas sempre haverá outros bens imobilizados que são de uso comum, como imóveis (terrenos, prédios, instalações industriais), computadores, mobiliário etc. O mais comum, entretanto, é que os mesmo equipamentos sejam utilizados para a maioria dos produtos e serviços.

Já com o valor do capital de giro há condições mais objetivas de se identificar a necessidade para cada produto ou serviço. Este é um dos elementos considerados no exemplo apresentado. Desconsideramos os custos financeiros e os tributos sobre o lucro para tornar o exemplo mais simples.

Quadro 13.7 Custos e despesas por produto

DADOS	Produto A	Produto B	Demais	Total
Quantidade esperada – anual	400	600	1.000	
Preço de venda unitário – sem tributos	0	0	0	
Custo variável unitário	16	12	6	
Margem de contribuição unitária	(16)	(12)	(6)	
TOTAIS				
Receita de venda esperada – sem tributos	0	0	0	0
Custo variável total	6.400	7.200	6.000	19.600
Margem de contribuição total	(6.400)	(7.200)	(6.000)	(19.600)
Custos fixos diretos	1.000	1.200	1.600	3.800
Custos fixos gerais				1.000
Lucro bruto				(24.400)
Despesas fixas diretas (comerciais)	400	600	800	1.800
Despesas fixas gerais (administrativas etc.)				1.200
Lucro operacional				(27.400)

O exemplo parte da premissa de que a quantidade esperada para cada produto já é conhecida e representa o *mix* de produtos ideal da empresa para aquele período. Os dados de custos variáveis de cada produto também são obtidos facilmente, uma vez que representam basicamente o custo dos materiais diretos e a mão de obra direta aplicada, constantes do sistema de custo gerencial, da estrutura dos produtos e dos roteiros de fabricação.

O preço de venda de cada produto ou serviço não é conhecido, é a questão do problema a ser resolvida com a identificação do *mark-up* a ser aplicado sobre o custo variável e direto de cada produto. Assim, nesse quadro, o preço de venda está inicialmente com valor zero.

Nos dados do exemplo, os custos variáveis totalizam $ 19.600. Em seguida, identificam-se os custos fixos diretos para cada produto, além da mão de obra direta. Esses custos diretos podem ser consultorias técnicas especializadas, gastos com licença, patente etc. Da mesma forma, identificam-se os custos fixos gerais, que ainda não estão alocados a nenhum produto.

Da mesma maneira, identificam-se as despesas operacionais diretas aos produtos e aquelas que são consideradas gerais e não objetivamente alocáveis aos produtos.

Determinação dos investimentos necessários para a operação e retorno a ser obtido

A próxima etapa é identificar os ativos necessários para a produção e venda de cada produto ou serviço. O capital de giro pode ser calculado com base nas premissas. O ativo fixo é identificado pelos seus valores absolutos.

Quadro 13.8 **Investimentos necessários**

	Produto A	Produto B	Demais	Total
Estoques – prazo médio estocagem – dias				
• materiais	100	100	100	
• em elaboração	10	20	20	
• acabados	15	30	30	
Estoques – valor				
• materiais	1.778	2.000	1.667	5.444
• em elaboração	178	400	333	911
• acabados	267	600	500	1.367
• Total (a)	2.222	3.000	2.500	7.722
Contas a Receber – prazo médio recebimento-dias	50	50	50	

(continua)

Quadro 13.8 **Investimentos necessários** (*continuação*)

	Produto A	Produto B	Demais	Total
Rateio custos e despesas fixas gerais	681	786	733	2.200
Contas a receber – valor (b)	1.178	1.359	1.269	3.806
Capital de giro necessário (a + b)	3.400	4.359	3.769	11.528
Ativo fixo	4.000	4.000	4.000	12.000
Total investimento necessário	7.400	8.359	7.769	23.528
Retorno esperado – percentual	20,0%	20,0%	20,0%	
Retorno esperado – valor	1.480	1.672	1.554	4.706

As premissas para os estoques estão traduzidas em dias de estocagem para cada tipo de estoque. O valor necessário de capital de giro em estoques para cada produto foi determinado pela multiplicação do custo variável total de cada produto para cada estoque e os dias de necessidade de estocagem. Vejamos os cálculos para o Produto A.

  Estoques de materiais: $ 6.400/360 dias x 100 dias = $ 1.778
  Produção em elaboração: $ 6.400/360 dias x 10 dias = $ 178
  Produtos acabados: $ 6.400/360 dias x 15 dias = $ 267

Para a necessidade de capital de giro de contas a receber, decorrente do financiamento das vendas, adicionam-se ao custo dos materiais os demais gastos de fabricação, diretos e gerais, bem como as despesas comerciais e administrativas, diretas e gerais. Para adicionar os custos e as despesas fixas gerais, fizemos um rateio para os produtos na proporção do total dos custos variáveis e das despesas diretas de cada produto.

Em seguida, fez-se a soma de todos os custos e as despesas de cada produto e serviço e aplicou-se o prazo médio de recebimento de vendas, que representa a política de crédito padrão da empresa. Os cálculos para o Produto A são:

Custo variável total	$ 6.400
Custos diretos	1.000
Despesas diretas	400
Custos e despesas gerais rateadas	681
Soma	8.481
Contas a receber: $ 8.481/360 dias x 50 dias	= $ 1.178

Adicionando os investimentos fixos em imobilizados, temos o total dos investimentos necessários para esse volume de produção, tanto em termos de capital de giro quanto de ativo fixo, que, no exemplo, totalizaram $ 23.528. Considerando que os investidores querem um retorno anual de 20%, o lucro a ser obtido anualmente deverá ser da ordem de $ 4.706.

Metodologia de cálculo de apuração do *mark-up*

Os passos ou procedimentos a serem adotados são os seguintes:

Quadro 13.9 Metodologia e cálculos para obtenção do *mark-up*

	Produto A	Produto B	Demais	Total
Primeiro passo				
Identificar o valor a ser recuperado de custos e despesas fixas, mais o retorno esperado				6.906
Segundo passo				
Somar o valor total dos gastos mais o valor a ser recuperado, obtendo o total da receita geral da empresa				
Custo variável total	6.400	7.200	6.000	19.600
Custos e despesas diretas total	1.400	1.800	2.400	5.600
Soma	7.800	9.000	8.400	25.200
Valor a ser recuperado				6.906
Total				32.106
Terceiro passo				
Calcular o *mark-up* para absorver o valor total a ser recuperado				
Total da receita a ser gerada (a)				32.106
Custos totais diretos + variáveis (b)				25.200
Mark-up (a : b)				1.274
Quarto passo				
Calcular o custo unitário variável + direto				
Custo variável	16.00	12.00	6.00	
Custo e despesas diretas	3.50	3.00	2.40	
Custo variável + direto unitário	19.50	15.00	8.40	

(continua)

Quadro 13.9 Metodologia e cálculos para obtenção do mark-up (continuação)

	Produto A	Produto B	Demais	Total
Quinto passo				
Formar o preço de venda de cada produto				
Custo variável + direto unitário	19,50	15,00	8,40	
Mark-up	1,274	1,274	1,274	
Preço de venda unitário - sem tributos	24,84	19,11	10,70	
Teste do TOTAL DA RECEITA				
Faturamento com os preços calculados	9.937	11.466	10.702	32.106

Os custos e as despesas fixas a serem recuperados são, respectivamente, $ 1.000 e $ 1.200; mais o retorno do investimento necessário, $ 4.706, temos o total de $ 6.906 a serem recuperados de valores não alocados a nenhum produto.

Em seguida, apura-se o total dos gastos específicos de cada produto, sejam diretos ou variáveis, que totalizam $ 25.200; mais o valor a ser recuperado, temos o total de $ 32.106, que deverá ser o valor total das vendas, sem impostos, necessário para cobrir todos os custos e dar o lucro desejado.

O custo unitário variável de cada produto, no exemplo, é um dado já conhecido. O custo unitário dos custos e despesas diretas é resultado da divisão do valor absoluto desses dois gastos pela quantidade anual a ser vendida/produzida. Exemplificando com o Produto A:

Custos fixos diretos	$ 1.000	
Despesas fixas diretas	$400	
Soma	$1.400	(a)
Quantidade anual esperada	400	unidades (b)
Custo + despesas diretas unitário	$3,5	(a : b)

Com esses valores obtém-se o *mark-up* sobre os custos variáveis e diretos de todos os produtos, que no exemplo é de 1,274. Aplicando-se o *mark-up* sobre o custo variável e direto unitário de cada produto, tem-se o preço de venda unitário necessário para cobrir todos os custos variáveis, diretos, fixos gerais, e dar o retorno desejado.

Consolidação na demonstração do resultado

Para confirmar a metodologia e os cálculos efetuados, o quadro abaixo exibe a demonstração do resultado com os produtos e o geral da empresa.

Quadro 13.10 **Demonstração do resultado**

	Produto A	Produto B	Demais	Total
Quantidade esperada – anual	400	600	1.000	
Preço de venda unitário – sem tributos	24,84	19,11	10,70	
Custo variável unitário	16,00	12,00	6,00	
Margem de contribuição unitária	8,84	7,11	4,70	
TOTAIS				
Receita de venda esperada – sem tributos	9.937	11.466	10.702	32.106
Custo variável total	6.400	7.200	6.000	19.600
Margem de contribuição total	3.537	4.266	4.702	12.506
Custos fixos diretos	1.000	1.200	1.600	3.800
Custos fixos gerais				1.000
Lucro bruto				7.706
Despesas fixas diretas (comerciais)	400	600	800	1.800
Despesas fixas gerais (adm. etc.)				1.200
Lucro operacional				4.706
Margem operacional média				14,66%

Finalizando a análise, verifica-se que a empresa deve obter uma margem média de 14,66% em cada venda realizada para cobrir todos os gastos e dar a rentabilidade de 20% desejada pelos investidores.

13.11 *Mark-up* e regimes tributários

O sistema tributário brasileiro é bastante complexo e possibilita o enquadramento das empresas e produtos e serviços em determinadas estruturas tributárias. Vários tributos ou complementos devem ser incorporados ao custo dos recursos, e não afetam o cálculo da formação do preço de venda, pois estão incluídos nos custos e nas despesas. Os principais tributos deste tipo são:

- Contribuição ao INSS;
- FGTS;
- Imposto de importação;
- IOF, IOC;
- IPTU, IPVA etc.

Para fins de formação de preços de venda, os tributos que devem ser trabalhados são aqueles sobre mercadorias e sobre o lucro. Os tributos sobre mercadorias devem compor o *mark-up* II, e os tributos sobre lucro devem compor o *mark-up* I, exceto na situação das empresas optantes pelo Simples.

Regime cumulativo e não cumulativo – PIS e Cofins

Este fundamento tributário é o mais importante para as questões de *mark-up* e custos. O ICMS e o IPI são tributos cobrados no conceito de valor agregado (em âmbito mundial, são denominados IVA – Imposto sobre Valor Agregado ou VAT – *Value Added Tax*), enquanto os produtos estão sendo comercializados e vendidos antes do consumo final. O procedimento das empresas é recolher o tributo devido apurado nas vendas, deduzido dos tributos pagos na compra. Quando há o consumo final (o consumidor final), encerra-se o processo de valor agregado, e o consumidor final não terá direito de aproveitar dos tributos da compra.

Quando a empresa credita os tributos da compra, debita os tributos da venda e recolhe a diferença, enquadra-se no regime não cumulativo. Quando não tem a opção de creditar os tributos da compra e recolhe os tributos aplicados na venda, está no regime cumulativo. O ICMS e o IPI enquadram-se no regime não cumulativo.

Com relação ao PIS e ao Cofins, a legislação brasileira adotou duas abordagens: no caso de determinadas empresas, PIS e Cofins devem ser recolhidos no regime cumulativo; no de outras, devem utilizar o regime não cumulativo.

No regime não cumulativo, os custos das compras de materiais e serviços industriais devem ser mensurados com a exclusão do PIS e do Cofins, ou seja, diminuídos desses tributos. No regime cumulativo, os custos das compras são mensurados pelo valor da nota fiscal, não podendo ser excluídos os valores de PIS e Cofins.

Lucro real e lucro presumido

No âmbito dos tributos sobre os lucros, a legislação fiscal brasileira adota esses dois modelos de tributação (a outra opção, lucro arbitrado, é para situações excepcionais). Para as empresas com faturamento anual de até $ 48.000.000,00, a legislação dá a opção da tributação baseada apenas na receita operacional bruta, aplicando percentuais que variam de 1,6% a 32%, dependendo do setor de atividade, sendo 8% a alíquota geral para as demais empresas.

Para as empresas com faturamento superior a $ 48.000.000,00, há a obrigatoriedade de tributação tradicional, denominada lucro real, com a aplicação das alíquotas de 15% do Imposto de Renda, mais 10% sobre o que exceder o lucro de $ 240.000,00, mais 9% a título de Contribuição Social sobre o lucro, resultando, para a maior parte das empresas de certo porte, em uma alíquota em torno de 34% sobre o lucro tributável apurado (que parte do lucro contábil).

Tributos sobre o lucro, PIS e Cofins

Infelizmente, a legislação brasileira, em determinado momento, cruzou os regimes de tributação sobre o lucro com os não cumulativo e cumulativo do PIS e Cofins. Assim, para a maior parte das empresas de lucro presumido, há a determinação de adotar o regime cumulativo para PIS e Cofins. Para a maior parte das empresas de lucro real, há a determinação de adotar o regime não cumulativo para PIS e Cofins.

Adicionalmente, a legislação passou a admitir a tributação do PIS e Cofins para determinados produtos dentro de uma cadeia produtiva no regime cumulativo, e outras no regime não cumulativo.

Essas complexidades impõem, naturalmente, complexidades ao cálculo dos *mark-ups* para as empresas.

Contribuição previdenciária (INSS) sobre a receita

Em 2012, para determinados segmentos de atividade, a legislação tributária alterou a base de tributação da contribuição previdenciária. A alíquota básica de 20% da contribuição previdenciária patronal sempre foi calculada sobre os valores qualificados como verbas salariais.

Com o objetivo de reduzir a carga tributária das empresas com participação significativa de mão de obra e que estavam com dificuldades de competição no mercado internacional, a legislação determinou que certos segmentos de atividades recolham o INSS de sua responsabilidade não mais sobre os salários e verbas salariais, mas, sim, aplicando-se um percentual sobre as receitas brutas, que varia de 1,5% a 2,5%.

Simples

As empresas com faturamento anual até $ 3.600.000,00 podem optar por uma tributação diferenciada, denominada Simples, em que, em uma alíquota única, a empresa cumpre suas obrigações tributárias de IRPJ, IPI, CSLL, PIS, Cofins, INSS, ICMS e ISS. As alíquotas variam de 4,0% até 16,85%, dependendo da faixa de faturamento e do segmento de atuação (indústria, comércio, serviços).

Mark-up com lucro real e PIS e Cofins não cumulativo

O primeiro passo é identificar os impostos sobre a venda, excluso o IPI, e considerar as alíquotas do PIS e Cofins no regime não cumulativo.

Impostos sobre a venda
ICMS	18,00%
PIS	1,65%
Cofins	7,60%
Soma	27,25%

O segundo passo é identificar a alíquota efetiva de IR e CSLL. No nosso exemplo, estamos considerando as alíquotas nominais.

Impostos sobre o lucro
Imposto de Renda – IR	15,00 %
Adicional de Imposto de Renda – IR-A	10,00 %
Contribuição Social sobre o Lucro Líquido – CSLL	9,00 %
	34,00 %

Em seguida, após o cálculo da margem líquida desejada, é preciso transformá-la em margem bruta, com a inclusão do percentual de IR/CSLL determinado.

Margem de lucro desejada antes do IR/CSLL
Margem de lucro depois de IR/CSLL	12,00 %
IR/CSLL	34,00 %
Margem de lucro antes do IR/CSLL	18,18 %

O cálculo da margem de lucro antes do IR/CSLL é a divisão da margem líquida pela diferença de 100% menos o IR/CSLL. No nosso exemplo é: 12,00% / 0,66 = 18,18%. O índice 0,66 é a expressão matemática de 100% – 34% (1,00 – 0,34) de IR/CSLL.

A próxima etapa é identificar os percentuais médios de despesas a serem cobertas, a estimativa média percentual de despesas comerciais, administrativas e financeiras e somar com a margem bruta desejada.

Margem e despesas – Percentuais estimados
Comerciais	10,00 %
Administrativas	8,00 %
Financeiras	5,00 %
Margem de lucro desejada antes do IR/CSLL	18,18 %
= *Despesas a serem cobertas e margem desejada*	41,18 %

Na sequência, calculam-se os *mark-ups*.

Cálculo do *mark-up* – Preço de venda sem impostos
Preço de venda sem impostos	100,00	a
(–) Despesas a serem cobertas e margem desejada	41,18	
= Custo médio industrial ou comercial	58,82	b
= *Mark-up* I (a : b)	1,700102	

Cálculo do *mark-up* – Preço de venda com impostos

Preço de venda sem impostos	100,00	a
(–) Despesas a serem cobertas e margem desejada	27,25	
– Custo médio industrial ou comercial	72,75	b
= *Mark-up* I (a : b)	1,37457	

Aplicando-se os respectivos *mark-ups*, temos condições de formar o preço de venda a partir do custo industrial, ou do custo do serviço, ou do custo da mercadoria.

Cálculo do preço de venda sem impostos

Custo industrial de um produto ou serviço	100,00
x *mark-up* I	1,7001
= Preço de venda sem impostos	170,01

Cálculo do preço de venda com impostos

Preço de venda sem impostos	170,01
x *mark-up* II	1.37457
= Preço de venda com impostos	233,69

Mark-up com lucro presumido e PIS e Cofins cumulativo

A metodologia de cálculo é a mesma. As alíquotas de PIS e Cofins são diferentes; IR/CSLL agora são calculados sobre a receita bruta de vendas, e não mais sobre o lucro contábil antes do IR/CSLL. Ressaltamos que nesse regime tributário, mesmo que efetivamente a empresa não obtenha lucro, haverá tributação. Daí o nome do regime, ou seja, há a presunção de haver lucro, mesmo que, eventualmente, a empresa não o tenha. Nessa linha de entendimento, também o lucro pode ser maior ou menor. Isso nunca afetará o IR/CSLL devido, que sempre será sobre a receita bruta.

Outro aspecto fundamental é a base para o IR/CSLL presumido: sempre é sobre a receita bruta (que inclui ICMS, PIS e Cofins, mas não IPI). Assim, dependendo da alíquota de ICMS, haverá um impacto do IR/CSLL. Se o ICMS for 18%, haverá mais IR/CSLL; se for 12%, haverá menos. Esta característica é extremamente importante para aplicação do *mark-up*.

Outro fundamento para o cálculo é entender que, apesar de o IR/CSLL ser calculado sobre o valor bruto da venda, é um tributo sobre o lucro, e assim deve ser entendido na análise vertical da demonstração de resultado. Desta forma, ele não deve incorporar o *mark-up* II, e sim constar do *mark-up* I.

A questão da mensuração percentual da margem no lucro presumido

Outra questão essencial é o entendimento do conceito de margem de lucro. O percentual de *margem de lucro sempre deve ser obtido calculando-se o lucro (bruto, ope-*

racional ou líquido) sobre a receita líquida de venda (sem impostos); nunca sobre a receita bruta de venda, como temos visto em algumas publicações. Isto é obrigatório e necessário, uma vez que os tributos sobre a venda não são receita da empresa, mas, sim, do governo. A empresa tem como receita o valor da venda sem os tributos que incidem sobre ela.

Preço de venda com impostos	200,00	(b)
(-) ICMS	(36,00)	18,00%
(-) PIS/Cofins	(7,30)	3,65%
= Preço de venda sem impostos	156,70	(a)
(-) Custo industrial	(80,00)	
(-) Despesas operacionais	(40,45)	
(-) Despesas financeiras	(12,00)	
= Lucro operacional	24,25	
(-) IR/CSLL	(5.44)	
= Lucro líquido	18,81	(c)
Cálculo da margem líquida		
Sobre a receita bruta com impostos (c : b)	9,40%	– Critério ERRADO
Sobre a receita líquida dos impostos (c : a)	12,00%	– Critério CORRETO

O cálculo correto da margem de lucro sobre vendas é feito tendo como base a receita líquida dos impostos ou o preço de venda sem impostos. Nos dados apresentados, a margem líquida correta é 12,00%, e não 9,40%, calculada sobre a receita bruta.

Isto fica claro quando se muda a alíquota de ICMS, por exemplo, e se deseja obter o mesmo valor de lucro líquido de $ 18,81 em cada venda. Tomando outro exemplo, com alíquota de ICMS menor de 12%, verificamos que o preço de venda com impostos deve ser menor porque o imposto é menor.

Preço de venda com impostos	185,30	(b)
(-) ICMS	(22,24)	12,00%
(-) PIS/Cofins	(6,76)	3,65%
= Preço de venda sem impostos	156,30	(a)
(-) Custo industrial	(80,00)	
(-) Despesas operacionais	(40,45)	
(-) Despesas financeiras	(12,00)	
= Lucro operacional	23,85	
(-) IR/CSLL	(5,04)	
= Lucro líquido	18,81	(c)
Cálculo da margem líquida		
Sobre a receita bruta com impostos (c : b)	10,15%	– Critério ERRADO
Sobre a receita líquida dos impostos (c : a)	12,03%	– Critério CORRETO

Note que a margem líquida percentual sobre a receita líquida continua a mesma, assim como o valor do lucro obtido, $ 18,81. No entanto, a margem sobre a receita bruta mudou de 9,40% no primeiro cálculo com ICMS maior, para 10,15% no cálculo com ICMS menor. Isto mostra que nunca se deve mensurar margens com a receita bruta, já que os tributos sobre a venda são diferentes para produtos, mercados e regiões.

Este aspecto do ICMS também deve ser tratado de forma idêntica caso haja alíquotas diferentes de PIS e Cofins no regime cumulativo.

A questão da mensuração do impacto do IR/CSLL no lucro presumido

Como nesse regime tributário o IR/CSLL é sobre a receita bruta, e não sobre a receita líquida, seu valor também se altera em razão dos tributos sobre a venda. Veja que, no primeiro cálculo efetuado nas exemplificações anteriores, o valor do IR/CSLL apurado foi de $ 5,44, ao passo que no segundo, em razão de menor carga tributária de ICMS, o valor do IR/CSLL apurado foi de $ 5,04. Isto evidencia que se deve dar o tratamento adequado para cada situação de tributação.

Considerando a alíquota de 8% de lucro presumido, o cálculo básico do IR/CSLL é o seguinte:

Cálculo do IR/CSLL

Valor da receita bruta ou preço com impostos	200,00	a
Lucro presumido – 8%	16,00	b
IR – 15% sobre o lucro presumido	2,40	
IR – Adicional – 10% sobre o lucro presumido	1,60	
CSLL – 9% sobre o lucro presumido	1,44	
Total de IR/CSLL	5,44	c
Percentual do IR/CSLL sobre a receita bruta	2,72%	c : a
Percentual do IR/CSLL sobre o lucro presumido	34,0%	c : b

Sempre que a presunção de lucro for de 8%, a alíquota média do IR/CSLL será 2,72%. Contudo, caso haja mudança de tributos sobre o valor da venda, o IR/CSLL terá valor diferente, como evidenciado nos cálculos apresentados a seguir.

Cálculo do IR/CSLL

Valor da receita bruta ou preço com impostos	185,30	a
Lucro presumido – 8%	14,82	b
IR – 15% sobre o lucro presumido	2,22	
IR – Adicional – 10% sobre o lucro presumido	1,48	
CSLL – 9% sobre o lucro presumido	1,33	
Total de IR/CSLL	5,04	c
Percentual do IR/CSLL sobre a receita bruta	2,72%	c : a
Percentual do IR/CSLL sobre o lucro presumido	34,0%	c : b

Como o valor da receita bruta tem menos ICMS, o valor do IR/CSLL será menor. Estes dois aspectos, a aplicação do IR/CSLL sobre a receita bruta e a mudança de tributos sobre ela, devem ser incorporados ao cálculo do *mark-up*.

Cálculo do *mark-up* com lucro presumido

Torna-se complexa a construção do *mark-up* com lucro presumido em razão da situação exposta no item anterior. O IR/CSLL não é um percentual sobre o lucro antes do IR/CSLL, mas, sim, da receita bruta. Como a receita bruta pode variar de produto para produto em razão da situação tributária específica de cada um deles, é praticamente impossível determinar um *mark-up* único matematicamente correto.

O procedimento que sugerimos é primeiro construir uma demonstração do resultado em ambiente de simulação para a situação mais comum para a empresa e construir o *mark-up* com base nesta situação. Vejamos o exemplo a seguir.

Quadro 13.11 DRE – Lucro presumido – Situação base

Receita bruta de vendas	137,457	
(-) ICMS	(24,742)	18,00%
(-) PIS / COFINS	(12,715)	9,25%
Receita líquida de vendas	100,000	100,00%
(-) Custo industrial	(60,000)	60,00%
= Lucro bruto	40,000	40,00%
(-) Despesas administrativas	(8,000)	8,00%
(-) Despesas comerciais	(10,000)	10,00%
(-) Despesas financeiras	(4,000)	4,00%
= Lucro antes IR/CSLL	18,000	18,00%
IR – 15% sobre 8%	(1,649)	-1,6495%
IR – 10% sobre 8%	(1,100)	-1,0997%
CSLL – 9% sobre 8%	(0,990)	-0,9897%
		-3,7388%
= Lucro Líquido	14,261	14,2612%

Considerando esta situação, calcula-se o *mark-up* que poderá ser utilizado para todos os produtos e serviços desta estrutura de tributos. Note que nesta estrutura o ICMS é de 18,0% e o PIS/Cofins é de 9,25%, redundando em uma carga de IR/CSLL sobre a receita líquida de 3,7388%, carga esta que foi calculada sobre a receita bruta.

Quadro 13.12 **Construção do *mark-up* – Situação base**

Mark-up I - Preço sem impostos		
Margem desejada	14,261%	
IR/CSLL s/ lucro presumido	3,739%	
Despesas administrativas	8,000%	
Despesas comerciais	10,000%	
Despesas financeiras	4,000%	
Soma	40,000%	
Preço de venda sem impostos	100,000%	a
(-) Percentual a ser coberto	-40,000%	
=	60,000%	b
Mark-up I = (a : b)	1,66667	
Teste:		
Custo Industrial	60,00	
Mark-up I	1,6667	
= Preço de venda sem impostos	100,00	
Markp-up II - Preço com impostos ICMS PIS Cofins		
Preço de venda com impostos	100,000%	a
(-) Percentual dos impostos	-27,250%	
=	72,750%	b
Mark-up II = (a : b)	1,37457	
Teste:		
Preço de venda sem impostos	100,00	
Mark-up II	1,3746	
= Preço de venda sem impostos	137,4570	

Vamos agora partir para outra situação tributária de impostos sobre vendas, na mesma empresa, em que o ICMS é 12% e o PIS/Cofins 3,65%. Aplicando a mesma metodologia teríamos os seguintes dados.

Quadro 13.13 DRE – Lucro presumido – Situação alternativa

Receita bruta de vendas	118.554	
(-) ICMS	(14.226)	12,00%
(-) PIS / Cofins	(4.327)	3,65%
Receita líquida de vendas	100.000	
(-) Custo industrial	(60.000)	-60,00%
= Lucro bruto	40.000	40,00%
(-) Despesas administrativas	(8.000)	-8.00%
(-) Despesas comerciais	(10.000)	-10,00%
(-) Despesas financeiras	(4.000)	-4,00%
= Lucro antes IR/CSLL	18.000	18,00%
IR – 15% sobre 8%	(1,423)	-1,4226%
IR – 10% sobre 8%	(0,948)	-0,9484%
CSLL – 9% sobre 8%	(0,854)	-0,8536%
		-3,2247%
= Lucro líquido	14.776	14,7756%

Calculando o *mark-up* para essa nova situação, teríamos os seguintes números:

Quadro 13.14 Construção do *mark-up* – Situação alternativa

Mark-up I – Preço sem impostos		
Margem desejada	14,776%	
IR/CSLL s/ lucro presumido	3,225%	
Despesas administrativas	8,000%	
Despesas comerciais	10,000%	
Despesas financeiras	4,000%	
Soma	40,000%	

(*continua*)

Quadro 13.14 Construção do *mark-up* – Situação alternativa (*continuação*)

Preço de venda sem impostos	100,000%	a
(-) Percentual a ser coberto	-40,000%	
=	60,000%	b
Mark-up I = (a : b)	1,66667	
Teste:		
Custo industrial	60,00	
Mark-up I	1,6667	
= Preço de venda sem impostos	100,00	
Markp-up II – Preço com impostos ICMS PIS Cofins		
Preço de venda com impostos	100,000%	a
(-) Percentual dos impostos	-15,650%	
=	84,350%	b
Mark-up II = (a : b)	1,18554	
Teste:		
Preço de venda sem impostos	100,00	
Mark-up II	1,1855	
= Preço de venda sem impostos	118,5540	

Verifica-se que o *mark-up* I é o mesmo da situação base, e o II é diferente porque os tributos sobre a venda agora são de alíquotas diferentes, mas estão calculados corretamente. Contudo, a empresa tem um *ganho adicional refletido no seu lucro líquido*! Isso ocorre porque o IR/CSLL incide sobre o ICMS e PIS/Cofins, e eles agora foram aplicados com alíquotas menores!

Portanto, *a metodologia tradicional do* mark-up *sobre o custo industrial ou sobre o custo da mercadoria não funciona diretamente com o mesmo resultado final nesta estrutura do lucro presumido.*

A questão que se coloca é em relação ao ganho obtido por diferente situação de tributação de ICMS, PIS e Cofins:

a. a empresa deve ficar com o lucro adicional;
b. a empresa deve repassar o ganho tributário, em relação à situação base, para o cliente.

Se a empresa entende adequado reter o lucro adicional, a metodologia pode ser mantida; se entender que deve repassar para os clientes, ficando para si com o mesmo lucro unitário médio para todos os produtos, deve rever o cálculo.

No caso da hipótese de repassar o ganho para o cliente, fizemos um cálculo por simulação no Excel e identificamos que o preço de venda bruto deve ser reduzido para $ 117,924, de tal forma que a empresa tenha o mesmo lucro unitário da situação base de $ 14,261, conforme mostra o quadro abaixo.

Quadro 13.15 DRE – Lucro presumido – Situação alternativa-repasse ao cliente

Receita bruta de vendas	117,924	
(-) ICMS	(14,151)	12,00%
(-) PIS / Cofins	(4,304)	3,65%
Receita líquida de vendas	99,469	
(-) Custo industrial	(60,000)	-60,00%
= Lucro bruto	39,469	39,47%
(-) Despesas administrativas	(8,000)	-8,04%
(-) Despesas comerciais	(10,000)	-10,05%
(-) Despesas financeiras	(4,000)	-4,02%
= Lucro antes IR/CSLL	17,469	17,56%
IR – 15% sobre 8%	(1,415)	-1,4226%
IR – 10% sobre 8%	(0,943)	-0,9484%
CSLL – 9% sobre 8%	(0,849)	-0,8536%
		-3,2247%
= Lucro líquido	14,261	14,3375%

Nesta situação, mantivemos estáticos os valores do custo industrial e das despesas. O lucro antes do IR/CSLL deixa de ser 18,0%, sofrendo uma redução, compensada com a redução do valor do IR/CSLL, que também passa a representar menos. O lucro líquido unitário obtido é o mesmo da situação base.

O *mark-up* I agora é outro nesta situação de repasse do ganho tributário.

Quadro 13.16 **Construção do** *mark-up* **– Situação alternativa – repasse ao cliente**

Mark-up I - Preço sem impostos		
Margem desejada	14,338%	
IR/CSLL s/ lucro presumido	3,225%	
Despesas administrativas	8,043%	
Despesas comerciais	10,053%	
Despesas financeiras	4,021%	
Soma	39,680%	
Preço de venda sem impostos	100,000%	a
(-) Percentual a ser coberto	-39,680%	
=	60,320%	b
Mark-up I = (a : b)	1,65781	
Teste:		
Custo industrial	60,00	
Mark-up I	1,6578	
= Preço de venda sem Impostos	99,47	
Mark-up II – Preço com impostos ICMS PIS COFINS		
Preço de venda com impostos	100,000%	a
(-) Percentual dos impostos	-15,650%	
=	84,350%	b
Mark-up II = (a : b)	1,18554	
Teste:		
Preço de venda sem impostos	99,47	
Mark-up II	1,1855	
= Preço de venda sem impostos	117,9240	

Mark-up com o regime do Simples

Neste regime tributário, não há a figura dos tributos sobre o lucro. Todos os tributos principais (INSS, PIS, Cofins, IR, CSLL, IPI, ICMS) estão consolidados em uma única alíquota, variando apenas em relação ao nível de faturamento anual e tipo de atividade. Neste caso, não há necessidade de se identificar os tributos sobre o lucro para apurar o impacto na margem desejada. Basta apenas identificar a margem líquida, que será igual à margem operacional bruta, para a construção dos dois *mark-ups*.

Quadro 13.17 - Construção do *mark-up* – Empresas do Simples

Mark-up I – Preço de venda sem impostos Despesas a serem cobertas e margem desejada		
Comerciais	10,00 %	
Administrativas	8,00 %	
Financeiras	4,00 %	
Margem desejada líquida	15,00 %	
Total	37,00 %	
Custo industrial ou comercial médio		
Preço de Venda sem impostos	100,00	a
(-) Despesas e margem	(37,00)	
= Custo médio do produto ou mercadoria	63,00	b
Mark-up I – Preço de venda sem impostos	1,5873	a : b
Mark-up I – Preço de venda com Simples		
Alíquota da faixa de faturamento e atividade	4,50 %	
Preço de venda com impostos	100,00	a
(-) Alíquota de enquadramento	(4,50)	
= Preço de Venda sem impostos	95,50	b
Mark-up I – *Preço de venda com impostos*	1,0471	a : b

Uma mercadoria, ou produto industrial, de custo $ 150,00, deverá ser vendida(o) por $ 238,095 sem impostos, e por $ 249,31 com o tributo do Simples.

Mark-up em situações de substituição tributária do ICMS

A substituição tributária mais comum acontece nas vendas fora do estado, no caso de determinados produtos em que o fisco entende que deve ser recolhido pelo fabricante todo o ICMS da cadeia até o consumidor final, mas também deve ser aplicada dentro do próprio estado consumidor.

O modelo mais utilizado é que o fabricante recolha o ICMS da cadeia inteira; para tanto, o fisco arbitra o valor agregado de cada produto até o consumidor final, pressupondo que já se sabe qual será o preço médio de venda no balcão.

Assim, além de recolher o ICMS em uma operação normal, denominada Operação Própria, o fabricante recolhe uma importância adicional ao governo estadual, denominada ICMS na Substituição Tributária. A partir disso, qualquer comprador daquele produto não terá mais a obrigação de recolher o ICMS, mas também não terá direito ao crédito na compra. Vejamos um exemplo do cálculo:

Quadro 13.18 Cálculo do ICMS com substituição tributária

I – Operação própria	
Valor da mercadoria	1.200,00
IPI – 10%	120,00
Valor da nota fiscal	1.320,00
ICMS da operação própria = 12%	144,00
II - Substituição tributária	
Valor da nota fiscal	1.320,00
Margem de valor agregado – 50% sobre $ 1.320,00	660,00
Base de cálculo da substituição tributária	1.980,00
ICMS total – 18% sobre $ 1.980,00	356,40
(-) ICMS já recolhido na operação própria	(144,00)
ICMS de substituição tributária	212,40

Desta maneira, faz-se necessário calcular qual o impacto efetivo do ICMS sobre o valor da mercadoria antes do próprio ICMS, adicionando também as alíquotas de PIS e Cofins, para determinar a carga tributária efetiva desses três tributos, em cada situação de substituição tributária, uma vez que o valor agregado arbitrado pelo fisco é diferente para cada tipo de mercadoria ou produto:

Quadro 13.19 Impostos sobre a venda – Substituição tributária

Valor da mercadoria sem IPI	1.200,00	100,00%
(-) ICMS – Operação própria e substituição tributária	(356,40)	-29,70%
(-) PIS	(19,80)	-1,65%
(-) Cofins	(91,20)	-7,60%
= Valor da mercadoria sem impostos	732,60	
Carga tributária total sobre a mercadoria		-38,95%

Com base nesta definição, que é específica para cada produto da empresa, o cálculo dos *mark-ups* segue a linha geral adotada neste trabalho.

Quadro 13.20 **Construção do *mark-up* – Substituição tributária**

Mark-up I – Preço de venda sem impostos		
Despesas a serem cobertas e margem desejada		
Comerciais	10,00 %	
Administrativas	8,00 %	
Financeiras	4,00 %	
Margem desejada líquida	15,00 %	
Total	37,00 %	
Custo industrial ou comercial médio		
Preço de venda sem impostos	100,00	a
(-) Despesas e margem	(37,00)	
= Custo médio do produto ou mercadoria	63,00	b
Mark-up I – Preço de venda sem impostos	1,5873	a : b
Mark-up I – Preço de venda com substituição tributária		
Preço de venda com impostos	100,00	a
(-) Carga tributária por produto	(38,95)	
= Preço de venda sem impostos	61,05	b
Mark-up I – Preço de venda com impostos	1,6380	a : b

Uma mercadoria ou produto industrial de custo de $ 150,00 deverá ser vendido por $ 238,10 sem impostos, e por $ 390,00 com substituição tributária do ICMS.

13.12 Fundamento econômico para a gestão de preços de venda: O modelo da margem de contribuição

A formação ou definição do preço de venda por meio do valor percebido sobre o custo dos produtos (*target pricing* e *compound pricing*) não prescinde de um modelo de gestão contínuo para o monitoramento dos preços de venda e da lucratividade total da companhia.

Dessa maneira, o acompanhamento sistemático dos preços de venda de todos os produtos e o processo de redefinição dos seus preços de venda devem ser feitos utilizando-se o modelo da margem de contribuição. O fundamento do modelo da margem de contribuição é a associação completa das variáveis-chave da geração operacional de lucro:

a. preço de venda unitário dos produtos e serviços;
b. custos unitários variáveis dos produtos e serviços;
c. margem de contribuição unitária dos produtos e serviços;
d. volume de produção e vendas;
e. margem de contribuição total de cada produto e serviço no total do lucro da empresa;
f. custos e despesas fixas diretas aos produtos e serviços;
g. custos e despesas fixas da empresa indiretas aos produtos e serviços;
h. lucro operacional total.

O Quadro 13.21 apresenta o modelo básico para a gestão de preços de venda. Nele, deverão ser inseridos os preços de venda definidos por qualquer critério, para a avaliação do resultado e da contribuição de cada produto ou serviço no total. Este modelo respeita a natureza comportamental dos custos, portanto, não dá viés ao resultado total da empresa.

Utilizando sistemas de simulação

O modelo econômico de gestão de preços de venda deve ser construído em ambiente computacional que permita simulação. Esta é sua grande vantagem e seu grande potencial no processo decisório de gestão de preços. Empresas que têm poucos produtos em sua linha podem utilizar facilmente este modelo em aplicativos denominados planilhas eletrônicas.

Empresas que têm milhares de produtos e algumas características e variáveis adicionais que devam ser incorporadas ao modelo poderão necessitar de recursos computacionais de maior grau de resolução. De qualquer forma, a essência do modelo não pode ser violentada, respeitando-se sempre os fundamentos de preços, custos e lucros unitários, volume de produção ou venda de cada produto e serviço e a incorporação das despesas e dos custos fixos diretos aos produtos, quando forem claramente identificados.

13.13 Formação de preços de venda e ciclo de vida dos produtos

A formação de preços de venda com base no custo total do ciclo de vida dos produtos é altamente recomendável e necessária. Esta metodologia, contudo, nunca deve ser utilizada após a decisão de se desenvolver e fabricar o produto. Por sua própria lógica, esta metodologia indica que o cálculo da *formação do preço de venda pelo custo total do ciclo de vida do produto deve ser feito antes da decisão de se desenvolver e projetar o produto.*

Quadro 13.21 Modelo econômico para gestão de preços de venda Preços – Custos – Lucros – Volume (*Compound pricing – Target pricing*)

	Produto A			Produto B			Produto N			Total Geral
	Volume	Unitário – $	Total – $	Volume	Unitário – $	Total – $	Volume	Unitário – $	Total – $	
Vendas	625	1.700,00	1.062.500	250	3.750,00	937.500	xxx	yy,yy	zzz,zz	2.000.000
Custo variável	625	(900,00)	(562.500)	250	(1.962,00)	(490.500)	xxx	yy,yy	zzz,zz	(1.053.000)
Margem de contribuição I	625	800,00	500.000	250	1.788,00	447.000	xxx	yy,yy	zzz,zz	947.000
Custos e despesas fixas diretas aos produtos			(40.000)			(110.000)			zzz,zz	(150.000)
Contribuição total do produto			460.000			337.000			zzz,zz	797.000
Custos e despesas fixas gerais da empresa (ou divisão)										(410.000)
LUCRO OPERACIONAL TOTAL										387.000

O preço de venda formado por meio desta metodologia pode e deve ser aplicado, porque um produto só é desenvolvido e lançado no mercado consumidor após uma pesquisa de mercado. Em qualquer pesquisa de mercado há a projeção da demanda, pesquisa sobre a aceitabilidade do produto pelo consumidor em termos de funcionalidade, qualidade, preço etc. Assim, na pesquisa de mercado estará também sendo identificado o provável valor percebido pelo consumidor.

Desta maneira, a formação de preços de venda considerando-se o custo total do ciclo de vida do produto é uma metodologia que abarca as duas metodologias básicas de formação de preço de venda, ou seja, tem como base o custo e o mercado, pelo valor percebido pelo consumidor.

O Quadro 13.22 a seguir apresenta um modelo de cálculo segundo esta metodologia.

13.14 Aspectos adicionais na gestão de preços de venda

Comparação de preços de venda

O preço de venda calculado é o idealizado pela empresa. Nada impede, porém, que a empresa desenvolva uma lista com preços diferentes dos calculados, já que o mercado é que dá a palavra final em relação a preços de venda.

Mesmo com uma lista de preços que são ofertados ao mercado, os preços obtidos podem ser diferentes da lista. Assim, é necessário um acompanhamento constante dos três preços de venda:

a. preço de venda calculado;
b. preço de venda de lista;
c. preço de venda obtido ou praticado.

Quadro 13.22 Ciclo de vida e formação de preços de venda

	Dados unitários	Investimentos/Gastos					
		Iniciais	Ano 1	Ano 2	Ano 3	Ano 4	Ano 5	Total
Quantidades			2.000	2.000	2.000	2.000	2.000	10.000
Materiais diretos	112		224.000	224.000	224.000	224.000	224.000	1.120.000
MOD	50		100.000	100.000	100.000	100.000	100.000	500.000
Engenharia de desenvolvimento	35	350.000	35.000	35.000	35.000	35.000	35.000	525.000
Engenharia de processo	30	240.000	60.000	60.000	60.000	60.000	60.000	540.000
Pesquisa de mercado		300.000						300.000
Publicidade			120.000	120.000	120.000	120.000	120.000	600.000
Investimento inicial		2.000.000						2.000.000
Valor residual		– 1.000.000						– 1.000.000
Rentabilidade desejada		610.000						610.000
Soma		2.500.000	539.000	539.000	539.000	539.000	539.000	5.195.000
Custo unitário médio total		519,50						519,50
Custo unitário médio total		20%						
Custos admin./comerciais		0,80						
Divisor		649,37						
Preço de venda (519,5 : 0,8)								

Apresentamos, a seguir, um exemplo explicativo. Os preços de venda de lista são aleatórios, apenas para efeito de evidenciação comparativa. Os preços praticados são os constantes nas vendas da empresa e estão na demonstração de resultados, constantes do Quadro 13.23.

Quadro 13.23 Comparação de preços de venda

	Preço de venda calculado		Preço de venda de lista		Preço de venda praticado	
	$	%	$	%	$	%
Produto A	1.875,00	100,00	1.780,00	94,93%	1.700,00	90,66%
Produto B	3.432,28	100,00	3.950,00	115,08%	3.750,00	109,75%

Financiamento e impostos da venda

Outro cuidado a ser tomado é quando a empresa financia as vendas de seus produtos. Tendo em vista que a legislação fiscal determina prazos para o recolhimento dos impostos sobre vendas, e que esses prazos podem ser diferentes daqueles que a empresa oferece a seus clientes, é necessário um cálculo matemático para verificar se não há necessidade de incrementar o custo de financiamento da venda para que haja o ressarcimento de um possível aumento da carga tributária da venda.

O aumento da carga tributária, caso se financie a venda em prazos diferentes dos de recolhimento dos impostos, é motivado pela ocorrência da inflação e dos juros de financiamento de capital de giro.

Apresentamos, a seguir (Quadro 13.24), um exemplo numérico, considerando os impostos sobre vendas já evidenciados anteriormente, mais 5% a título de IPI; o ICMS não incide sobre o IPI. A suposição é de um custo financeiro de 4% ao mês e de financiarmos o cliente em 30 dias, cobrando apenas o custo do dinheiro sobre os impostos.

O custo do dinheiro de 4% ao mês significa um custo diário de 0,13082%, calculado segundo o conceito de juro composto.

No exemplo apresentado, com um custo financeiro de 4% ao mês, financiando o cliente em 30 dias, para que a empresa consiga o ressarcimento da inflação, mais os efeitos inflacionários sobre a antecipação dos impostos, ela tem de adicionar ao preço de venda à vista mais 1,01016%, ($ 3.047,30 : $ 3.016,65), totalizando um multiplicador de financiamento para 30 dias de 1,05056 ($ 3.939,62 : $ 3.750,00), ou seja, mais 5,056%.

Quadro 13.24 **Financiamento e impostos da venda**

A – Dados		Qtde. de dias	Juros até o dia (*)
Juros diários	0,13082%		
Data da venda: dia 15 do mês			
Data do recebimento: dia 15 do próximo mês		30	4,000%
Recolhimento do IPI – dia 30 do mês da venda		15	1,01980%
Recolhimento do ICMS – dia 3 do próximo mês		12	1,01581%
Recolhimento do PIS – dia 15 do próximo mês		–	–
Recolhimento da Cofins – dia 15 do próximo mês		–	–

B – Cálculos	Alíquota	Preço à vista	Preço à vista + 4%	Financiamento dos impostos	Preço a prazo (**)
Preço de venda unitário com impostos (a)		3.750,00	3.900,00		3.939,62
(+) IPI – 5%	5%	187,50	195,00	196,98	196,98
Preço de venda com IPI		3.937,50	4.095,00		4.136,60
ICMS	18%	675,00	702,00	709,13	709,13
PIS	1,65%	61,88	64,35	64,35	65,00
COFINS	3%	112,50	117,00	117,00	118,19
Total (b)		849,38	883,35	890,48	892,32
Preço líquido dos impostos (a – b)		2.900,621	3.016,65		3.047,30

(*) Do recolhimento do imposto.
(**) Recuperando o financiamento dos impostos.

Alterações nos preços de venda calculados

A formação de preços de venda deve ser continuamente revista. As principais alterações que podem ser processadas são relacionadas com mudanças nas estruturas de custos e despesas, decorrentes de eficiência ou deficiência dos processos de produção e estrutura do produto, assim como das alterações nos preços desses insumos.

Alterações pela inflação da empresa

As alterações pela inflação da empresa devem ser calculadas mês a mês com base no cálculo da inflação mensal da empresa. Consistem simplesmente em aplicar aos preços de venda a média dos aumentos ocorridos na estrutura de custos e despesas. É claro que a inflação da empresa é um parâmetro básico a ser aplicado sobre os custos padrão e os preços de venda formados com base neles. Outros fatores também devem ser considerados, pois nem sempre o mercado aceita facilmente alterações de preços nas diversas situações possíveis de demanda.

Alterações por meio de mudanças estruturais nos custos e despesas

Alterações na formação dos preços de venda deverão ocorrer nas revisões dos custos padrão, quando serão captadas todas as mudanças ocorridas nas estruturas dos produtos, assim como os ganhos ou perdas de eficiência no processo produtivo, que provocarão alterações nos custos reais e, consequentemente, na elaboração dos padrões.

Questões e exercícios

1. Quando devemos formar o preço de venda por meio dos custos, e o que devemos fazer quando o preço de venda é dado pelo mercado? Na sua opinião, qual é a realidade empresarial: o preço de venda é dado pelo mercado, ou as empresas conseguem impor seu preço de venda?
2. Discorra sobre as eventuais diferenças conceituais entre preço de venda formado pelo mercado e valor percebido pelo consumidor.
3. Quais os principais parâmetros externos de rentabilidade que devem ser analisados para a incorporação da margem desejada no *mark-up*?
4. Explique o que é custo financeiro e o que é custo de financiamento da venda. Quais os componentes de cada um desses elementos que fazem parte da formação de preços de venda?
5. Uma empresa pretende vender $ 1.000.000 de determinado produto durante o ano. O capital investido no negócio é de $ 300.000. Qual é a margem de lucro

que ela deve considerar no preço de venda sem impostos se deseja uma rentabilidade líquida dos impostos sobre o lucro de 18% sobre o capital investido? Considere que os impostos sobre o lucro representam 40% da margem das vendas antes desses impostos.

6. Uma empresa tem os seguintes percentuais médios sobre vendas líquidas:

   Despesas comerciais   = 12%
   Despesas administrativas = 11%
   Custo financeiro   = 6%
   Margem de lucro   = 17%

   a. Calcule o *mark-up* para a obtenção de preço de venda sem impostos.
   b. Calcule o preço de venda sem impostos de um produto que tem custo industrial de $ 150.000.

7. Um produto deve ser vendido à vista por $ 200,00 a unidade antes dos impostos sobre vendas.

   ICMS   18%
   PIS   1,65%
   Cofins 3,0%

   a. Calcule o *mark-up* para a incorporação dos impostos sobre o preço de venda sem impostos.
   b. Qual deve ser o preço de venda com impostos?

8. Considere os seguintes dados financeiros de uma empresa. Para simplificar, imagine que a quantidade produzida é totalmente vendida durante o ano, não formando estoques adicionais.

	Ano 1	Ano 2
Vendas líquidas	$ 30.000	$ 36.992
Custo dos produtos vendidos	21.000	25.894
Despesas de vendas	4.500	4.680
Despesas administrativas	3.000	3.000
Custo financeiro	2.400	2.520
Resultado operacional	(900)	898
Impostos sobre o lucro (35%)	–	–
Resultado líquido	(900)	898
Patrimônio líquido inicial	25.002	24.102

A empresa tem operado, nesses dois últimos anos, bem abaixo da sua capacidade total de produção e vendas. As perspectivas para o próximo período, o ano 3, são de que a empresa conseguirá vender tudo o que produzir, dada a grande demanda esperada. A empresa está com seu patrimônio líquido inicial avaliado em $ 25.000. Ela deseja uma rentabilidade mínima de 16% líquida dos impostos sobre o lucro. Estima-se também que apenas as despesas de vendas e o custo financeiro terão um acréscimo de 10%. As despesas administrativas continuarão fixas; considera-se o custo dos produtos vendidos totalmente variável.

a. Calcule o novo faturamento (vendas líquidas) de tal forma que cubra todos os custos esperados e a margem de lucro desejada.

b. Considerando que o novo faturamento esperado representará 100% da utilização da capacidade de produção e vendas, verifique qual foi a utilização percentual da capacidade nos anos 1 e 2.

c. Calcule a participação das despesas com vendas, despesas administrativas, custo financeiro e margem bruta sobre as vendas líquidas.

9. Modelo da margem de contribuição para gestão de preços. Um supermercado de tamanho médio deseja fazer uma promoção para atrair mais clientes. Para isso, colocará à venda cervejas em lata por um preço bastante atrativo. O preço normal de venda de $ 0,70 por lata será reduzido para $ 0,55. O setor de marketing do supermercado sabe que, quando há demanda adicional de cerveja, há também venda adicional de refrigerantes, frios e queijos. Os dados diários de vendas, custos e despesas da situação normal do supermercado, isolando-se esses três tipos de produtos, são apresentados a seguir.

	Cerveja em lata	Refrigerantes	Frios queijos	Demais produtos	Total
Preço de venda unitário – $	0,70	1,00	10,00	4,22	
Custo variável unitário – $	0,57	0,72	6,00	3,35	
Quantidade vendida no período	1200	1300	60	3000	
Despesas comerciais fixas – $					1.000
Despesas administrativas fixas – $					600

Para esta oferta, objetivando não perder lucratividade, o supermercado trabalha com as seguintes variáveis:

a. o preço unitário da cerveja em lata em oferta é de $ 0,55;

b. a quantidade esperada de vendas adicionais de cerveja é de 960 latas;

c. o fornecedor de cerveja, que é o mesmo dos refrigerantes, está disposto a baixar o custo de todas as cervejas e refrigerantes vendidos em $ 0,01 (1 centavo);

d. espera-se vender uma quantidade adicional de 600 unidades de refrigerantes;

e. os refrigerantes continuarão com o mesmo preço de venda anterior;

f. espera-se vender uma quantidade adicional de 10 unidades de frios e queijos;

g. o preço unitário médio dos frios e queijos será aumentado em 10%;

h. os demais produtos do supermercado terão um aumento médio de $ 0,03 (3 centavos);

i. os custos adicionais de propaganda por dia serão de $ 100.

I. Elabore um quadro da situação normal do supermercado no modelo de demonstração de resultados, contendo: a) o preço de venda, custo e margem de contribuição unitária de cada produto; b) a quantidade de vendas, o total de vendas, custos e margem de contribuição de cada produto e do total da empresa; c) o lucro líquido do dia.

II. Elabore um quadro da situação projetada com as variáveis da oferta, similar ao elaborado no item anterior.

III. Apure a variação percentual do lucro diário após a oferta, em relação à situação normal, e aprove ou não a decisão a ser adotada.

10. Uma empresa vende um produto à vista por $ 2.000,00, valor em que estão embutidos os seguintes impostos, recolhidos em datas diferentes:

ICMS – 18% – vencimento dia 1º do mês seguinte;
PIS/Cofins – 4,65% – vencimento dia 15 do mês seguinte;
Não há IPI, e os impostos são calculados sobre o valor da venda.

Com base no pressuposto de que a empresa vende regularmente durante o mês, podemos assumir que as vendas ocorrem, em média, no dia 15 e, com isso, podemos considerar que ela recolhe o ICMS 15 dias depois, e o PIS/Cofins 30 dias depois.

a. Calcule qual é, de fato, o valor líquido (sem impostos) obtido em cada venda, considerando um custo financeiro de 2% por quinzena e 4,04% por mês.

b. A empresa pretende oferecer duas novas modalidades de prazo de recebimento, podendo o cliente pagar em 30 dias ou 60 dias, sempre em uma única parcela. Calcule qual deve ser cada um dos preços a ser oferecidos, de tal forma que a empresa obtenha o mesmo valor líquido de impostos obtido em (a).

Introdução à Precificação (*Pricing*)[1]

Objetivos de aprendizagem

Este capítulo desenvolve:

- os conceitos que levam a adotar estratégias de formação de preços que não se baseiam em custos unitários de produtos e serviços;
- um mapa geral para direcionar o processo de formação de preços dos produtos e serviços;
- os fundamentos da precificação dos produtos e serviços, com o objetivo de obter a maior rentabilidade da empresa;
- como a empresa deve se preparar para implantar na organização a estratégia de precificação.

A metodologia considerada clássica e provavelmente a mais estudada para formação do preço dos produtos e serviços é aquela que parte do custeamento unitário dos produtos e serviços e, com base nisto, faz o preço de venda que cobre, além do custo de produção, os gastos administrativos, comerciais e financeiros, e proporciona a margem de lucro desejada. Esta metodologia foi estudada amplamente no capítulo anterior, e tem como ponto referencial a identificação do *mark-up* para formar o preço de venda com base no custo unitário.

Contudo, esta abordagem baseada em custos pode impedir a captura de uma melhor rentabilidade, uma vez que é possível que alguns segmentos de clientes estejam dispostos a pagar um preço maior pelos produtos e serviços, porque veem neles um valor subjetivo, de utilidade, que os estimula a aceitar um preço maior. De forma inversa, alguns clientes até deixam de adquirir determinados produtos e

---

[1] Este capítulo foi desenvolvido fundamentalmente com base nos trabalhos de a) GIULIANI, Antonio Carlos; b) NAGLE, Thomas T. e HOGAN, John; e c) DOLAN, Robert J. e SIMON, Hermann, citados na bibliografia.

serviços porque fazem uma analogia com a ideia de que "produto barato não tem qualidade", por exemplo.

Dessa maneira, a ciência da administração de marketing desenvolveu o conceito de precificação de produtos e serviços, denominada genericamente *pricing*, com o objetivo de identificar o máximo de preço que determinados clientes estariam dispostos a pagar por determinado produto ou serviço e fazer o preço de venda com base neste fundamento mercadológico.

A metodologia do *pricing* não toma como referência o custo unitário dos produtos e serviços, mas, sim, outros conceitos mercadológicos e econômicos, como valor percebido pelo cliente, disponibilidade para pagar, segmentação, diferenciação, utilidade etc. Outro aspecto fundamental do *pricing* é a utilização intensiva da psicologia do consumidor, sempre com o objetivo de identificar, antecipadamente, suas preferências, como ele se comporta e reage em relação aos produtos e respectivos preços no momento da compra.

O objetivo do *pricing* é obter um preço de venda dos produtos e serviços que satisfaça os dois lados da negociação, o vendedor e o consumidor, e que ambos saiam ganhando: o consumidor, porque se sente bem em pagar pelo preço do produto ou serviço, e o vendedor (a empresa), porque obtém a máxima rentabilidade na transação.

14.1 Fundamentos da precificação

Na abordagem da precificação, deve-se diferenciar claramente o conceito de preço do conceito de valor.

Preços são declarações numéricas daquilo que o cliente deve pagar por determinado artigo, são uma declaração de valor, não de custos.

Valor representa uma avaliação global, feita pelo comprador, da utilidade de um produto ou serviço, tendo como base as percepções dos benefícios líquidos recebidos e aquilo de que se deve abrir mão.

Considerando essas conceituações, a ideia da precificação é criar valor para o cliente, para obter o maior preço de venda dos produtos e serviços. O valor é criado por meio dos atributos e benefícios do produto ou serviço, que serão percebidos pelo cliente. Os clientes não compram um produto ou serviço simplesmente, compram um conjunto de benefícios, dado pelo produto ou serviço, que satisfazem suas necessidades.

Assim, de acordo com o modelo geral da precificação, para formar preços de venda é necessário tomar como base os clientes, para obter o valor que eles estariam dispostos a pagar, e os custos. Essas duas abordagens são apresentadas na Figura 14.1.

Introdução à precificação (Pricing)

Ótica do produto

Produto → Custo → Preço → Valor → Clientes

Ótica do cliente

Clientes → Valores → Preços → Custos → Produtos

Figura 14.1 Abordagens alternativas para criação de valor

A ótica tradicional baseia-se no produto, identifica seu custo unitário e forma o preço de venda conforme este indicar o valor percebido pelo cliente. Essa abordagem não satisfaz o marketing, e pode não satisfazer o consumidor.

A abordagem da precificação parte da ótica inversa, do cliente. Identifica-se o tipo de cliente que será o comprador do produto, identifica-se e se mensura o valor percebido que o cliente dá ao produto para consumo e, neste momento, determina-se o preço de venda. Em seguida, verificam-se os custos necessários para produzir os produtos e obter a maior rentabilidade possível.

A essência da estratégia da precificação está, então, no valor percebido pelo cliente, em conjunto com o quanto ele estaria disposto a pagar (*willing to pay for*), como mostramos a seguir.

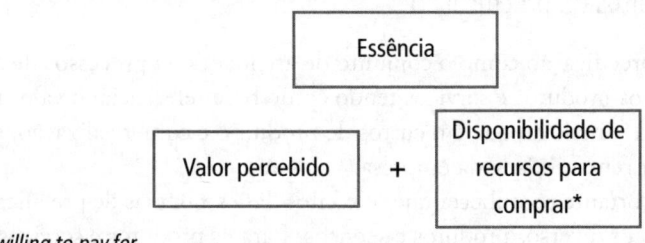

Essência

Valor percebido + Disponibilidade de recursos para comprar*

* *willing to pay for*

Fatores de lucro

Os elementos econômicos que levam a empresa a gerar lucro são volume de venda, preços aplicados e custos incorridos.

Lucro = Volume de vendas x preço − custos

Esses fatores devem ser decompostos na sua formação matemática, considerando os diversos tipos de custos que uma empresa tem, conforme mostrado na Figura 14.2.

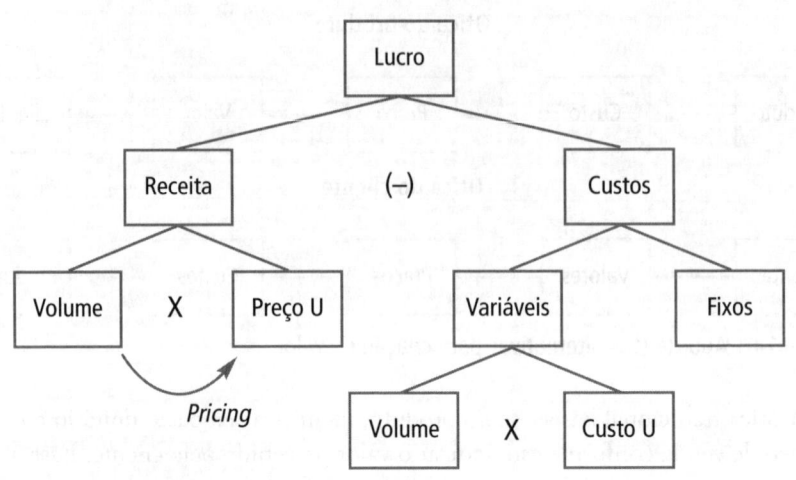

Figura 14.2 **Fatores de lucro**

A estratégia da precificação trabalha com o principal fator que gera o lucro: o preço de venda unitário. De acordo com o conceito básico da precificação, o preço de venda é o elemento mais importante da rentabilidade da empresa, e, por consequência, deve ser trabalhado com a maior intensidade possível, de modo que, por meio dele, seja possível capturar o maior ganho para empresa e, ao mesmo tempo, satisfazer os clientes por meio do valor percebido.

Definição dos efeitos da precificação

Podemos definir precificação como o conjunto de atividades ou processos de atribuição de preços aos produtos e serviços tendo como base referencial o valor percebido pelos clientes, mais do que em custos de produção e comercialização, para obtenção da maior rentabilidade da empresa.

É também importante reconhecer que os efeitos das estratégias de precificação são diferentes para os diversos produtos e serviços. Para os produtos e serviços caracterizados como *commodities*,[2] os efeitos das estratégias de precificação são quase nulos, ou muito baixos.

---

[2] *Commodities* (mercadoria, em inglês) podem ser definidas como mercadorias produzidas em larga escala e comercializadas em nível mundial. Elas são negociadas em bolsas de mercadorias e, portanto, seus preços são definidos em nível global, pelo mercado internacional. São produzidas por diferentes produtores e possuem características uniformes. Geralmente, são produtos que podem ser estocados por determinado período sem que haja perda de qualidade. Os principais produtos que se caracterizam como *commodities* são, em geral, matérias-primas, como *commodities* agrícolas: soja, suco de laranja congelado, trigo, algodão, borracha, café; e *commodities* minerais: minério de ferro, alumínio, petróleo, ouro, níquel, prata etc.

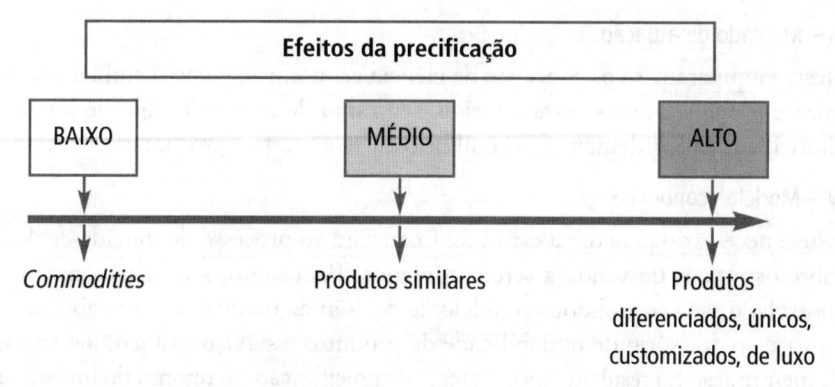

```
                        Efeitos da precificação

    BAIXO                     MÉDIO                      ALTO
      │                         │                         │
      ▼                         ▼                         ▼
  Commodities              Produtos similares           Produtos
                                                    diferenciados, únicos,
                                                    customizados, de luxo
```
Figura 14.3 Efeitos da precificação

No caso de produtos similares, os efeitos da precificação podem ser médios. Já no de produtos diferenciados, únicos, customizados, inéditos, de luxo etc., esses efeitos tendem a representar grande diferenciação nos preços de venda.

Na abordagem da precificação, todos os produtos devem ser trabalhados em termos de seus preços de venda, sejam estes similares, industriais, de pequeno valor de venda. Mesmo para produtos industriais, de grande consumo, há a possibilidade de se obter preços diferenciados e melhores, como em máquinas e equipamentos. Desta forma, as estratégias de precificação não podem se restringir a produtos e serviços destinados ao consumidor final; devem sim considerar qualquer tipo de produto ou serviço em qualquer mercado ou segmento de atividade.

Fundamentos da precificação

Para estruturar uma estratégia de precificação na empresa, são fundamentos:

I – Conceitos de marketing

A base conceitual da precificação é o marketing, e não o custo dos produtos e serviços. Assim, conceitos como diferenciação, segmentação e posicionamento do produto ou serviço são elementos-chave. Todo o conjunto de conceitos de marketing deve ser utilizado para a estratégia de precificação.

II – Comportamento do consumidor

Neste fundamento, enquadram-se os estudos da psicologia do consumidor, o momento e local em que o produto está sendo consumido, e a referência básica do valor percebido pelo consumidor, ou seja, o valor de utilidade que o cliente dá mentalmente ao produto e serviço e por ele entrega a contrapartida em dinheiro.

III – Mercado de atuação

Neste enquadram-se os conceitos da ciência econômica, como o ambiente econômico em que a empresa está inserida, seu ramo de atividade, tipo de produto, a elasticidade preço/demanda, o equilíbrio entre a oferta e procura etc.

IV – Modelo econômico

Este é necessário para dar a estrutura financeira ao processo de tomada de decisão sobre os preços de venda a serem adotados. Para tanto, a ciência contábil e de controladoria já consolidou o modelo de decisão da margem de contribuição para o processo decisório de rentabilidade de produtos e serviços. O parâmetro básico de mensuração do resultado da estratégia de precificação é o retorno do investimento dos acionistas. O modelo de margem de contribuição deve sempre ser trabalhado em ambiente de simulação para que se busque a melhor alternativa em relação a preços, custos, quantidades e *mix* de produtos.

V – Ação

De nada adiantam conceitos, modelos etc., se não houver *determinação* por parte da empresa para implementar uma estratégia de precificação. A implantação desta estratégia passa necessariamente pela criação de uma estrutura organizacional específica para tanto. Normalmente, essa estrutura congrega profissionais de marketing, vendas, finanças e custos. O ponto fundamental da estratégia é a criação do valor para o cliente, e a determinação da empresa é o ponto-chave para isto.

Esquema básico do processo de preços e valores

A Figura 14.4 consolida os conceitos apresentados até aqui. Mostra os caminhos para se chegar ao valor percebido pelo consumidor ou cliente e o efeito na rentabilidade da empresa.

Os principais conceitos de marketing para a estratégia de precificação são valor percebido, diferenciação e segmentação.

Valor percebido é aquele atribuído pelos clientes ao produto ou serviço baseado na relação entre os benefícios que este trará para si e os custos que pode disponibilizar para sua aquisição em comparação à concorrência. É uma avaliação total do consumidor da utilidade de um produto, baseada em percepções dos benefícios recebidos e dos sacrifícios econômicos que fará para sua aquisição. Compreende a avaliação dos atributos do produto e das consequências de seu uso. Os clientes enxergam o produto como um conjunto de atributos e seu desempenho. O valor percebido significa também a qualidade percebida pelo mercado, ajustada pelo preço relativo de seu produto. *Em última instância, valor percebido é o preço máximo que o consumidor pagará por um produto.*

```
┌─────────────────────────┐                    ┌─────────────────────────┐
│  Análise da concorrência│                    │  Análise da concorrência│
│    • Diferenciação      │                    │    • Segmentação        │
└─────────────────────────┘                    └─────────────────────────┘
              │                                              │
              └──────────────────┬───────────────────────────┘
                                 ▼
                ┌─────────────────────────────────┐
                │ Posicionamento do produto/serviço│
                └─────────────────────────────────┘
                                 ▼
                ┌─────────────────────────────────┐
                │     Estratégia de marketing     │
                │         • Produto               │
                │         • Comunicação           │
                │         • Distribuição          │
                └─────────────────────────────────┘
                                 ▼
┌──────────────┐      ┌─────────────────────────────────┐
│  Ofertas da  │─────▶│  Valor percebido pelo consumidor│
│  concorrência│      └─────────────────────────────────┘
└──────────────┘                     ▼
      ▲          ┌──────────┐             ┌──────────┐
      └··········│  Preço   │◀───────────▶│  Custo   │
                 └──────────┘             └──────────┘
                      ▼
                 ┌──────────┐
                 │  Lucro   │
                 └──────────┘
```

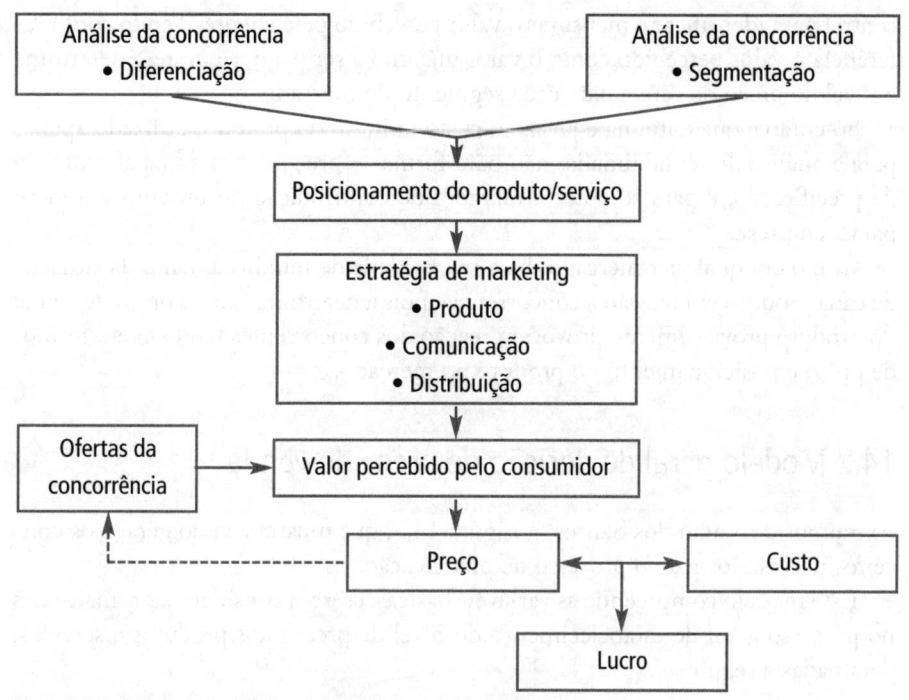

Figura 14. 4 **Esquema do processo de preços e valores**

Diferenciação é o processo de diferenciar um produto para condicioná-lo dentro de um valor que o faça ser considerado único no mercado e no segmento. É um processo com o objetivo de melhorar a rentabilidade e a conquista de mercado. A diferenciação permite ao produto uma condição de defesa em relação à competição, e pode ser obtida por meio do projeto do produto, da imagem da marca, da tecnologia, das características peculiares do produto, dos fornecedores, dos serviços adicionados etc.

Segmentação de mercado consiste em um processo de análise e identificação de grupos de clientes com necessidades e preferências homogêneas ou com algum grau de homogeneidade. Por meio do processo de segmentação, o mercado é dividido em grupos de clientes com necessidades e preferências semelhantes (os segmentos de mercado), permitindo que a empresa adapte melhor suas políticas de marketing, seu mercado-alvo e suas estratégias de precificação.

A busca do valor percebido pelo consumidor começa pela análise da concorrência, fazendo a convergência entre os atributos que diferenciam o produto e os segmentos do mercado nos quais será vendido. Com esta análise, há o posicionamento do produto no mercado, no ambiente econômico em que se insere.

Após isso, definem-se as estratégias de marketing para promover e vender o produto por meio dos canais de comunicação e distribuição. Esta etapa é o ponto central para identificar e mensurar o valor percebido pelo cliente. Tendo como referência o valor percebido como o valor máximo a ser pago, a empresa determina o nível do preço de venda para cada segmento do mercado.

Só então é que entra na equação o custo unitário do produto, utilizado apenas para a análise de rentabilidade, não para formar o preço de venda na abordagem da precificação, e para se obter a margem de contribuição do produto e o lucro para a empresa.

Como em qualquer mercado, há a necessidade de monitoramento da situação de cada produto em relação à concorrência, pois a determinação do preço de venda do produto provavelmente provocará reação dos concorrentes também em termos de preço e posicionamento do produto no mercado.

14.2 Modelo geral de decisão de preço de venda

Extraímos de Vatan dos Santos[3] a Figura 14.5, que mostra a visão geral e os conceitos necessários para o processo de precificação.

Este modelo compreende as variáveis básicas a serem consideradas e analisadas no processo geral de estabelecimento do nível de preços dos produtos e serviços, detalhadas a seguir.

Avaliação estratégica e caracterização do ambiente econômico

A primeira etapa consiste em fazer a leitura do ambiente em que a empresa se situa, confrontando as variáveis estratégicas internas com as externas. Nesta etapa, pode ser utilizada a metodologia de planejamento estratégico denominada análise SWOT,[4] por meio da qual identificam-se as forças e fraquezas da empresa (ambiente interno), que são confrontadas com as oportunidades e ameaças do ambiente externo.

A segunda etapa compreende a caracterização do ambiente econômico em que a empresa atua (monopólio, oligopólio, concorrência perfeita, concorrência monopolística), a análise da concorrência direta e remota (concorrentes com possíveis produtos similares ou substitutos) e a obtenção dos preços dos concorrentes e do preço vigente no mercado.

---

[3] SANTOS, Roberto Vatan dos. *Modelos de decisão para gestão de preço de venda*. Dissertação de Mestrado. São Paulo, FEA/USP, 1995.

[4] Análise SWOT: do inglês *Strenght, Weakness, Opportunities, Threats* (Forças, Fraquezas, Oportunidades, Ameaças).

Introdução à precificação (*Pricing*) 385

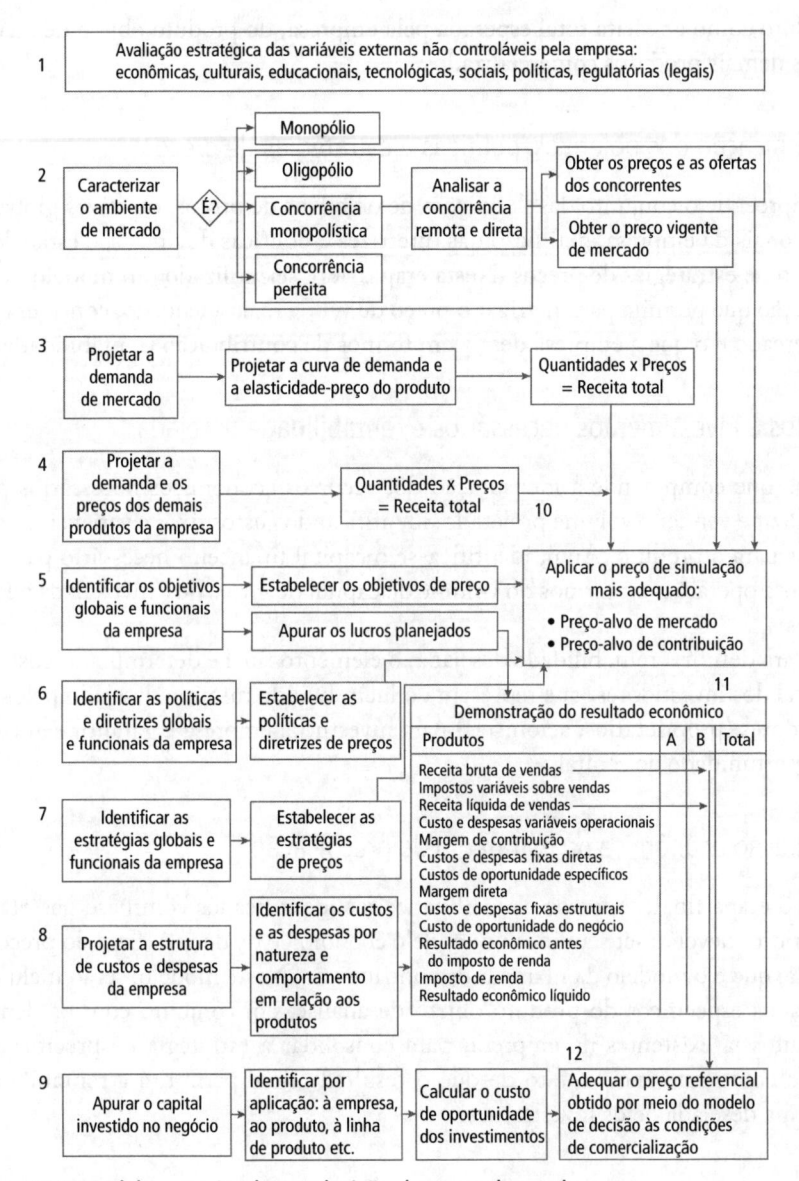

Figura 14.5 Modelo conceitual para decisão de preço de venda

1. Avaliação estratégica das variáveis externas não controláveis pela empresa: econômicas, culturais, educacionais, tecnológicas, sociais, políticas, regulatórias (legais)

2. Caracterizar o ambiente de mercado — É?
   - Monopólio
   - Oligopólio
   - Concorrência monopolística
   - Concorrência perfeita

   Analisar a concorrência remota e direta:
   - Obter os preços e as ofertas dos concorrentes
   - Obter o preço vigente de mercado

3. Projetar a demanda de mercado → Projetar a curva de demanda e a elasticidade-preço do produto → Quantidades x Preços = Receita total

4. Projetar a demanda e os preços dos demais produtos da empresa → Quantidades x Preços = Receita total

10. Aplicar o preço de simulação mais adequado:
    - Preço-alvo de mercado
    - Preço-alvo de contribuição

5. Identificar os objetivos globais e funcionais da empresa →
   - Estabelecer os objetivos de preço
   - Apurar os lucros planejados

6. Identificar as políticas e diretrizes globais e funcionais da empresa → Estabelecer as políticas e diretrizes de preços

7. Identificar as estratégias globais e funcionais da empresa → Estabelecer as estratégias de preços

11. Demonstração do resultado econômico

Produtos	A	B	Total
Receita bruta de vendas			
Impostos variáveis sobre vendas			
Receita líquida de vendas			
Custo e despesas variáveis operacionais			
Margem de contribuição			
Custos e despesas fixas diretas			
Custos de oportunidade específicos			
Margem direta			
Custos e despesas fixas estruturais			
Custo de oportunidade do negócio			
Resultado econômico antes do imposto de renda			
Imposto de renda			
Resultado econômico líquido			

8. Projetar a estrutura de custos e despesas da empresa → Identificar os custos e as despesas por natureza e comportamento em relação aos produtos

9. Apurar o capital investido no negócio → Identificar por aplicação: à empresa, ao produto, à linha de produto etc. → Calcular o custo de oportunidade dos investimentos

12. Adequar o preço referencial obtido por meio do modelo de decisão às condições de comercialização

Projeção da demanda

Esta etapa compreende identificar e prever as quantidades e os preços do mercado, considerando os concorrentes, os demais produtos da empresa e a elasticidade--preço do produto, obtendo tanto o tamanho do mercado no qual será vendido o produto como a receita total esperada pela empresa, do produto objeto de análise e dos demais produtos comercializados.

Identificação dos objetivos, políticas e estratégias de preço

Compreende o conjunto das definições de objetivos de preços, objetivos globais e funcionais da empresa, definição das diretrizes e políticas de preços, e estabelecimento de estratégias de preços. Nesta etapa, deve ser utilizado um modelo de simulação que permita parametrizar o preço de venda mais adequado, considerando o mercado e o que a empresa deseja em termos de contribuição (rentabilidade).

Custos e investimentos necessários e rentabilidade desejada

Etapa que compreende a mensuração dos recursos econômicos necessários para produzir e vender o volume projetado, identificando custos fixos e variáveis necessários para o produto. Aqui, identifica-se o capital financeiro necessário para suportar a operação em termos do volume de capital de giro e dos ativos fixos necessários.

Para definir a rentabilidade desejada, o elemento final é determinar o custo de capital dos investidores, que representa o lucro líquido mínimo desejado pelos investidores (proprietários, acionistas) para investir na empresa e garantir seu custo de oportunidade de capital.

Avaliação econômica da estratégia de precificação

Como etapa final, todos os dados financeiros identificados com base nas etapas anteriores deverão ser reunidos no modelo econômico de decisão final do preço de venda, que é o modelo da margem de contribuição. Neste modelo, serão incluídos os dados específicos do produto objeto de análise, em conjunto com os demais produtos já existentes na empresa, para consolidar a estratégia de precificação, tendo como referência o fato de que o resultado final permitirá a rentabilidade mínima desejada pelos investidores.

14.3 Estrutura e elementos da estratégia de precificação

Reconhece-se que precificação é uma tarefa bastante complexa e extremamente abrangente, pois lida com o ambiente completo em que a empresa está inserida, que compreende tanto o cenário econômico, como o concorrencial etc., e, principalmente, as características sociopsicológicas do público-alvo consumidor dos produtos da empresa. Neste sentido, não é fácil circunscrever todas as variáveis a serem consideradas. Apresentamos, a seguir, os elementos e a estrutura da estratégia de precificação em uma abordagem sintética.

Conceituação e princípios

Podemos conceituar estratégia de precificação como esforços coordenados para atingir a rentabilidade por meio de uma estratégia de preços. Para isto, é necessário muito mais do que manejar níveis de preço. É preciso assegurar que os produtos e serviços incluam aqueles fatores pelos quais os clientes têm disponibilidade para pagar (*willing to pay for*).

Os princípios elementares são:

a. *base de valor* (*value-based*) e *criação de valor*: as diferenças de preços entre os clientes e mudanças ao longo do tempo refletem as diferenças ou mudanças no valor para os clientes;
b. *proatividade*: as empresas devem antecipar eventos e desenvolver estratégias para lidar com os clientes, nunca tomar decisões de preços em reação às mudanças;
c. *direcionador de lucratividade* (*profit-driven*): avaliar o sucesso de sua gestão de preços em razão do seu ganho, mais do que das receitas, em relação aos concorrentes. O sucesso de uma estratégia de precificação não está necessariamente em aumentar os preços, mas em como aumentar a lucratividade;
d. *equívocos*: trabalhar com custo mais margem, preços que refletem as condições de mercado, preços para ganhar mercados.

Criação de valor

Esta é a questão-chave para a estratégia de precificação, e a fonte de vantagem dos preços. Consiste em estimar quantas diferentes combinações de valor dos benefícios do produto podem representar aos clientes, responsabilidade esta normalmente do marketing ou da pesquisa de mercado.

A criação de valor baseia-se na identificação dos atributos do produto e dos benefícios que pode gerar aos diversos segmentos de clientes, mensurando o impacto financeiro que isto pode causar na sua percepção, que serão os elementos centrais para tornar o produto diferenciado e permitir um preço maior e mais lucrativo.

Utilizaremos como exemplo de criação de valor a estimativa do valor econômico de um produto e sua diferenciação, tendo como referência o trabalho de Nagle e Hogan (ver bibliografia). Valor econômico representa o máximo que um cliente de determinado segmento pagaria por um produto, tendo como referência sua utilidade.

Primeiro, é necessário definir os dois componentes do valor econômico: valor de referência e valor da diferenciação, conforme mostrado na Figura 14.6.

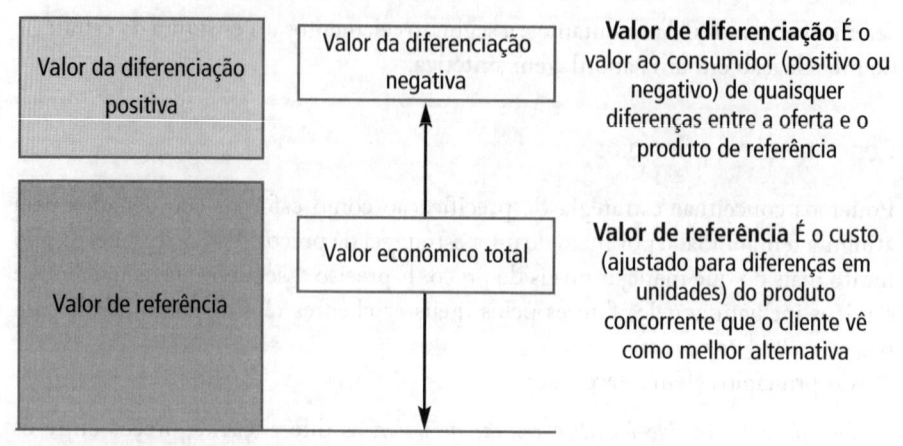

Figura 14.6 Estimativa de valor econômico

Valor da diferenciação positiva / Valor da diferenciação negativa	**Valor de diferenciação** É o valor ao consumidor (positivo ou negativo) de quaisquer diferenças entre a oferta e o produto de referência
Valor de referência / Valor econômico total	**Valor de referência** É o custo (ajustado para diferenças em unidades) do produto concorrente que o cliente vê como melhor alternativa

O valor de referência é o piso de preço baseado na concorrência. Significa o primeiro preço que o consumidor analisará antes de tomar a decisão de comprar um produto similar por um preço maior. O valor de diferenciação é o valor adicional que o produto poderá obter por mostrar os atributos diferenciadores. A soma dos dois é o valor econômico estimado do produto.

A Figura 14.7 mostra um exemplo de mensuração monetária de diversos atributos identificados para um produto, os quais vão permitir estimular o provável consumidor a pagar mais do que o valor de referência (o produto concorrente básico), porque a empresa consegue mostrar ao cliente que o produto dela tem algo mais e que isso lhe permite cobrar um preço maior.

- Economia de trabalho com o tamanho das amostras = US$ 38
- Custo de oportunidade com o tamanho das amostras = US$ 468
- Economia de trabalho em controle de qualidade = US$ 48
- Economia de trabalho = US$ 384
- Custo de oportunidade = US$ 1.560
- Referência: EnSyn = US$ 30

Valor total da diferenciação positiva = US$ 2.498 por kit

Valor de referência total = US$ 30 por kit

Valor econômico total = US$ 2.528 por kit

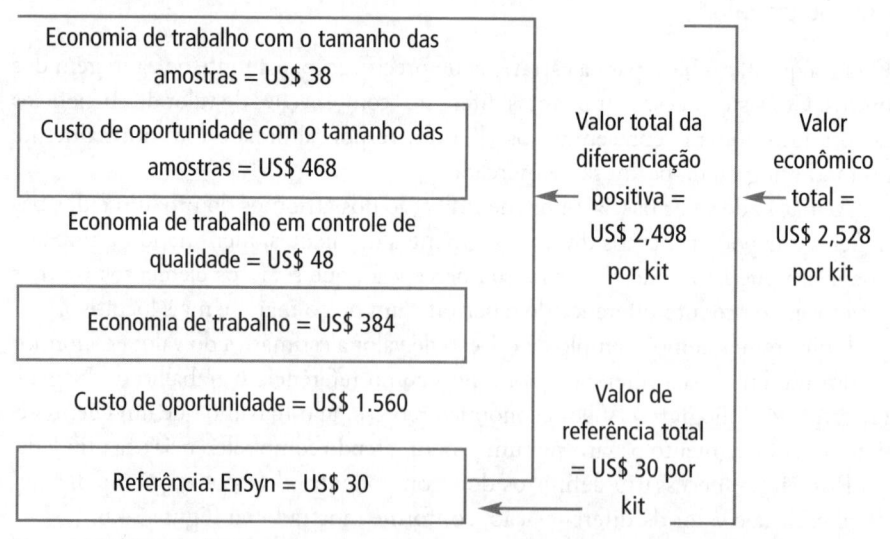

Figura 14.7 Estimativa de valor econômico para compradores empresariais da Dynatest

Este exemplo considera um produto (kit de análise) que faz o processo de teste genético (DNA) denominado Dynatest. A empresa tem convicção de que o teste tem atributos bastante superiores ao do seu principal concorrente, e quer estimar seu *valor econômico estimado total*, para diversos segmentos de mercado, para determinação do nível de preços de venda, bem como para permitir a estratégia de comunicação com o mercado. No exemplo, primeiro se faz a estimativa do valor econômico para um segmento específico de mercado, no caso, compradores empresariais.

Como valor de referência foi adotado o produto da Ensyn, que também vende um kit para o mesmo objetivo, comercializado a US$ 30. A partir deste valor de referência, a empresa identifica os diversos elementos diferenciadores, que consistem nas vantagens do Dynatest que terão de ser exploradas no processo de comunicação com o mercado e que permitirão sua venda por um valor bem superior ao do Ensyn.

A primeira diferenciação identificada foi o custo de oportunidade. Verificou-se que, no caso de compradores empresariais, o Dynatest possibilitará uma economia de diversos testes, que redundará em 40 horas a menos na realização destes. Tendo como referência que cada teste custa aproximadamente US$ 39 por hora, um comprador empresarial do Dynatest poderá economizar US$ 1.560.

Identificou-se também que o uso do Dynatest no laboratório produz um trabalho mais eficiente, com uma economia de 16 horas de trabalho, que, ao preço de US$ 24 por hora, permitirá uma economia adicional de US$ 384. Além disso, como o Dynatest mantém um padrão de qualidade com maior sustentabilidade, eliminando alguns trabalhos de checagem, possibilitarão uma economia de 2 horas, trazendo economia adicional de US$ 48.

Com relação ao tamanho das amostras, a utilização do Dynatest permite trabalhar com amostras menores do material a ser analisado, o que propiciará uma economia de US$ 468. Além disso, por trabalhar com amostras menores, economizará 16 horas extras de trabalho em 10% das ocasiões, o que fará que a empresa economize mais US$ 38.

Esses elementos indicam que o valor econômico estimado para o Dynatest é de $ 2.528,00, e que o da diferenciação em relação ao principal concorrente é de $ 2.498,00 por kit. Isto não quer dizer que a empresa deverá precificar esse produto por $ 2.528,00, mas esses elementos permitem determinar um preço de venda bem superior ao do concorrente, explorando os atributos e as diferenciações do seu produto específico.

Este processo de identificação e mensuração do valor econômico do produto é o elemento-chave para identificar a criação de valor para o cliente e estimar o valor percebido pelo consumidor. O processo deverá ser realizado para todos os segmentos de mercado, pois outros segmentos compradores do produto terão percepções diferentes. No caso do Dynatest, esses outros, como governo, setores de imigração, tribunais e agências legais, serviços clínicos, pesquisa acadêmica, laboratórios etc., poderão apresentar diferentes percepções que mudarão o valor econômico total e, consequentemente, o da diferenciação.

Assim, para cada segmento de mercado deverá ser feito um trabalho de identificação do valor econômico estimado e do valor percebido pelo consumidor, mesmo que o produto seja o mesmo.

Psicologia do consumidor

A precificação trabalha pensando no comportamento do consumidor. Desta forma, os aspectos psicológicos são preponderantes na estratégia de precificação. Os psicólogos Amos Tversky e Daniel Kahneman (Nobel de Economia) questionaram a teoria de o *homo economicus* ser racional, provando que as pessoas não são tão racionais ao comprar.

Os preços subjetivos determinam todas as decisões. Os seres humanos são mais complexos do que a teoria econômica entende. As escolhas dependem do contexto, e um simples número pode não expressar como uma pessoa se sente diante da incerteza da escolha. Pessoas inteligentes são influenciadas por meras palavras, pelo modo como a estrutura das decisões é feita.

Os consumidores são fundamentalmente sensitivos a diferenças relativas, mas não a preços absolutos. Escolhemos entre descrições de opções, mais do que entre as próprias opções. Isso quer dizer que o consumidor realmente não sabe nada sobre o custo de um produto.

A seguir, temos alguns exemplos de aplicações de preços levando em conta o aspecto psicológico das pessoas:

a. *preço âncora, é tudo relativo*: a ancoragem significa fixar um produto chamativo, para forçar, induzir a venda de outro. Exemplos: colocar uma bolsa de luxo por $ 10.000,00 ao lado de uma de $ 2.500,00; vende-se a de $ 2.500,00. Colocar um eletrodoméstico de ancoragem, de luxo, de $ 2.000,00, ao lado de um *standard* de $ 700,00; vende-se o de $ 700,00;

b. *preços não lineares*: leve três e pague dois; preços terminados em 0,99 (preços terminados em 00 são mais fáceis de lembrar); preços ímpares; preço maior dá a ideia de produto melhor; vendas no cartão de crédito (não há sensação imediata de que o dinheiro está indo embora); vendas a prazo em 10 parcelas iguais sem juros!;

c. *alterações na embalagem*: redesenho de embalagem, com visual e apelo diferentes, com aumento do preço ou mudança na quantidade de produto dentro da embalagem mantendo o mesmo preço;

d. *elasticidade-preço*: reflete o comportamento do cliente diante de mudanças de preço. É a proporção em que a demanda aumenta ou diminui em relação a determinada variação no preço. Produtos inelásticos são aqueles pelos quais, mesmo com o aumento de preço, os clientes pagam porque são considerados necessários, ou são customizados, ou o preço é identificado como um indicador de qualidade, por exemplo. Produtos elásticos são aqueles que, aumentando-se ou diminuindo-se o preço, sofrem diminuição ou aumento do consumo. Por exemplo: muitos produtos substitutos estão disponíveis, o cliente pode comparar facilmente o item com produtos dos concorrentes, o preço representa um percentual significativo do orçamento do cliente etc.

O estrategista de preço

São princípios que norteiam o responsável pela estratégia de precificação:

a. ter a consciência da importância do papel dos preços na lucratividade;
b. organizar o registro dos fatos capazes de orientar a administração de preços;
c. fazer a análise dos fatos e a escolha ou criação das ferramentas necessárias;
d. ter determinação para implementar a estratégia desenvolvida;
e. não cometer o equívoco de separar o preço do restante do composto de marketing;
f. não aceitar a formação de preços com base no custo, pois isto ignora o valor percebido pelo consumidor;
g. aceitar o preço formado pelo custo apenas para pisos de preços.

Outros princípios são:

---

1. **Adotar uma mentalidade lucrativa**
   "O que importa não é a fatia de mercado, mas a dos lucros do mercado."
2. **Usar um filtro para a guerra de preços**
   "As ações tomadas serão compreendidas pelo outro lado? Desencadearão uma guerra de preços?"
3. **Definir as reações dos concorrentes**
   "Preparar o mercado para as mudanças de preços e antever a reação desejada da concorrência."
4. **Construir sua base de poder**
   "Ter produto diferenciado, posição de custo, informação sobre a concorrência, ampla participação no mercado."
5. **Manter a flexibilidade**
   "Não se comprometer inexoravelmente com a participação no mercado nem com a presença em cada segmento."

14.4 Implementação na organização

O último fundamento da precificação é a ação, ou seja, a determinação para estruturar e implementar na organização a estratégia da precificação. De nada adiantam conceitos e princípios se a estratégia não for colocada em prática.

Visão geral da implementação

A Figura 14.8 apresenta os elementos principais para a implementação da estratégia da precificação na organização.

```
                    Programa de elaboração de preços
    ┌─────────────────────────────────────────────────────┐
    │                  Objetivos de preços   ← Demanda de clientes
    │ Objetivos e estratégias                │
    │   globais de preços →        ↓         │
    │                   Estratégia de preços │
    │                              ↓         │  ← Ações de competidores
    │                   Estrutura de preços  │
    │ Custos de produção e →       ↓         │
    │      logística                         │
    │                Níveis/Táticas de deter- │ ← Restrições legais
    │                   minação de preços    │
    └─────────────────────────────────────────┘
```

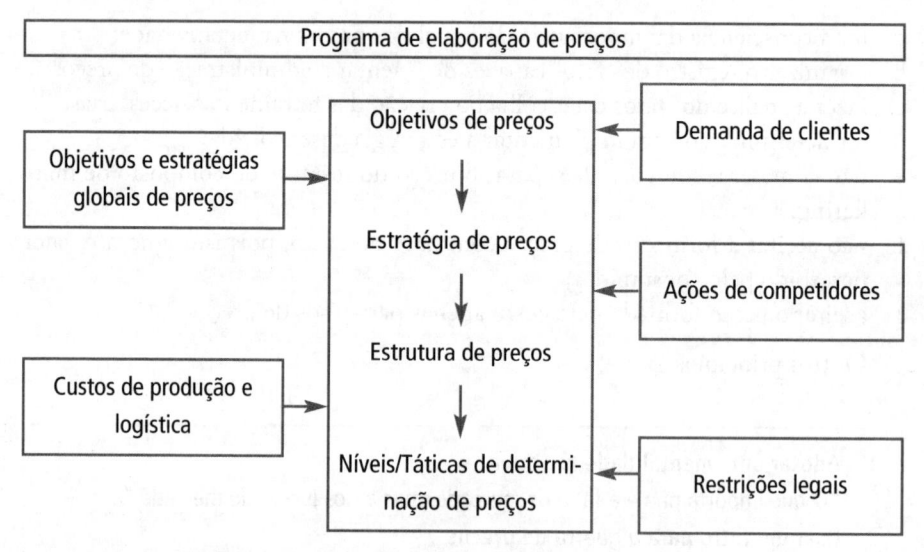

Figura 14.8 Visão geral da estrutura de implementação

A visão geral considera, preliminarmente, os objetivos e as estratégias globais da empresa; a análise do ambiente verifica a demanda dos clientes e as ações dos competidores, contempla as restrições legais e identifica os custos de produção e a logística dos produtos.

Objetivos de preços

Exemplos:
- concentrar-se no retorno do investimento;
- concentrar-se na participação de mercado;
- maximizar o lucro no longo prazo;
- maximizar o lucro no curto prazo;
- obter crescimento das vendas;
- estabilizar o mercado;
- ser o líder de preços;
- dessensibilizar os clientes para o preço;
- desencorajar a entrada de novos competidores;
- gerar volume de forma a empurrar para baixo os custos.

Estabelecendo uma estratégia

Exemplos:
- Estratégias baseadas no custo
    - Preço mais margem
    - Preço mais margem com retorno do investimento
- Estratégias baseadas no mercado
    - Preços mínimos
    - Preços de penetração
    - Preços de paridade
    - Preços *premium* (diferenciado)
    - Preços de liderança
    - Preços de retirada
    - Preços na forma de pacotes
    - Preços diferentes para mercados diferentes
    - Preços por benefício cruzado

Desenvolvendo uma estrutura

Exemplos:
- Deve-se cobrar preços padrão por um produto ou serviço?
- Deve-se cobrar o mesmo preço básico para os grandes clientes e os clientes que compram com frequência?
- De que maneira a época afeta o preço cobrado do cliente?
- Até que ponto pode variar preço do produto para cada cliente?
- Deve-se cobrar mais de clientes que valorizam o produto?
- Qual é a razão do desconto a ser oferecido ao comprador?
- A estrutura de preço deve envolver uma opção de aluguel ou *leasing*?

Níveis e táticas de preços
Exemplos: • os níveis de preços devem ser administrados cotidianamente; • os níveis de preços podem exigir frequentes modificações em resposta às variações nos custos de produção, às táticas dos concorrentes e às condições de mudanças de mercado; • as variações de preços não devem acontecer de forma arbitrária; • os clientes devem sentir certo grau de consistência e estabilidade nos níveis de preços da empresa ao longo do tempo; • os movimentos táticos podem incluir abatimentos, preços do tipo "dois por um", cupons de desconto.

14.5 Modelo econômico de avaliação e simulação

O modelo econômico de avaliação da estratégia de precificação só pode ser o da margem de contribuição, que assume o método de custeamento variável/direto para os produtos e serviços. Uma vez que a estratégia de precificação envolve diferentes preços e diferentes volumes para diferentes segmentos de mercado, e ao mesmo tempo necessita redirecionamentos constantes dos produtos para esses mercados, o modelo econômico de avaliação não pode ser estruturado com métodos de custeamento que contenham elementos de rateio, absorção ou alocação em relação aos produtos de custos e despesas indiretas.

Modelo de margem de contribuição para precificação

O Quadro 14.1 apresenta o modelo de avaliação econômica que deve ser adotado para monitorar a estratégia de precificação, que contempla os fundamentos principais de precificação: o modelo da margem de contribuição, no qual não se faz o rateio de custos e despesas fixas indiretas gerais entre os produtos.

O cabeçalho evidencia os fundamentos da precificação, quais sejam, a identificação de cada produto para cada segmento de mercado. Isso deve ser feito para todos os produtos e segmentos, mesmo que a quantidade de produtos seja muito grande.

Para cada segmento de mercado há um preço determinado com base no valor percebido. Assim, verifica-se que o produto A tem o preço de venda de $ 10,00 para o segmento 1; o mesmo produto é vendido para o segmento 2 por $ 20,00. Da mesma forma ocorre com o produto B.

Quadro 14.1 Modelo da margem de contribuição para precificação

	Produto A			Produto B			Total Geral Empresa
	Segmentos de Mercado			Segmentos de Mercado			
	Segmento 1	Segmento 2	Total	Segmento 1	Segmento 3	Total	
I - Dados unitários							
Preço de venda unitário	10,00	20,00		60,00	130,00		
Custo variável unitário	5,00	5,00		45,00	45,00		
Despesa variável unitária	1,00	2,00		8,00	7,00		
Margem de contribuição unitária	4,00	13,00		7,00	78,00		
II - Quantidade a ser vendida	350.000	60.000	410.000	90.000	20.000	110.000	
III - Dados totais							
Receita total	3.500.000	1.200.000	4.700.000	5.400.000	2.600.000	8.000.000	12.700.000
Custo variável total	1.750.000	300.000	2.050.000	4.050.000	900.000	4.950.000	7.000.000
Despesa variável total	350.000	120.000	470.000	720.000	140.000	860.000	1.330.000
Margem de contribuição total	1.400.000	780.000	2.180.000	630.000	1.560.000	2.190.000	4.370.000
IV - Gastos diretos aos produtos							
Custos fixos diretos	80.000	80.000	160.000	90.000	90.000	180.000	340.000
Despesas fixas diretas	120.000	150.000	270.000	120.000	250.000	370.000	640.000

(*continua*)

Quadro 14.1 Modelo da margem de contribuição para precificação (continuação)

	Produto A			Produto B			Total Geral Empresa
	Segmentos de Mercado			Segmentos de Mercado			
	Segmento 1	Segmento 2	Total	Segmento 1	Segmento 3	Total	
V - Margem de contribuição direta total	1.200.000	550.000	1.750.000	420.000	1.220.000	1.640.000	3.390.000
VI - Contribuição % por produto e segmento	35,4%	16,2%	51,6%	12,4%	36,0%	48,4%	100,0%
VII - Apuração do lucro líquido							
Custos fixos gerais							500.000
Despesas fixas gerais							700.000
Lucro operacional total							2.190.000
IR/CSLL							744.600
Lucro líquido (a)							1.445.400
VIII - Monitoramento da rentabilidade							
Investimento (b)							12.000.000
Retorno do investimento real (a : b)							12,0%
Retorno do investimento esperado							13,5%

Pode haver diferença na despesa variável unitária, já que os segmentos atendidos são diferentes e a despesa variável refere-se a canais de comercialização. Com relação ao custo unitário, em princípio, é o mesmo, pois é o custo de fabricação. A primeira parte do modelo é concluída com a obtenção da margem de contribuição unitária de cada produto para cada segmento. É importante ressaltar que o que importa é a margem de contribuição total, e não a unitária do produto.

A segunda parte do modelo apresenta as atuais quantidades a serem vendidas, que, com os dados unitários, correspondem à parte do modelo em que se aplica o conceito de simulação. Em seguida, apresenta o resultado da multiplicação dos preços, custos e das despesas unitárias, com as quantidades, obtendo-se a margem de contribuição total, com os elementos variáveis.

A quarta parte do modelo identifica os custos e as despesas fixas diretas em relação aos produtos. São aqueles gastos que, mesmo fixos, são diretos aos produtos, por exemplo, consultorias técnicas específicas para determinados produtos, gastos com licenciamento, *franchising* etc., e não devem ser misturados com os demais gastos fixos gerais.

A quinta e a sexta partes do modelo referem-se à apuração da margem de contribuição direta total de cada produto e sua representatividade percentual. É a primeira análise fundamental do modelo. Verifica-se, no exemplo apresentado, que o produto A para o segmento 1, mesmo que tenha o menor preço de venda, é o que mais contribui para o total do lucro da empresa, com 35,4% da margem de contribuição total. Isto é possível porque esse produto vende em grandes quantidades em comparação com os demais. A outra maior participação é do produto B, no segmento 3, em razão basicamente de seu maior preço de venda.

A sétima parte do modelo apura o lucro líquido, considerando os gastos fixos gerais que não podem ser alocados aos produtos, apurando o lucro operacional e a tributação do imposto de renda. A última parte é denominada monitoramento da rentabilidade, que é o objetivo final da precificação. Assim, ela deve ter como parâmetro final o retorno do investimento esperado pelos acionistas.

No exemplo, o retorno esperado é de 13,5% ao ano, mas, no atual momento, os dados obtidos indicam que não será alcançada a rentabilidade desejada. Desta forma, são necessárias novas ações para alcançar a meta de rentabilidade desejada.

Análise dos efeitos da tomada de decisão

Novas ações para melhorar a rentabilidade passam pela revisão dos segmentos de mercado em que a empresa atua com seus produtos, das quantidades vendidas e do preço de venda sobre o valor percebido pelos clientes de cada segmento.

Em termos financeiros, as decisões implicam basicamente quatro variáveis econômicas:

a. alterações no preço de venda;
b. alterações no volume vendido;
c. alterações nos custos e despesas variáveis;
d. alterações nos custos e despesas fixas.

As alterações nos preços de venda e nos custos e despesas variáveis implicam, necessariamente, alterações na margem de contribuição unitária de cada produto. As alterações nos custos e despesas fixas são mensuradas em valor absoluto, e não há dificuldade em identificá-las. Nos exemplos apresentados nos Quadros 14.2 e 14.3, há um modelo de análise das variações decorrentes de ações que objetivam melhorar a rentabilidade alterando preços e volume.

Quadro 14.2 **Situação anterior à mudança de preços**

Preço de venda	10,00
Custos variáveis unitários	5,50
Margem de contribuição unitária	4,50
Volume de vendas	4.000
Total de vendas	40.000,00
Total dos custos variáveis	22.000,00
Margem de contribuição total	18.000,00

A margem de contribuição total do produto está em $ 18.000. A empresa entende que se baixar o preço em $ 0,50 e aumentar o volume em 600 unidades, conseguirá uma maior margem de contribuição total. Vejamos o efeito no quadro abaixo.

Quadro 14.3 **Situação posterior à mudança de preços**

Preço de venda	9,50
Custos variáveis unitários	5,50
Margem de contribuição unitária	4,00
Volume de vendas	4.600
Total da receita	43.700,00
Total dos custos variáveis	25.300,00
Margem de contribuição total	18.400,00

O resultado da ação foi positivo, porque a margem de contribuição total aumentou de $ 18.000 para $ 18.400; portanto, a nova situação deve ser considerada correta. O quadro abaixo mostra a análise das variações, os efeitos da variação da margem de contribuição e do volume alterado.

Quadro 14.4 Análise das variações

Contribuição perdida em razão do preço	
Quantidade nova x preço novo	43.700,00
Quantidade nova x preço anterior	46.000,00
Líquido	−2.300,00 a
Contribuição ganha em razão do volume	
Quantidade nova x preço anterior	46.000,00
Quantidade anterior x preço anterior	40.000,00
Líquido	6.000,00 b
Custos variáveis adicionais	−3.300,00 c
Resultado líquido (a x b + c)	400,00

A alteração do preço para menor provocou uma perda de margem de $ 2.300, uma vez que a margem de contribuição unitária do produto, que era de $ 4,50, caiu para $ 4,00. Contudo, o aumento do volume em 600 unidades provocou um faturamento maior e as vendas totais aumentaram em $ 6.000. Como o volume aumentou, os custos variáveis também aumentaram na proporção do volume, provocando gastos adicionais de $ 3.300. No cômputo geral, a empresa melhorou a lucratividade em $ 400.

Aplicando a simulação e ponto limítrofe

Os modelos apresentados nos Quadros 14.1 a 14.4 mostram as possibilidades de simulação. Todas as ações de precificação devem ser suportadas por análises econômico-financeiras que permitam avaliar o efeito financeiro das decisões a serem tomadas.

O modelo do Quadro 14.1 é adequado porque contém todos os elementos econômicos para avaliação da decisão, bem como contempla todos os produtos em todos os segmentos de mercado.

Todas as decisões devem ser confrontadas com seu ponto limítrofe, que é o retorno do investimento esperado. O modelo contempla o giro do investimento, o lucro líquido esperado, a margem de contribuição total e a margem de contribuição média percentual esperada de todos os produtos em todos os segmentos.

14.6 Sistemas de informação e exemplos de aplicações de precificação

Precificação é um processo exógeno, ou seja, vem de fora para dentro, dos clientes e do mercado. Assim, há necessidade de estruturação dos sistemas de informação necessários para manter a estrutura organizacional da precificação.

Sistemas de informação de captura de dados do mercado e dos clientes

Além das pesquisas de mercado que se fazem necessárias, as empresas podem estruturar sistemas de informação da sua própria base de clientes e, em seguida, aplicar métodos estatísticos para detectar os comportamentos básicos dos consumidores de seus produtos.

Exemplos de aplicativos de tecnologia da informação já desenvolvidos para este tipo de análise são:

a. DW – *Data Warehouse* (armazém de dados);
b. BI – *Business Intelligence* (inteligência nos negócios);
c. DM – *Data Mining* (mineração de dados);
d. RN – Redes Neurais;
e. IA – Inteligência Artificial.

As empresas de TI (tecnologia da informação), IBM, Microsoft, SAP e Oracle, fornecem programas de gestão para mais de 10.000 varejistas ao redor do mundo, que são capazes de armazenar o histórico de vendas diário de cada loja nos últimos meses, bem como analisar e gerenciar os dados obtidos. Outros softwares, por exemplo, registram o histórico de vendas e o cálculo de preços para diferentes regiões de acordo com o poder aquisitivo do consumidor local.

Softwares para gestão diária dos preços de venda

Para a gestão diária ou mensal dos preços de venda, a empresa deve estruturar sistemas de informação que permitam alterar a todo instante as variações de preços de venda que se fazem necessárias para a gestão de mercados, produtos e rentabilidade.

Dependendo do porte da organização, do mercado em que atua e do tipo de produto, é possível que um sistema estruturado em Excel seja suficiente, como no caso de indústrias de produtos em que não há necessidade de gestão diária de preços de venda. No entanto, para organizações de grande porte, com centenas de pontos de venda em regiões diferentes, grande variedade de produtos e grande consumo, como as redes varejistas, é necessário desenvolver softwares específicos para esta gestão diária.

Esses softwares devem conter todos os produtos à disposição nos pontos de venda, o estoque existente, o período de validade dos estoques, tanto no que diz respeito à perecibilidade quanto à obsolescência comercial, a possibilidade ou não de remanejamento de estoques etc., de tal forma que a todo instante, em tempo real, seja possível saber o resultado de cada transação em cada ponto de venda, o lucro obtido em cada transação e a possibilidade de alterar os preços em razão das ofertas dos concorrentes e da pressão dos consumidores. Denominamos este tipo de software de "mesa de precificação", que deve ter uma equipe para sua administração e operação.

Exemplos de aplicações de precificação

Extraímos da literatura e de artigos de revistas especializadas diversos exemplos reais de aplicações de precificação. Esses exemplos não esgotam o tema:

- cálculo de preços de venda para diferentes regiões de acordo com o poder aquisitivo do consumidor local;
- preços diferentes ao longo do mês, com descontos para quem compra nos primeiros dias do mês;
- preços diferentes à medida da ocupação da capacidade produtiva ou de serviços (muito utilizado pelas companhias aéreas);
- preços por segmentação de mercado;
- Johnson & Johnson – três funcionários passam boa parte do expediente analisando os preços dos 700 produtos vendidos pela companhia. A equipe de precificação identificou dezenas de preços diferentes para um mesmo produto, chegando a uma variação de 30%, considerando a localização do cliente até o dia do mês em que a compra é feita. O ajuste final levou a empresa a rever o preço de todos os seus produtos – metade para baixo, metade para cima – de acordo com o nível de concorrência nas categorias, o que a ajudou a aumentar seu lucro em 10% em 2010;
- American Airlines – há pelo menos três décadas leva em conta dezenas de fatores, como antecedência, horário de voo e previsão de demanda, para cobrar dezenas de tarifas diferentes para o mesmo voo. A variação pode chegar a 1.000%;
- Continental Airlines – recentemente passou a cobrar US$ 25 a mais nas passagens compradas por telefone e até US$ 100 pelos 17 centímetros a mais de espaço na primeira fileira da classe econômica;
- Pão de Açúcar – o preço dos itens mais vendidos, como leite e cerveja, chega a variar até 20% de um ponto para outro;
- Ford – antes de lançar cada modelo, a empresa reúne até 200 consumidores para descobrir quanto pagariam a mais pelo *design* do veículo. O modelo que vai às ruas é aquele pelo qual pagariam mais.

Questões e exercícios

1. Uma empresa está estudando os elementos diferenciados do seu produto em relação à concorrência. Ela fabrica uma máquina para cortar metais comandada por equipamento eletrônico que permite maior rapidez e precisão no corte. O concorrente direto, que ela julga ter o produto de referência, vende uma máquina similar por $ 35.000. A empresa identificou os seguintes diferenciadores na sua máquina em relação à concorrente.
   a. Economiza 1 hora de preparação da máquina a cada nova peça de metal a ser cortada. Depois de pesquisar, verificou que a maior parte das empresas prepara a máquina pelo menos 4 vezes ao dia, e o custo médio horário do preparador de máquina é de $ 50,00 por hora;
   b. Por ser mais precisa em relação à concorrência, a máquina da empresa economiza 3% a mais de material por ocasionar menor perda deste no corte. Em linhas gerais, as empresas tendem a cortar, no mês, 15.000 kg de material, que custa em média $ 12,00 o quilo.
   c. Por ser mais rápida em cada operação, a máquina economiza em média 7% de tempo de operação em todas as fases de trabalho. Isto permite uma economia de mão de obra, ganhando produtividade, ao custo de $ 50,00 por hora.

   Pede-se: apurar a estimativa do valor econômico da máquina em relação à concorrência e o valor da diferenciação dos três elementos diferenciadores. Considere como dados mensais: um mês de 22 dias e 8 horas por dia.

2. Uma empresa vende um produto por um preço de venda de $ 250,00, com custos variáveis de $ 135,00. As vendas atuais são de 12.000 unidades por mês. A empresa imagina que se reduzir o preço em 6% poderá vender mais 2.000 unidades. Faça o cálculo da margem de contribuição total da mudança de preços e depois da mudança de preços, e verifique se a empresa está tomando a decisão correta, bem como identifique qual a participação na variação do resultado decorrente do preço e do volume.

Análises de Custos e Rentabilidade de Produtos

capítulo 15

Objetivos de aprendizagem

Este capítulo desenvolve:

- os modelos específicos mais importantes de análises de custos e rentabilidade de produtos: comprar *versus* fabricar, análise de rentabilidade e custo meta;
- os fundamentos e critérios para estruturação de um sistema de monitoramento do custo dos recursos e de mensuração da inflação interna da empresa;
- os conceitos de análise de rentabilidade multidimensional e de custos para servir.

Este capítulo destina-se a desenvolver as principais análises de custos que não foram abordadas nos capítulos anteriores. Os principais modelos para análise e gestão de custos e preços de venda já foram desenvolvidos. Aqui abordaremos mais seis modelos de análise de gestão de custos e preços de venda:

1. Comprar x fabricar.
2. Análise da lucratividade e rentabilidade de produtos.
3. Modelo para obtenção do custo meta (*target costing*).
4. Custos para servir.
5. Monitoramento de custos e inflação da empresa.
6. Análise de rentabilidade multidimensional.

15.1 Comprar x fabricar

Um modelo de decisão comprar *versus* fabricar pode ser aplicado tanto a componentes como a produtos finais. Muitas empresas hoje têm terceirizado por completo a manufatura de produtos.[1] A decisão mais comum tem sido aplicada, contudo, a componentes e atividades internas. A nomenclatura mais corrente relacionada a esta decisão é terceirização (*outsourcing*).

Considerações para a decisão

As principais variáveis específicas e elementos que devem ser considerados para este tipo de decisão são:

Levantamento dos custos envolvidos nas alternativas

Obtenção da maior precisão possível no levantamento de todos os custos envolvidos para as hipóteses de comprar e fabricar. A hipótese de fabricar sempre tende a apresentar mais dificuldades no levantamento dos dados, pois existem muitos custos internos de difícil visibilidade e associação direta ao produto ou componente específico. A alternativa de comprar também envolve custos adicionais possíveis e de difícil visibilidade no momento da decisão.

Manutenção, eliminação parcial ou total dos custos fixos absorvidos

Esta variável, com a questão da utilização da capacidade, talvez seja a mais problemática nesta decisão. Os custos fixos fabris são custos de capacidade, portanto, não têm ligação direta com os produtos e muito menos com seus componentes. Se o modelo de decisão econômico contemplar os custos indiretos alocados aos produtos e componentes, há necessidade de um estudo aprofundado para verificar os custos indiretos que serão eliminados, no caso de se deixar de fabricar, e os custos indiretos que serão incrementados, no caso de se passar a comprar.

Utilização da capacidade ociosa

Na hipótese de comprar de terceiros, deixando de fabricar, a empresa estará liberando mão de obra direta para produção alternativa. Essa capacidade de produção liberada deverá ser ocupada para a fabricação de mais quantidades do produto final, ou de um produto ou componente alternativo, para que a análise possa ser comparável. Caso isto não aconteça, a mão de obra remanescente deverá ser incorporada como aumento de custo, ou ser eliminada.

---

[1] A empresa Motorola Corp., dos Estados Unidos (telefones celulares, *pagers*), por exemplo, fechou um acordo de US$ 30 bilhões com a Flextronics International Ltd., de Cingapura, para a fabricação de alguns de seus produtos. *Gazeta Mercantil*, 01/06/2000, p. B12.

Custos adicionais por adquirir de terceiros

Deve-se também, na análise comparativa, verificar se a empresa incorrerá em custos adicionais por comprar de terceiros. Por exemplo, em uma decisão por comprar e deixar de fabricar internamente, a empresa tem de considerar que outras atividades poderão sofrer acréscimo de trabalho, como gastos com fretes e seguros, impostos adicionais, aumento de atividade dos setores de compras, estoques, recebimento físico, escrita fiscal, controle de qualidade etc.

Quantidades envolvidas: lotes de fabricação x quantidade de compras

Normalmente, nesta decisão, imagina-se trabalhar com a mesma quantidade. Contudo, é possível que, no caso de fornecimento externo, o fornecedor não se interesse em vender determinados volumes. Assim, a decisão ficaria prejudicada já no início.

Qualidade, tempo, fornecedor alternativo

Qualidade é um pressuposto que entendemos ser uma condição *sine qua non*. Neste tipo de decisão, sempre se espera que a qualidade seja mantida. O tempo de entrega da mercadoria, caso seja comprada, tem de ser equivalente (ou até melhor) ao da fabricação interna. Outro aspecto é a questão da assistência técnica, em que o fornecedor deverá dar todas as condições de apoio à empresa. A questão da segurança e da tecnologia de fabricação do produto ou do componente deverá ser preservada. A empresa deve se cercar de procedimentos para que, em uma eventual interrupção do fornecimento, tenha condições de voltar a fabricar ou entregar o pedido a um fornecedor alternativo.

Exemplo numérico

Apresentamos a seguir, no Quadro 15.1, um exemplo numérico de modelo de decisão de comprar *versus* fabricar. Exemplifica-se um componente que inicialmente está sendo produzido pela empresa – componente X – e que ela deseja terceirizar, passando a consumi-lo como item comprado, em vez de fabricado.

O primeiro passo para a construção do modelo de decisão é isolar os custos atribuídos ao componente que está sendo objeto da análise de comprar em vez de fabricar. Assim, no Quadro 15.1, fizemos o isolamento do componente X dos demais. É fundamental a informação do total dos gastos de todos os componentes fabricados, sob pena de comprometer o resultado da análise.

Dentro do critério adotado, o componente X apresenta os seguintes gastos anuais:

Quadro 15.1 Isolamento do custo do item fabricado (fabricando) – Método base: custeamento por absorção – Quantidade de produto final: 10.000 unidades

	Componente X		Demais componentes total – $	Total geral – $
	Custo unitário – $	Custo total – $		
Materiais diretos	300,00	3.000.000	45.000.000	48.000.000
Mão de obra direta	120,00	1.200.000	10.000.000	11.200.000
Mão de obra indireta	150,00	1.500.000	12.500.000	14.000.000
Gastos gerais de fabricação	60,00	600.000	5.000.000	5.600.000
Depreciação	80,00	800.000	7.000.000	7.800.000
Total	710,00	7.100.000	79.500.000	86.600.000

O custo unitário do componente dentro da metodologia empregada é de $ 710,00 por unidade. Este valor é o referencial para a decisão de comprar ou fabricar. Em princípio, só deveria passar a ser comprado caso o custo de aquisição fosse inferior a $ 710,00.

Contudo, um ponto fundamental na análise é a capacidade produtiva a ser liberada, caso a opção seja comprar de terceiros. Se a empresa tem necessidade de liberar capacidade produtiva para passar a produzir outros componentes ou produtos, em condições de custos similares, o parâmetro do custo unitário do componente X continua válido. No entanto, se a empresa está com capacidade ociosa, ou se a capacidade a ser liberada pela saída do componente X não for preenchida totalmente, esses valores deverão ser apontados no modelo de decisão, que evidenciará o impacto da decisão de comprar no total dos gastos da empresa.

No Quadro 15.2, apresentamos o modelo de decisão de forma numérica, já contemplando o impacto da decisão de comprar o componente X por $ 500,00 a unidade.

Nas duas primeiras colunas do quadro, estão os dados relativos ao componente X sendo comprado. Pode-se identificar um ou outro gasto geral de fabricação que pode ser relacionado ao item sendo comprado, porém, o mais relevante tende a ser sempre o custo de compra de material.

Alguns fatores não foram considerados diretamente no modelo. O fato de ser comprado por um valor maior implica maior volume de estoques, e, portanto, maior custo financeiro sobre estes. Neste exemplo, deixamos de computar custo financeiro sobre os equipamentos, considerando o pressuposto de que, sendo comprado, o componente X não requisitará mais horas de equipamentos dos processos produtivos. De forma idêntica ao primeiro quadro, deixamos de considerar o custo financeiro sobre os imobilizados de uso geral.

Quadro 15.2 Isolamento do custo do item comprado (comprando) – Método base: custeamento por absorção – Quantidade de produto final: 10.000 unidades

	Componente X – Comprado		Capacidade liberada Total – $	Demais componentes Total – $	Total geral – $
	Custo unitário – $	Custo total – $			
Materiais diretos	500,00	5.000.000	0	45.000.000	50.000.000
Mão de obra direta	0,00	0	1.200.000	10.000.000	11.200.000
Mão de obra indireta	0,00	0	1.500.000	12.500.000	14.000.000
Gastos gerais de fabricação	15,00	150.000	450.000	5.000.000	5.600.000
Depreciação	0,00	0	800.000	7.000.000	7.800.000
Total	515,00	5.150.000	3.950.000	79.500.000	88.600.000

O custo unitário total do componente X sendo comprado seria de $ 515,00, que representa um valor 27,46% menor em relação ao custo de fabricação de $ 710,00. Se considerássemos apenas este parâmetro para a definição, a decisão seria comprar.

Contudo, o modelo de decisão indica o custo da capacidade liberada e não utilizada no momento, de $ 3.950.000. Para que a empresa de fato consiga aproveitar a economia gerada pelo preço menor do componente sendo comprado, teria de utilizar a capacidade liberada e fabricar produtos ou componentes que tivessem valor de custo de $ 3.950.000.

O total dos gastos, considerando-se o componente sendo comprado, é maior do que o total dos gastos da situação inicial. Se a decisão de comprar se limitasse a esta ação, a empresa sairia perdendo $ 2.000.000.

	$
Gastos totais antes da decisão de deixar de fabricar	86.600.000
Gastos totais decidindo comprar e deixar de fabricar (sem utilização da capacidade liberada)	88.600.000
= Deseconomia	2.000.000

Considerações finais

Como custo da alternativa de fabricar o componente, deveríamos ainda considerar as economias que teríamos se decidíssemos comprá-lo, tais como a redução da depreciação, o seguro dos equipamentos etc.

Se a empresa não produz maior número do seu produto hoje é porque está com sua capacidade limitada. Parando de fabricar o componente e desativando máquinas utilizadas para a fabricação, haveria mais espaço físico para a produção de seu produto, diminuindo assim seus custos fixos e aumentando sua produção (desde que tivesse mercado para esse aumento).

15.2 Análise de rentabilidade de produtos

Um dos temas mais complexos é esta análise. Contudo, este procedimento, que deve ser feito rotineiramente, é vital para o acompanhamento das atividades e dos resultados das empresas. Tendo em vista a complexidade dessa análise, é importante que as conclusões extraídas dos números sejam consistentes e as decisões embasadas em dados globais, nunca em dados unitários ou individuais.

Métodos de custeamento dos produtos

A base conceitual para a análise de rentabilidade é o método de custeamento de produtos, ou seja, a metodologia utilizada para a apuração do custo unitário dos produtos. A adoção irrestrita de um único método, que não seja o adequado, pode levar a decisões equivocadas, e até danosas, para a empresa. Os principais métodos de custeio unitário dos produtos foram apresentados no Capítulo 6, são eles:

a. custeio direto ou variável;
b. custeio por absorção (também denominado custeio tradicional);
c. custeio por atividades (custo ABC);
d. teoria das restrições (contribuição da produção).

O custo ABC é uma variante do conceito de custeio por absorção, ao passo que a teoria das restrições é uma variante do custeio variável. A seguir, reapresentamos a estrutura conceitual dos quatro métodos (Figura 15.1).

Custeio por absorção	Custo ABC	Custeio direto/ variável	Teoria das restrições
Preço de venda	Preço de venda	Preço de venda	Preço de venda
(–) Custos	(–) Custos	(–) Custos variáveis/diretos	(–) Custo dos materiais
. Materiais	. Materiais	. Materiais	
. Mão de obra direta	. Mão de obra direta	. Mão de obra direta	= Contribuição da produção
. Custos indiretos absorvidos	. Custo das atividades		
. Custo indireto 1	.. Atividade 1	= Margem de contribuição	(–) Despesas operacionais
.. Custo indireto 2	.. Atividade 2		. Mão de obra direta
.. Custo indireto n	.. Atividade n	(–) Custo fixo 1	. Custo fixo 1
		(–) Custo fixo 2	. Custo fixo 2
= Margem líquida	= Margem líquida	(–) Custo fixo n	. Custo fixo n
		= Margem líquida	= Margem líquida

Figura 15.1 Estrutura dos principais métodos de custeio

Análise da rentabilidade unitária dos produtos

O primeiro tipo de análise de rentabilidade comumente solicitado é a da rentabilidade unitária do produto. Ela é extremamente simples porque, utilizando-se um método de apuração do custo unitário, basta analisar o custo unitário obtido com o preço de venda (Quadro 15.3). Obviamente, se estamos com custos padronizados, deveríamos contrapô-los aos preços de vendas padronizados; se com custos orçados, deveríamos contrapô-los aos esperados; se com custos reais, deveríamos contrapô--los aos de venda realmente obtidos.

Partindo-se dos dados do custo unitário dos produtos A e B, fica evidente que a adoção de determinado critério direcionará a decisão. Analisando-se os extremos, se a empresa estiver adotando o custo ABC, o produto A poderia ser eliminado, pois é deficitário. Inversamente, pela análise da contribuição da produção, o produto A é o mais rentável e deveria continuar sendo enfatizado.

Análise da rentabilidade total dos produtos

Normalmente, a análise de rentabilidade unitária é insuficiente para a tomada de decisão. O próximo passo é analisar os dados de custos unitários, associados aos gastos totais fixos, com os volumes produzidos ou vendidos, reais ou esperados, dentro de um período, normalmente um ano. Partindo-se do pressuposto

Quadro 15.3 Análise de rentabilidade pelo conceito de custo unitário

Custo unitário					
Custeio por Absorção			**Custo ABC**		
	Produto A	Produto B		Produto A	Produto B
Preço de venda	$ 100,00	60,00	Preço de venda	$ 100,00	60,00
(–) Custos			(–) Custos		
. Materiais diretos	28,00	22,00	. Materiais diretos	28,00	22,00
. Mão de obra direta	12,00	8,00	. Mão de obra direta	12,00	8,00
. Custos indiretos absorvidos	42,00	28,00	. Custo das atividades		
Custo total	82,00	58,00	.. Preparação máquinas	21,00	3,75
			.. Ordens receb./produção	15,20	5,70
			.. Horas máquinas	28,00	13,00
			Custo total	104,20	52,45
Margem operacional	$ 18,00	2,00	Margem operacional	(4,20)	7,55
% de lucro	18,0%	3,3%	% de lucro	–4,2%	12,6%
Custo unitário					
Custeio direto/variável			**Teoria das restrições**		
	Produto A	Produto B		Produto A	Produto B
Preço de venda	$ 100,00	60,00	Preço de venda	$ 100,00	60,00
(-) Custos			(–) Custos		
. Materiais diretos	28,00	22,00	. Materiais diretos	28,00	22,00
. Mão de obra direta	12,00	8,00			
Custo total	40,00	30,00	Custo total	28,00	22,00
Margem de contribuição	60,00	30,00	Contribuição da produção	72,00	38,00
% de lucro	60,00	50,0%	% de lucro	72,0%	63,3%

de que o produto A vende, em média, 5.000 unidades/ano, e o produto B vende 20.000 unidades/ano, e considerando os custos fixos totais da empresa, faremos uma nova análise, agora levando em conta volumes anuais e também os gastos totais (Quadro 15.4).

Com os dados dos custos totais, a análise de rentabilidade apresenta-se bastante diferente. No custo ABC, o produto A continua com margem negativa, prejudicando o resultado total em 16,1%. Contudo, no custeio variável e na teoria das restrições, este produto, que é o mais rentável unitariamente, não participa tanto do lucro total como o produto B, que, dados seu volume e preço, contribui para mais de dois terços do resultado total, para depois cobrir os custos fixos.

Quadro 15.4 Análise de rentabilidade pelo conceito de custo total

Custos totais

Custeio por absorção					Custo ABC			
Quantidades anuais	5.000	20.000				5.000	20.000	
	Produto A	Produto B	Total			Produto A	Produto B	Total
Vendas	500.000	1.200.000	1.700.000		Vendas	500.000	1.200.000	1.700.000
(−) Custos					(−) Custos			
. Materiais diretos	140.000	440.000	580.000		. Materiais diretos	140.000	440.000	580.000
. Mão-de-obra direta	60.000	160.000	220.000		. Mão de obra direta	60.000	160.000	220.000
. Custos indiretos absorvidos	210.000	560.000	770.000		. Custo das atividades	321.000	449.000	770.000
					.. Preparação máquinas	105.000	75.000	180.000
					.. Ordens receb./produção	76.000	114.000	190.000
					.. Horas máquinas	140.000	260.000	400.000
Custo total	410.000	1.160.000	1.570.000		Custo total	521.000	1.049.000	1.570.000
Margem operacional	90.000	40.000	130.000		Margem operacional	(21.000)	151.000	130.000
% de lucro	18,0%	3,3%	7,65%		% de lucro	−4,2%	12,6%	7,65%
Participação no total do lucro	69,2%	30,8%	100,0%		Participação no total do lucro	−16,1%	116,1%	100,0%

(continua)

Quadro 15.4 Análise de rentabilidade pelo conceito de custo total (continuação)

Custos totais

Custeio direto/variável

Quantidades anuais	5.000 Produto A	20.000 Produto B	Total
Vendas	500.000	1.200.000	1.700.000
(–) Custos			
. Materiais diretos	140.000	440.000	580.000
. Mão de obra direta	60.000	160.000	220.000
Custo total	200.000	600.000	800.000
Margem de contribuição	300.000	600.000	900.000
(–) Custos fixos	—	—	770.000
Margem operacional	—	—	130.000
% de lucro	60,0%	50,0%	7,65%
Participação no total da margem de contribuição	33,3%	66,7%	100,0%

Teoria das restrições

	5.000 Produto A	20.000 Produto B	Total
Vendas	500.000	1.200.000	1.700.000
(–) Custos			
. Materiais diretos	140.000	440.000	580.000
Custo total	140.000	440.000	580.000
Contribuição da produção	360.000	760.000	1.120.000
(–) Despesas operacionais			
. Mão de obra direta	—	—	220.000
. Custos indiretos fixos	—	—	770.000
Margem operacional	—	—	130.000
% de lucro	72,0%	63,3%	7,65%
Participação no total do contr. da produção	32,1%	67,9%	100,0%

Análise da rentabilidade dos investimentos dos produtos

Partindo do pressuposto de que os diversos produtos ou divisões fabricadoras e comercializadoras de linhas de produtos exigem montantes de investimentos diferenciados para o processo produtivo e comercial, a análise de rentabilidade deve ser aprofundada com a da rentabilidade dos investimentos associados aos produtos, no conceito do ROI.

Também sabemos que, dentro de uma empresa, nem todos os investimentos (ativos) são passíveis de ser identificados diretamente aos produtos, pois existem investimentos (ativos) de utilização geral e não específica, tais como ativos dos setores de administração, recursos humanos, manutenção, almoxarifado etc. Desta maneira, a análise da rentabilidade anual dos investimentos deve ser bem conduzida, sob risco de também induzir a decisões não adequadas.

Para este tipo de análise, os métodos de custeio que mais têm condições de oferecer uma informação razoável são o custeio por absorção e o custo ABC, pois ambos alocam os custos indiretos. Nos demais métodos, a análise pode ser prejudicada.

Supondo que a empresa deste nosso exemplo tenha ativos de $ 300.000 à disposição do produto A e de $ 600.000 à disposição do produto B, além de $ 300.000 de ativos de uso geral, podemos efetuar uma análise de rentabilidade dos investimentos dos produtos:

Quadro 15.5 **Análise de rentabilidade considerando-se os investimentos por produtos**

	Produto A	Produto B	Outros	Total
Ativos à disposição	$ 300.000	$ 600.000	$ 300.000	$ 1.200.000
Lucro líquido				
. Custeio por absorção	90.000	40.000	–	130.000
. ROI anual	30,0%	6,67%	–	10,83%
. Custo ABC	(21.000)	151.000	–	130.000
. ROI anual	–7,0%	25,17%	–	10,83%
. Custeio direto/variável	300.000	600.000	–	130.000*
. ROI anual	100,0%	100,0%	–	10,83%
Contribuição da produção				
. Teoria das restrições	360.000	760.000	–	130.000*
. ROI anual	120,0%	126,67%	–	10,83%

* Lucro líquido final após custos fixos/despesas operacionais.

Nesta análise, o produto A, pelo custeio por absorção, apresenta ótima rentabilidade; o produto B apresenta rentabilidade positiva, mas fraca. No custo ABC, o produto B apresenta ótima rentabilidade também.

Análise da rentabilidade do ciclo de vida dos produtos

Em adição ao aprofundamento da análise de rentabilidade, é necessário verificar também em quanto tempo os produtos estarão disponíveis ao mercado. Todo produto tem seu ciclo de nascimento, maturação e morte, denominado ciclo de vida dos produtos, tempo em que todos os investimentos efetuados para sua produção e comercialização devem ser recuperados. Assim, grandes investimentos em produtos de ciclos de vida rápido devem ter altas taxas anuais de retorno. O oposto é válido. Produtos de longo ciclo de vida podem ter uma rentabilidade anual do investimento menor, pois durarão mais tempo e poderão recuperar o investimento em maior quantidade de anos. Esta análise é denominada rentabilidade do projeto.

De forma idêntica à análise da rentabilidade dos investimentos dos produtos, esta análise é muito prejudicada quando se utilizam os métodos de custeio variável e da teoria das restrições, razoáveis para os outros dois métodos. Saliente-se ainda que não necessariamente os ativos desses produtos, ao término de seu ciclo de vida, serão inutilizados. O mais comum, ao contrário, é a continuidade de sua utilização para outros produtos ou, como é mais frequente, para produtos similares ou substitutos dos atuais. Nesta ocorrência, o adequado seria refazer os cálculos, alongando o ciclo de vida e considerando os produtos substitutos, assim como adicionar aos ativos os novos investimentos para a modernização ou ampliação dos ativos à disposição dos produtos.

Continuando nosso exemplo, faremos a suposição de que o produto A tenha um ciclo de vida estimado de 3,5 anos e o produto B, de 10 anos. Partindo-se da premissa de que essas rentabilidades anuais sejam mantidas, basta multiplicar a rentabilidade anual pelo número de anos previsto para o ciclo de vida de cada produto, dividindo-se o resultado pelos ativos à disposição. Em princípio, o retorno deve ser substancialmente maior do que 100% para garantir o retorno dos investimentos (Quadro 15.6).

Nesta análise, o produto A, que tinha uma boa rentabilidade anual no método de absorção (ROI de 30% aa), apresenta pouca rentabilidade de projeto, pois seu ciclo de vida é muito curto para os investimentos necessários. Por este mesmo método, também o produto B poderia ser descontinuado, pois sua rentabilidade é negativa (não alcançou o retorno de 100% em 10 anos). Contudo, se considerarmos as rentabilidades de projeto pelo custeio variável ou pela teoria das restrições, ambos os produtos são altamente rentáveis. Neste caso, para aceitar esta consideração, deve-se levar em conta o pressuposto de que os custos fixos serão permanentes e necessários para qualquer tipo de produto que a empresa vá fazer no futuro.

Quadro 15.6 Análise de rentabilidade considerando-se os investimentos e o ciclo de vida dos produtos

	Produto A	Produto B	Outros	Total
Ativos à disposição	$ 300.000	$ 600.000	$ 300.000	$ 1.200.000
Ciclo de vida – em anos	3,5	10,0	–	10,0 (1)
Lucro líquido				
. Custeio por absorção	315.000	400.000	–	1.300.000
. ROI do projeto	105,0%	66,67%	–	108,33%*
. Custo ABC	(73.500)	1.510.000	–	1.300.000
. ROI do projeto	–7,0%	251,67%	–	108,33%*
Margem de contribuição				
. Custeio direto/variável	1.050.000	6.000.000	–	1.300.000
. ROI do projeto	350,0%	1.000,0%	–	108,33%*
Contribuição da produção				
. Teoria das restrições	1.260.000	7.600.000	–	1.300.000
. ROI do projeto	420,0%	1.266,67%	–	108,33%*

(1) Consideraremos 10 anos para o total, partindo do pressuposto de que o substituto do produto A dará uma rentabilidade anual semelhante.
* Não foi considerado, neste exemplo, o custo do dinheiro ao longo do tempo.

Com relação ao retorno final do lucro líquido total, já descontados os custos e as despesas operacionais fixas, 108,33% de rentabilidade de projeto é muito baixo, já que, em 10 anos, considerando-se, por exemplo, uma taxa mínima de 12% aa, o mínimo a ser esperado seria um retorno de 310,58%.

15.3 Custo meta (Target costing)

O conceito de custo meta, já introduzido no Capítulo 13, é uma concepção muito interessante, porém apresenta muitas dificuldades de aplicação prática. O conceito de custo meta parte do pressuposto de que o mercado já assumiu um preço de venda unitário para o produto ou serviço, que, em princípio, não é passível de alteração, restando à empresa administrar seus custos operacionais para obter a rentabilidade desejada.

Tendo em vista que a rentabilidade desejada deve estar em linha com o custo de oportunidade dos acionistas, ela determina a margem mínima a ser conseguida em cada venda do produto ou serviço. Assim, o custo meta é o preço de venda de mercado diminuído da margem mínima unitária.

O custo meta torna-se um custo-alvo, objetivo. Se os custos atuais da empresa indicam custos maiores, deverá ocorrer *redução nos custos* até que se atinja o custo meta. Se os custos atuais da empresa já estão dentro do objetivo de custo, não haverá necessidade, teoricamente, de se buscar reduções apenas por este parâmetro.

Custo meta como conceito de custo unitário

A fórmula teórica do custo meta pode ser expressa da seguinte maneira:

Custo Meta	
Preço de venda unitário de mercado	$ 100,00
(–) Margem de lucro mínima desejada	(10,00)
= Custo meta	90,00

Este exemplo indica que a empresa quer uma margem mínima sobre a venda de 10%. Esta fórmula evidencia que o custo meta é um custo unitário do produto que deve ser obtido pelo método de custeamento integral ou ABC. Se a margem mínima desejada for uma margem bruta, o custo meta poderá ser obtido pelo método de custeamento por absorção.

O custo unitário de um produto ou serviço só pode ser obtido por meio do conceito de custo médio, com rateio, distribuição ou direcionamento de custos fixos. *Assim, para se obter o custo meta unitário, caso ele seja menor que o custo real, deverá haver um processo inverso, ou seja, desfazimento do rateio, distribuição ou direcionamento dos custos fixos.*

Em termos práticos, esta metodologia de desfazer alocações de custos fixos aos produtos de forma unitária, se possível, é extremamente trabalhosa e deve ser analisada à luz do conceito da relação custo/benefício de uma informação.

Apresentamos, a seguir, um exemplo para evidenciar a obtenção do custo meta. No Quadro 15.7 mostramos os dados de dois produtos, associados a quantidades de produção e vendas. Nas duas primeiras colunas constam os custos unitários apurados pelo método de custeamento por absorção/integral. Nas subsequentes estão evidenciados os gastos totais obtidos pela multiplicação das quantidades de cada produto pelos seus respectivos custos unitários.

Por meio deste exemplo numérico, constatamos que o produto A é vendido no mercado ao preço de $ 450,00. O custo total unitário do produto A apurado foi de $ 461,00 por unidade, resultando em uma margem negativa de $ 11,00, ou 2,44% do preço de venda. O produto B tem um preço de mercado de $ 1.150,00 e um custo unitário apurado de $ 1.031,00, evidenciando um lucro unitário de $ 119,00 ou 10,35% do preço de venda.

De acordo com este método de custeamento, o produto A está dando um prejuízo total para a empresa de $ 11.000, e o B, um lucro de $ 59.500. A soma dos dois resultados indica um lucro total de $ 48.500.

Quadro 15.7 Custos unitários e totais dos produtos A e B

Base: Custeio por absorção Quantidades padrão 1.000 500	Dados unitários		Total		
	Produto A	Produto B	Produto A	Produto B	Total
PREÇO DE VENDA	450,00	1.150,00	450.000	575.000	1.025.000
CUSTOS					
Materiais	200,00	450,00	200.000	225.000	425.000
MOD	90,00	200,00	90.000	100.000	190.000
Comissões	27,00	46,00	27.000	23.000	50.000
CIF/Depreciação	99,00	220,00	99.000	110.000	209.000
Administrativos	45,00	115,00	45.000	57.500	102.500
Custos totais	461,00	1031,00	461.000	515.500	976.500
LUCRO	(11,00)	119,00	(11.000)	59.500	48.500
Margem %	−2,44%	10,35%	−2,44%	10,35%	4,73%

Margem desejada

A margem desejada sobre preços de venda deve ser definida segundo os investimentos realizados, e pode ser obtida conforme os modelos apresentados no Capítulo 13. Neste exemplo numérico, supõe-se que a empresa calculou essa margem e que seu mínimo a ser buscado é de 6,5% sobre o preço de venda de cada produto. Com este dado, podemos, então, calcular o custo meta dos dois produtos. Este cálculo está evidenciado no Quadro 15.8, apresentado a seguir.

Descontando dos preços de venda a margem de 6,5% desejada, temos que o custo meta do produto A é de $ 420,75, e o B, $ 1.075,25. Este custo será denominado custo meta I.

Deduzimos do custo meta I os custos variáveis de materiais diretos e as comissões pagas a representantes, de forma a obter o custo meta II. A razão da adoção deste critério é porque sabemos que a redução de custos de insumos obtidos de terceiros, mesmo sendo possível, tem um grau de dificuldade muito maior, pois não está totalmente no domínio da empresa. Eventualmente, se os insumos obtidos de terceiros são *commodities*, cujos preços são ditados pelo mercado, reduções de custos sobre esses insumos são difíceis de ocorrer.

Desta maneira, o conceito de custo meta tem uma orientação interna, ou seja, deve ter como referencial básico a busca de redução de custos ocorridos dentro da empresa, que são os de transformação, de comercialização e administração e financeiros.

Quadro 15.8 Custos unitários e totais dos produtos A e B

Base: Custeio por absorção					
Quantidades padrão	1.000	500			
	Dados unitários		Total		
	Produto A	Produto B	Produto A	Produto B	Total
PREÇO DE VENDA (sem impostos)	450,00	1.150,00			
(–) Margem desejada (6,5%)	29,25	74,75			
= CUSTO META I	420,75	1.075,25			
(–) Materiais	200,00	450,00			
(–) Comissões	27,00	46,00			
= CUSTO META II	193,75	579,25	193.750	289.625	483.375
CUSTOS REAIS OBJETO DA META					
MOD	90,00	200,00			
CIF/Depreciação	99,00	220,00			
Administrativos	45,00	115,00			
Total	234,00	535,00	234.000	267.500	501.500
META DE REDUÇÃO – $	40,25	(44,25)	40.250	(22.125)	18.125
META DE REDUÇÃO – %	17,20%	–8,27%*	17,20%	–8,27%	3,61%**

* Não há necessidade de redução. Manter a margem atual.
** Porcentagem de redução de custos totais se se desejar a compensação de margens de produtos.

No nosso exemplo, temos um custo meta II para o produto A de $ 193,75, e de $ 579,25 para o B. Este custo meta deve ser confrontado com os custos reais internos. No nosso exemplo, são os custos de fabricação (mão de obra direta – MOD), os custos indiretos de fabricação (CIF), depreciação e custos administrativos.

Os custos unitários internos reais do produto A somam $ 234,00. Confrontados com o custo meta II de $ 193,75, indicam que deve haver uma redução de custo unitário de $ 40,25, ou seja, de 17,20% dos custos internos ($ 40,25 : $ 234,00).

Dentro do mesmo critério, o produto B tem um custo inferior ao custo meta II, apresentando, na realidade, uma margem superior à mínima desejada. Pelo conceito, não haveria necessidade de redução de custos deste produto.

Como cortar custos para atingir o custo meta

O exemplo evidencia as dificuldades reais de se reduzir custos por esta metodologia. A primeira dificuldade que se apresenta é:

a. Devemos reduzir tudo o que é necessário para o produto A, desconsiderando as informações do produto B?

b. Ou devemos reduzir do produto A apenas a diferença entre a necessidade de redução deste e o superávit do produto B (redução de $ 40,25 por unidade menos $ 44,25 de sobra do produto B, ou redução de $ 40.250 do total do produto A menos sobra de $ 22.125 do B)?

A segunda dificuldade é de ordem prática, e se refere a todos os custos indiretos:

a. Como reduzir custos de mão de obra direta só do produto A, se a mesma mão de obra direta também trabalha para o produto B?
b. Como reduzir custos indiretos de fabricação, se são gastos gerais ou departamentais, e não específicos a nenhum produto em particular (é difícil reduzir o custo de um chefe que trabalha para dois produtos)?
c. Como reduzir custos de depreciação, se eventualmente o equipamento é único (veja uma empresa que trabalha por processo de produção contínua) e trabalha para todos os produtos?
d. Como reduzir custos de administração se esta área trabalha de forma genérica?

Este exemplo nos remete a um modelo de demonstração de resultados pelo método do custeio direto/variável. A meta de redução de custos apresenta-se claramente possível quando se focalizam os custos indiretos pelo seu total.

De acordo com o Quadro 15.8, fica claro que a empresa tem de reduzir pelo menos $ 18.125 do total de seus custos e despesas indiretas para obter a margem desejada dentro do total das operações e de todos os seus produtos.

Em resumo, a metodologia do custo meta é um conceito interessante, mas, na realidade, remete-nos ao modelo de decisão do custeamento direto/variável para a sua consecução.

Custo padrão x custo meta

A estruturação do custo padrão dos produtos e serviços, estudada no Capítulo 11, considera que um dos objetivos mais importantes do custo padrão é servir de meta para confrontação com os custos efetivamente realizados, bem como para indicar o custo que deveria ser; portanto, também é um custo que serve de meta.

A metodologia do custo meta, agora apresentada, também tem como objetivo dar uma meta de custo máximo admissível. Qual seria a diferença entre os dois? A diferença conceitual é a seguinte:

a. O custo padrão (como meta) é calculado de acordo com as condições internas da empresa, considerando um nível normal de operação e o melhor nível de produtividade e eficiência interna alcançável;
b. O custo meta é calculado considerando-se as restrições externas de mercado, ou seja, é um custo necessário com informações vindas de fora.

Entendemos que ambos podem coexistir. O custo padrão tem referenciais de custo interno e deve servir de meta. O custo meta tem referenciais externos, de mercado, e deve ser utilizado conjuntamente ao custo padrão.

15.4 Custos para servir (*Cost to serve*)[2]

Outro conceito e modelo de análise de custos denominado custos para servir (*cost to serve*) foca nos custos específicos para atender aos clientes. A premissa básica é que os clientes se diferenciam pelo tamanho de suas compras; portanto, o nível de serviço demandado para cada cliente é diferente.

Neste sentido, os custos para atender aos clientes podem ser diferentes e devem ser objeto de identificação e mensuração. De acordo com este conceito, os clientes podem ser caracterizados como unidades de negócio e, em razão disso, pode-se e deve-se apurar a lucratividade por cliente. O pressuposto é que devem ser identificados somente aqueles custos relacionados com os clientes, que seriam evitáveis caso o cliente não existisse.

Em princípio, o custo industrial dos produtos é o mesmo para qualquer cliente. Basicamente, a diferenciação está nos gastos administrativos, comerciais e financeiros, além dos eventuais descontos específicos para atender a determinados pedidos dos clientes.

Os principais gastos e eventos que podem se relacionar diretamente com os pedidos dos clientes são:

a. descontos comerciais;
b. prazos de pagamento;
c. estrutura de vendas;
d. comissões dos vendedores;
e. promoções nas lojas;
f. custos de distribuição (transporte, embalagem, devoluções);
g. custos de processamento e acompanhamento dos pedidos;
h. pessoal alocado especificamente para determinado cliente;
i. manutenção de estoques e armazéns etc.

O Quadro 15.9 mostra as principais características de clientes que podem ou não exigir mais ou menos custos para servir.

---

[2] Texto inicial e quadro adaptados de Merschmann, Elvira Vazquez Villamor. *Uma contribuição ao conceito de custo para servir*: estudo de caso de uma indústria de alimentos. Dissertação (Mestrado), FEA/USP, 2006.

Quadro 15.9 Características dos clientes com alto e baixo custo para servir

Clientes com alto custo para servir	Clientes com baixo custo para servir
Pedidos de produtos customizados ou especiais	Pedidos de produtos padrão
Pedidos em pequenas quantidades	Pedidos em grandes quantidades
Demanda incerta	Demanda previsível
Entrega especializada	Entrega padrão
Necessidade de distribuição específica	Necessidade de distribuição constante
Processamento manual	Processamento eletrônico ou automatizado
Grande necessidade de suporte pré-vendas (marketing técnico, recursos de vendas)	Baixa necessidade de suporte pré-vendas (pedidos e preços padronizados)
Grande necessidade de suporte pós--vendas (instalações, treinamento, garantias, serviços locais)	Sem necessidade de suporte pós ou pós--vendas padronizado
Necessidade de manutenção de estoque na empresa	Reposição contínua
Prazo de pagamento especial	Prazo de pagamento padrão

O Quadro 15.10 mostra um exemplo de análise de lucratividade por cliente segundo a metodologia de custos para servir. O exemplo mostra dois clientes analisados individualmente, ao passo que os demais são analisados pelo total. Nesse quadro, a receita total da empresa e os custos correspondentes, evidenciados numa demonstração do resultado, são segmentados por clientes. Em princípio, todos os clientes devem ser analisados. Nada impede, porém, que a empresa tenha alguns preferenciais ou relevantes, que devem ser destacados dos demais. É de fundamental importância que a análise seja apresentada de forma consolidada dentro do modelo da demonstração de resultados, e que o total de todos os clientes reflita o total de custos e despesas da empresa no período analisado.

No exemplo, as principais diferenças estão no prazo e desconto concedidos, nos estoques a serem mantidos para cada cliente e na comissão de vendas. Estamos nos baseando na premissa de que o produto (ou produtos) é o mesmo, ou seja, a fábrica produz o produto sem haver necessidade de especificação por cliente. O que difere é o relacionamento com os clientes, em razão do tamanho do pedido ou do volume normalmente comercializado.

Verifica-se que o preço praticado é diferente, para os dois clientes, do preço padrão ou de lista praticado com os demais clientes. A primeira análise de lucrati-

Quadro 15.10 **Custos para servir – Análise de lucratividade por cliente**

	Total	Cliente 1	Cliente 2	Demais Clientes
Quantidade vendida	200.000	25.000	33.000	142.000
Prazo de pagamento – dias	30	60	90	30
Estoque necessário para atender ao cliente – dias	20	15	30	20
Preço de venda padrão ou de lista(1)	50,00	50,00	50,00	50,00
Desconto concedido	0,00	4,00	3,00	0,00
Comissão de vendas	2,00	1,00	1,00	2,00
Preço de venda praticado	48,00	45,00	46,00	48,00
Custo industrial unitário(2)	32,00	32,00	32,00	32,00
Receita líquida de vendas	**9.459.000**	**1.125.000**	**1.518.000**	**6.816.000**
Custo dos produtos vendidos	-6.400.000	-800.000	-1.056.000	-4.544.000
Lucro bruto	**3.059.000**	**325.000**	**462.000**	**2.272.000**
Margem bruta percentual	*32,3%*	*28,9%*	*30,4%*	*33,3%*
Participação no lucro bruto	*100,0%*	*10,6%*	*15,1%*	*74,3%*
Custos de distribuição/entrega	-590.000	-60.000	-80.000	-450.000
Custos de marketing	-360.000	0	0	-360.000
Custos de venda	-342.000	-75.000	-67.000	-200.000
Custo financeiro de venda a prazo(3)	-136.200	-22.500	-45.540	-68.160
Custo financeiro de manutenção de estoque(4)	-32.000	-4.000	-5.280	-22.720
Lucro comercial	**1.598.800**	**163.500**	**264.180**	**1.171.120**

(*continua*)

Quadro 15.10 Custos para servir – Análise de lucratividade por cliente (*continuação*)

	Total	Cliente 1	Cliente 2	Demais Clientes
Margem comercial percentual	16,9%	14,5%	17,4%	17,2%
Participação no lucro comercial	100,0%	10,2%	16,5%	73,2%
Despesas administrativas	-804.015	0	0	0
Lucro operacional	**794.785**			

(1) Líquido dos tributos sobre a venda
(2) Custeamento por absorção
(3) Em função do prazo de pagamento: 12% ao ano
Fórmula: receita líquida de vendas : 360 dias x prazo de pagamento x 12%
(4) Em função dos dias de estoque em manutenção: 12% ao ano
Fórmula: custo dos produtos vendidos : 360 dias x prazo médio em estoque x 12%

vidade é feita em relação ao lucro ou à margem bruta. Nesta etapa, os clientes 1 e 2 têm uma margem inferior à média dos principais clientes, pois os descontos concedidos e a taxa de comissão maior tornam o preço praticado para esses clientes menor do que o preço obtido com os demais.

Em seguida, identificam-se os demais custos de comercialização específicos de cada cliente, deixando os outros custos comerciais gerais alocados para os demais. O custo financeiro é calculado sobre os prazos de recebimento e os dias necessários para manter estoques de produtos acabados para os diversos clientes. Como os demais clientes têm um prazo menor de recebimento, há um impacto maior de custos nos clientes 1 e 2. No caso dos estoques, o cliente 1 é o que exige menos esforço e, assim, proporciona o menor custo financeiro em comparação ao cliente 2 e aos demais.

Após essas alocações diretas (não deve haver rateio), verificamos que o cliente 1 apresenta uma margem comercial percentual inferior à dos demais clientes, ao passo que o cliente 2 tem uma margem comercial percentual superior. Fica evidente a análise de lucratividade por cliente, pois o modelo indica quais clientes devem ser estimulados e os que podem representar perda parcial de lucratividade. Em nosso modelo, as despesas administrativas não são distribuídas (rateadas), devendo ser reduzidas do total da margem comercial da empresa.

O exemplo apresentado trabalhou com a hipótese do custeamento dos produtos pelo método do custeio por absorção. Contudo, o ideal é estruturar este modelo de análise com o método do custeamento variável, em que os custos fixos e indiretos aos produtos devem ser alocados ao total do resultado da empresa, de forma idêntica ao feito com as despesas administrativas.

15.5 Inflação da empresa e monitoramento do custo dos recursos

A ideia central da mensuração da inflação da empresa, ou inflação interna, é estruturar um sistema de informação que permita o monitoramento permanente do custo dos principais recursos utilizados pela empresa e de seus respectivos fornecedores. Este sistema possibilita três objetivos principais:

a. obter um número que meça rapidamente as alterações nos custos e nas despesas da empresa;
b. possibilitar a comparação com os demais indicadores de variações de preços da economia, setoriais ou gerais;
c. acompanhar mensalmente as alterações nos preços dos recursos e monitorar a parceria com os fornecedores.

Utilização

As principais utilizações são:

a. atualização do custo padrão;
b. atualização da formação de preços de venda;
c. parâmetro para aumento das listas de preços de venda;
d. parâmetro para negociação com fornecedores e clientes;
e. controle das variações dos recursos;
f. controladoria geral das despesas;
g. atualização dos custos internos (materiais e serviços) para preços de últimas compras.

Tipos de inflação a serem calculados

A metodologia indica os principais tipos de inflação a serem calculados, que são, basicamente:

a. dos preços de materiais ou mercadorias;
b. das despesas gerais;
c. geral da empresa.

Além disso, dependendo da estruturação do sistema, é possível obter as seguintes mensurações da inflação:

a. por produto e linhas de produtos;
b. por fábricas e unidades de negócio;
c. por mercados de atuação etc.

Base conceitual e metodologia

A base conceitual do sistema de inflação da empresa é o monitoramento de preços. Assim, o sistema de inflação da empresa foca as variações de preços, não as de volume. Estas já constarão, de forma indireta, da estruturação das cestas de participação percentual.

O cálculo da inflação caracteriza-se por obter um dado médio. Toda a estrutura de cálculo parte da premissa de custos médios, ponderados pelos respectivos volumes. Reforçando, os números finais da inflação nunca serão exatos, mas sempre médios e ponderados. Quanto maior for a acurácia na estruturação das cestas, mais acurados, próximos, serão os resultados finais.

A metodologia básica é a construção das cestas de participação percentual dos diversos componentes de cada grupo de gastos no total. Para esta finalidade, recomendamos a utilização dos dados obtidos no custo padrão. Como estes dados devem ter o referencial dos constantes do plano orçamentário, a estruturação do sistema de cestas parte de dados previstos para o próximo ano.

Plano orçamentário	→	Custo padrão	→	Inflação da empresa

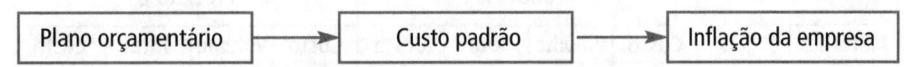

Figura 15.2 **Sequência de utilização de informações para o sistema de inflação da empresa**

O custo padrão deve ser formado com base nos dados do orçamento para o próximo ano. O orçamento contempla os gastos que *devem* ser; já o custo padrão, os que *deveriam* ser. Em condições normais de operação, os dados do plano orçamentário são os mesmos a ser utilizados para o custo padrão e, consequentemente, para o sistema de inflação interna. Contudo, caso haja a previsão de ociosidade nas operações já contemplada no plano orçamentário, os dados de custo padrão devem ser adaptados, pois, em tese, o custo padrão compreende a empresa funcionando em condições normais de operação.

Periodicidade e modelo sugerido

Entendemos adequada a revisão geral da estrutura do sistema de inflação da empresa em períodos anuais, salvo se houver eventos significativos que justifiquem alteração ao longo do ano. Como modelo matemático, sugerimos a fixação da cesta construída no início do ano para apuração da inflação nos próximos 12 meses.

Com relação aos itens que precisam fazer parte das cestas, deverá haver um critério de seleção na linha de raciocínio de 80/20, ou seja, 20% dos itens que representem pelo menos 80% dos gastos da empresa. Normalmente, esta regra é aplicada para a estruturação das cestas de materiais e mercadorias, bem como das despesas gerais. Com relação aos gastos com mão de obra, em geral, há um acordo coletivo único para a maioria das empresas, não havendo necessidade específica de uma cesta para os gastos com pessoal.

Provavelmente a cesta de participação mais importante é a de materiais ou mercadorias, uma vez que este recurso tende a ser o de maior gasto por parte das empresas. Assim, sugere-se que esta cesta parta dos principais produtos ou linhas de produtos, e não diretamente do total da empresa, como nosso exemplo mostrará.

Estruturação das cestas padrão

Apresentamos um exemplo metodológico, que contempla dois produtos, até obtermos a inflação geral da empresa. A primeira etapa é construir a cesta de participação de materiais por produtos ou linhas de produtos da empresa, conforme apresentado no Quadro 15.11.

Quadro 15.11 **Construção da cesta padrão de materiais comprados por produto**

Materiais selecionados pela amostragem	Produto A				Produto B			
	Custo unitário – $	Volume anual	Total – $	Cesta padrão – %	Custo unitário – $	Volume anual	Total – $	Cesta padrão – $
Matéria-prima A	204,00	625	127.500	85,00%	600,00	250	150.000	88,24%
Material auxiliar M	36,00	625	22.500	15,00%	80,00	250	20.000	11,76%
Material N	xx,xx	625	zzz,zz	w,ww	xx,xx	250	zzz,zz	w,ww
TOTAL	240,00		150.000	100,00%	680,00		170.000	100,00%

Os dados unitários do custo de materiais por produto foram obtidos na estrutura do custo padrão. A próxima etapa é construir a cesta de participação total de materiais para todos os produtos da empresa, conforme mostrado no Quadro 15.12. Para tanto, há a necessidade de se incorporar os volumes de produção esperados para cada produto, o que já foi feito no quadro anterior.

Quadro 15.12 Construção da cesta padrão de materiais para o total da empresa

Total dos materiais dos produtos A e B	Consumo total de materiais – $			
	Produto A	Produto B	Total	Cesta padrão – %
Matéria-prima A	127.500	150.000	277.500	86,72%
Material auxiliar	22.500	20.000	42.500	13,28%
Material N	zzz,zz	zzz,zz	zzz,zz	w,ww
TOTAL	**150.000**	**170.000**	**320.000**	**100,00%**

A etapa seguinte é a construção de uma cesta padrão para as despesas gerais da empresa (Quadro 15.13). Como regra geral, devem-se buscar os valores no plano orçamentário para construir a representatividade de cada gasto no total das despesas, inclusive identificando os principais serviços prestados por terceiros.

Quadro 15.13 Construção da cesta padrão de despesas gerais para o total da empresa

Despesas selecionadas pela amostragem	Total do gasto anual esperado/orçado	Cesta padrão - %
Energia elétrica	20.000	20,83%
Telecomunicações	10.000	10,42%
Despesas de viagem	15.000	15,63%
Serviços de terceiros		0,00%
. Serviço 1	5.000	5,21%
. Serviço 2	6.000	6,25%
. Serviço 3	8.000	8,33%
Fretes	20.000	20,83%
Publicidade	12.000	12,50%
Despesa N	zzz,zz	w,ww
TOTAL	**96.000**	**100,00%**

A etapa que se sucede é a construção da cesta padrão do custo total de cada produto, também tendo como base de dados o custo padrão de cada produto (Quadro 15.14).

Quadro 15.14 Construção da cesta padrão do custo total por produto

Insumos de produção	Produto A				Produto B			
	Custo unitário – $	Volume anual	Total – $	Cesta padrão – %	Custo unitário – $	Volume anual	Total – $	Cesta padrão – %
Materiais diretos	240,00	625	150.000	23,08%	680,00	250	170.000	45,95%
Mão de obra direta	400,00	625	250.000	38,46%	400,00	250	100.000	27,03%
Mão de obra indireta	200,00	625	125.000	19,23%	200,00	250	50.000	13,51%
Despesas gerais de fabricação	100,00	625	62.500	9,62%	100,00	250	25.000	6,76%
depreciação	100,00	625	62.500	9,62%	100,00	250	25.000	6,76%
TOTAL	1.040,00		650.000	100,00%	1.480,00		370.000	100,00%

Com esses dados e os volumes esperados de cada produto, podemos estruturar a cesta final da inflação interna, que é a cesta de participação geral dos custos no total dos gastos da empresa, conforme mostra o Quadro 15.15.

Quadro 15.15 Construção da cesta padrão total da empresa

Insumos de produção	Consumo total por produto - $			
	Produto A	Produto B	Total	Cesta padrão –
Materiais diretos	150.000	170.000	320.000	31,37%
Mão de obra direta	250.000	100.000	350.000	34,31%
Mão de obra indireta	125.000	50.000	175.000	17,16%
Despesas gerais de fabricação	62.500	25.000	87.500	8,58%
Depreciação	62.500	25.000	87.500	8,58%
TOTAL	650.000	370.000	1.020.000	100,00%

Coleta das variações de preços

As variações de preços devem ser coletadas mensalmente. É importante ressaltar que os preços a serem coletados não devem ser os da última compra, uma vez que é comum a empresa não fazer aquisições mensais de produtos ou serviços. Sempre deve ser coletado o preço atual, independente de se a compra ou o consumo acontecerá ou não.

Já havíamos salientado que normalmente os materiais e as mercadorias são que representam a maior parte dos recursos. Sugerimos que a responsabilidade pela coleta dos preços dos materiais e da inflação de materiais seja delegada ao setor de compras ou suprimentos, após treinamento feito pela controladoria.

No nosso exemplo, a coleta de todos os novos preços é apresentada abaixo.

Quadro 15.16 Inflação mensal dos insumos de produção – Mês 2

Insumo de produção	Cotações de preços		
	Aumentos de preços		Inflação – %
	Preço unitário Mês 1 – $	Preço unitário Mês 2 – $	Variação mensal dos preços
Matéria-prima A	20,00	20,50	2,50%
Material auxiliar M	360,00	364,00	1,11%
Material N	20,00	20,00	0,00%
Energia elétrica	-	-	11,30%
Telecomunicações	-	-	0,00%
Despesas de viagem	0,80	0,86	7,50%
Serviços de terceiros			
. Serviço 1	-	-	6,00%
. Serviço 2	-	-	5,00%
. Serviço 3	-	-	7,50%
Fretes	20,00	20,30	1,50%
Publicidade	-	-	2,00%
Despesa N	-	-	0,00%
Salários – mão de obra	-	-	6,50%
Depreciação	-	-	1,50%

Apuração da inflação interna

Mensalmente, após a coleta dos preços e das suas variações, aplicam-se estas nas cestas de participação, obtendo-se as diversas medidas da inflação. O Quadro 15.17 mostra o primeiro cálculo. Cada variação de preço é multiplicada pela participação na cesta padrão, obtendo-se a inflação do item no mês. A inflação de 2,50% da matéria-prima A multiplicada pela sua participação no custo dos materiais de 85,00% fornece a inflação desse material no produto A, que é de 2,12% nesse mês. Somando-se com a inflação do material M, pelo mesmo procedimento, obtém-se a inflação de 2,29% dos materiais para o produto A. Esta metodologia estará presente nos demais quadros de cálculo de inflação.

Quadro 15.17 Cálculo da inflação mensal de materiais por produto – em %

Materiais selecionados pela amostragem	Produto A			Produto B		
	Cesta padrão – %	Inflação do material – %	Inflação no produto	Cesta padrão – %	Inflação do material – %	Inflação no produto
	a	b	a x b	a	b	a x b
Matéria-prima A	85,00%	2,50%	2,12%	88,24%	2,50%	2,21%
Material auxiliar M	15,00%	1,11%	0,17%	11,76%	1,11%	0,13%
Material N	w,ww	0,00%	0,00%	zzz,zz	0,00%	0,00%
TOTAL	100,00%		2,29%	100,00%		2,34%

O Quadro 15.18 mostra a inflação de materiais para todos os produtos.

Quadro 15.18 Cálculo da inflação mensal de materiais da empresa – em %

Materiais selecionados pela amostragem	Empresa		
	Cesta padrão - %	Inflação do material – %	Inflação na empresa
	a	b	a x b
Matéria-prima A	86,72%	2,50%	2,17%
Material auxiliar M	13,28%	1,11%	0,15%
Material N	w,ww	0,00%	0,00%
TOTAL	100,00%		2,32%

O Quadro 15.19 mostra a inflação média do mês das despesas gerais da empresa. Verifica-se que o recurso que mais pressionou a inflação das despesas gerais foi o aumento do custo da energia elétrica. O aumento de 11,30%, associado a uma participação de 20,83%, impactou a inflação de despesas gerais em 2,35%. O outro recurso que mais contribuiu para o aumento médio das despesas gerais foi a variação das despesas com viagem, que contribuiu para um aumento geral dos custos de despesas gerais da ordem de 1,17%.

Quadro 15.19 Cálculo da inflação mensal de despesas gerais da empresa – em %

Despesas selecionadas pela amostragem	Empresa		
	Cesta padrão – %	Inflação da despesa – %	Inflação na empresa
	a	b	a x b
Energia elétrica	20,83%	11,30%	2,35%
Telecomunicações	10,42%	0,00%	0,00%
Despesas com viagem	15,63%	7,50%	1,17%
Serviços de terceiros	0,00%	0,00%	0,00%
. Serviço 1	5,21%	6,00%	0,31%
. Serviço 2	6,25%	5,00%	0,31%
. Serviço 3	8,33%	7,50%	0,63%
Fretes	20,83%	1,50%	0,31%
Publicidade	12,50%	2,00%	0,25%
Despesa N	w,ww	0,00%	0
TOTAL	100,00%		5,34%

Em seguida, parte-se para calcular a inflação de cada produto da empresa (ou linha de produtos), conforme mostra o Quadro 15.20. Neste, há a transposição dos cálculos já efetuados em quadros anteriores. Veja que a inflação de materiais diretos do produto A, de 2,29%, veio do Quadro 15.17. A inflação das despesas gerais do produto A veio do Quadro 15.19. A inflação da mão de obra direta e da indireta não estava em quadro anterior, uma vez que aconteceu apenas no mês corrente, simbolizando o acordo coletivo. A inflação de depreciação também não teve um quadro anterior, mas representa a média do custo de reposição dos principais equipamentos industriais.

Quadro 15.20 Cálculo da inflação mensal dos produtos – %

Insumos	Produto A			Produto B		
	Cesta padrão – %	Inflação do insumo – %	Inflação no produto	Cesta padrão – %	Inflação do insumo – %	Inflação no produto
	a	b	a x b	a	b	a x b
Materiais diretos	23,08%	2,29%	0,53%	45,95%	2,34%	1,07%
Mão de obra direta	38,46%	6,50%	2,50%	27,03%	6,50%	1,76%
Mão de obra indireta	19,23%	6,50%	1,25%	13,51%	6,50%	0,88%
Despesas gerais de fabricação	9,62%	5,34%	0,51%	6,76%	5,34%	0,36%
Depreciação	9,62%	1,50%	0,14%	6,76%	1,50%	0,10%
TOTAL	100,00%		4,94%	100,00%		4,17%

Uma leitura inicial deste quadro mostra que a inflação do produto A foi bem superior à inflação do mês do produto B. Basicamente, este aumento decorreu do acordo coletivo, uma vez que a participação da mão de obra na estrutura de custos do produto A, ao redor de 57%, é bem superior à participação da mão de obra no produto B, ao redor de 38%. Como nesse mês o maior aumento de preços foi da mão de obra, o impacto foi maior no Produto A.

Finalmente, calcula-se a inflação geral da empresa, conforme apresentado no Quadro 15.21.

Quadro 15.21 Cálculo da inflação mensal da empresa – em %

Insumos de produção	Empresa		
	Cesta padrão – %	Inflação do insumo – %	Inflação na empresa
	a	b	a x b
Materiais diretos	31,37%	2,32%	0,73%
Mão de obra direta	34,31%	6,50%	2,23%
Mão de obra indireta	17,16%	6,50%	1,12%
Despesas gerais de fabricação	8,58%	5,34%	0,46%
Depreciação	8,58%	1,50%	0,13%
TOTAL	100,00%		4,66%

Também nesse quadro, há a transposição dos dados já obtidos em quadros anteriores. A inflação dos materiais diretos veio do Quadro 15.18, e a das despesas gerais, do Quadro 15.19. A leitura da inflação é a seguinte: o aumento geral de preços dos materiais diretos no mês, de 2,32%, representou um aumento geral de preços na inflação da empresa de 0,73%; já o aumento da mão de obra direta e indireta ocasionou um aumento geral de preços da ordem de 3,35%, o elemento de custo que mais impactou a inflação do período.

Monitoramento dos custos e fornecedores

O complemento da metodologia de apuração da inflação da empresa é evidenciar a evolução mensal e anual dos aumentos de preços dos principais recursos. Os Quadros 15.22 e 15.23 mostram um exemplo de como se pode fazer este acompanhamento.

Este acompanhamento é fundamental para observar o comportamento dos principais fornecedores, bem como possibilitar a justificativa dos responsáveis pelas negociações de compra e contratações. Tendo informações levantadas em vários períodos, pode-se acompanhar os fornecedores que tendem a conseguir repassar mais ou menos as variações de custos para a empresa, identificando os que agem como parceiros e os que agem como monopolistas.

Quadro 15.22 Monitoramento do preço dos recursos – Inflação da empresa

	2009	2010	2011	Valor orçado	Participação percentual	Fornecedor	Preço atual	Variação mensal				Comentários
								Jan	Fev	Mar	...Dez	
MATERIAIS DIRETOS												
Commodities												
Níquel	20,0%	12,0%	0,8%	100.00	66,7%	Alcoa	US$ 1.200,00	1,2%	-0,6%	0,2%	0,0%	Câmbio
Bronze	0,0%	45,0%	0,8%	50.000	33,3%	Alcan	US$ 500,00	1,2%	-0,6%	0,2%	0,0%	Greve
Soma	13,3%	23,0%	0,8%	150.000	16,0%			1,2%	-0,6%	0,2%	0,0%	
Importados												
Material 1	5,0%	2,0%	0,3%	120.000	75%	Siemens	US$ 200,00	1,2%	-0,6%	0,2%	-0,5%	Câmbio
Material 2	5,0%	2,0%	0,3%	40.000	25,0%	Hyundai	US$ 5.000,00	1,2%	-0,6%	0,2%	-0,5%	Câmbio
Soma	5,0%	2,0%	0,3%	160.000	17,0%			1,2%	-0,6%	0,2%	-0,5%	
Elétricos												
Material 1	6,5%	12,0%	10,0%	80.000	80,0%	Pirelli	120,00 0%	10%	0%	0%	0,0%	Tsunami
Material 2	4,0%	9,0%	12,0%	20.000	20,0%	Pall	10,00	0,0%	12,0%	0,0%	0,0%	Trocaremos fornecedor
Soma	5,7%	11,0%	10,4%	100.000	10,6%			0,0%	10,4%	0,0%	0,0%	

(continua)

Quadro 15.22 Monitoramento do preço dos recursos – Inflação da empresa (continuação)

	2009	2010	2011	Valor orçado	Participação percentual	Fornecedor	Preço atual	Variação mensal				Comentários
								Jan	Fev	Mar	...Dez	
MATERIAIS DIRETOS												
Eletrônicos												
Material 1	15,0%	-5,0%	5,0%	200.000	62,5%	Dell	US$ 200,00	0%	5%	0%	0%	Acordo coletivo
Material 2	4,0%	4,0%	4,0%	120.000	37,5%	Nextel	50,00	0,0%	4,0%	0,0%	0,0%	IPCA Contrato
Soma	11,3%	-2,0%	4,6%	320.000	34,0%			0,0%	4,6%	0,0%	0,0%	
Componentes												
Material 1	3,0%	4,0%	4,0%	70.000	70,0%	Mahle	120,00	0%	3%	1%	0%	IGPM Contrato
Material 2	2,0%	5,0%	4,0%	30.000	30,0%	TRW	120,00	0,0%	2,0%	2,0%	0,0%	IPCA
Soma	2,7%	4,3%	4,0%	100.000	10,6%			0,0%	2,7%	1,3%	0,0%	
Embalagem												
Material 1	4,0%	4,0%	2,0%	75.000	68,2%	Plasbras	25,00	0,5%	0,5%	1,0%	0,0%	Negociação
Material 2	3,0%	5,0%	8,1%	35.000	31,8%	Am Paper	5,00	6,0%	0,0%	2,0%	0,0%	Negociação
Soma	3,7%	4,3%	4,0%	110.000	11,7%			2,3%	0,3%	1,3%	0,0%	
TOTAL	8,15%	5,47%	3,8%	940.000	100,00%			0,66%	2,81%	0,36%	-0,09%	

Quadro 15.23 Monitoramento do preço dos recursos – Inflação da empresa

	2009	2010	2011	Valor orçado	Participação percentual	Fornecedor	Preço atual	Variação mensal				Comentários
								Jan	Fev	Mar	...Dez	
MATERIAIS INDIRETOS												
Lubrificantes	10,0%	2%	6,1%	30.000	29,1%	Shell	2,00	2%	0%	4%	0%	Mercado
Combustíveis	10,0%	2%	6,1%	40.000	38,8%	Petrobras	2,40	2%	0%	4%	0%	Mercado
Material de higiene	5%	1%	3,0%	10.000	9,7%	Distr. local	5,00	0%	3%	0%	0%	Negociação
Material de escritório	6%	2%	5,0%	8.000	7,8%	Kalunga	2,00	0%	0%	5%	0%	Negociação
Material de informática	3,0%	10,0%	6,0%	15.000	14,6%	Office	15,00	0,0%	0,0%	0,0%	6,0%	Negociação
Soma	8,2%	3,1%	5,7%	103.000	100,0%			1,4%	0,3%	3,1%	0,9%	
SERVIÇOS DE TERCEIROS												
Assistência médica	6%	7%	5,04%	30.000	29,1%	Unimed	2,00	1%	0%	4%	0%	Negociação
Transporte de funcionários	10%	2%	4,0%	40.000	38,8%	Ouro Verde	2,40	0%	0%	4%	0%	Contrato IGPM
Alimentação industrial	5%	1%	3,0%	10.000	9,7%	Sodexo	5,00	0%	3%	0%	0%	Negociação
Segurança patrimonial	6%	2%	5,0%	8.000	7,8%	Security	2,00	0%	0%	5%	0%	Aumento do efetivo
Limpeza	3,0%	10,0%	1,8%	15.000	14,6%	Service	15,00	0,0%	0,0%	-4,0%	6,0%	Redução do efetivo
Soma	7,0%	4,5%	4,0%	103.000	100,0%			0,3%	0,3%	2,5%	0,9%	

15.6 Análise de rentabilidade multidimensional[3]

Dentro da mesma linha da abordagem da análise de custos para servir, pode-se expandir a análise de rentabilidade dos produtos para outras dimensões além da específica dos produtos, margem de contribuição e clientes.

Este modelo de análise de rentabilidade também é denominado análise por áreas ou unidades de negócio. Para tanto, há necessidade de se identificar o custo variável de fabricação mais as despesas variáveis de cada produto para cada venda realizada, bem como os custos e as despesas fixas diretas específicas de cada área ou unidade de negócio.

Hoje, a tecnologia da informação existente permite este tipo de análise com muita facilidade. Além dos softwares específicos de análises de custos e rentabilidade, os genéricos, denominados BI – *Business Intelligence*, são preparados para este modelo de análise.

O Quadro 15.24 apresenta os dados gerais para permitir as análises identificadas.

Quadro 15.24 **Dados gerais**

	Produto A	Produto B	Total	Cliente	Mercado externo	Mercado interno		Unidade de negócio	
						Filial 1	Filial 2	Fábrica 1	Fábrica 2
Vendas – $									
Venda 1	2.000	4.400	6.400	1	1			1	
Venda 2	2.100	4.300	6.400	2		2		2	
Venda 3	2.200	4.800	7.000	3	3				3
Venda 4	1.900	3.500	5.400	4			4		4
Total	8.200	17.000	25.200						
Custos e despesas variáveis – $									
Venda 1	1.200	2.500	3.700	1	1			1	
Venda 2	1.200	2.500	3.700	2		2		2	
Venda 3	1.200	2.500	3.700	3	3				3
Venda 4	1.200	2.500	3.700	4			4		4
Total	4.800	10.000	14.800						

(*continua*)

---

[3] Existem softwares especializados para este tipo de análise que contemplam, se necessário, também a estruturação do custo dos produtos por meio da estrutura do produto e roteiro de fabricação, como o software brasileiro *MyABCM*.

Quadro 15.24 Dados gerais (*continuação*)

	Produto A	Produto B	Total	Cliente	Mercado externo	Mercado interno		Unidade de negócio	
						Filial 1	Filial 2	Fábrica 1	Fábrica 2
Margem de contribuição – $									
Venda 1	800	1.900	2.700	1	1			1	
Venda 2	900	1.800	2.700	2		2			2
Venda 3	1.000	2.300	3.300	3	3				3
Venda 4	700	1.000	1.700	4			4		4
Total	3.400	7.000	10.400						
Custos e despesas fixas diretas – $	0	0	7.700	0	2.000	1.100	1.000	1.500	2.100

O Quadro 15.25 apresenta um modelo de análise de rentabilidade por cliente. Neste caso, não foram identificados gastos específicos de clientes (custos para servir), e as despesas e os custos fixos diretos foram alocados no total da empresa. Verifica-se que o cliente que dá a melhor rentabilidade é o 3, e o de menor rentabilidade é o 4.

Quadro 15.25 Análise de rentabilidade por cliente

	Cliente 1	Cliente 2	Cliente 3	Cliente 4	Total
Vendas	6,400	6,400	7,000	5,400	25,200
Custos e despesas variáveis	3,700	3,700	3,700	3,700	14,800
Margem de contribuição	2,700	2,700	3,300	1,700	10,400
Margem de contribuição percentual	42.2%	42.2%	47.1%	31.5%	41.3%
Custos e despesas fixas diretas	0	0	0	0	7,700
Margem direta	0	0	0	0	2,700
Margem direta percentual	0	0	0	0	10.7%

O Quadro 15.26 mostra um modelo de análise de rentabilidade por mercado comprador.

Quadro 15.26 **Análise de rentabilidade por mercado comprador**

	Externo	Interno	Outros	Total
Vendas	13.400	11.800	0	25.200
Custos e despesas variáveis	7.400	7.400	0	14.800
Margem de contribuição	6.000	4.400	0	10.400
Margem de contribuição percentual	44,8%	37,3%	0,0%	41,3%
Custos e despesas fixas diretas	2.000	2.100	3.600	7.700
Margem direta	4.000	2.300	(3.600)	2.700
Margem direta percentual	29,9%	19,5%	0,0%	10,7%

Considerando apenas os custos e as despesas fixas diretas identificadas, verifica-se que o mercado externo dá melhor rentabilidade, enquanto o interno apresenta uma rentabilidade bastante inferior.

O Quadro 15.27 apresenta um modelo de análise de rentabilidade por filial de venda.

Quadro 15.27 **Análise de rentabilidade por filiais de venda**

	Filial 1	Filial 2	Outros	Total
Vendas	6.400	5.400	13.400	25.200
Custos e despesas variáveis	3.700	3.700	7.400	14.800
Margem de contribuição	2.700	1.700	6.000	10.400
Margem de contribuição percentual	42,2%	31,5%	0,0%	41,3%
Custos e despesas fixas diretas	1.100	1.000	5.600	7.700
Margem direta	1.600	700	400	2.700
Margem direta percentual	25,0%	13,0%	0,0%	10,7%

Na mesma linha de metodologia de análise, verifica-se que a Filial 1 tem rentabilidade bem superior à da 2, decorrente basicamente do valor e do *mix* de produtos vendidos.

O Quadro 15.28 mostra um modelo de análise de rentabilidade por unidade de negócio produtora.

Quadro 15.28 Análise de rentabilidade por unidade de negócio produtora

	Fábrica 1	Fábrica 2	Outros	Total
Vendas	12.800	12.400	0	25.200
Custos e despesas variáveis	7.400	7.400	0	14.800
Margem de contribuição	5.400	5.000	0	10.400
Margem de contribuição percentual	42,2%	40,3%	0,0%	41,3%
Custos e despesas fixas diretas	1.500	2.100	4.100	7.700
Margem direta	3.900	2.900	(4.100)	2.700
Margem direta percentual	30,5%	23,4%	0,0%	10,7%

As rentabilidades decorrentes da fabricação dos produtos não são muito diferentes. Contudo, neste exemplo, os custos e as despesas fixas diretas da fábrica 2 são muito superiores ao que apresenta a 1, fazendo que a rentabilidade da fábrica 2 seja bem inferior à da 1.

Questões e exercícios

1. Considere os seguintes dados para a decisão de comprar ou fabricar:

	Custo unitário		10.000 unidades	
	Fabricar	Comprar	Fabricar	Comprar
Preço de compra	–	26	–	260.000
Custos variáveis				
• mão de obra	6	–	60.000	–
• materiais	12	–	120.000	–
• custos indiretos variáveis	3	–	30.000	–
Custos absorvidos	7	–	70.000	–
Custo total	28	26	280.000	260.000

Qual deve ser a decisão da empresa se:
a. não houver nenhuma redução dos custos absorvidos;
b. se houver redução de 50% dos custos absorvidos;
c. se houver redução de todos os custos absorvidos.

2. Supondo que uma empresa fabrique dois produtos (A e B) e que sua estrutura original seja a seguinte:

	Produto A	Produto B	Total
Quantidade (a)	100	100	
Horas de mão de obra direta e máquinas	20	25	
MATERIAIS	$ 1.000	1.500	2.500
MOD	$ 1.200	1.500	2.700
Custos indiretos	$ 3.600	4.500	8.100
CUSTO TOTAL (b)	$ 5.800	7.500	13.300 (d)
CUSTO UNITÁRIO (c : a)	$ 58,00	75,00	–
P.V. (c)	$ 65,00	85,00	
VENDAS TOTAIS (c x a)	$ 6.500	8.500	15.000 (e)
LUCRO APURADO NO TOTAL		(e – d)	$ 1.700

Elabore dois estudos para a decisão de comprar e fabricar, considerando duas hipóteses básicas:

a. A – Terceirizar o produto A por $ 40,00 – sem ocupação da capacidade liberada, com 20 horas.

b. B – Terceirizar o produto A por $ 65,00 – fazendo 200 unidades do produto C, com 20 horas e com preço de venda de $ 35,00. Materiais $ 10,00 por unidade.

3. A seguir são apresentados os dados necessários para se apurar o custo unitário dos produtos, assim como a receita total e os custos totais considerando-se as quantidades.

DADOS DO PERÍODO

	Produto A		Produto B		Total
	Quantidade	Valor – $	Quantidade	Valor – $	$
Preço de venda		65,00		210,00	
Volume corrente	1.300	Unidades	120	Unidades	
Custos unitários					
. Materiais diretos		28,00		79,00	
. Mão de obra direta		18,00		35,00	
. Comissões sobre venda		9,10		21,00	
Custos totais					
Mão de obra direta		23.400		4.200	27.600
Custos fixos					
. Depreciação	550	Hs. Máquinas	1.550	Hs. Máquinas	6.300
. Controle de produção	240	Ordens	2.600	Ordens	4.260
. Controle de materiais	11.000	Recebimentos	1.000	Recebimentos	2.700
. Expedição	450	Transportes	100	Transportes	3.300
. Soma					16.560

a. Calcule o custo unitário de cada produto pelos seguintes métodos de custeio: I) por absorção; II) ABC; III) direto/variável e IV) teoria das restrições. Para o método de absorção, considere como base para absorção dos custos fixos o total da mão de obra direta do período; para o método direto/variável, considere a mão de obra direta como variável.

b. Calcule o resultado total da empresa e o lucro/contribuição de cada produto, considerando o volume corrente, partindo do pressuposto de que não há estoque e toda a produção é vendida.

c. Faça a análise de rentabilidade por produto, pelo custo unitário e pelo custo total.

d. Analise, pelos quatro critérios apresentados, se há como indicar a eliminação de algum produto por rentabilidade negativa.

4. Tendo como referência a solução do exercício anterior baseada no custeio por absorção, caso fosse possível aumentar a produção em 50 unidades de um dos dois produtos, qual você escolheria? Calcule o resultado total da empresa com o aumento de produção.

5. Uma empresa consegue vender seu produto no mercado por $ 2.000,00, no máximo. Os impostos sobre venda são: 18% de ICMS, 0,65% de PIS e 3,0% de Cofins. A empresa deseja uma margem mínima de lucro de 11% sobre o preço de venda sem impostos. Sabendo que seu custo total real é de $ 1.500, quanto este custo deveria ser reduzido, em porcentagem, para atingir o custo meta?

6. Uma empresa vende dois produtos que apresentam os seguintes dados atuais para um ano de operações:

	Produto A	Produto B
	$	$
Preço de venda de mercado	50.000	80.000
Custo integral		
. Materiais	20.000	30.000
. Mão de obra direta	5.000	8.000
. Custos gerais de fabricação	9.000	12.000
. Depreciação	6.000	8.000
. Custo administrativo	5.000	8.000
. Custo comercial	2.000	3.500
. Comissões sobre venda	2.500	4.000
Custo total	49.500	73.500
Quantidades padrão de produção/vendas	400	275

a. Calcule o custo meta de cada produto, caso a margem de lucro desejada fosse 8%. Calcule de quanto deverá ser a redução, em valor unitário e em percentual, para cada produto e para o total da empresa, computando as quantidades padrão. Considere, para o cálculo do custo meta, que os custos e as despesas variáveis (materiais e comissões), por serem de origem externa, não têm mais possibilidades de redução; desta forma, as possíveis reduções só poderão ocorrer nos custos internos administrativos e de fabricação.

b. Considerando-se uma taxa de depreciação de 20%, qual deveria ser o desinvestimento em imobilizados para se atingir a meta de redução proposta pelo custo meta?

c. Considerando-se que cada funcionário de mão de obra direta custa para a empresa $ 30.000 por ano, incluindo salários e encargos sociais, qual deveria ser a redução ou o aumento de efetivo direto para a adequação às metas do custo meta?

Custo de Serviços e Atividades Específicas

capítulo 16

Objetivos de aprendizagem

Este capítulo desenvolve:

- a caracterização e classificação sumária dos serviços;
- a identificação das semelhanças do custeamento dos produtos com o custeamento dos serviços;
- modelos genéricos de apuração do custo dos serviços baseados em mão de obra e em equipamentos;
- conceitos introdutórios de custo das atividades de hotelaria, saúde e alimentação.

A maioria das obras sobre custos enfoca o custo dos produtos originados nas indústrias, com pouca ou nenhuma ênfase para o custo dos serviços e de outras atividades. O custo de outras atividades (hotelaria, ligadas à saúde etc.) tem recebido, eventualmente, alguma contribuição específica.

Este capítulo destina-se a apresentar alguns aspectos genéricos e introdutórios sobre essas questões, visando evidenciar que há uma grande analogia entre o custeamento dos serviços não industriais e os produtos industriais, motivo que tende a levar os autores a não aprofundar este tema. Dentro da visão de que um dos principais objetivos de custos é apurar o custeamento dos produtos e/ou objetos de custos, podemos considerar o custo dos serviços ou de outras atividades como o custeamento de objetos de custos.

16.1 Caracterização e classificação dos serviços

Pode-se definir serviço como o conjunto de atividades que se desenvolvem principalmente nos centros urbanos e que diferem das atividades industriais e agropecuárias. Correspondem ao chamado setor terciário da economia, e são representadas principalmente pelas atividades de comércio, transportes, publicidade, computação, telecomunicações, educação, saúde, recreação, setor financeiro e seguros e administração pública. Muitas das atividades classificadas como serviços são, na verdade, extensões das produtivas, como agricultura, indústria e mineração.[1]

Segundo Kotler,[2] serviço é qualquer ato ou desempenho essencialmente intangível que uma parte pode oferecer a outra e que não tem como resultado a propriedade de algo. A execução de um serviço pode estar ou não ligada a um produto físico.

Características

Também segundo Kotler, as características dos serviços são:

a. Intangibilidade: diferente dos produtos físicos, não podem ser vistos, sentidos, provados, ouvidos ou cheirados antes de ser comprados.
b. Inseparabilidade: os serviços são produzidos e consumidos ao mesmo tempo.
c. Variabilidade: são altamente variáveis na medida em que dependem de quem os executa e de quando e onde são executados.
d. Perecibilidade: os serviços não podem ser estocados.

Tipos de serviços

A variedade de tipos de serviços é muito grande. Segundo Kotler, uma classificação genérica e básica pode ser feita assim:

I – Serviços baseados em pessoas
- Trabalhadores inexperientes – Exemplos: serviços de jardinagem, de portaria, de limpeza.
- Trabalhadores experientes – Exemplos: serviços de encanador, de alimentação.
- Profissionais – Exemplos: advogados, contadores, consultores técnicos.

II – Serviços baseados em equipamentos
- Automatizados – Exemplos: lavagem automática de carros, máquinas automáticas de vendas.
- Monitorados por operadores não experientes – Exemplos: cinema, teatro, táxis.
- Monitorados por operadores experientes – Exemplos: escavadoras, aviões.

---

[1] Extraído de SANDRONI, Paulo. *Novíssimo dicionário de economia*. 6. ed. São Paulo: Best Seller, 1999.
[2] KOTLER, Philip. *Administração de marketing*. 3. ed. São Paulo: Atlas, 1994, p. 538-543.

16.2 Custo dos serviços

A apuração do custo unitário dos serviços segue a linha geral de custeamento dos produtos. Para a apuração do custo dos recursos utilizados, deve-se seguir os mesmos conceitos desenvolvidos no Capítulo 4. As informações básicas de cada serviço também seguem a linha geral do custo dos produtos, que são a estrutura do produto (agora *estrutura do serviço*) e o processo de fabricação (agora *processo de execução*) apresentados no Capítulo 5. Aplica-se o método de custeamento escolhido e apura-se o custo de cada serviço.

Estrutura do serviço

Quando um serviço é desenvolvido, tem um processo de caracterização genérico, que é explicitado por meio da *estrutura do serviço*. Mesmo considerando-se a característica da variabilidade inerente aos serviços, é possível e necessário construir-se uma estrutura genérica básica. Por exemplo, na confecção de cartões de visita, apesar de os nomes da pessoa e da empresa serem individualizados, o serviço básico em si é o mesmo, podendo ser estruturado de forma genérica. Assim, na estruturação do serviço do cartão de visita, podem ser definidos o tipo de papel, sua qualidade, quantidade e outros complementos, como tintas aplicadas, tipo de embalagem etc.

Um serviço de transporte, como o frete de uma cidade a outra, também pode ser caracterizado em termos de estrutura de serviço. Deverão ser definidos o equipamento básico, a quantidade de quilômetros a ser percorrida, equipamentos adicionais de carga e descarga a serem utilizados, a quantidade de mão de obra necessária para o transporte (motoristas, navegadores, carregadores), o tipo e a quantidade de combustível, materiais auxiliares necessários (óleos, aditivos, estrados de madeira etc.), pedágios etc.

Em um serviço de auditoria, devem ser definidos o tipo de profissional que deverá ser alocado (se auditor simples ou sênior, gerente ou sócio de auditoria), equipamentos e softwares a serem utilizados, profissionais de apoio (advogados, analistas de sistemas) etc.

Processo de execução

Complementando a estrutura do serviço, define-se o processo de execução, ou seja, as atividades, etapas, tarefas que serão necessárias para executar os serviços, e a quantidade de tempo despendida em cada uma dessas atividades.

No caso de cartões de visita, deve-se estimar o tempo da mão de obra direta que opera os processos, tais como o tempo dos operadores das máquinas, do desenhista do cartão, dos montadores e embaladores do serviço.

No caso de um serviço de transporte, deverá ser estimada a quantidade de horas necessárias para determinado serviço de frete, incluindo as horas dos motoristas e dos profissionais auxiliares. Isso só poderá ser feito mediante a especificação do roteiro do frete, das ruas e estradas a serem utilizadas, das paradas necessárias para descarga ou coleta etc.

No caso de um serviço de auditoria, deve-se especificar os procedimentos que serão adotados, as análises e verificações que deverão ser feitas, os papéis de trabalhos que deverão ser elaborados, os relatórios que serão apresentados, tudo isso mensurado em termos de tempo e profissionais que serão alocados para cada tarefa.

Equipamentos utilizados e conceito de depreciação a ser adotado

Para uma enorme série de serviços, os equipamentos utilizados são de grande significado, tanto em termos de estrutura do serviço, como de relevância do valor. Alguns serviços dependem somente de equipamento, que passam a ser o único custo direto/variável a ser considerado. Tome-se como exemplo os serviços de transportes urbanos, em que o custo dos ônibus tem relevância considerável. Outro exemplo são exames médicos por meio de equipamentos (tomografia computadorizada, radiografias etc.), em que o preço do serviço decorre substancialmente do tempo de utilização do equipamento e de seu valor, considerado elevado.

Para a alocação do custo do equipamento, em linhas gerais, deve-se considerar o tempo gasto em cada tipo de serviço e aplicar uma taxa de custo decorrente da depreciação, baseada na vida útil estimada do bem. A vida útil e a mensuração básica poderão assumir critérios diferenciados, tais como depreciação anual linear ou depreciação acelerada nos primeiros anos, depreciação pela soma dos dígitos etc.

O principal conceito a ser adotado é o de depreciação direta. Em outras palavras, deve-se identificar cada equipamento relevante que será utilizado em cada serviço, verificar e medir o tempo de sua utilização ou disponibilização (ou outro elemento de mensuração quantitativa) e aplicar a taxa de depreciação de cada equipamento em cada etapa do processo de produção do serviço.

O conceito de depreciação indireta, eventualmente objeto de rateio, deverá ser utilizado para os demais equipamentos e imobilizados, ou seja, aqueles cuja utilização é genérica para todos os serviços vendidos pela empresa (imóveis, equipamentos de computação central, equipamentos de escritório etc.).

O Quadro 16.1, a seguir, apresenta um exemplo simples de cálculo da depreciação baseado no tempo de utilização.

Quadro 16.1 **Cálculo da depreciação de equipamentos**

	Valor do equipamento $	Vida útil estimada	Depreciação anual $	Estimativa de horas diretas de utilização por ano	Custo horário de depreciação $
Caminhão modelo X	300.000	10 anos	30.000	2.000	15,00
Guincho modelo Z	75.000	5 anos	15.000	1.200	12,50

Após o cálculo da taxa ou custo horário de depreciação, o resultado é aplicado no serviço específico, obtendo-se o custo direto da depreciação do serviço, conforme pode ser verificado no exemplo apresentado no Quadro 16.2.

Quadro 16.2 **Custo de depreciação do serviço – Frete XYZ**

Equipamento utilizado	Tempo de utilização	Custo horário – $	Custo de depreciação – $
Caminhão modelo X	5 horas	15,00	75,00
Guincho modelo Z	2 horas	12,50	25,00
Total			100,00

16.3 Exemplos

Mostraremos a seguir dois exemplos de custeio de serviço, objetivando dar uma ideia geral e apresentar uma metodologia básica de cálculo. Os exemplos são simples e não têm a pretensão de se apresentar como modelos precisos ou ideais; o objetivo é apenas introdutório e de cunho conceitual. Utilizaremos como referência o método de custeio por absorção.

Exemplo 1 – Custo de serviço de mão de obra profissional

Tomemos como exemplo um consultor técnico, altamente especializado, trabalhando individualmente em uma empresa constituída como empresa individual. Esse tipo de mão de obra cobra seus serviços, de forma geral, com base no total de horas gastas na consultoria realizada na sede dos clientes.

Os pontos referenciais para apurar o custo horário do serviço são os seguintes:

a. remuneração líquida desejada pelo profissional, dentro de parâmetros de mercado;
b. lucro para a recuperação do investimento necessário/realizado na estruturação da empresa (escritório, móveis, equipamentos, sistemas de informação, secretaria, comunicação, *know-how* etc.);
c. gastos indiretos para manutenção da atividade (mão de obra de secretaria, limpeza, assessores, materiais indiretos, manutenções de softwares, equipamentos e imóveis, despesas gerais etc.);
d. equipamentos específicos utilizados em cada consultoria, se for o caso;
e. estimativa de horas disponibilizadas/realizadas de prestação de serviço aos clientes (ocupação média da atividade);
f. encargos tributários sobre os serviços, que devem ser recuperados por meio do preço de venda.

O Quadro 16.3 apresenta um modelo genérico para a apuração de um custo de mão de obra profissional. No exemplo, o fato de o custo contemplar a remuneração desejada e o retorno mínimo de investimento poderia também ser considerado como um preço de venda básico. Contudo, é importante lembrar que o preço de venda pode ser superior, caso o mercado assim o admita.

Quadro 16.3 **Exemplo de custo unitário de serviço hora – profissional – base: período mensal**

	$	
1. Remuneração líquida desejada	5.000	
2. Encargos sociais	6.000	INSS, FGTS, seguro-saúde, previdência privada, alimentação, transporte, 13º, férias etc.
3. Mão de obra de terceiros	3.000	Incluindo encargos sociais
4. Despesas gerais	2.580	Materiais indiretos, despesas gerais
5. Depreciação	400	Sobre o valor dos equipamentos utilizados
6. Remuneração do investimento ($ 100.000 x 0,015)	1.500	1,5% ao mês sobre o valor do investimento (valor do empreendimento considerando, inclusive, ativos intangíveis)
7. Total	18.480	
8. Horas disponíveis/realizadas	112	Estimando-se de um grau de ocupação de 70% sobre 160 horas mensais

(*continua*)

Quadro 16.3 **Exemplo de custo unitário de serviço hora – profissional – base: período mensal** (*continuação*)

	$	
9. Custo horário sem impostos (7 : 8)	165,00	
10. Encargos tributários	20%	ISS, IR na fonte, INSS autônomos, Simples etc.
11. Custo horário com impostos (9 : (1–10))	206,25	($ 165,00 : 0,80)

Exemplo 2 – Custo de serviço baseado em equipamento

Tomaremos como exemplo o custo de uma passagem aérea, em que o equipamento utilizado deve ter uma relevância sobre a estrutura de custos. Outra característica deste tipo de serviço é a utilização intensiva de custos fixos, uma vez que há necessidade de muitos serviços de apoio, principalmente em terra.

Neste exemplo, fica bastante claro que a estrutura básica de informações, a estrutura do serviço e o processo de execução são os elementos que permitem individualizar o custo dos diversos serviços oferecidos por uma organização.

Quadro 16.4 **Exemplo de custo unitário de serviço baseado em equipamento – passagem aérea**

	Quantidade	Custo unitário – $	Total – $
A - Estrutura do serviço			
Equipamento			
Equipamento tipo XYZ 100 lugares*	6 horas	2.200,00	13.200
Combustível G	2.000 litros	1,70	3.400
Lubrificação O	50 litros	8,00	400
Manutenção aeronave	20 itens	140,00	2.800
Manutenção serviços internos	10 itens	200,00	2.000
Passageiros			
Serviço de bordo – almoço	100 unidades	8,00	800
Serviço de bordo – café	100 unidades	5,00	500
Bebidas	4 carrinhos	200,00	800
Utensílios de conforto	200 unidades	3,00	600
Soma			24.500

(*continua*)

Quadro 16.4 Exemplo de custo unitário de serviço baseado em equipamento – passagem aérea (*continuação*)

	Quantidade	Custo unitário – $	Total – $
B – Processo de execução			
Tripulação			
Comandante	6 horas	125,00	750
Subcomandante	6 horas	70,00	420
Tripulação – 4 pessoas	24 horas	30,00	720
Infraero – Decolagem	1 serviço	2.000,00	2.000
Infraero – Aterrissagem – Conexão 110	1 serviço	1.000,00	1.000
Infraero – Decolagem – Conexão 110	1 serviço	1.000,00	1.000
Infraero – Aterrissagem	1 serviço	2.200,00	2.200
Soma			8.090
Subtotal – Custos diretos			**32.590**
C – Custos indiretos de apoio			
Equipe aeroporto decolagem	3 horas	809,00	2.427
Equipe aeroporto aterrissagem	1,5 hora	1.080,00	1.620
Soma			4.047
D – Custos indiretos gerais		Índice de absorção**	
Logística		0,4	3.236
Comercialização		0,5	4.045
Administração		0,3	2.427
Soma			9.708
Subtotal – custos indiretos			**13.755**
Total geral			**46.345**
Custo unitário por passageiro – ocupação plena – 100 pessoas			463,45
Custo unitário por passageiro – 60% de ocupação – 60 pessoas			772,38

* Custo da depreciação do equipamento.
** Sobre o custo total do processo de execução.

16.4 Atividades específicas

Os exemplos que apresentamos são modelos referenciais para ser aplicados em outras atividades, pois podem ser adaptados a elas para a apuração do custo unitário de seus produtos e serviços. Abordamos, a seguir, três atividades e um referencial básico da utilização dos modelos apresentados.

Hotelaria

Nos últimos anos, o grande crescimento deste setor (principalmente em nosso país), impulsionado pelo turismo profissional e de lazer, tem ensejado a demanda de literatura contábil e financeira aplicável com especificidade a esta atividade.

Com relação ao custo de atividades de hotelaria, os modelos apresentados neste capítulo são suficientes para se desenvolver um desdobramento e sua aplicabilidade aos diversos serviços oferecidos no ramo de hotelaria. Em termos de serviços, a atividade de hotelaria compõe-se de um conjunto de serviços colocados à disposição dos hóspedes e de outros usuários, sendo que cada um deles pode ser calculado de forma individual e oferecido também individualmente.

Um hotel caracteriza-se por oferecer diversos serviços simultâneos aos clientes, alguns cobrados pela utilização e outros não cobrados e oferecidos de forma genérica a todos, tais como:

a. diárias de acomodação;
b. serviços específicos de quarto (TV paga, frigobar etc.);
c. serviços de lavanderia;
d. refeições;
e. serviços de bar;
f. serviços disponibilizados (sauna, ginástica, piscina etc.);
g. serviços de apoio (portaria, manutenção etc.). etc.

Os serviços cobrados individualmente (itens *a* a *e*) podem ser calculados tomando-se como referência os modelos já apresentados. Alguns caracterizam-se por uma incidência maior de insumos variáveis (refeições, bar); outros, pela incidência maior de equipamentos (quarto simples, quarto de luxo); e outros, ainda, pela utilização maciça de mão de obra (lavanderia). Os serviços disponibilizados e não individualizados farão parte dos custos absorvidos, se utilizado o método de custeio por absorção ou ABC, ou serão alocados contra o resultado total do período como despesas periódicas.

Serviços de saúde

As mesmas colocações feitas para o ramo de hotelaria podem ser aplicadas ao ramo de serviços de saúde. Tomemos, como exemplo, um hospital: caracteriza-se pela oferta de um grande número de serviços. Alguns têm uma grande amplitude de subserviços, podendo ser entendidos analogamente ao conceito de produtos, com conjuntos, subconjuntos e itens. Por exemplo, para uma cirurgia complexa, é necessário o atendimento por várias especialidades médicas que, por sua vez, formam um conjunto de procedimentos. Dessa maneira, para obter-se o custo total da cirurgia, é necessário, primeiro, a obtenção do custo de cada procedimento de cada especialidade médica, para ser somado ao custo de outra especialidade médica (que, por sua vez, é a soma de diversos procedimentos), e assim sucessivamente.

Um procedimento médico pode conter um custo apenas de mão de obra (médicos, enfermeiras, paramédicos etc.) ou desta e medicamentos. Esses dois tipos de procedimentos podem exigir a utilização de equipamentos específicos. Assim, os serviços médicos (e os procedimentos) também podem ser classificados em serviços com utilização maciça de mão de obra e de serviços baseados em equipamentos.

Alimentação

Os serviços de alimentação são extremamente variados e podem ser enquadrados dentro dos limites de dois tipos básicos:

a. alimentação do tipo *fast-food* (McDonald's, comida por quilo), em que o principal componente do custo unitário é o custo dos ingredientes;
b. alimentação especializada (*à la carte*), em que o principal componente do custo são os custos fixos de atendimento, acomodação e custos de criação de valor percebido pelo cliente (propaganda).

Dentro do primeiro tipo, o custo dos ingredientes da refeição é um custo claramente variável. No segundo tipo, apesar de teoricamente ser variável, em muitos casos o custo dos ingredientes chega a ser classificado como custo fixo, uma vez que a repetição dos pratos pode ser pequena e o custo da deterioração dos alimentos pode suplantar sua condição básica de custo variável.

Em ambos os casos, também é possível a aplicação do modelo básico: estrutura do serviço e processo de execução. O custo unitário das refeições é função dos materiais aplicados em cada refeição e do tempo despendido no preparo de cada prato. No caso de refeições de alto valor percebido, praticamente todos os custos do restaurante são fixos, e o mais importante é determinar com precisão o grau de ocupação (refeições) média no período.

Questões e exercícios

1. Uma série de produtos e serviços de consumo é listada a seguir. Com base na caracterização de serviços, classifique-os como serviços ou como produtos.

	Serviço	Produto
Alimentação industrial	( )	( )
Lanche McDonald's	( )	( )
Terno	( )	( )
Terno feito em alfaiate	( )	( )
Terno apenas manufaturado em alfaiate	( )	( )
Consulta médica	( )	( )
Livro	( )	( )
Móveis feitos por encomenda	( )	( )
Impressos genéricos	( )	( )
Impressos individualizados (ex.: nota fiscal)	( )	( )
Parque de diversões	( )	( )
Prótese dentária	( )	( )
Aparelho auditivo	( )	( )
Vestido de noiva	( )	( )
Seguro de automóvel	( )	( )

2. A loja de um alfaiate, que trabalha com um único ajudante, tem equipamentos e móveis no valor de $ 25.000, com vida útil estimada de 5 anos. O investimento, incluindo o ponto comercial, está avaliado em $ 50.000, e o custo de capital mínimo a ser considerado é de 1% ao mês. Com os dados mensais apresentados a seguir, calcule o custo horário de venda do serviço do alfaiate.

Remuneração líquida desejada – $	2.000
Encargos sociais médios	98%
Serviços de terceiros – $	900
Encargos sociais médios	80%
Despesas gerais – $	1.200
Horas disponíveis	130
Encargos tributários	25%

3. Partindo do pressuposto de que o cliente leva o tecido para fazer um terno, com os demais aviamentos sendo fornecidos pelo alfaiate, procure: a) identificar a estrutura do serviço para fazer um terno, e b) relacionar as fases do processo de execução do serviço pelo alfaiate. Considere que a calça será apenas cortada pelo alfaiate e costurada por terceiros.

4. Imagine uma hospedagem simples em um hotel de categoria 3 estrelas e identifique todo o mobiliário normalmente alocado em um quarto desta categoria. Em seguida, identifique os serviços diretos e indiretos prestados para uma diária em condições normais. Após isso, monte uma estrutura de serviço e de processo de execução para uma diária simples.

5. Um serviço médico de tomografia utiliza, além do equipamento, dois atendentes e um médico especializado. O custo horário do médico está estimado em $ 40,00 a hora, e dos atendentes, em $ 10,00 a hora.

   Os encargos sociais médios sobre os custos de mão de obra são estimados em 97%. O valor do equipamento é $ 300.000,00, com uma vida útil estimada de 8.000 horas, e o hospital cobra $ 8,00 por hora para a utilização de suas dependências. Sabendo que um exame leva normalmente 2,5 horas, qual será o custo desses serviços? Considere encargos tributários de 15%.

6. Tome como referência um lanche vendido na rua, do tipo cachorro-quente, e elabore uma estrutura de serviço e de processo de execução. Considere equipamentos no valor de $ 5.000. Com seus conhecimentos gerais, procure identificar o custo desse serviço de alimentação rápida.

Custos Ambientais e da Qualidade, Ociosidade e Produtividade

capítulo 17

Objetivos de aprendizagem

Este capítulo desenvolve:

- a identificação e apuração dos custos da qualidade;
- a identificação e apuração dos custos ambientais;
- a evidenciação no custo dos produtos dos custos ambientais e da qualidade;
- a conceituação e o impacto da produtividade e da ociosidade nos custos dos produtos.

O conceito de qualidade total, expresso pelas siglas: TQC – *Total Quality Control* (Controle Total da Qualidade) ou TQM – *Total Quality Management* (Gestão da Qualidade Total), que ganhou força a partir dos anos de 1980, terminou por se impor a todas as empresas e conduziu à necessidade de se avaliar os custos da qualidade (ou da não qualidade). A questão ambiental, decorrente das preocupações mundiais com a qualidade do meio ambiente e o desenvolvimento sustentável, inseriu-se definitivamente nas preocupações das empresas uma década depois, e hoje configura-se como uma das mais importantes respostas de sua responsabilidade social. Do mesmo modo, como a qualidade, verifica-se a necessidade de um acompanhamento econômico da gestão ambiental.

Abordaremos neste capítulo as questões ambientais e da qualidade em termos da possibilidade de mensuração de seus custos, procurando evidenciar onde eles surgem, como podem ser identificados e acumulados. Abordaremos, ainda, duas outras questões importantes, a ociosidade e a produtividade, porque também provocam alterações nas mensurações unitárias do custo das atividades, dos produtos e serviços, e devem merecer, igualmente, atenção especial para análise de custos e tomada de decisão.

17.1 Envolvimento das atividades com a qualidade e o ambiente

Um dos pilares do conceito de qualidade total é a filosofia de que a qualidade do produto é intrínseca ao produto e deverá ser assegurada durante todo seu processo de identificação mercadológica, engenharia de desenvolvimento, engenharia de produção, durante a produção e o atendimento ao cliente. Em outras palavras, a qualidade do produto deve ser assegurada em todos os processos pelos quais passa, de sua concepção inicial à produção e comercialização, com garantia da qualidade ao cliente por meio de serviço pós-venda.

A qualidade e o custo, portanto, devem nascer com o produto, e este deverá atender aos desejos do cliente quanto à qualidade, custo e prazo de entrega. A qualidade de um produto deve ser a que satisfaça o consumidor.

Esses conceitos indicam que todas as atividades da empresa devem se envolver com a qualidade, não sendo tal preocupação exclusiva de atividades específicas para planejamento, inspeção e garantia de qualidade. Dessa maneira, podemos dizer que todos os setores de produção e venda, e mesmo administrativos, desenvolvem atividades de qualidade, e, portanto, têm custos relacionados à qualidade.

Assim, é possível identificar, no sistema de informação de custos, os gastos com atividades e insumos ligados diretamente à qualidade. Outrossim, alguns setores, mesmo que devam ser envolvidos no conceito de qualidade total, não têm gastos explícitos envolvidos com a qualidade.

A questão ambiental abrange fundamentalmente os mesmos conceitos que a qualidade. Para que a empresa seja considerada socialmente responsável e deixe claras suas preocupações ambientais, deve implantar um sistema de gestão ambiental que, além de assegurar a produção e a comercialização ecologicamente sustentável, permita avaliar o desempenho da empresa e os custos relacionados ao controle do meio ambiente.

Um sistema adequado de gestão ambiental necessita do envolvimento de todas as pessoas dentro da organização e também dos seus principais fornecedores. Da mesma forma que na questão da qualidade, todos os setores, departamentos e atividades devem se envolver com a questão ambiental, e todos podem ter custos relacionados ao controle do ambiente.

O Quadro 17.1 ilustra as principais atividades e os principais setores ou departamentos industriais de uma empresa, procurando identificar quais têm custos explícitos de qualidade e relacionados ao controle do meio ambiente, e quais unidades organizacionais têm custos não explícitos ou contabilizados como decorrentes de suas próprias atividades.

Quadro 17.1 Custo de insumos, atividades, setores ou departamentos industriais

	Valor – $	Envolvimento Qualidade	Ambiente
Consumo de materiais	5.000.000		
Diretos	4.000.000	Sim	Sim
Indiretos	800.000	Sim	Sim
Substituição gratuita na garantia	200.000	Sim	–
Departamentos produtivos (1)	900.000		
Produção intermediária	600.000	Sim	Sim
Produção final	300.000	Sim	Sim
Atividades/Setores/Deptos. de apoio (1)	3.100.000		
Assistência à saúde	180.000	–	–
Segurança do trabalho	50.000	–	–
Administração do meio ambiente	120.000	–	Sim
Recursos humanos	80.000	Sim	
Serviços gerais	60.000	–	Sim
Serviços pós-venda	300.000	Sim	–
Serviço de atendimento ao consumidor	70.000	Sim	–
Pesquisa & Desenvolvimento	200.000	Sim	Sim
Engenharia do produto	360.000	Sim	Sim
Engenharia de fábrica	260.000	Sim	Sim
Planejamento e garantia da qualidade	60.000	Sim	–
Inspeção de qualidade	60.000	Sim	–
Teste final/embalagem	70.000	Sim	–
Laboratório	90.000	Sim	–
Planejamento e controle de produção	70.000	–	–
Estoque de dispositivos e ferramentas	50.000	–	–
Aferição de equipamentos	40.000	Sim	–
Transporte interno	130.000	–	–
Planejamento de materiais	60.000	–	–
Almoxarifados	80.000	Sim	Sim
Suprimentos	150.000	Sim	Sim

(*continua*)

(1) Neste exemplo, os valores compreendem os gastos com mão de obra e consumo de despesas gerais.

Quadro 17.1 Custo de insumos, atividades, setores ou departamentos industriais (*continuação*)

	Valor – $	Envolvimento Qualidade	Ambiente
Recebimentos de materiais	80.000	Sim	Sim
Expedição	100.000	Sim	–
Manutenção preventiva e corretiva	80.000	Sim	Sim
Tratamento de efluentes e resíduos	300.000	–	Sim
Depreciação	**1.000.000**		
Equipamentos diretos	600.000	Sim	Sim
Imobilizado indireto	400.000	Sim	Sim
Total Geral	**10.000.000**		

Como temos enfatizado, as empresas que assumem modelos de gestão que incorporam o controle ambiental e da qualidade fazem que todos os setores possam assumir gastos necessários para realizar a sua parte nessas gestões. Normalmente, existem setores que são criados especificamente para executar determinadas tarefas de qualidade e controle do ambiente. Consideramos que, nesses setores, os custos ambientais e da qualidade são identificados no sistema de informação de forma explícita.

Tomando como referência as atividades e os insumos apresentados no Quadro 17.1, teremos as seguintes observações:

a. *Consumo de materiais diretos*: pode haver consumo de materiais constantes da estrutura dos produtos e serviços relacionados diretamente com a qualidade e o controle ambiental. Por exemplo, sistemas autorreguladores de precisão, desempenho, sistemas de contenção de resíduos etc. Já os gastos com substituição de materiais dentro da garantia qualificam-se como custos explícitos da qualidade.

b. *Consumo de materiais indiretos*: materiais auxiliares, de expediente etc. podem ser consumidos para permitir apoio aos controles ambientais e da qualidade.

c. *Departamentos produtivos*: praticamente todos os setores produtivos dedicam esforços para a manutenção da qualidade de seus processos, bem como necessitam de mão de obra e despesas para controle dos resíduos decorrentes dos processos e mesmo para assegurar que determinados processos que agridam o meio ambiente tenham condições de recuperação e controle.

d. *Setores de apoio*: alguns setores são claramente destinados a administrar os sistemas de gestão ambiental e da qualidade e têm seus custos explícitos (Administração do meio ambiente, Serviços pós-venda, Serviço de atendimento ao consumidor, Planejamento e garantia da qualidade, Inspeção de qualidade, Teste final, Laboratório, Aferição de equipamentos, Tratamento de efluentes e resíduos). Outros têm custos implícitos significativos em relação a esses sistemas de gestão e algumas contas contábeis podem identificar custos a eles referenciados (Segurança do trabalho, Serviços gerais, Recebimento de materiais, Suprimentos, Expedição, Manutenção).

e. *Depreciação*: a depreciação de todos os imóveis, máquinas, equipamentos e móveis destinados ao controle ambiental e da qualidade, sejam de setores específicos ou não, devem ter a apuração de seus gastos segregada da depreciação dos demais imobilizados.

Outros custos implícitos nas atividades

Apesar da ênfase dada à qualidade e ao ambiente, é importante ressaltar que outros atributos de determinados gastos, para desenvolver atividades qualitativas e outras possibilidades de classificação, podem e devem existir nas mesmas atividades.

Assim, dentro de um setor, podemos ter gastos destinados à capacitação dos empregados (como treinamento), para melhorar a eficiência ou minorar a ineficiência (consultorias, treinamentos), para atendimento a clientes, com tecnologia de informação, para criação e manutenção de marcas, patentes etc.

Por exemplo, poder-se-ia criar um sistema de gestão do capital intelectual. Com isso, haveria a necessidade de se identificar os gastos que se relacionam com a criação desse ativo dispersos em todos os setores, atividades e departamentos da empresa, da mesma forma que se pode identificar e segregar os gastos com qualidade e controle ambiental. De modo similar, se a empresa quer um sistema de relacionamento com os clientes para desenvolver e ativar o capital de clientela, todos os gastos que se relacionam com esse sistema de gestão poderiam ser identificados e segregados, mesmo constantes em todos os setores, atividades e departamentos da empresa.

A importância da segregação dos custos ambientais e da qualidade

O objetivo básico da identificação e mensuração dos custos ambientais e da qualidade está em traduzir todos os esforços da empresa nesses sistemas de gestão em uma única unidade de medida, a monetária. Com isso, é possível o acompanhamento sistemático e avaliar a evolução em termos de valor desses gastos.

No que se refere à contabilidade societária, os gastos com qualidade e controle do meio ambiente, realizados no âmbito da área industrial, devem ser considerados na formação dos estoques em processo e de produtos acabados e, consequentemente, dos produtos vendidos. A legislação e os princípios contábeis não exigem sua segregação, podendo ser computados conjuntamente com os demais gastos.

As empresas que têm programas de controle ambiental e da qualidade podem também incluir no seu sistema a certificação por meio das agências da ISO – *International Organization for Standardization*. A ISO-9000 trabalha com a certificação de programas de qualidade, e a ISO-14000, com a certificação dos programas de gestão ambiental.

17.2 Custos da qualidade

O objetivo desse custo, também chamado de custo da não conformidade, é computar em uma única medida agregada todos os custos explícitos atribuíveis aos produtos produzidos fora das especificações, implícitos em não cumprimento dos prazos dos processos fabris e comercial, bem como destinados à prevenção e avaliação. É uma medida financeira de desempenho da qualidade de forma global para a companhia. Espera-se, com isso, fornecer informações úteis à administração financeira da companhia, de forma a manter permanentemente a atenção à questão da qualidade dentro e fora da empresa.

Os custos da qualidade são normalmente apresentados em quatro categorias:

1. Prevenção
2. Avaliação
3. Falhas internas
4. Falhas externas

Elaboramos o seguinte quadro resumido, adaptado de Robles Jr., exemplificando alguns aspectos a serem mensurados dentro das categorias de custos da qualidade.[1]

---

[1] ROBLES Jr., Antonio. *Custos da qualidade*. São Paulo: Atlas, 1994, p. 63-66.

Categorias	Custos – Em $			
	Mês 1	Mês 2	Mês N	Total
Custos de prevenção				
. Planejamento da qualidade				
. Engenharia de produtos				
. Métodos e processos				
. Controle de processos				
. Avaliação de fornecedores				
. Treinamento				
Custos de avaliação				
. Inspeção de recebimento				
. Inspeção de componentes fabricados				
. Inspeção de produtos finais				
. Auditoria de qualidade dos produtos				
. Instrumentos de medição				
Custo das falhas internas				
. Refugos				
. Repasses e retrabalho				
. Rejeição de itens comprados				
Custo das falhas externas				
. Atrasos de produção e entrega				
. Garantia de produtos				
. Atendimento de reclamações				
. Devoluções de produtos				
. Descontos e abatimentos				
TOTAL				

Figura 17.1 **Custos da qualidade**

Fazendo uma associação com a classificação sugerida por Robles e tomando como referência os valores apresentados no Quadro 17.1, reclassificamos todos os gastos em custos da qualidade e gastos da atividade. Os segundos representam os gastos específicos com a produção, e os primeiros os esforços de todos os setores industriais relacionados com a qualidade.

Verifica-se que, para se identificar os custos da qualidade não explícitos, é necessário que o sistema de informação tenha condições de acumular os gastos, provavelmente pela criação de centros de atividades dentro dos setores ou departamentos, exigindo um sistema de estrutura mais complexa. Os valores são aleatórios, e servem apenas de exemplificação.

O Quadro 17.2 apresenta a nova estrutura de informações de custos. Em relação ao total de gastos do Quadro 17.1, foram adicionados os gastos com devoluções e abatimentos, que são considerados redutores da Receita de Vendas e que, normalmente, não são classificados como gastos dos setores ou atividades.

Quadro 17.2 **Custo de insumos, atividades, setores ou departamentos industriais**

	Gastos da atividade	Custos da qualidade	Total geral
Consumo de materiais	4.800.000	200.000	5.000.000
Diretos	4.000.000	0	4.000.000
Indiretos	800.000	0	800.000
Substituição gratuita na garantia	0	200.000	200.000
Departamentos produtivos	707.000	193.000	900.000
Produção intermediária	0	0	0
. Custos de treinamento	0	15.000	15.000
. Inspeção	0	20.000	20.000
. Controle de processos	0	15.000	15.000
. Refugos	0	40.000	40.000
. Repasses e retrabalho	0	25.000	25.000
. Valor líquido da produção	485.000		485.000
Produção final	0	0	0
. Custos de treinamento	0	5.000	5.000
. Inspeção	0	10.000	10.000
. Controle de processos	0	5.000	5.000
. Refugos	0	20.000	20.000
. Repasses e retrabalho	0	30.000	30.000
. Atrasos de produção	0	8.000	8.000
. Valor líquido da produção	222.000	0	222.000
Atividades/Setores/Deptos. de apoio	2.405.000	695.000	3.100.000
Assistência à saúde	180.000	0	180.000
Segurança do trabalho	50.000	0	50.000
Administração do meio ambiente	120.000	0	120.000
Recursos humanos	80.000	0	80.000
Serviços gerais	60.000	0	60.000
Serviços pós-venda	0	0	0
. Serviços na garantia de produtos	0	180.000	180.000
. Outras atividades	120.000	120.000	
Serviço de atendimento ao consumidor	0	0	0

(continua)

Quadro 17.2 Custo de insumos, atividades, setores ou departamentos industriais (*continuação*)

	Gastos da atividade	Custos da qualidade	Total geral
. Atendimento a reclamações	0	60.000	60.000
. Outras atividades	10.000		10.000
Pesquisa & Desenvolvimento	0	0	0
. Geral do produto	150.000	0	150.000
. Complemento da qualidade	0	50.000	50.000
Engenharia do produto	0	0	0
. Geral do produto	300.000	0	300.000
. Complemento da qualidade	0	60.000	60.000
Engenharia de fábrica	0	0	0
. Geral do produto	240.000		240.000
. Complemento da qualidade	20.000		20.000
Planejamento e garantia da qualidade	0	60.000	60.000
Inspeção de qualidade	0	60.000	60.000
Teste final/Embalagem	0	0	0
. Auditoria de qualidade	0	20.000	20.000
. Demais atividades	50.000	0	50.000
Laboratório	0	90.000	90.000
Planejamento e controle de produção	70.000	0	70.000
Estoque de dispositivos e ferramentas	50.000	0	50.000
Aferição de equipamentos	0	40.000	40.000
Transporte interno	130.000	0	130.000
Planejamento de materiais	60.000	0	60.000
Almoxarifado	80.000	0	80.000
Suprimentos	0	0	0
. Avaliação de fornecedores	0	20.000	20.000
. Demais atividades	130.000	0	130.000
Recebimento de materiais	0	0	0
. Inspeção de recebimento	0	20.000	20.000
. Rejeição de itens comprados	0	5.000	5.000

(*continua*)

Quadro 17.2 Custo de insumos, atividades, setores ou departamentos industriais (continuação)

	Gastos da atividade	Custos da qualidade	Total geral
. Demais atividades	55.000	0	55.000
Expedição	0	0	0
. Atrasos de entrega	0	10.000	10.000
. Demais atividades	90.000	0	90.000
Manutenção preventiva e corretiva	80.000	0	80.000
Tratamento de efluentes e resíduos	300.000	0	300.000
Depreciação	**940.000**	**60.000**	**1.000.000**
Equipamentos diretos	0	0	0
. de controle de qualidade	0	40.000	40.000
. demais equipamentos	560.000	0	560.000
Imobilizado Indireto	0	0	0
. de controle de qualidade	0	20.000	20.000
. demais equipamentos	380.000	0	380.000
Deduções da Receita de Vendas	**0**	**450.000**	**450.000**
Devoluções de produtos e serviços	0	300.000	300.000
Descontos e abatimentos	0	150.000	150.000
Total geral	**8.852.000**	**1.598.000**	**10.450.000**

O Quadro 17.3 apresenta a segregação dos custos de qualidade, classificados por categorias.

Quadro 17.3 Classificação dos custos da qualidade

Categorias	Custos da qualidade
Custos da prevenção	**250.000**
Planejamento da qualidade	60.000
Engenharia de produtos e Pesquisa & Desenvolvimento	110.000
Métodos e processos (Engenharia de fábrica)	20.000
Controle de processos	20.000
Avaliação de fornecedores	20.000
Treinamento	20.000

(continua)

Quadro 17.3 Classificação dos custos da qualidade (*continuação*)

Categorias	Custos da qualidade
Custos de avaliação	320.000
Inspeção de recebimento	20.000
Inspeção de componentes fabricados	20.000
Inspeção de produtos finais	10.000
Inspeção de qualidade e laboratório	150.000
Auditoria de qualidade dos produtos	20.000
Instrumentos de medição	40.000
Depreciação de equipamentos	60.000
Custos das falhas internas	138.000
Refugos	60.000
Repasses e retrabalho	55.000
Rejeição de itens comprados	5.000
Atrasos de produção e entrega	18.000
Custos das falhas externas	890.000
Garantia de produtos	380.000
Atendimento de reclamações	60.000
Devoluções de produtos	300.000
Descontos e abatimentos	150.000
Total geral	1.598.000

Custos da qualidade e unitário dos produtos e serviços

Em linhas gerais, todos os custos da qualidade devem fazer parte do custo unitário dos produtos e serviços, sobretudo para a principal decisão de custos, que é a formação de preços de venda. Só se justifica esta não inclusão para fins de formação de preços de venda se os gastos do período em questão forem excepcionais. Mas, como, de modo geral, os custos com qualidade têm um comportamento regular (mesmo que se consiga uma redução gradativa), devem ser incorporados ao custo unitário dos produtos e serviços.

Considerando os dados do nosso exemplo, supondo que a empresa tenha produzido 50.000 unidades de um único produto (Produto A), o custo unitário de cada produto será $ 200,00. As devoluções e os abatimentos normalmente não fazem parte do custo da qualidade, uma vez que as devoluções implicam o retorno do produto, e os abatimentos geralmente são descontos de preços. O Quadro 17.4 mostra o custo unitário separando os custos de produção dos da qualidade.

Quadro 17.4 Custos da qualidade e unitário dos produtos

Custos	Custos totais	Quantidade	Custo unitário
da produção	8.852.000	50.000	177,04
da qualidade	1.148.000	50.000	22,96
Total	10.000.000		200,00

Contabilização

Em linhas gerais, os únicos custos da qualidade que não precisam fazer parte do custo dos produtos para fins de contabilidade societária e fiscal são os de refugos e rejeição de itens comprados, podendo ser baixados imediatamente no período. Os demais devem fazer parte do custo dos estoques e contabilizados como custo dos produtos vendidos por ocasião de sua venda.

Considerando essa possibilidade, o custo unitário do Produto A em nosso exemplo, para fins de estocagem, ficaria em $ 198,70.

Quadro 17.5 Custo unitário para contabilização

Custos	Custos totais	Quantidade	Custo unitário
da produção	8.852,000	50.000	177,04
da qualidade (exclusos refugos e rejeições – $ 65.000)	1.083,000	50.000	21,66
Total	9.935,000		198,70

Esse custo diferente só tem sentido se a produção não for totalmente vendida no ano em que foi produzida, ficando parte estocada. Imaginando que a empresa tenha vendido 30.000 unidades por $ 9.000.000, e que 30.000 unidades tenham ficado em estoque no Ano 1 e sido vendidas no período seguinte, Ano 2, por $ 3.000.000, teríamos a seguinte demonstração de resultados:

Quadro 17.6 Demonstração de resultados

Discriminação	Ano 1	Ano 2	Total
Quantidade vendida (a)	30.000	20.000	50.000
Custo unitário para contabilização (b)	198,70	198,70	
Receita de vendas	9.000.000	6.000.000	15.000.000
(–) Devoluções e abatimentos	(450.000)	0	(450.000)
(–) Custo das vendas (a x b)	(5.961.000)	(3.974.000)	(9.935.000)
(–) Refugos e rejeições	(65.000)	0	(65.000)
= Lucro bruto	2.524.000	2.026.000	4.550.000

É importante ressaltar que, no total de todos os períodos, o resultado final é o mesmo. Assim, os custos da qualidade serão sempre considerados como custo dos produtos, para apuração do lucro bruto contábil. O resultado total dos dois anos do exemplo é $ 4.550.000, que é a diferença entre o valor das vendas e o total dos custos da qualidade, incluindo devoluções e abatimentos ($ 15.000.000 (–) $ 10.450.000).

Retorno da qualidade

Alencar e Guerreiro[2] entendem que o modelo baseado em custos da qualidade se mostra insuficiente para evidenciar toda a amplitude do efeito da qualidade nos resultados, focando exclusivamente na redução dos efeitos negativos da má qualidade. Segundo os autores, deve-se buscar um modelo de mensuração das receitas futuras geradas pelo sistema de qualidade por meio da correta mensuração dos intangíveis decorrentes dos programas de melhoria de qualidade.

Fundamentalmente, as receitas futuras geradas pela qualidade centram-se no comportamento dos clientes em relação aos atributos de um produto ou serviço, e podem ser identificadas com base nos dados de retenção dos clientes (retenção que decorre da satisfação dos clientes com os produtos e serviços da empresa), permitindo a manutenção ou a ampliação da participação da empresa nos mercados em que atua, gerando lucros adicionais.

O modelo básico de mensuração dos resultados compreende a mensuração do fluxo de caixa descontado. A receita do fluxo de caixa será a parcela da receita decorrente da retenção de clientes mais o aumento da participação no mercado. As despesas do fluxo de caixa serão os custos variáveis decorrentes dessas receitas mais os investimentos na qualidade e os custos da qualidade.

17.3 Custos ambientais

Enquanto os programas de qualidade têm sua atenção voltada para a satisfação do cliente, por meio da garantia da qualidade dos produtos e serviços a ele oferecidos, os programas de gestão ambiental têm uma amplitude muito maior, uma vez que se centram na responsabilidade social da empresa. Assim, a influência é muito maior, indo dos fornecedores da organização, seus empregados e colaboradores, até toda a comunidade em que se insere.

---

[2] ALENCAR, Roberta Carvalho de; GUERREIRO, Reinaldo. Modelos de mensuração do resultado da qualidade. *Revista Brasileira de Contabilidade*, n. 152, p. 69-81, mar./abr. 2005.

Mais do que uma obrigação, responsabilidade social é um valor que se insere na missão e nos objetivos da empresa, uma crença de que deve fazer o seu melhor para a comunidade. Dessa forma, um programa de gestão ambiental exige muito mais das entidades, em razão de sua abrangência.

Parte integrante e indispensável dos programas de gestão ambiental é o atendimento à legislação. Este aspecto é importante porque, atendendo a toda a legislação ambiental e de segurança pertinente, a empresa já cumpre parte significativa de sua responsabilidade social ambiental. No entanto, um programa adequado de gestão ambiental compreende também a conscientização de todos os empregados e colaboradores e as políticas de segurança dos fornecedores e clientes, não ficando restrito apenas ao ambiente interno da empresa e ao cumprimento estrito da legislação.

Aspectos e impactos ambientais

Considera-se aspecto ambiental tudo aquilo que pode causar um problema para o ambiente. Conceitua-se impacto ambiental quando um aspecto ambiental se torna real, ou seja, o que era uma possibilidade de dano passa a ser configurado como um dano real ao meio ambiente.

É importante analisar todos os aspectos ambientais que envolvem a empresa para o processo de prevenção de riscos ou danos ambientais. Já com relação aos impactos, estes devem ser removidos.

Passivo ambiental

É muito comum, na implantação de um programa de gestão ambiental, a empresa detectar uma série de passivos ambientais. Passivo ambiental é uma necessidade de correção de impactos ambientais existentes. A palavra "passivo" vem em função de que, para corrigir os impactos ambientais, há necessidade de a empresa gastar recursos financeiros. Assim, todo passivo ambiental envolve a saída subsequente de recursos financeiros em termos de custos e investimentos.

Quando um passivo ambiental é detectado, ele deve integrar as demonstrações financeiras da entidade como uma obrigação futura, em contrapartida a contas de despesas ou do ativo.

Ativos ambientais

Podem existir dois tipos de ativos ambientais:

a. os gastos em investimentos para correção dos passivos ambientais, bem como os investimentos para manutenção dos programas de gestão ambiental, como equipamentos para correção de processos que exercem impacto no ambiente, estações de tratamento de efluentes e resíduos, instalações, almoxarifados e

depósitos de contenção de produtos de risco ambiental e de saúde, sistemas de segurança das instalações e dos empregados etc.;
b. os gastos em investimentos para melhoria do meio ambiente, como bosques, correção de matas ciliares, ajardinamento etc.

De modo geral, todos os ativos ambientais exigem gastos para sua operação e manutenção, que são classificados como custos ou despesas ambientais. Além disso, exceto para os terrenos, a depreciação dos investimentos ambientais é um custo ou despesa ambiental.

Custos ambientais

Custos ou despesas ambientais (que trataremos genericamente como custos) são todos os gastos, não ativáveis, necessários para implantar e operar o sistema de gestão e controle ambiental, incluindo a depreciação dos ativos ambientais. Uma classificação sugerida[3] é separar os custos ambientais em:

- de recuperação.
- de prevenção.
- de reciclagem.
- de operação.
- de avaliação e monitoramento.

Tomando como referência o Quadro 17.2, podemos evidenciar os custos ambientais dentro dos setores e atividades de uma indústria. O Quadro 17.7 mantém a coluna de Custos da qualidade já identificados e retira dos gastos da atividade os custos ambientais, inserindo-os na coluna adicionada. Os valores são aleatórios.

Quadro 17.7 **Segregação dos custos ambientais**

	Gastos da atividade	Custos da qualidade	Custos ambientais	Total geral
Consumo de materiais	4.750.000	200.000	50.000	5.000.000
Diretos	4.000.000	0	0	4.000.000
Indiretos	750.000	0	50.000	800.000
Substituição gratuita na garantia	0	200.000	0	200.000
Departamentos produtivos	637.000	193.000	70.000	900.000
Produção Intermediária	0	0	0	0
. Custos de treinamento	0	15.000	15.000	30.000

(*continua*)

---

[3] Adaptado de FERREIRA, Aracéli Cristina de Sousa. *Contabilidade ambiental*. São Paulo: Atlas, 2003, p. 48 e 102.

Quadro 17.7 Segregação dos custos ambientais (*continuação*)

	Gastos da atividade	Custos da qualidade	Custos ambientais	Total geral
. Inspeção	0	20.000	0	20.000
. Controle de processos	0	15.000	15.000	30.000
. Refugos	0	40.000	0	40.000
. Repasses e retrabalho	0	25.000	0	25.000
. Custos de recuperação	0	0	10.000	10.000
. Custos de reciclagem	0	0	10.000	10.000
. Valor líquido da produção	435.000	0	0	435.000
Produção final	0	0	0	0
. Custos de treinamento	0	5.000	5.000	10.000
. Inspeção	0	10.000	0	10.000
. Controle de processos	0	5.000	5.000	10.000
. Refugos	0	20.000	0	20.000
. Repasses e retrabalho	0	30.000	0	30.000
. Atrasos de produção	0	8.000	0	8.000
. Custos de recuperação	0	0	5.000	5.000
. Custos de reciclagem	0	0	5.000	5.000
. Valor líquido da produção	202.000	0	0	202.000
Atividades/Setores/Deptos. de apoio	**1.800.000**	**695.000**	**605.000**	**3.100.000**
Assistência à saúde	180.000	0	0	180.000
Segurança do trabalho	0	0	50.000	50.000
Administração do meio ambiente	0	0	120.000	120.000
Recursos humanos	80.000	0	0	80.000
Serviços gerais	60.000	0	0	60.000
Serviços pós-venda	0	0	0	0
. Serviços no período de garantia dos produtos	0	180.000	0	180.000
. Outras atividades	120.000	0	120.000	
Serviço de atendimento ao consumidor	0	0	0	0
. Atendimento de reclamações	0	60.000	0	60.000
. Outras atividades	10.000	0	10.000	

(*continua*)

Quadro 17.7 Segregação dos custos ambientais (*continuação*)

	Gastos da atividade	Custos da qualidade	Custos ambientais	Total geral
Pesquisa & Desenvolvimento	0	0	0	0
. Geral do produto	90.000	0	0	90.000
. Complemento da qualidade	0	50.000	0	50.000
. Complemento de gestão ambiental	0	0	60.000	60.000
Engenharia do produto	0	0	0	0
. Geral do produto	280.000	0	0	280.000
. Complemento da qualidade	0	60.000	0	60.000
. Complemento de gestão ambiental	0	0	20.000	20.000
Engenharia de fábrica	0	0	0	0
. Geral do produto	210.000	0	0	210.000
. Complemento da qualidade	0	20.000	0	20.000
. Complemento de gestão ambiental	0	0	30.000	30.000
Planejamento e garantia da qualidade	0	60.000	0	60.000
Inspeção da qualidade	0	60.000	0	60.000
Teste final/Embalagem	0	0	0	0
. Auditoria da qualidade	0	20.000	0	20.000
. Demais atividades	50.000	0	0	50.000
Laboratório	0	90.000	0	90.000
Planejamento e controle de produção	70.000	0	0	70.000
Estoque de dispositivos e ferramentas	50.000	0	0	50.000
Aferição de equipamentos	0	40.000	0	40.000
Transporte interno	130.000	0	0	130.000
Planejamento de materiais	60.000	0	0	60.000
Almoxarifados	80.000	0	0	80.000
Suprimentos	0	0	0	0
. Avaliação de fornecedores	0	20.000	20.000	40.000
. Demais atividades	110.000	0	0	110.000
Recebimento de Materiais	0	0	0	0
. Inspeção de recebimento	0	20.000	0	20.000
. Rejeição de itens comprados	0	5.000	0	5.000

(*continua*)

Quadro 17.7 Segregação dos custos ambientais (*continuação*)

	Gastos da atividade	Custos da qualidade	Custos ambientais	Total geral
. Destinação de resíduos	0	0	5.000	5.000
. Demais atividades	50.000	0	0	50.000
Expedição	0	0	0	0
. Atrasos de entrega	0	10.000	0	10.000
. Demais atividades	90.000	0	0	90.000
Manutenção preventiva e corretiva	80.000	0	0	80.000
Tratamento de efluentes e resíduos	0	0	300.000	300.000
Depreciação	860.000	60.000	80.000	1.000.000
Equipamentos diretos	0	0	0	0
. de controle de qualidade	0	40.000	0	40.000
. de gestão ambiental	0	0	60.000	60.000
. demais equipamentos	500.000	0	0	500.000
Imobilizado indireto	0	0	0	0
. de controle de qualidade	0	20.000	0	20.000
. de gestão ambiental	0	0	20.000	20.000
. demais equipamentos	360.000	0	0	360.000
Deduções da receita de vendas	0	450.000	0	450.000
Devoluções de produtos e serviços	0	300.000	0	300.000
Descontos e abatimentos	0	150.000	0	150.000
Total geral	8.047.000	1.598.000	805.000	10.450.000

O Quadro 17.8 apresenta a segregação dos custos ambientais classificados por categorias.

Quadro 17.8 Classificação dos custos ambientais

Categorias	Custos Ambientais
Custos de recuperação	**15.000**
na Produção intermediária	10.000
na Produção final	5.000
Custos de prevenção	**170.000**
Custos de treinamento	20.000
Controle de processos	20.000
Engenharia de produtos e Pesquisa & Desenvolvimento	80.000
Métodos e processos (Engenharia de fábrica)	30.000
Avaliação de fornecedores	20.000
Custos de reciclagem	**15.000**
na Produção intermediária	10.000
na Produção final	5.000
Custos de operação	**435.000**
Tratamento de efluentes e resíduos	300.000
Destinação de resíduos	5.000
Depreciação de equipamentos	80.000
Consumo de materiais indiretos	50.000
Custos de avaliação e monitoramento	**170.000**
Segurança do trabalho	50.000
Administração do meio ambiente	120.000
Total Geral	**805.000**

Custos ambientais, custo unitário e contabilização

Todos os custos ambientais ligados à área industrial devem fazer parte do custo dos serviços, incluindo as depreciações de imóveis e equipamentos ligados ao controle e à operação ambiental. Os gastos ambientais das áreas administrativas e comerciais são considerados despesas comuns.

Custos ambientais considerados extraordinários, como os decorrentes de recuperação de passivos ambientais, devem ser lançados integralmente para o custeio dos produtos e serviços, segundo os princípios da contabilidade societária. Em termos gerenciais, recomenda-se não incluir tais custos na formação do custo padrão, principalmente para formação de preços de venda. Com relação às multas por infração à legislação ambiental e penalidades por agressões ao meio ecológico, Ribeiro[4] entende que devem ser lançadas como despesas não operacionais.

Considerando que nosso exemplo compreende custos ambientais normais, o custo unitário dos produtos e serviços seria o mesmo, ficando os custos ambientais evidenciados separadamente, conforme o Quadro 17.9.

Quadro 17.9 Custos ambientais e custo unitário dos produtos

Custos	Custos totais	Quantidade	Custo unitário
da produção	8.047.000	50.000	160,94
da qualidade	1.148.000	50.000	22,96
Ambientais	805.000	50.000	16,10
Total	10.000.000		200,00

Como todos os custos ambientais integram o custo dos produtos e serviços, todos devem fazer parte da formação do custo dos produtos estocados, seja como produtos intermediários, seja como produtos acabados, e levados para o custo dos produtos vendidos por ocasião da venda dos produtos e serviços finais.

Resultado ambiental

O fato de os custos ambientais não serem relacionados diretamente com os produtos e serviços torna mais difícil identificar uma relação com os clientes consumidores. De qualquer forma, é possível que os consumidores percebam a responsabilidade ambiental da empresa e passem a dar preferência aos seus produtos e serviços, aumentando a receita. Assim, o resultado ambiental é também a avaliação de um ativo intangível, que decorre de um aumento possível da receita da venda dos produtos e serviços da empresa, maior do que seria em condições normais sem a adoção de um sistema de controle ambiental.

17.4 Ociosidade

Ociosidade consiste em manter recursos operacionais na empresa em quantidade superior à necessária para o volume atual de produção. Consequentemente, o custo médio unitário dos produtos e serviços aumenta. Em não havendo repasse nos preços de venda, a empresa terá seu lucro reduzido ou mesmo prejuízo naquele período de ociosidade.

---

[4] RIBEIRO, Maisa de Souza. *Contabilidade ambiental*. São Paulo: Saraiva, 2005, p. 129.

Os custos de ociosidade excluem os custos variáveis, uma vez que estes existem na exata proporção da variação da quantidade da produção; se a quantidade aumentar, os custos variáveis sobem na mesma proporção; se a quantidade dimuir, os custos variáveis são reduzidos proporcionalmente, não afetando, portanto, o custo unitário dos produtos e serviços.

A ociosidade tem relação com os demais custos, sejam eles fixos, semifixos ou semivariáveis. Os fixos, que também são denominados custos de capacidade, têm seu montante aferido pela empresa quando da determinação da capacidade das instalações e dos recursos para fazer face a um volume de produção preconcebido. Em não havendo o volume de produção imaginado, a parcela dos custos fixos é considerada de ociosidade na proporção da redução do volume produzido. Os custos semifixos e semivariáveis também se relacionam com a ociosidade, porém em menores proporções, segundo a natureza específica de cada um.

Nível de redução das operações, ineficiência e caracterização da ociosidade

A ineficiência na realização das operações não caracteriza ociosidade. Ineficiência é a realização das tarefas e operações de maneira inadequada quanto ao desejado ou esperado (maior tempo de mão de obra, utilização menos eficiente de material, operação inadequada de equipamento etc.) e, consequentemente, causa custos maiores que o planejado.

A ociosidade caracteriza-se por não se realizar a quantidade de produção que é permitida pela capacidade dos recursos da empresa. Vamos supor que uma empresa tenha condições de produzir 50.000 unidades/mês de determinado produto e o mercado só esteja aceitando no momento um volume de 30.000 unidades. Podemos dizer que a empresa está operando com 60% da capacidade de produção e, consequentemente, está 40% ociosa.

Capacidade de produção no período:	50.000 unidades
Produção realizada no período:	30.000 unidades
Capacidade não utilizada no período:	20.000 unidades

$$\text{Ocupação da capacidade} = \frac{30.000}{50.000} = 60\%$$

$$\text{Capacidade ociosa} = \frac{20.000}{50.000} = 40\%$$

Contudo, verificado que a produção que se realiza está sendo executada com eficiência, ou seja, todos os recursos necessários para produzir 30.000 unidades estão desempenhando suas funções como fora planejado, não há caracterização de ineficiência. Assim, pode-se ser eficiente e estar ocioso ao mesmo tempo.

Não há consenso sobre que nível de não utilização de capacidade se caracteriza como ociosidade. Poucas empresas trabalham a todo momento com ocupação plena. De modo geral, aceita-se que é normal uma empresa trabalhar com um nível de produção de 90% da capacidade, ou seja, uma ociosidade de 10% é considerada perfeitamente normal. Entre 10% e 20% de ociosidade, situa-se uma faixa cinzenta. A partir de 20%, de maneira consistente, admite-se a ociosidade como real.

Ociosidade: custo do produto ou despesa do exercício?

A legislação tributária brasileira, em princípio, entende que todos os custos de produção têm de fazer parte da apuração do custo dos estoques; sendo assim, a ociosidade deve fazer parte do custo unitário dos produtos e serviços. Em termos gerenciais, a contabilidade como ciência entende que, caracterizada a ociosidade, esta tem de ser tratada como despesa do período, não devendo ser levada ao custeamento dos estoques.

Entendemos que os aspectos gerenciais devem se sobrepor aos tributários. Assim, a empresa deve custear seus produtos desconsiderando os custos de ociosidade, fazendo os ajustes tributários fora da contabilidade, para não prejudicar a mensuração correta do lucro e dos ativos.

Ociosidade e custo unitário dos produtos e serviços

O Quadro 17.10 apresenta um exemplo evidenciando o impacto da ociosidade nos custos unitários dos produtos e serviços.

Quadro 17.10 Ociosidade e custo unitário dos produtos

Nível de Produção – Quantidade	50.000		30.000		
Custos	Custo Total	Unitário	Custo Total	Unitário	Variação percentual do custo unitário
Variáveis	4.200.000	84,00	2.520.000	84,00	0,00%
Semivariáveis	800.000	16,00	600.000	20,00	25,00%
Semifixos	1.200.000	24,00	1.100.000	36,67	52,78%
Fixos	3.800.000	76,00	3.800.000	126,67	66,67%
Total	10.000.000	200,00	8.020.000	267,34	33,67%

O custo unitário com ociosidade é maior em 33,67% que o custo com volume normal de operações ($ 267,34 : $ 200,00 − 1 × 100%). A ociosidade considerada foi de 40%, mas o custo unitário não aumenta na mesma proporção, visto que os custos variáveis são mantidos e os impactos ficam exclusivamente nos demais tipos de custos. É interessante notar que, quanto menor variabilidade tem o custo em relação à quantidade produzida, mais cresce o custo unitário do produto em termos percentuais.

Contabilização

O impacto da contabilização dos custos de ociosidade no resultado da empresa só é diferente caso o volume produzido no período não seja totalmente vendido. Em outras palavras, o impacto só pode ser visualizado se houver estoque no período.

Supondo que das 30.000 unidades produzidas, metade tenha sido vendida no Ano 1 e metade no Ano 2, faremos a contabilização dos resultados pelas duas alternativas, quais sejam, a contabilidade societária e fiscal e a contabilidade gerencial.

Na contabilidade fiscal e societária, toda ociosidade deve fazer parte do custo do estoque e, em seguida, do custo dos produtos vendidos. Vendendo 15.000 em cada período, teríamos o seguinte resultado de cada ano, bem como o total dos dois períodos, apresentados no Quadro 17.11.

Quadro 17.11 Ociosidade e demonstração de resultados fiscal e societária

	Ano 1	Ano 2	Total
Quantidade vendida (a)	15.000	15.000	30.000
Custo unitário (b)	267,34	267,34	
Receita de vendas	4.500.000	4.500.000	9.000.000
(−) Custo das vendas (a x b)	(4.010.000)	(4.010.000)	(8.020.000)
= Lucro bruto	490.000	490.000	980.000

Na contabilização gerencial, os valores atribuídos à ociosidade devem ser considerados como despesa do exercício. Um critério aceitável é a utilização do custo unitário obtido em condições de produção normal para ser aplicado no custo das vendas, e a diferença entre os gastos totais e o custo das vendas obtido por esse critério é lançada como despesa do período em que houve a ociosidade que, no nosso exemplo, é o Ano 1, como pode ser visto no Quadro 17.12.

Quadro 17.12 Ociosidade e demonstração de resultados gerencial

	Ano 1	Ano 2	Total
Quantidade vendida (a)	15.000	15.000	30.000
Custo unitário (b)	200,00	200,00	
Receita de vendas	4.500.000	4.500.000	9.000.000
(–) Custo das vendas (a x b)	(3.000.000)	(3.000.000)	(6.000.000)
= Lucro bruto	1.500.000	1.500.000	3.000.000
(–) Despesas extraordinárias de Ociosidade	(2.020.000)	0	(2.020.000)
= Lucro operacional	(520.000)	1.500.000	980.000

Essa demonstração espelha melhor a realidade dos eventos econômicos. Assim, o custo da ociosidade fica registrado no exercício em que ela ocorreu, não afetando o exercício seguinte, que, provavelmente, além das 15.000 unidades vendidas decorrentes da produção passada, deverá apresentar vendas que complementem a capacidade operacional.

É importante ressaltar mais uma vez que o lucro total dos dois exercícios é o mesmo, pois os valores utilizados para determinado critério de valorização de um período não podem ser carregados para o período seguinte.

17.5 Produtividade

Produtividade é uma medida que relaciona a produção física ou em valor com qualquer um dos recursos utilizados para realizar essa produção, dentro de um período. Assim, a produção pode ser relacionada com os equipamentos, com o espaço físico, com a quantidade de pessoas etc. Alguns exemplos:

a. supermercados: valor de venda por metro quadrado;
b. veículos: quantidade montada por minuto ou hora de trabalho da mão de obra direta;
c. extração mineral: toneladas por equipamento utilizado, toneladas por mão de obra direta etc.

Uma medida de produtividade muito comum, mas bastante genérica, é a divisão da receita de vendas pela quantidade de funcionários, que tem sido utilizada para comparações entre empresas, principalmente do mesmo setor.

Cada empresa tem suas medidas de produtividade, globais e setoriais, objetivando buscar o máximo possível de eficiência na utilização de seus recursos, procurando sempre aumentar a relação, ou seja, a maior quantidade possível de produção com a menor quantidade possível de recursos utilizados.

A busca da produtividade, além de ajudar a empresa (e cada pessoa), é um fator de responsabilidade social, já que a sociedade se beneficia com a utilização cada vez mais eficiente dos recursos que, em última instância, decorrem da extração dos recursos naturais.

Nos exemplos apresentados no Quadro 17.13, houve um aumento da produção em maior proporção do que o aumento da utilização de recursos, redundando em melhoria da produtividade medida por dois tipos de recursos.

Quadro 17.13 Exemplo de medidas de produtividade

	Período 1	Período 2	Variação %
Quantidade de produção – unidades (a)	50.000	52.000	4,00%
Quantidade de empregados diretos (b)	1.250	1.270	1,60%
Produtividade: quantidade/empregado (a/b)	40,00	40,94	2,36%
Quantidade de produção – unidades (a)	50.000	52.000	4,00%
Matéria-prima empregada (ton) (b)	2.000	2.070	3,50%
Produtividade: quantidade/tonelada de material (a/b)	25,00	25,12	0,48%

Como obter mais produtividade

Todos os recursos utilizados pela empresa permitem a busca de maior eficiência e, por consequência, maior produtividade, sejam custos de produção, administração ou comercialização. Na produção, que é o foco deste trabalho, os principais vetores para aumento da produtividade são:

a. utilização máxima da capacidade de produção, com todos os turnos de trabalho possíveis, incluindo, eventualmente, horas extras;
b. adoção de modelos de gestão mais adequados aos produtos e processos produtivos (*just-in-time*, teoria das restrições etc.);
c. identificação de melhores processos de produção, minimizando os tempos necessários de mão de obra e utilização dos equipamentos;
d. melhores *layouts* e logística de operação e distribuição;
e. melhor aproveitamento dos insumos, buscando a redução de quebras e desperdícios;
f. utilização de equipamentos mais eficientes, com a tecnologia adequada para os produtos e os processos utilizados;
g. utilização de sistemas de informação integrados etc.

Efeito da produtividade nos custos e na contabilização

Fundamentalmente, o aumento da produtividade é um dos elementos mais racionais a serem utilizados nas reduções de custos. Quanto maior a produtividade, maior a produção física e, consequentemente, menor o custo unitário dos produtos e serviços.

Os impactos dos ganhos de produtividade são visíveis nos custos fixos, semifixos e semivariáveis. No entanto, não se pode descartar a obtenção de ganhos de produtividade nos custos variáveis, seja pela melhor utilização dos materiais diretos, seja por ganhos de eficiência da mão de obra direta ou por ganhos de redução de custo dos materiais. O Quadro 17.14 mostra o efeito da melhoria da produtividade nos custos unitários.

Quadro 17.14 Produtividade e custo unitário dos produtos

Nível de produção – Quantidade	50.000		52.000		
Custos	Custo Total	Unitário	Custo Total	Unitário	Variação percentual do custo unitário
Variáveis	4.200.000	84,00	4.342.000	83,50	–0,60%
Semivariáveis	800.000	16,00	825.000	15,87	–0,84%
Semifixos	1.200.000	24,00	1.260.000	24,23	0,96%
Fixos	3.800.000	76,00	3.800.000	73,08	–3,85%
Total	10.000.000	200,00	10.227.000	196,67	–1,66%

Não se discute a contabilização da obtenção de maior produtividade, uma vez que não há aumento de custos, mas, sim, redução. Assim, seus efeitos benéficos são totalmente absorvidos pelo custo menor de produção e estoques.

Repasse nos preços de venda

O repasse dos ganhos de produtividade nos preços de venda sempre é recomendável. No nosso exemplo, o custo unitário total reduziu 1,66%. Esse percentual pode ser repassado aos preços de venda na mesma proporção.

A produtividade é um dos melhores caminhos para obtenção e manutenção da competitividade empresarial, pois se refere a ganhos que, após obtidos, tendem a ser mantidos e, assim, são passíveis de ser repassados aos clientes pela redução dos preços de venda dos produtos e serviços, provavelmente gerando maior volume de vendas e melhor imagem da empresa no seu mercado de atuação.

Questões e exercícios

1. Com os dados de dois períodos anuais apresentados a seguir,
   a. calcule o custo industrial unitário de cada período, segregando os custos unitários ambientais e da qualidade;
   b. apure o lucro operacional de cada período, fazendo a demonstração dos resultados de cada um deles.

	Ano 1	Ano 2
Quantidade produzida – unidades	2.000	2.200
Quantidade vendida – unidades	1.800	2.400
	$	$
I – Valor da receita de vendas	45.000	60.000
II – Custos industriais		
a) Da qualidade	1.000	1.100
Refugos e rejeições	400	500
Devoluções e abatimentos	500	500
Soma	1.900	2.100
b) Ambientais	2.300	2.400
c) Demais custos industriais	21.800	23.500
Total de custos industriais (a + b + c)	26.000	28.000
III – Despesas operacionais		
a) Comerciais		
da qualidade	600	600
ambientais	400	400
demais despesas comerciais	2.000	2.100
Total despesas comerciais	3.000	3.100
b) Administrativas		
da qualidade	400	400
ambientais	300	300
demais despesas administrativas	1.300	1.400
Total despesas administrativas	2.000	2.100

2. Uma empresa tem capacidade de produção anual estimada de 100.000 unidades de produtos acabados. Forçada pela conjuntura econômica recessiva, a empresa produziu no ano apenas 70.000 unidades, mantendo todos os custos indiretos no período, bancando a ociosidade. Os custos industriais do período foram de $ 1.700.000, sendo $ 700.000 de materiais diretos, que são os únicos custos variáveis da empresa. Do total de unidades produzidas, apenas 50.000 foram vendidas no ano, as demais o foram no ano seguinte. Faça a apuração do custo unitário em cada período, bem como a demonstração de resultados dos dois períodos, tanto pela abordagem fiscal quanto pela gerencial. Considere um preço unitário de venda de $ 30,00 para os dois períodos.

3. Uma empresa tem capacidade de produção de 5.000 unidades por ano de determinado produto. Os custos para produzir essas unidades são:

	$
Custos variáveis	25.000
Custos fixos	15.000
Custos semivariáveis	5.000
Custos semifixos	8.000
Total	53.000

A empresa vê uma oportunidade de aumento da produção, uma vez que cresceu bastante a demanda de seus produtos. Para tanto, vai criar um turno extra de produção. O aumento previsto da demanda é de 20%, e a empresa decidiu aumentar no mesmo percentual a produção. Com o crescimento de volume, ela espera uma redução de 1% nos custos variáveis, via renegociação de preços dos materiais. O aumento de produção causará um acréscimo de $ 1.000 nos custos fixos e de 4% nos semivariáveis e semifixos.

Calcule os custos unitários na situação normal e na situação projetada e identifique a variação percentual ocorrida nos custos unitários. O preço de venda atual é de $ 20,00 por unidade. Considerando que a empresa decida repassar no preço de venda o ganho de produtividade, calcule qual deverá ser o novo preço de venda.

capítulo 18

Política de Redução de Custos e Gestão do Lucro

Objetivos de aprendizagem

Este capítulo desenvolve:

- os conceitos para compreensão do processo geral de obtenção de lucro e criação de valor, da ótica da empresa e dos proprietários;
- os fundamentos para a estruturação adequada da política de gestão de lucros;
- a inter-relação entre custos e preços de venda na gestão do lucro;
- a proposta de implementação de um modelo de gestão de custos e lucro.

Provavelmente, a questão mais estudada em contabilidade de custos, além dos métodos de custeio, é a necessidade de uma estrutura que permita a redução de custos nas empresas. A questão desta redução é permanente, já que as empresas estão sempre e naturalmente inseridas, com maior ou menor intensidade, em um ambiente de competição.[1]

No ambiente de competição, as forças de mercado podem pressionar para baixo os preços de venda. Nesse momento, a atenção para redução de custos torna-se mais evidente e imperiosa. Nosso entendimento, contudo, é de que a gestão de custos, para sua redução e otimização, não deve ser feita em determinados momentos, mas permanentemente. Para tanto, torna-se necessária a estruturação de uma política geral de redução de custos, que compreenda os conceitos necessários para entendimento de todo o processo, bem como se traduza em uma estrutura organizacional para a efetiva implementação dessa política na empresa de forma permanente.

---

[1] Neste capítulo, trataremos pela denominação *custos* o processo geral de gestão dos gastos da empresa, sejam eles custos ou despesas.

Para que a política de redução de custos seja completa, deve contemplar o objetivo econômico maior da empresa, que é a obtenção do lucro, considerando o retorno do investimento. Dessa maneira, não se pode falar unicamente em "redução ou gestão de custos". Deve-se, necessariamente, incorporar o conceito de criação de valor, que significa obter um lucro que cubra o custo de capital dos acionistas e proprietários. Assim, a terminologia mais adequada para este processo deveria ser "gestão do lucro", em vez de "gestão de custos" ou "redução de custos". Ainda assim, manteremos a denominação "política de redução de custos", que compreende também a "gestão do lucro".[2]

O objetivo de uma política de redução de custos é manter a empresa sempre em condições ideais de competitividade. Para tanto, não deve ter atividades que não contribuam para a geração de vendas e lucro, e, naturalmente, suas atividades devem ser desenvolvidas com a maior eficiência e eficácia de custos, e produtividade crescente. Um termo que entendemos ser adequado para este tipo de empresa é "enxuta", que extraímos do conceito de *"lean"*. A empresa *lean* (enxuta) deve estar sem "gordura", e seu "corpo", sempre em condições de desenvolver as atividades com a eficácia necessária.

18.1 Modelos existentes

Há uma vasta literatura que propõe diversas abordagens de gestão e redução de custos, todas válidas, e que devem ser aproveitadas nas empresas. A proposta que faremos pretende contribuir para esse conjunto já existente de gestão de custos, mas que entendemos apresentar uma visão conceitual mais ampla. Apresentamos a seguir um resumo dos modelos mais conhecidos.

Gestão Estratégica de Custos (ABC/ABM)

Basicamente fundamenta-se no conceito de atividades e no custeamento baseado em atividades (*activity based costing*), método já estudado no Capítulo 10. A ampliação do custeamento para a forma de gestão é denominada ABM (*activity based management*), gestão baseada em atividades. O foco central desta abordagem é identificar as atividades que agregam ou não valor ao produto, que podem ser percebidas pelos clientes, e, a partir disso, procurar eliminar as que não agregam valor.

---

[2] Termo extraído de GUERREIRO, Reinaldo. *Gestão do lucro*. São Paulo: Atlas, 2006.

Custos-alvo e *kaizen*

O conceito de custo-alvo implica determinar o custo máximo de um produto ou serviço com base na definição do preço de venda que será aceito pelo mercado, extraindo-se deste preço a margem de lucro desejada. Custo *kaizen* é a maneira de se obter o custo-alvo por meio da revisão diária das metas de custo-alvo e de como os processos devem ser trabalhados para obtenção de melhoria contínua. Esse modelo tem íntima conexão com o conceito de TQC – Controle Total da Qualidade.

Redução de desperdícios

É similar ao conceito de custo *kaizen*, pois foca os processos operacionais e sua constante atualização. A revisão contínua dos processos identifica as oportunidades de melhoria e elimina processos que já podem ser considerados obsoletos. Por consequência, essa revisão caracteriza-se como redução de desperdícios.

Gerenciamento matricial

É uma proposta vinculada ao planejamento orçamentário. Nesse modelo, além da atribuição da responsabilidade hierárquica da gestão dos custos para os chefes das atividades, setores ou departamentos, denominados gestores de colunas, há também a designação de outros para as principais contas contábeis, denominados gestores de linhas.

Além da responsabilidade já tradicionalmente exigida dos chefes de setores, nesse modelo há também uma nova responsabilidade delegada para pessoas que deverão ser responsabilizadas pelo total do gasto de cada tipo de despesa. O gestor de linha, da despesa, deve prestar contas à empresa do total gasto, considerando-se todos os departamentos. Com isso, há caracterização da responsabilidade matricial, com dois gestores cuidando da mesma despesa, um em termos específicos de seu departamento e outro que cuida do mesmo gasto, mas de todos os departamentos ou setores.

Orçamento base zero

Também é uma abordagem vinculada ao planejamento orçamentário. Nela, todos os gestores são obrigados a analisar anualmente, em detalhes, as atividades sob sua responsabilidade, justificando novamente sua existência (a razão do nome base zero). Depois de feito o detalhamento, por meio de um relatório com justificativas e custos, os gestores devem indicar as atividades de importância prioritária para que sejam analisadas pela diretoria. A diretoria confrontará as atividades de todos os gestores e só serão mantidas aquelas que a cúpula da empresa julgar efetivamente prioritárias. As atividades não consideradas prioritárias poderão ser reduzidas ou até eliminadas.

O princípio fundamental do orçamento base zero é rever periodicamente as atividades, como se a empresa estivesse começando a partir do zero. A aplicação básica desta abordagem, assim como a do gerenciamento matricial, dá-se em relação aos custos fixos e indiretos, e não nos custos variáveis.

Redução de custos por reação

É um modelo não recomendado, mas, infelizmente, o mais utilizado. Em geral, caracteriza-se por um "corte indiscriminado de custos" em reação a uma pressão do mercado que está impedindo a lucratividade desejada.

Esse tipo de procedimento é aplicado pontualmente, ou seja, quando a pressão se intensifica; portanto, não contempla os conceitos adequados de gestão. É muito comum sua aplicação *flat* (linear), isto é, determina-se que todos os setores da empresa reduzam os custos em uma mesma proporção definida indistintamente para todos, não considerando as características de cada um.

Avaliação geral

Verifica-se, pelos modelos apresentados, que a preocupação básica é a otimização dos custos do processamento, dos custos internos. Não tem como preocupação fundamental a visão do mercado, o processo de formação de preços de venda, nem o processo empresarial de criação de valor.

18.2 O processo de criação de valor

A abordagem da redução de custos é necessária, mas deve ser tratada conjuntamente com a da geração da riqueza de empresa. O processo de geração de riqueza da empresa, por meio da obtenção de lucros sustentáveis, é denominado criação de valor. Essa questão também é abordada pela teoria das restrições,[3] na qual fica bem claro que a abordagem de redução de custos tem um limite, já que o mundo dos custos é finito no seu ambiente interno (Figura 18.1).

---

[3] GOLDRATT, Eliyahu e COX, Jeff. *A meta*. São Paulo: Nobel, 2009.

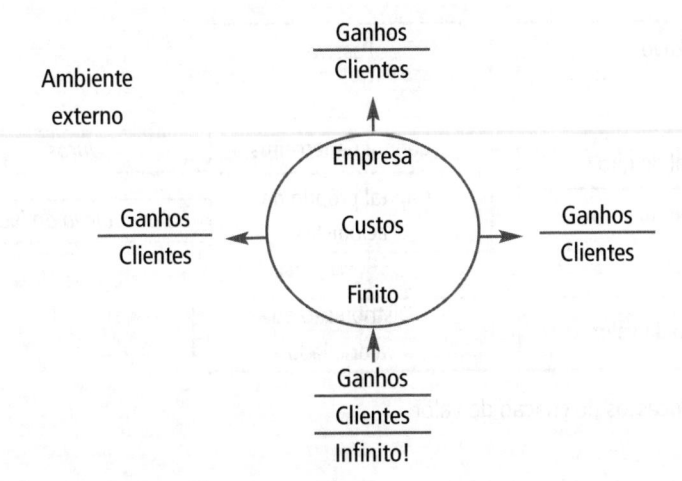

```
                    Ganhos
                   Clientes
    Ambiente         ↑
    externo      ┌───────┐
                 │Empresa│
       Ganhos   │       │  Ganhos
      Clientes ←│ Custos│→ Clientes
                 │       │
                 │ Finito│
                 └───────┘
                     ↑
                   Ganhos
                  Clientes
                  Infinito!
```

Figura 18.1 **Custos, lucros e criação de valor**

Mais do que os custos, as empresas têm de buscar ganhos no ambiente externo, no qual, em tese, o espaço é infinito e onde estão os clientes, com seus desejos de produtos e serviços a serem atendidos.

Criação de valor e o modelo contábil

São duas as vertentes do processo de criação de valor: criação de valor pela empresa e criação de valor para o proprietário (acionistas, sócios). O processo inicial e natural de criação de valor é evidenciado no sistema contábil pelo lado esquerdo do balanço, o ativo, que operacionaliza e cria o valor da empresa por meio da venda dos produtos e serviços. O passivo afere e distribui o lucro, identificando quanto do montante criado foi suficiente para atender às necessidades de reposição do custo de capital dos acionistas. A Figura 18.2 evidencia essa abordagem de criação de valor e sua ligação com o modelo contábil.

O ativo compreende os investimentos efetuados na empresa em capital de giro e ativo fixo. A operação desse ativo resulta na entrega de produtos e serviços aos clientes, gerando o lucro empresarial. O lucro gerado pelo ativo deve cobrir os juros do capital de terceiros empregados parcialmente no financiamento das atividades. O valor resultante é o lucro residual para os acionistas, que será devolvido por meio da distribuição de lucros.

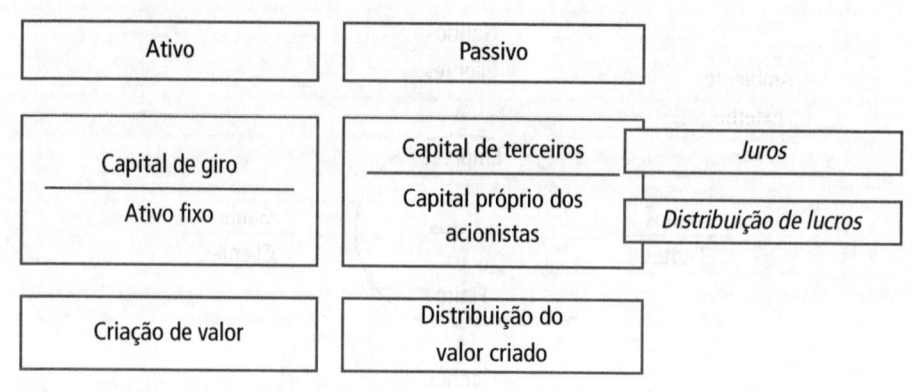

```
┌─────────────────────┐         ┌─────────────────────┐
│        Ativo        │         │       Passivo       │
└─────────────────────┘         └─────────────────────┘

┌─────────────────────┐         ┌─────────────────────┐   ┌─────────────────────┐
│   Capital de giro   │         │ Capital de terceiros│───│        Juros        │
├─────────────────────┤         ├─────────────────────┤   ├─────────────────────┤
│     Ativo fixo      │         │ Capital próprio dos │───│Distribuição de lucros│
│                     │         │      acionistas     │   │                     │
└─────────────────────┘         └─────────────────────┘   └─────────────────────┘

┌─────────────────────┐         ┌─────────────────────┐
│  Criação de valor   │         │   Distribuição do   │
│                     │         │    valor criado     │
└─────────────────────┘         └─────────────────────┘
```

Figura 18.2 **Processos de criação de valor**

O conceito de valor agregado

Para entender o processo de criação de valor empresarial, partimos da premissa de que, em linhas gerais, o valor dos produtos e serviços é dado ou determinado pelo mercado. Conforme a teoria econômica, o preço de mercado é o ponto de equilíbrio entre as curvas da oferta das empresas vendedoras e da demanda dos clientes compradores.

Tanto os vendedores (empresas) como os compradores (clientes) são atores ou agentes do mercado. Assim, o preço de venda no mercado tem uma dinâmica em razão das ações e desejos dos clientes e empresas, não sendo um número estático. A todo instante haverá um preço de venda de equilíbrio; mas, naquele instante, o preço de equilíbrio é o preço de mercado.

Sendo o preço dos produtos e serviços dados pelo mercado, esse conceito serve tanto para os preços de venda dos produtos e serviços da empresa como para o preço dos insumos por ela adquiridos. A diferença entre o preço de venda dado pelo mercado e o preço de compra de mercado dos insumos de terceiros é denominado *valor agregado*.

Custos		Venda
Fornecedores	Valor agregado do produto/serviço	Clientes
Preço de mercado		Preço de mercado
40	60	100

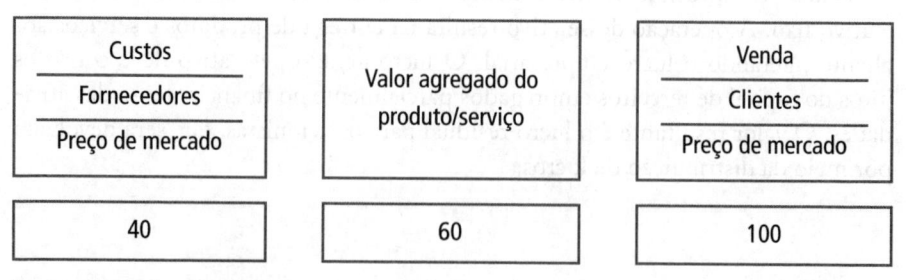

Figura 18.3 **Valor agregado**

Valor agregado representa o máximo de lucro que um produto ou serviço pode dar à empresa em determinado momento. Isso pode ser visto claramente na decisão de investimento, que começa pela definição do produto ou serviço a ser oferecido aos clientes. Nesse momento, sabe-se ou se estima o preço de venda a ser ofertado, bem como o quanto se pagará pelos insumos de terceiros, todos a preços de mercado. Desse modo, sabe-se, no momento da decisão do investimento, qual o valor agregado que um produto pode dar à empresa, que é o lucro máximo desse produto ou serviço.

A empresa como um sistema integrado de atividades

Os recursos de terceiros têm de ser processados para transformação em produtos e serviços a serem vendidos. Dessa maneira, para que haja a geração de produtos e serviços, a empresa precisa estruturar seu processo operacional de compra, produção, venda e administração em um conjunto de atividades que tenham suas especializações.

Isto caracteriza o processamento sistêmico da empresa como um conjunto integrado de atividades que, internamente, é representado por divisões, unidades de negócios, departamentos, setores e atividades em que são consumidos os recursos de materiais, despesas, mão de obra e depreciação de equipamentos e instalações.

Criação de valor empresarial: apropriação de valor agregado

Desta maneira, *o processo de criação de valor empresarial é de apropriação do valor agregado* dado pelos produtos e serviços produzidos pela empresa. Assim, o modelo de gestão empresarial para a obtenção do maior lucro, ou da criação de valor empresarial, é a busca do máximo de eficiência no desempenho das atividades internas da empresa, com o objetivo de máxima apropriação do valor agregado dado pelos produtos e serviços, conforme apresentado na Figura 18.4.

Quanto mais as atividades internas forem desenvolvidas com eficiência e eficácia, mais a empresa terá lucro, pois consumirá menos do valor agregado já dado pelos produtos e serviços.

Fica claro também que toda atividade desenvolvida internamente não tem só custos. Toda atividade tem um valor de venda. Assim, toda atividade interna tem seu próprio valor agregado. Não existe atividade que só tenha custo, pois todas produzem ou geram um serviço. Assim, na aplicação da eficiência em cada uma delas, há a possibilidade de se capturar o máximo do valor agregado dela mesma e, consequentemente, do produto ou serviço final.

Alguns podem imaginar que algumas atividades, como contabilidade, contas a receber, planejamento e controle de produção, recursos humanos, marketing etc., só têm custos. Em hipótese alguma! Todas prestam um serviço e têm um preço de venda. Todas podem (e devem) dar lucro. Acontece que o modelo contábil foi concebido para apurar, basicamente, o lucro após a venda dos produtos e serviços, confrontando-o com todos os custos. Mas nada impede de se estruturar um modelo contábil para apurar o lucro de cada atividade. Para se apurá-lo, basta identificar a receita de cada uma, que é obtida pelo custo a ser pago, caso a atividade seja terceirizada.

Custos	Valor agregado do produto/serviço	Venda
Fornecedores		Clientes
Preço de mercado		Preço de mercado
40	60	100

Desenvolvimento de atividades internas

Atividade 1   Atividade 2   Atividade 3

Custo + VA   Custo + VA   Custo + VA

↓

Apropriação de VA
Criação de valor

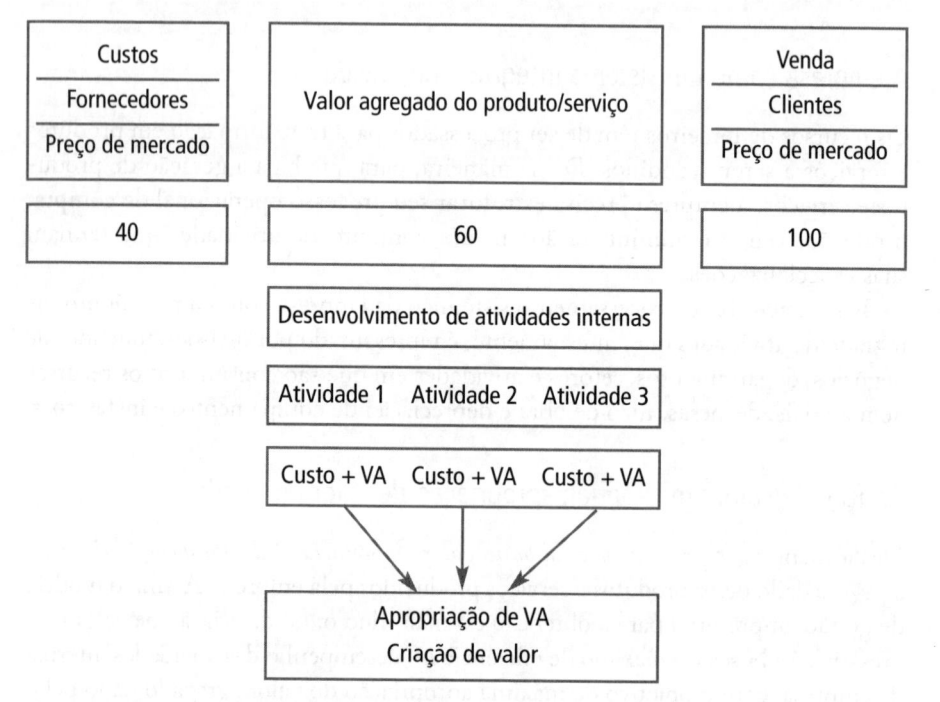

Figura 18.4 **Processo de apropriação de valor**

Custo de capital: o custo do dinheiro dos acionistas

Denomina-se custo de capital o custo do dinheiro de quem financia as empresas. O custo de capital de terceiros é a taxa de juros média (custo médio ponderado do capital de terceiros) que se paga pelos empréstimos e financiamentos bancários utilizados para financiar o ativo.

O custo de capital dos acionistas e sócios, os proprietários, é denominado custo do capital próprio. Representa o quanto o acionista quer de rentabilidade periodicamente. Em finanças, o de capital é um custo de oportunidade. Isto porque o investidor, o acionista, em tese, tem opções de investimentos. Quando ele coloca o dinheiro em uma empresa, comprando ações ou cotas, está deixando de fazer outro investimento alternativo. Esse investimento, ou investimentos, alternativo, é uma oportunidade abandonada. Por isso entende-se que o custo de capital é um custo de oportunidade.

Por ser assim, toda vez que o acionista recebe o lucro, por meio da distribuição de lucros (dividendos ou juros sobre o capital próprio), ele o confronta com a alternativa anterior que tinha para investir. Se o valor recebido for igual ou superior ao que ele tinha como alternativa, terá criação de valor. Se o for inferior, ele entende que perdeu valor.

Criação de valor para o acionista: valor econômico adicionado (EVA)

Há criação de valor para o acionista quando o lucro empresarial é igual ou superior ao seu custo de capital, de oportunidade. A mensuração mais comum do processo de criação de valor para o acionista é aquela feita anualmente, por ocasião do encerramento do balanço contábil, e é medida em termos de taxa de juros anuais. De modo geral, em âmbito internacional, as taxas de juros consideradas como parâmetros normais de rentabilidade e custo de capital situam-se entre 12% e 15% ao ano.

Caracteriza-se, então, a criação de valor para o acionista quando a empresa dá a rentabilidade desejada, ou mais. Esse modelo de mensuração é denominado *valor econômico adicionado*, do inglês *economic value added* (EVA). Quando a empresa, em determinado ano, não consegue atingir a rentabilidade desejada, entende-se que há *destruição de valor* (Quadro 18.1).

Quadro 18.1 Análise de criação de valor para o acionista – EVA

EVA – *Economic Value Added*			
		Hipótese 1	Hipótese 2
Lucro		12.000	10.200
Investimento	100.000		
Custo de capital e	11%	(11.000)	
Remuneração mínima	11%		(11.000)
		1.000	(800)
		↑	↑
		EVA	Destruição de valor

No exemplo do Quadro 18.1, verificamos que na Hipótese 1 houve EVA, já que o lucro da empresa entregue para os acionistas foi superior a 11%, que é o seu custo de capital. Já na Hipótese 2, não houve EVA, e sim destruição de valor, pois a empresa entregou para o acionista 10,2%, e não 11%, provocando uma perda de

$ 800. Ressalte-se que, na Hipótese 2, a empresa criou lucro por meio do ativo, apropriando-se de $ 10.200 do valor agregado dado pelos produtos e serviços. Contudo, o total do valor criado pelo ativo foi insuficiente para cobrir o custo de oportunidade de capital dos acionistas.

No modelo EVA, tendo como referência os acionistas, a empresa deve buscar o maior lucro empresarial e o menor custo de capital de terceiros para obtenção do maior lucro residual para os acionistas.

18.3 Fundamentos da política de redução de custos e gestão do lucro (PRC)

Para que a estruturação de uma política de redução de custos e gestão do lucro seja consistente e completa, deve ser estruturada dentro de dois conceitos básicos, sob pena de se elaborar um conjunto de diretrizes, atividades e conceitos que não tenham permanência nem foco adequados:

a. contemplar todo o processo de gestão;
b. ter uma abordagem sistêmica.

A Figura 18.5 apresenta a estruturação dessa visão.

Foco do processo de gestão		
Planejamento estratégico	Planejamento operacional	Execução e controle
Entradas / Recursos	Processamento / Processos internos	Saídas / Produtos e serviços
Foco sistêmico		

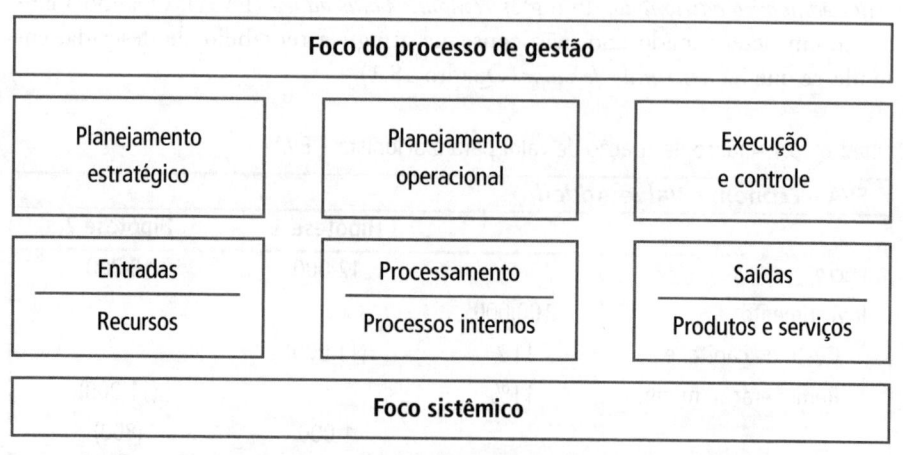

Figura 18.5 **Esquema geral de política de redução de custos e gestão do lucro**

A adoção desses dois fundamentos permitirá estruturar um conjunto ordenado de variáveis, elementos, procedimentos e atividades para uma adequada gestão de custos e de lucros.

Foco no processo de gestão

O foco no processo de gestão decorre da necessidade do entendimento de que a maior parte dos custos é gerada no processo inicial de planejamento empresarial, que é o planejamento estratégico. Assim, elementos e variáveis que são decididos na estratégia é que conduzem a uma estrutura de custos. Dessa forma, quando se quer reduzir custos, deve-se, primeiro, identificar os custos que foram gerados pelas decisões estratégicas.

Não há dúvida de que uma série de elementos e variáveis é gerada e, então, pode ser administrada, no planejamento operacional, no dia a dia das operações, assim como há a possibilidade de atuação para otimização dos custos na etapa do processo de execução e controle.

Em outras palavras, nem tudo pode ser resolvido em termos de redução de custos e ampliação dos lucros no âmbito das operações e da execução e controle. Parte significativa, ou provavelmente a maior parte, deve ser resolvida no âmbito da estratégia e, se for o caso, as estratégias vigentes devem ser reformuladas.

Foco sistêmico

O foco sistêmico implica também uma abordagem holística, ampla, na qual todos os fatores do sistema da empresa devem ser contemplados. Dessa maneira, deve-se atuar para a otimização do custo dos recursos internados no sistema (matérias-primas, materiais e serviços de terceiros, tecnologia, recursos humanos etc.), assim como aplicar um processo geral de otimização permanente das atividades de processamento (para integração com o conceito de apropriação de valor agregado).

Além disso, não se pode esquecer que a empresa é também um agente do mercado e pode influir no preço de venda dos produtos e serviços. Assim, a etapa final do processo sistêmico deve ser contemplada com um conjunto de ações direcionadas à formação do preço de venda dos produtos e serviços, objetivando a ampliação do lucro empresarial.

Visão geral

A Figura 18.6 resume essas duas abordagens em uma visão geral da política de redução de custos e gestão do lucro.

```
           Decisão de investimento
                    /\
                   /  \
                  /    \
                 /      \
                /        \
    Recursos   /_____\   Precificação
```

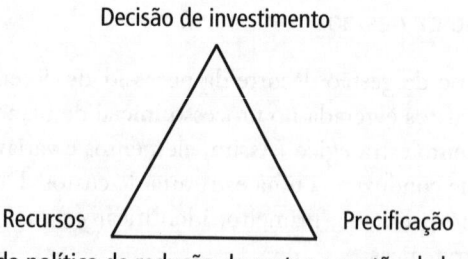

Figura 18.6 **Visão geral da política de redução de custos e gestão de lucro**

A visão do processo de gestão está contemplada pela decisão de investimento e suas consequências operacionais. A visão da abordagem sistêmica está contemplada na avaliação do custo dos recursos – ambiente interno do sistema empresa – em conjunto com a abordagem do mercado – ambiente externo – por meio dos conceitos de precificação (*pricing*).

18.4 Como nascem os custos

Nascem da decisão de investimentos. Em outras palavras, da determinação da estrutura do ativo é que se origina a estrutura de custos da empresa. Assim, tendo como referência como nascem os custos, é possível estruturar uma política de redução de custos e gestão do lucro. Os custos não nascem aleatoriamente, mas decorrem de um processo decisório amplo, originado da estratégia definida.

Não há dúvida de que, depois de novas decisões, estratégicas ou operacionais, ao longo da vida da empresa, ocorram alterações na estrutura inicial de custos definida. Mas sempre a estrutura de custos depende de decisões estratégicas e operacionais. Em resumo, a estrutura de custos é uma consequência de decisões gerenciais.

Processo decisório da estrutura de custos

A Figura 18.7 mostra o processo decisório básico que determina a estrutura de custos de uma empresa.

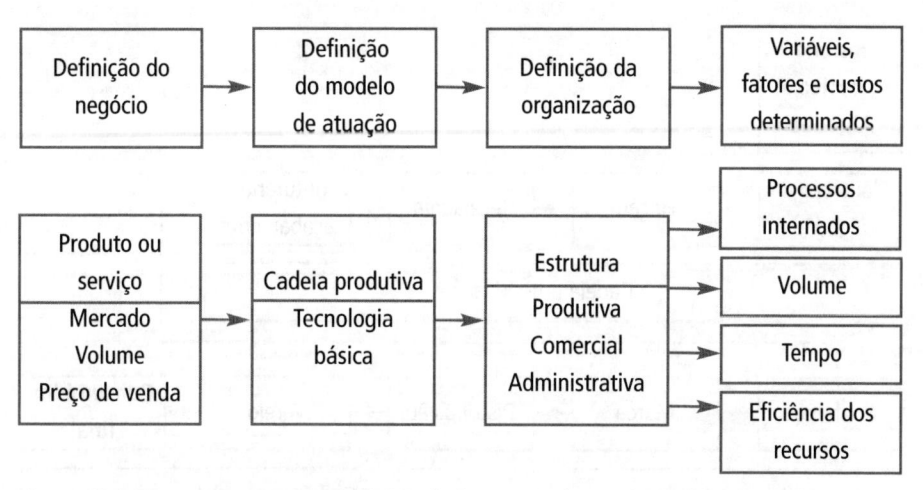

```
┌─────────────┐    ┌─────────────┐    ┌─────────────┐    ┌─────────────┐
│ Definição do│───▶│  Definição  │───▶│ Definição da│───▶│  Variáveis, │
│   negócio   │    │  do modelo  │    │ organização │    │fatores e custos│
│             │    │  de atuação │    │             │    │ determinados│
└─────────────┘    └─────────────┘    └─────────────┘    └─────────────┘
```

```
┌─────────────┐                                          ┌─────────────┐
│  Produto ou │                                       ┌─▶│  Processos  │
│   serviço   │    ┌─────────────┐                    │  │  internados │
│             │    │   Cadeia    │    ┌─────────────┐ │  └─────────────┘
│   Mercado   │───▶│  produtiva  │───▶│  Estrutura  │─┼─▶│   Volume    │
│   Volume    │    │  Tecnologia │    │  Produtiva  │ │  └─────────────┘
│             │    │    básica   │    │  Comercial  │ ├─▶│    Tempo    │
│Preço de venda│   └─────────────┘    │Administrativa│ │  └─────────────┘
└─────────────┘                       └─────────────┘ └─▶│Eficiência dos│
                                                          │   recursos  │
                                                          └─────────────┘
```

Figura 18.7 **Etapas do processo decisório da formação da estrutura de custos**

A primeira etapa do processo decisório é a escolha do negócio em que a empresa quer entrar e investir. Qualquer negócio é explicitado por meio de um produto ou serviço que será entregue ao mercado. Nessa etapa, três outras variáveis devem ser decididas ao mesmo tempo:

a. em qual mercado a empresa vai atuar;
b. qual volume será aceito pelo mercado;
c. que preço de venda é adequado para esse mercado nesse volume.

Essas variáveis devem ser decididas concomitantemente, ou seja, ao mesmo tempo. Um produto com características físicas determinantes pode ser vendido em qualquer mercado, com poucas alterações, eventualmente. Exemplificando, é possível vender sandálias, tipo Havaianas®, em uma feira popular, a determinado preço, bem como vendê-las na rua do bairro de maior poder aquisitivo em uma grande cidade, por um preço bem diferente. O produto final tem as mesmas características físicas, mas, para vender em um mercado popular, haverá a necessidade de adotar um preço mais baixo, que será compensado com um volume mais alto. Para vender em um mercado de luxo, haverá a necessidade de uma embalagem diferenciada, por exemplo, e um preço mais alto, para um volume bem mais baixo.

A segunda etapa do processo decisório que conduz a determinada estrutura de custos é a definição do modelo de atuação, que consiste em decidir em que etapa da cadeia produtiva a empresa fará a opção de industrialização e comercialização. Todos os produtos permitem um leque de opções de atuação dentro da sua cadeia produtiva básica. A Figura 18.8 mostra um exemplo da cadeia produtiva básica de um produto têxtil.

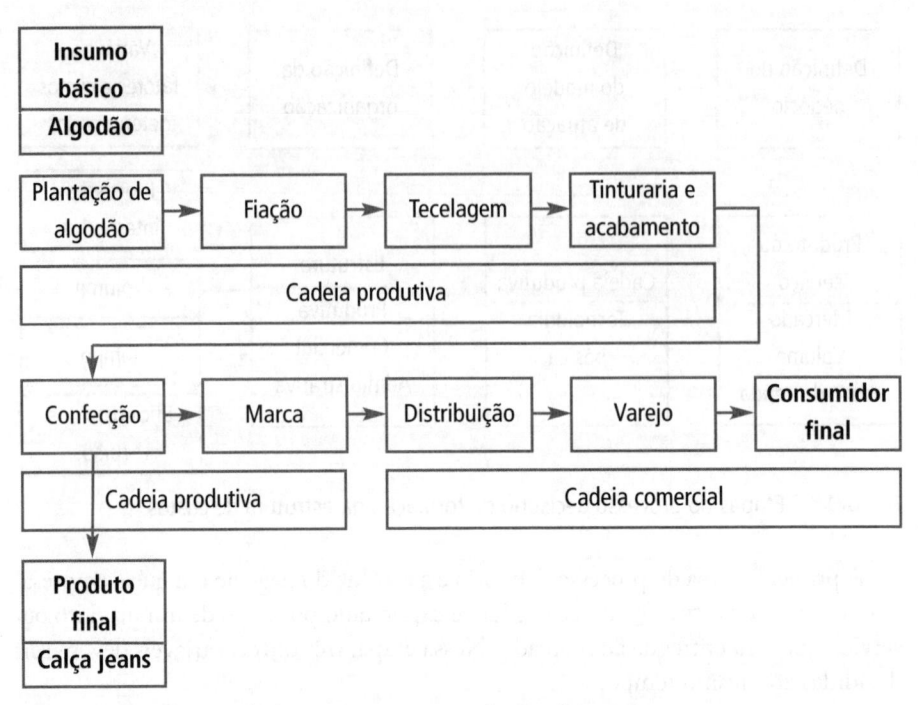

```
┌─────────┐
│ Insumo  │
│ básico  │
│ Algodão │
└─────────┘
    │
    ▼
┌──────────┐    ┌────────┐    ┌──────────┐    ┌─────────────┐
│Plantação │───▶│ Fiação │───▶│Tecelagem │───▶│ Tinturaria e│
│de algodão│    │        │    │          │    │ acabamento  │
└──────────┘    └────────┘    └──────────┘    └─────────────┘
┌──────────────────────────────────────────────────────────┐
│                    Cadeia produtiva                       │
└──────────────────────────────────────────────────────────┘
    │
    ▼
┌──────────┐   ┌───────┐   ┌────────────┐   ┌───────┐   ┌────────────┐
│Confecção │──▶│ Marca │──▶│Distribuição│──▶│Varejo │──▶│ Consumidor │
│          │   │       │   │            │   │       │   │   final    │
└──────────┘   └───────┘   └────────────┘   └───────┘   └────────────┘
    │   Cadeia produtiva              Cadeia comercial
    ▼
┌──────────┐
│ Produto  │
│  final   │
│Calça jeans│
└──────────┘
```

Figura 18.8 Cadeia produtiva e seus processos de transformação

A empresa que decide por um negócio com um produto têxtil, como calça jeans, pode optar por trabalhar em todas as etapas da cadeia produtiva, desde seu nascimento até a venda ao consumidor final. Outra empresa pode optar por entrar na metade da cadeia, por exemplo, na tecelagem ou confecção, e outra nas etapas finais, como na marca ou distribuição. Em outras palavras, o mesmo produto final permite uma variedade de opções de atuação de cada empresa.

Em linhas gerais, as opções têm a seguinte influência na estrutura de ativos e, consequentemente, de custos:

a. quanto mais próxima do início da cadeia produtiva, a empresa terá mais ativos fixos e menos capital de giro; assim, haverá mais custos fixos e menos custos variáveis;
b. quanto mais próxima do fim da cadeia produtiva, a empresa terá menos ativos e mais capital de giro; assim, haverá menos custos fixos e mais custos variáveis.

Nessa etapa também há a possibilidade de identificação da tecnologia produtiva mais adequada para a opção definida.

A terceira etapa do processo decisório consiste em estruturar a organização para o negócio e modelo de atuação já definidos. Significa decidir qual é a estrutura produtiva mais adequada para o negócio e o modelo de atuação, bem como as estruturas organizacionais de comercialização e administração. Essa etapa contempla as definições em relação a que atividades operacionais serão realizadas internamente ou delegadas para terceiros.

A sequência das três decisões determinará a estrutura de custos da empresa. Em outras palavras, da determinação do investimento (definição da estrutura do ativo) é que nasce a estrutura de custos, razão pela qual é muito difícil modificar estruturas de custos existentes sem uma visão do processo de gestão.

A estrutura de custos determinada pode ser visualizada por seus quatro fatores principais:

1. os processos que serão feitos internamente;
2. o volume assumido;
3. o tempo que será despendido em todos os processos;
4. a necessidade de informações e manutenção para garantir a eficiência dos recursos utilizados.

Isso significa que, na decisão de investimento, o custo médio do produto já está determinado, seja em termos de custo médio fabril, seja em termos de custo médio comercial e custo médio administrativo.

Estrutura de custos

A Figura 18.9 mostra a integração, envolvimento e custos inter-relacionados das variáveis decorrentes do processo decisório do investimento e da estrutura de custos na área de produção.

O processo compreende a estrutura do produto (*bill of material* – BOM) e o roteiro de fabricação. Este, associado ao volume e ao tempo de cada roteiro, conduz a uma necessidade de estrutura organizacional, seja em termos de divisões, de departamentos ou atividades. Essas estruturas determinarão o custo dos materiais, da mão de obra direta e indireta e das despesas gerais.

O volume, associado aos roteiros e ao tempo despendido, implica o tamanho da fábrica e, consequentemente, os investimentos da estrutura fabril, em termos de prédios, equipamentos e instalações, que refletem nos custos de depreciação.

O tempo físico implica estoques de recursos para abastecer a fábrica, gerando a necessidade de capital de giro (recursos financeiros), e determina o custo financeiro de produção. O custo financeiro de produção é o custo do dinheiro em razão da necessidade de manter estoques e recursos até a produção final dos produtos e serviços. Normalmente, as empresas não calculam o custo financeiro da produção, por sua complexidade, que termina por ser absorvido pelo lucro geral do negócio.

Para que o processo todo seja mantido dentro do nível adequado de eficiência e produtividade, há a necessidade de garantir a eficiência dos recursos utilizados. Para tanto, são necessárias informações e manutenção da operação, que, por sua vez, exigem a estruturação de departamentos ou atividades de apoio e serviços (planejamento e controle da produção, manutenção, qualidade etc.), que, como

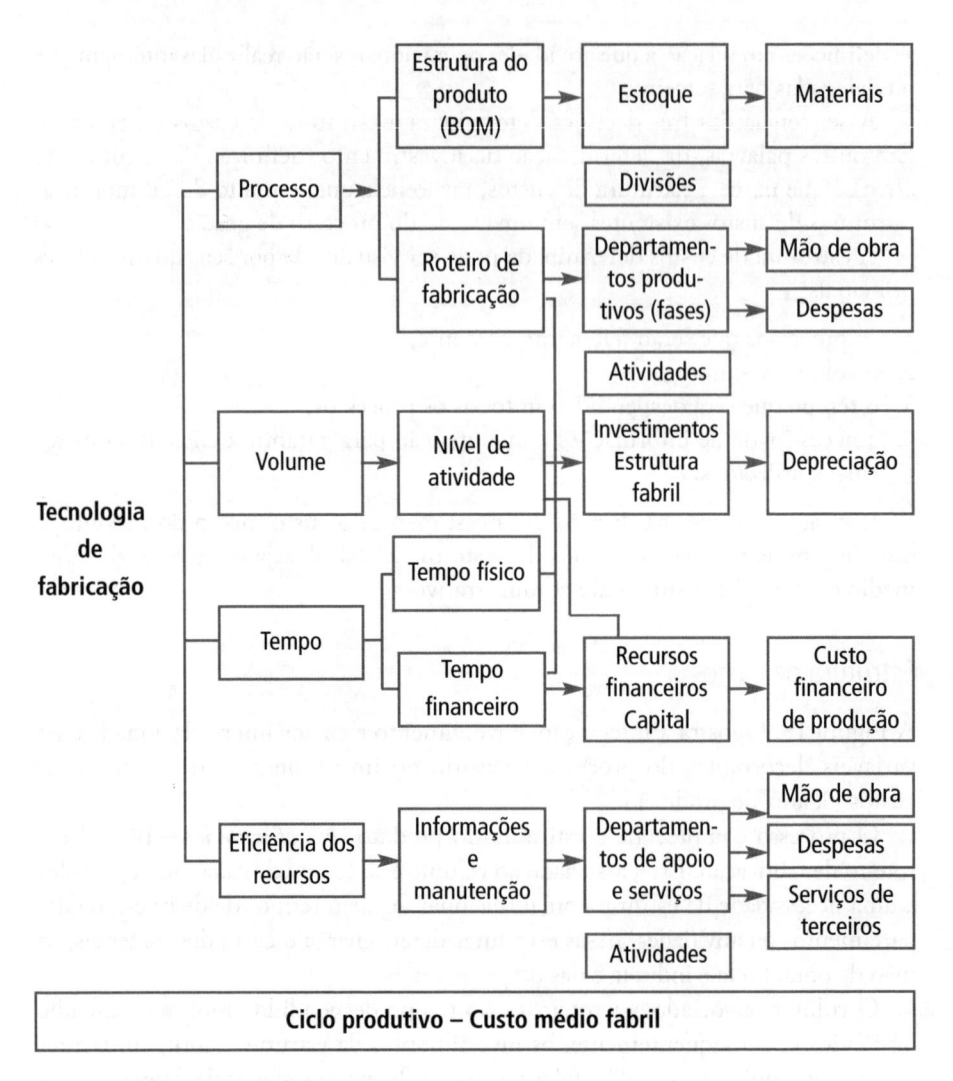

Figura 18.9 **Estrutura produtiva**

consequência, determinam novos custos de mão de obra, despesas e serviços de terceiros.

Em resumo, o custo médio fabril decorre das decisões do negócio, do modelo de atuação e da definição da estrutura organizacional. Essa mesma estrutura é aplicada nas áreas comerciais e administrativas.

18.5 Estruturação da PRC

A estruturação de uma política geral de redução de custos e gestão do lucro (PRC) envolve três fundamentos:

a. a definição das variáveis para os responsáveis das etapas do processo de gestão;
b. a definição das variáveis a serem monitoradas do processo sistêmico;
c. a definição dos programas a serem adotados e a formação das equipes de trabalho.

Estruturação hierárquica da PRC

Compreende a definição das variáveis para os três âmbitos do processo de gestão. Os exemplos a seguir não esgotam o assunto; compreendem nossa visão sobre o tema. Implica a seguinte estruturação:

a. política de redução de custos e gestão do lucro em nível estratégico;
b. política de redução de custos e gestão do lucro em nível operacional;
c. política de redução de custos e gestão do lucro em nível de execução e controle.

PRC em nível estratégico

No que diz respeito ao âmbito estratégico, consideramos que as seguintes variáveis e conceitos são de responsabilidade daqueles que cuidam dessa etapa do processo de gestão:

a. escala de produção;
b. definição da tecnologia básica do produto;
c. definição das estruturas organizacionais;
d. reengenharia;
e. ciclo de vida do desenvolvimento de produtos;
f. estruturação do modelo de gestão da eficiência dos recursos;
g. adoção dos modelos básicos de produção e comercialização, como o grau maior ou menor de automação industrial, sistema *lean*[4] etc.;
h. política geral de estocagem;
i. sustentabilidade.

---

[4] Sistema *lean* é a denominação do sistema Toyota de produção.

PRC em nível operacional

No âmbito dessa etapa do processo de gestão, enquadramos os seguintes conceitos e variáveis:

a. adoção ou não da teoria das restrições na fábrica;
b. adoção ou não do conceito jit (*just in time*);
c. estudos de comprar *versus* fabricar: terceirização;
d. gestão do custo das atividades desenvolvidas internamente;
e. administração da logística;
f. administração da qualidade.

PRC em nível de execução e controle

Restam poucas opções para essa etapa do processo de gestão. Apesar de muitas políticas de redução de custos determinarem que os responsáveis pela execução e controle façam as reduções e otimizações de custos, essa etapa permite poucos resultados objetivos. Ainda assim, os conceitos aderentes podem ser:

a. gestão dos recursos por meio da fórmula do custo unitário: preço unitário do recurso x quantidade empregada do recurso;
b. análise ou engenharia de valor;
c. programa de premiação de ideias de redução de custo.

A gestão dos recursos em termos unitários busca a otimização das quantidades e o menor preço dos recursos. A análise ou engenharia de valor compreende o processo metodológico de analisar cada componente do produto ou serviço, seus atributos, seu benefício para o cliente e o respectivo custo, objetivando a melhor forma, as melhores características, o menor custo e o maior benefício para o cliente.

Monitoramento das variáveis do processo sistêmico

Nesse âmbito, devem ser identificados os elementos do processo sistêmico bem como o modelo de monitoramento de cada um deles, objetivando a otimização dos custos e a ampliação das receitas.

Na esfera das entradas do sistema deve ser monitorada a eficiência geral de todos os recursos, com seus respectivos modelos de mensuração. Assim, devem ser monitorados:

a. a eficiência geral dos recursos de matérias-primas e componentes, com destaque para importados, *commodities*, dependência de poucos fornecedores;
b. a eficiência geral da mão de obra empregada, com destaque para a mão de obra indireta, já que a direta é fortemente controlada, verificando-se suas atividades, custo e desempenho;

c. a eficiência geral dos serviços executados por terceiros e os reflexos nos resultados da empresa;
d. a eficiência geral dos principais recursos imobilizados, tendo como foco o grau de utilização de sua capacidade e o fluxo de serviços prestados em confronto com os gastos de operação e manutenção;
e. a eficiência geral da tecnologia empregada nas três áreas: produtiva, comercial e administrativa.

No âmbito do processamento, deve haver o monitoramento e a revisão contínua da:

a. eficiência dos processos industriais, comerciais e administrativos;
b. eficiência dos maiores ciclos de controle interno, que são: 1) ciclo de pedido de venda até o recebimento, 2) ciclo de compra e pagamento, 3) ciclo de produção e estocagem, 4) ciclo de recrutamento e contratação de funcionários, 5) ciclo de requisição e reembolso de despesas, e 6) ciclo de requisição e aquisição de investimentos;
c. integração dos processos;
d. utilização adequada dos sistemas integrados de informações;
e. eficiência e otimização dos tempos necessários às operações industriais, comerciais e administrativas.

No âmbito das saídas do sistema, deve haver o monitoramento:

a. do ambiente de mercado em que a empresa atua;
b. dos segmentos de atuação da empresa para os diversos produtos e serviços;
c. da formação de preços de venda, tanto em termos de custos quanto de valor percebido pelo consumidor.

Programas e equipes de trabalho para PRC

Os conceitos, elementos e variáveis expostos devem ser trabalhados em equipes com responsabilidades aderentes a cada etapa do processo de gestão. Assim, devem ser estruturados equipes e programas de trabalho em âmbito estratégico, operacional e de execução e controle. Como exemplos teríamos:

I – Programas e equipes de PRC estratégica
- Desenvolvimento de novos produtos
- Redução do ciclo de criação de produtos
- Introdução ou eliminação de produtos
- Estratégias e táticas de precificação (*pricing*)
- Análise e definição da capacidade produtiva e comercial
- Modelo de produção e comercialização

II – Programas e equipes de PRC operacional
- Qualidade/ISO 9000/ISSO 14000/Qualidade Total (TQC)
- 6 Sigma / Manutenção Preventiva Total (TPM)/5 S[5]
- Redução de desperdícios
- Administração das restrições
- Administração do *just in time*
- Comitê de redução de custos
- Programa de desenvolvimento de fornecedores (*outsourcing*)
- Revisão dos processos

III – Programas e equipes de PRC de execução e controle
- Círculos de qualidade/*kaizen*
- Análise ou engenharia de valor
- Monitoramento do preço dos recursos (inflação da empresa)

Implementação e atuação

Provavelmente, a maior parte das empresas, em algum momento, estrutura uma política. Não tem sido comum, contudo, a visão desta política associada a uma visão de política de gestão do lucro. Também não tem sido comum a disciplina na manutenção da política adotada.

Como já salientamos, atuar sobre os custos tem um limite, a própria empresa. Eventualmente, reduções erradas de custo podem conduzir à morte da empresa, situação denominada *anorexia empresarial*, quando, após sucessivos cortes de custos, ela perde "massa muscular", ficando sem recursos e capital intelectual para a retomada das operações.

Assim, uma política de redução de custos e gestão do lucro deve sempre ver os ambientes interno (recursos, custos) e externo (produtos, serviços, preços de venda) dentro de um conceito de retorno do investimento.

A junção das Figuras 18.7 e 18.9 mostra o modelo conceitual de como nascem os custos. Uma figura que una essas duas tem um formato de árvore de decisão. Verifica-se que os elementos da Figura 18.7 representam as raízes e o tronco da árvore (os produtos e serviços, a empresa), e os elementos da Figura 18.9 representam os galhos e as folhas (processos, elementos e custos).

---

[5] Programa oriundo de empresas japonesas com o objetivo de transformar o ambiente das organizações e a atitude das pessoas, melhorando a qualidade de vida dos funcionários, diminuindo desperdícios, reduzindo custos e aumentando a produtividade das instituições, composto dos seguintes pontos a serem trabalhados internamente: Seiri – DESCARTE; Seiton – ARRUMAÇÃO; Seisso – LIMPEZA; Seiketsu – SAÚDE; Shitsuke – DISCIPLINA

Dessa maneira, em um momento de pressão de competição, de nada adianta cortar as folhas da árvore se os problemas estão nas raízes ou no tronco. Cortar as folhas é cortar os sintomas, não as causas. Não que não se deva otimizar o custo dos recursos. Contudo, muito mais importante é rever como os custos nasceram. *E os custos nascem da estratégia!* É preciso verificar se as estratégias continuam válidas, se as tecnologias adotadas continuam eficientes e produtivas e se estão no estado da arte necessário, se a organização está adequadamente estruturada, se as etapas escolhidas da cadeia produtiva ainda produzem o melhor ganho etc.

Como elemento fundamental e inicial, é necessário sempre repensar o negócio. Será que a escolha do produto ou serviço para o mercado ainda deve prevalecer? Será que a empresa está em condições de enfrentar a nova concorrência? Será que o preço de venda não está aquém do valor percebido pelo cliente? Essas são questões determinantes da estratégia.

A questão da implementação é igualmente importante. Após estruturada a PRC, com seus programas e equipes de trabalho, deve haver reuniões periódicas (provavelmente mensais), com ritual definido e cobrança dos níveis superiores, sob pena de o programa cair no vazio. Assim, a definição de políticas, procedimentos e ações deve ser consolidada em documentação oficial da empresa, designando os responsáveis e as atividades e programas de responsabilidade de cada um.

Questões e exercícios

1. Identifique os principais segmentos da cadeia produtiva para os seguintes produtos finais:
   a. Açúcar refinado.
   b. Sabão em pó com marca de supermercado.
   c. Hambúrguer de carne bovina.
   d. Microcomputador
   e. Móveis de madeira.
   f. Ferramentas de aço.

2. Uma empresa tem lucro anual da ordem de R$ 120.000, de um total de $ 2.400.000 de vendas. Seu valor de mercado está avaliado em R$ 1.500.000. Considerando um custo de oportunidade de capital dos acionistas de 10% ao ano, quanto essa empresa teria de reduzir seus custos para dar a rentabilidade desejada pelos acionistas?

Bibliografia Básica

ALENCAR, Roberta Carvalho de; GUERREIRO, Reinaldo. Modelos de mensuração do resultado da qualidade. *Revista Brasileira de Contabilidade*, n. 152, mar./abr. 2005.
ATKINSON, Anthony A.; BANKER, Rajiv D.; KAPLAN, Robert S.; YOUNG, S. Mark. *Contabilidade gerencial*. São Paulo: Atlas, 2000.
BRIMSON, James A. *Contabilidade por atividades*. São Paulo: Atlas, 1996.
CATELLI, Armando. *Controladoria*. São Paulo: Atlas, 1999.
DOLAN, Robert J.; SIMON, Hermann. *O poder dos preços*. São Paulo: Futura, 1998.
FARIA, Ana Cristina de; COSTA, Maria de Fátima Gameiro da. *Gestão de custos logísticos*. São Paulo: Atlas, 2005.
FERREIRA, Aracéli Cristina de Sousa. *Contabilidade ambiental*. São Paulo: Atlas, 2003.
FREZATTI, Fábio; ROCHA, Wellington; NASCIMENTO, Artur Roberto do; Junqueira, Emanuel. *Controle gerencial*. São Paulo: Atlas, 2009.
GARRISON, Ray H.; NOREEN, Eric W. *Contabilidade gerencial*. 9. ed. Rio de Janeiro: LTC, 2001.
GIULIANI, Antonio Carlos. *Marketing contemporâneo do varejo*. Itu: Editora Ottoni, 2012.
GOLDRATT, Eliyahu; COX, Jeff. *A meta*. São Paulo: Nobel, 2009.
GUERREIRO, Reinaldo. *Gestão do lucro*. São Paulo: Atlas, 2006.
_____. *A meta da empresa*: seu alcance sem mistérios. São Paulo: Atlas, 1996.
HORNGREN, Charles T.; SUNDEM, Gary L.; STRATTON, William O. *Introduction to management accounting*. 10. ed. Upper Saddle River, NJ: Prentice Hall, 1996.
IUDÍCIBUS, Sérgio de. *Análise de custos*. São Paulo: Atlas, 1988.
KAPLAN, Robert S.; JOHNSON, H. Thomas. *Contabilidade gerencial*. Rio de Janeiro: Campus, 1993.

KOTLER, Philip. *Administração de marketing*. 3. ed. São Paulo: Atlas, 1994, p. 538-543.

LEONE, George S. G. *Curso de contabilidade de custos*. São Paulo: Atlas, 1997.

MAHER, Michael W.; DEAKIN, Edward B. *Cost accounting*. 4. ed. Burr Ridge. Illinois: Ricard d. Irwin, 1994.

MARTINS, Eliseu. *Contabilidade de custos*. 5. ed. São Paulo: Atlas, 1996.

MONDEN, Yasuhiro. *Sistemas de redução de custos*: custo-alvo e custo kaizen. Porto Alegre: Bookman, 1999.

NAGLE, Thomas T.; HOGAN, John E. *Estratégia e táticas de preço*. 4. ed. São Paulo: Pearson Prentice Hall, 2008.

NAKAGAWA, Masayuki. *Gestão estratégica de custos*. São Paulo: Atlas, 1991.

NOREEN, Eric; SMITH, Debra; MACKEY, James T. *A teoria das restrições e suas implicações na contabilidade gerencial*. São Paulo: Educator, 1996.

PADOVEZE, Clóvis Luís. *Controladoria estratégica e operacional*. 3. ed. São Paulo: Cengage, 2012.

PADOVEZE, Clóvis Luís. *Contabilidade gerencial*. 7. ed. São Paulo: Atlas, 2010.

PARISI, Cláudio; MEGLIORINI, Evandir. *Contabilidade gerencial*. São Paulo: Atlas, 2011.

RIBEIRO, Maisa de Souza. Contabilidade ambiental. São Paulo: Saraiva, 2005.

ROBLES JR., Antonio. Custos da qualidade. São Paulo: Atlas, 1994.

SAKURAI, Michiharu. Gerenciamento integrado de custos. São Paulo: Atlas, 1997.

SANDRONI, Paulo. *Novíssimo dicionário de economia*. 6. ed. São Paulo: Best Seller, 1999.

VATAN DOS SANTOS, Roberto. Modelos de decisão para gestão de preço de venda. Dissertação de Mestrado. São Paulo: FEA/USP, 1995.

Impressão e Acabamento
Bartira
Gráfica
(011) 4393-2911